ARRENDAMENTO RURAL FORÇADO

Em busca da função social da terra
em tempos de escassez

ANDRÉ LUIZ FILO-CREÃO GARCIA DA FONSECA

Prefácio
Fernanda Paula Oliveira

Apresentação
Alexandre Freitas Câmara

ARRENDAMENTO RURAL FORÇADO

Em busca da função social da terra
em tempos de escassez

Belo Horizonte

2022

© 2022 Editora Fórum Ltda.

É proibida a reprodução total ou parcial desta obra, por qualquer meio eletrônico, inclusive por processos xerográficos, sem autorização expressa do Editor.

Conselho Editorial

Adilson Abreu Dallari
Alécia Paolucci Nogueira Bicalho
Alexandre Coutinho Pagliarini
André Ramos Tavares
Carlos Ayres Britto
Carlos Mário da Silva Velloso
Cármen Lúcia Antunes Rocha
Cesar Augusto Guimarães Pereira
Clovis Beznos
Cristiana Fortini
Dinorá Adelaide Musetti Grotti
Diogo de Figueiredo Moreira Neto (*in memoriam*)
Egon Bockmann Moreira
Emerson Gabardo
Fabrício Motta
Fernando Rossi
Flávio Henrique Unes Pereira
Floriano de Azevedo Marques Neto
Gustavo Justino de Oliveira
Inês Virgínia Prado Soares
Jorge Ulisses Jacoby Fernandes
Juarez Freitas
Luciano Ferraz
Lúcio Delfino
Marcia Carla Pereira Ribeiro
Márcio Cammarosano
Marcos Ehrhardt Jr.
Maria Sylvia Zanella Di Pietro
Ney José de Freitas
Oswaldo Othon de Pontes Saraiva Filho
Paulo Modesto
Romeu Felipe Bacellar Filho
Sérgio Guerra
Walber de Moura Agra

FÓRUM
CONHECIMENTO JURÍDICO

Luís Cláudio Rodrigues Ferreira
Presidente e Editor

Coordenação editorial: Leonardo Eustáquio Siqueira Araújo
Aline Sobreira de Oliveira

Rua Paulo Ribeiro Bastos, 211 – Jardim Atlântico – CEP 31710-430
Belo Horizonte – Minas Gerais – Tel.: (31) 2121.4900
www.editoraforum.com.br – editoraforum@editoraforum.com.br

Técnica. Empenho. Zelo. Esses foram alguns dos cuidados aplicados na edição desta obra. No entanto, podem ocorrer erros de impressão, digitação ou mesmo restar alguma dúvida conceitual. Caso se constate algo assim, solicitamos a gentileza de nos comunicar através do *e-mail* editorial@editoraforum.com.br para que possamos esclarecer, no que couber. A sua contribuição é muito importante para mantermos a excelência editorial. A Editora Fórum agradece a sua contribuição.

Dados Internacionais de Catalogação na Publicação (CIP) de acordo com a AACR2

F676a	Fonseca, André Luiz Filo-Creão Garcia da Arrendamento rural forçado: em busca da função social da terra em tempos de escassez / André Luiz Filo-Creão Garcia da Fonseca. - Belo Horizonte : Fórum, 2022. 376 p. ; 14,5cm x 21,5cm. Inclui bibliografia. ISBN: 978-65-5518-364-1 1. Direito Agrário. 2. Direito Constitucional. 3. Direito Administrativo. 4. Direito Civil. I. Título.
2022-869	CDD: 341.3 CDU: 342.9

Elaborado por Odilio Hilario Moreira Junior – CRB-8/9949

Informação bibliográfica deste livro, conforme a NBR 6023:2018 da Associação Brasileira de Normas Técnicas (ABNT):

FONSECA, André Luiz Filo-Creão Garcia da. *Arrendamento rural forçado: em busca da função social da terra em tempos de escassez*. Belo Horizonte: Fórum, 2022. 376 p. ISBN 978-65-5518-364-1.

Ao Andrezinho e à Mariana, que me fazem experimentar a forma mais sublime do amor: o amor de Pai.

AGRADECIMENTOS

Em primeiro lugar, agradeço a Deus pelo maravilhoso dom da vida, instrumento pelo qual é possível colocar nossa vida a serviço de nosso semelhante.

À Nossa Senhora de Nazaré, Rainha da Amazônia e Padroeira do povo paraense, presente em todos os momentos de minha vida.

Aos meus pais, João e Remígia, cujo amor e cuidado foram fundamentais em meu desenvolvimento.

Aos meus irmãos Giselle, Danielle, Cristina e Thiago, assim como a meus queridos sobrinhos José Vinícius, João Roberto, Roberta Gabrielle, Caio, Laura, Gustavo e João Paulo por todos os momentos de alegria, afeto e companheirismo.

À minha amada esposa Camila pela presença diária em minha vida, fazendo com que tudo seja mais leve e cheio de amor.

Aos meus grandes amores, Andrezinho e Mariana, ainda tão pequenos no tamanho, mas enormes e fundamentais em minha existência. A eles meu eterno amor.

Aos amigos que acompanham e vivenciam minha trajetória por cada palavra e gesto de incentivo.

À Faculdade de Direito da Universidade de Coimbra, seus professores e funcionários, pelo acolhimento e ensinamentos durante o curso de Doutoramento em Direito.

À Professora Doutora Fernanda Paula Marques de Oliveira, que com seus conhecimentos e extrema dedicação, foi fundamental à conclusão deste trabalho. A ela minha gratidão.

À Professor Doutora Maira Fátima de Oliveira Nobre pela imensa colaboração com a revisão gramatical.

A todos, o meu muito obrigado.

O homem vive em sociedade e só assim pode viver; a sociedade mantém-se apenas pela solidariedade que une seus indivíduos.
(Léon Duguit)

SUMÁRIO

PREFÁCIO
Fernanda Paula Oliveira 15

APRESENTAÇÃO
Alexandre Freitas Câmara 19

INTRODUÇÃO 23

CAPÍTULO 1
DIGNIDADE DA PESSOA HUMANA, DIREITOS FUNDAMENTAIS E A REFORMA AGRÁRIA COMO DIREITO FUNDAMENTAL SOCIAL DO TRABALHADOR RURAL 29

1.1	A dignidade da pessoa humana como fonte dos direitos fundamentais..	29
1.1.1	Contextualização...	29
1.1.2	Da dignidade da pessoa humana: breve percurso...........	33
1.1.3	Conteúdo da dignidade da pessoa humana e sua condição de fonte dos direitos fundamentais.................	42
1.2	Os direitos fundamentais na Constituição de um Estado Democrático e Social de Direito......................................	48
1.2.1	Contextualização...	48
1.2.2	Conceito de direitos fundamentais	50
1.2.3	Classificações e dimensões dos direitos fundamentais e o enquadramento do direito fundamental à reforma agrária	54
1.2.3.1	Classificações dos direitos fundamentais.........................	54
1.2.3.1.1	Quanto ao conteúdo dos direitos	54
1.2.3.1.2	Quanto aos bens jurídicos correspondentes	57
1.2.3.1.3	Quanto à forma do exercício	59
1.2.3.1.4	Direitos de liberdades e direitos sociais	60
1.2.3.2	Dimensões dos direitos fundamentais	60
1.2.4	Titulares dos direitos fundamentais	70

1.2.5	Os direitos fundamentais na Constituição brasileira e uma breve comparação com a sistemática constitucional portuguesa	72
1.3	Direitos sociais como direitos fundamentais de aplicação imediata e exigíveis(?)	79
1.3.1	Da aplicação imediata dos direitos fundamentais sociais a prestações no Brasil e em Portugal e a existência de aparente distinção do tratamento constitucional nesses países	79
1.3.2	Da estrutura e das obrigações estatais em sede de direitos fundamentais sociais	85
1.3.3	A escassez de recursos e os direitos sociais: a análise da exigibilidade dos direitos sociais ante a reserva do possível e o mínimo para uma existência condigna	88
1.3.4	A reforma agrária como direito fundamental social dos trabalhadores rurais	96

CAPÍTULO 2
A PROPRIEDADE PRIVADA COMO DIREITO FUNDAMENTAL NO BRASIL E NO ÂMBITO DO DIREITO INTERNACIONAL ... 105

2.1	Noção e conteúdo da propriedade privada	105
2.1.1	Conceito e conteúdo do direito de propriedade privada	105
2.1.2	Objeto do direito de propriedade privada	110
2.1.3	Características do direito de propriedade privada	115
2.2	A propriedade como direito fundamental no Brasil e no âmbito do direito internacional	117
2.2.1	A proteção constitucional à propriedade privada como direito fundamental no Brasil	117
2.2.2	A propriedade como direito fundamental perante o direito internacional	131
2.3	Limitações e garantias constitucionais ao direito de propriedade. a intervenção do Estado na propriedade privada.	136

CAPÍTULO 3
O CUMPRIMENTO DA FUNÇÃO SOCIAL DA TERRA EM PORTUGAL E NO BRASIL COMO EXIGÊNCIA CONSTITUCIONAL À LUZ DA TEORIA DA SOLIDARIEDADE SOCIAL ... 159

3.1	A teoria da solidariedade social como fundamento do princípio da função social da propriedade	159
3.2	Definição da função social da propriedade	178
3.2.1	Considerações gerais	178
3.2.2	Principais Características da Função Social da Propriedade	180

3.2.2.1	Imprescindibilidade do exercício de atividades produtivas.......	180
3.2.2.2	Imprescindibilidade da adequada utilização dos recursos naturais..	183
3.2.2.3	Observância das disposições reguladoras das relações de trabalho e exploração que favoreçam o bem-estar dos proprietários e trabalhadores...	186
3.3	A função social como elemento imanente e limitador do direito à propriedade rural no Brasil e em Portugal....................	190

CAPÍTULO 4
O INSTITUTO DA REFORMA AGRÁRIA E SUA INCIDÊNCIA NO BRASIL E EM PORTUGAL 207

4.1	Definição de reforma agrária...	207
4.2	Principais características da reforma agrária................................	209
4.3	Métodos..	213
4.4	A reforma agrária ao redor do mundo: breve análise.................	214
4.4.1	Reforma agrária em alguns países da Europa...............................	214
4.4.1.1	Reforma agrária na Itália..	214
4.4.1.2	Reforma agrária na Espanha..	215
4.4.1.3	Reforma agrária na França...	216
4.4.1.4	Reforma agrária na Rússia...	217
4.4.2	Reforma agrária em alguns países da Ásia...................................	219
4.4.2.1	Reforma agrária na China...	219
4.4.2.2	Reforma agrária no Japão...	221
4.4.3	Reforma agrária em alguns países da América............................	221
4.4.3.1	Reforma agrária nos Estados Unidos...	221
4.4.3.2	Reforma agrária no México..	222
4.4.3.3	Reforma agrária em Cuba...	225
4.4.3.4	Reforma agrária no Peru...	227
4.4.3.5	Reforma agrária no Chile..	230
4.4.3.6	Reforma agrária na Colômbia..	231
4.4.3.7	Reforma agrária na Bolívia...	234
4.5	A reforma agrária em Portugal..	236
4.6	A reforma agrária no Brasil..	248

CAPÍTULO 5
ARRENDAMENTO RURAL FORÇADO: ALTERNATIVA DE ACESSO À TERRA EM TEMPOS DE ESCASSEZ 267

5.1	O arrendamento rural...	267

5.2	O arrendamento rural nas legislações brasileira e portuguesa...	274
5.3	O arrendamento rural forçado por descumprimento da função social da propriedade e a necessidade de sua implantação no direito brasileiro..............	311
5.3.1	Contextualização.............	311
5.3.2	Da forma de ingresso do arrendamento rural forçado por descumprimento da função social da propriedade nas legislações, em especial no ordenamento jurídico brasileiro......	319
5.3.3	Natureza jurídica do arrendamento rural forçado por descumprimento da função social da propriedade.....................	321
5.3.4	Dos fundamentos fáticos do arrendamento rural forçado por descumprimento da função social da propriedade......................	322
5.3.5	Dos fundamentos jurídicos e requisitos legais (identificação do imóvel sujeito ao arrendamento, potenciais arrendatários, preço, duração e renovação) do arrendamento rural forçado por descumprimento da função social da propriedade...............	327
5.3.6	Dos direitos e deveres dos particulares envolvidos no arrendamento rural forçado por descumprimento da função social da propriedade........................	332
5.3.7	Das causas de exclusão do arrendamento rural forçado por descumprimento da função social da propriedade.....................	333
5.3.8	Da compatibilidade do arrendamento rural forçado por descumprimento da função social da propriedade com o direito à propriedade	335
5.3.9	Do controle judicial da inclusão de imóvel rural como objeto de arrendamento rural forçado por descumprimento da função social da propriedade........................	337
5.3.10	Uma lei para o arrendamento rural forçado.................	338
CONSIDERAÇÕES FINAIS		347
REFERÊNCIAS................................		353

PREFÁCIO

Começo por agradecer o amável convite do Autor desta obra, Doutor André Luiz Filo-Creão Garcia da Fonseca, para fazer o seu prefácio. Trata-se de prefaciar um trabalho que corresponde à dissertação elaborada no âmbito do programa de doutoramento em Direito Público, Estado Social, Constituição e Pobreza da Faculdade de Direito da Universidade de Coimbra que o Autor apresentou e discutiu nesta Universidade em 2021.

O particular gosto em assumir esta tarefa decorre não só da minha intervenção neste trabalho como orientadora do doutoramento e membro do júri das provas públicas, mas também dos laços de amizade que desenvolvi com o Autor, o que demonstra que a relação entre quem desenvolve um trabalho de investigação e quem o orienta nessa tarefa é claramente uma relação de aprendizagem recíproca que pode criar laços mais profundos que ficam para a vida.

*

No programa de doutoramento da Universidade de Coimbra no âmbito da qual a presente dissertação foi elaborada incentiva-se o investigador a tratar questões relacionadas com o Estado Social, a Constituição e a Pobreza, visando, com a investigação desenvolvida, gerar modificações não apenas teóricas, mas também práticas e com consequências positivas para a sociedade em que vivemos.

O trabalho apresentado na Obra que ora se publica parte de problemas concretos da vida em sociedade relacionada com a prática profissional do Autor para a qual este busca respostas jurídicas e soluções concretas, o que está em conformidade com os princípios da investigação responsável, na sua dimensão da relação dos investigadores com a sociedade e que preconiza uma posição de responsabilidade social dos investigadores traduzida na atenção aos problemas das sociedades em que vivem e trabalham e na investigação dos mesmos com o objetivo de contribuir para a sua solução e servir o bem público.

A questão que esteve na base da investigação – e que se encontra desenvolvida nesta publicação – foi a de saber se o arrendamento rural forçado pode ser perspetivado como um instrumento de cumprimento da função social da terra em tempos de crise ou de escassez e, deste modo contribuir eficazmente para as políticas de reforma agrária.

Este tema, como é sabido, assume um especial relevo no Brasil, onde se constata, por um lado, a ocorrência de concentração de imóveis rurais nas mãos de poucos (que, muitas vezes, nada ou pouco produzem), enquanto, por outro lado, pessoas que poderiam vir a produzir na terra e dela retirar seu sustento, não possuem acesso a esse meio de produção, o que contribui para o agravamento da fome, pobreza e das desigualdades sociais bem como para a eclosão de conflitos sociais, ocasionando ocupações desordenadas de terras por trabalhadores sem-terra, atos de violência e, muitas vezes, infelizmente, morte.

É a este propósito que a presente obra discute o relevo que poderia ter o recurso ao arrendamento forçado na minimização ou até mesmo erradicação desta grave situação social (concentração de terras), que gera inúmeros problemas sociais e jurídicos, principalmente porque as medidas que têm vindo a ser adotadas não têm resolvido o problema de forma eficaz.

A proposta que o Autor faz, decorrente da investigação levada a cabo, apresenta o instituto do arrendamento rural forçado como:

[i] uma intervenção do Estado na propriedade privada, no âmbito da política de reforma agrária, que visa fazer com que imóveis rurais que não cumpram a função social da propriedade sejam compulsoriamente arrendados a trabalhadores rurais que, embora sem acesso à propriedade da terra, tenham interesse em torná-la produtiva e, sem que o poder público venha a adquirir e indenizar a terra ao seu proprietário.

[ii] uma intervenção com mínimo dispêndio de recursos públicos possíveis, que são escassos (escassez agravada pela pandemia).

A proposta suscita, naturalmente, problemas jurídicos relevantes, que o Autor bem identifica, a saber:

[i] Como se chegar à possibilidade de aplicação desse instituto?

[ii] Como fundamentar sua existência e sua previsão no ordenamento jurídico?

[iii] Estará o instituto em conformidade com a ordem jurídico constitucional?

[iv] Não viola tal solução o direito à propriedade?

Para responder a estas questões essenciais, o Autor não foge a enfrentar e a tratar questões relevantes do direito público como a dignidade da pessoa humana e sua relação com os direitos fundamentais;

a reforma agrária, propriedade privada; a função social da propriedade e as consequências do seu incumprimento, etc.

Relacionando todos estes temas, a presente Obra defende a potencialidade do arrendamento rural forçado como instrumento efetivo de reforma agrária em tempos de escassez, concebendo este instituto como uma modalidade de intervenção do Estado na propriedade privada pela qual o poder público determina, perante a constatação de que uma área não cumpre com sua função social, que ela seja compulsoriamente arrendada a trabalhadores rurais sem acesso à propriedade da terra, mas desejam torná-la produtiva, fazendo-a cumprir a sua função social.

E aponta as suas principais vantagens, ao considerar que este instituto:

a) Garante ao trabalhador rural o cumprimento do direito fundamental social à reforma agrária;
b) Garante ao proprietário do imóvel, sujeito ao arrendamento forçado, que este tenha sua propriedade assegurada, tendo em vista que, mesmo diante da sanção pelo descumprimento da função social, terá direito a receber a renda;
c) É um instrumento de reforma agrária importantíssimo nos dias atuais (em que a escassez de recursos é grande), por a implementação não onerar o Estado com a obrigação de adquirir a terra, já que o trabalhador nela se estabelecerá e pagará renda ao proprietário.
d) É instrumento eficaz para gerar desenvolvimento em terras que estavam improdutivas, garantindo, assim, vantagens tanto à sociedade que terá riquezas produzidas na terra, ao trabalhador que garante sua subsistência e de sua família, bem como ao proprietário, que receberá a renda em razão do uso de sua terra.

Para além das várias temáticas tratadas ao longo das páginas que constituem a presente publicação, e que merecem uma leitura atenta, realçamos a apresentação de uma Proposta de Lei para o Arrendamento Rural Forçado no Brasil, que merece reflexão

*

Apesar de a realidade brasileira nas áreas tratadas na presente publicação continuar a enfrentar muitos problemas e dificuldades, julgamos que existe a esperança de um futuro melhor, por existir atualmente uma maior massa crítica e uma maior capacitação técnica na abordagem destas temáticas, de que a presente Obra é um exemplo claro.

Fernanda Paula Oliveira
Professora da Faculdade de Direito da Universidade de Coimbra. Coimbra, fevereiro de 2022.

APRESENTAÇÃO

Pediu-me André Filo-Creão, meu querido amigo, que escrevesse uma apresentação para a edição comercial de sua tese de doutorado, apresentada perante a Faculdade de Direito da Universidade de Coimbra. Vários motivos me levaram a receber esse convite com muita alegria.

O primeiro, claro, é minha amizade com o autor. Conheci André por conta de um evento da AMEPA, a Associação dos Magistrados do Estado do Pará, realizado em Belém. Depois, estivemos juntos em outro evento da mesma Associação, em Santarém. Ele e toda a magistratura paraense me trataram com imenso respeito e carinho em ambas as ocasiões. Mas entre mim e André acabou por se firmar uma grande amizade, que uniu também nossas famílias. Não por acaso já tivemos oportunidade de estar juntos em outras ocasiões, estamos sempre a conversar (apesar da distância continental entre Belém e Rio de Janeiro), e meus filhos já ganharam dele – e envergaram orgulhosamente – a camisa do Remo, seu time de coração. André, Camila, Andrezinho e Mariana estão sempre nos pensamentos e nas conversas aqui em casa.

O segundo motivo é a admiração pelo jurista. André trafega entre o Direito Processual Penal (área em que elaborou seus primeiros trabalhos) e o Direito Constitucional (ramo a que é dedicado o trabalho ora apresentado), e sempre parte da premissa de que o Direito deve ser pensado a partir do paradigma do Estado Democrático de Direito. Pode parecer pouco dizer isso, mas não é. Em um mundo em que a Democracia vive sob constante risco, todo defensor dos ideais verdadeiramente democráticos deve ser admirado e festejado.

O terceiro motivo é o fato de o trabalho ter sido apresentado no Programa de Pós-Graduação da Faculdade de Direito da Universidade de Coimbra. Além da histórica importância daquela instituição de ensino para a formação do pensamento jurídico brasileiro, há dois outros pontos que me aproximam daquela casa: ali proferi uma palestra anos atrás, em que estava completamente emocionado pelo simples fato de poder falar em Coimbra. Ademais, meu filho Rodrigo ali pôde cursar um semestre de seu curso de graduação em Direito.

Por fim, mas não menos importante, o tema da obra me encanta. O Brasil é um país subdesenvolvido, desigual, em que há muitas pessoas buscando terra para poder trabalhar e viver com dignidade, enquanto muitas propriedades simplesmente não cumprem sua função social, constitucionalmente determinada, e pouco – ou nada – acontece para mudar esse panorama.

A propriedade, dizia o romanista Bonfante, é o mais amplo direito que uma pessoa pode ter sobre uma coisa. Daí não resulta, porém, tratar-se de um direito absoluto, ilimitado. E é preciso que, em um ordenamento constitucional construído a partir do paradigma do Estado Democrático de Direito se imponha um limite essencial: a exigência de observância de sua função social. Pode-se mesmo dizer que, no constitucionalismo brasileiro, a propriedade é o direito de usar, fruir e dispor de um bem, desde que observada sua função social.

Sempre que me surge o tema da função social da propriedade lembro-me do mesmo fato. Era 1987, eu cursava o primeiro ano da Faculdade de Direito da UERJ, e pude assistir a uma palestra de Orlando Gomes sobre o tema. O monumental jurista baiano, que logo depois nos deixaria, afirmava naquela altura, para assombro do jovem calouro, que não pode haver propriedade imobiliária que não cumpra sua função social. No ano seguinte veio a Constituição da República, e até hoje, décadas depois, continuo a acreditar nisso sem qualquer sombra de dúvida.

Pois a tese de André Filo-Creão propõe soluções muito interessantes para os sérios problemas já aventados. O arrendamento rural forçado permite que se atribua coercitivamente função social a uma propriedade que não a cumpria, sem privar o proprietário do bem (e, portanto, evitando assim uma proteção excessiva ou deficiente do direito fundamental à propriedade, o que está em plena conformidade com o princípio da proporcionalidade) e evitando que o Poder Público precise arcar com o custo de uma desapropriação que pode inviabilizar qualquer política pública de assentamento ou de reforma agrária quando a economia está em permanente crise.

E se o problema está na falta de previsão normativa dessa limitação ao direito de propriedade, André sugere alterações no texto constitucional e na legislação, tudo para permitir a incorporação, ao ordenamento brasileiro, dessa interessante figura.

Fiquei, assim, muito honrado por poder ter contato com o trabalho ainda no prelo, e apresentá-lo ao público leitor. Oxalá essas ideias germinem, chamem a atenção das autoridades competentes, e permitam um pouco mais de Democracia nos campos brasileiros.

Parabéns ao autor e à editora por essa notável contribuição ao Direito pátrio.

Alexandre Freitas Câmara
Doutor em Direito (PUC-MG). Professor adjunto de Direito Processual Civil da Escola de Direito do Rio de Janeiro da Fundação Getulio Vargas. Desembargador no Tribunal de Justiça do Estado do Rio de Janeiro.

INTRODUÇÃO

    Em uma obra acadêmica, como a presente, que se propõe a tratar de tópicos relacionados ao Direito Público, Estado Social, Constituição e Pobreza, demonstra-se fundamental que seu resultado consiga enfrentar, no campo fático, referidos tópicos, na medida em que, assim procedendo, terá o material doutrinário a possibilidade de realizar a análise de alguma ou de várias políticas públicas sociais, da aplicação do direito nas mencionadas políticas. Neste sentido, leva-se em conta não só as obrigações do Estado, os direitos e deveres dos cidadãos, bem como a atual realidade econômica mundial, onde é inegável a existência da escassez de recursos para atender a integralidade dos chamados direitos sociais prestacionais, notadamente no instante em que se vive uma gravíssima crise sanitária, sem precedentes no mundo contemporâneo, decorrente da Covid-19, que, além dos inerentes problemas de saúde, apresentará sérias consequências socioeconômicas que deverão ser suportadas e enfrentadas.

    Diante desse quadro, o presente livro, cujo título é *Arrendamento rural forçado: em busca da função social da terra em tempos de escassez*, visa tratar de tema relacionado aos eixos temáticos acima referidos e abordará acerca de situação extremamente comum em diversos países, em especial no Brasil, qual seja, a concentração de imóveis rurais nas mãos de poucos, que, em muitos casos, nada produzem e apenas especulam, enquanto que, por outro lado, há inúmeros outros que precisam de terras para produzir e não possuem acesso a estas.

    Esta realidade fática, induvidosamente, tem grande contribuição no quadro de fome, de pobreza e de desigualdades sociais, na medida em que pessoas que poderiam vir a produzir na terra e dela retirar seu sustento, gerando, assim, riquezas e rendas para a sociedade, não possuem qualquer acesso a esse meio de produção, que se encontra, como dito, em sua ampla maioria, concentrado nas mãos de pouquíssimas pessoas. Apenas a título de exemplo, no Brasil, conforme pesquisa realizada no ano de 2016, quase metade de sua área rural, aproximadamente 45%, pertencia a apenas 0,91% das propriedades. Por sua vez, os estabelecimentos com menos de 10 hectares, que representavam cerca de 47% do total das propriedades do país, ocupavam menos de 2,3% da área rural do país (OXFAM BRASIL, 2016, p. 8).

Em face disso, cujo lastro consiste em contribuir para o aumento da pobreza, da fome e de desigualdades sociais, torna-se necessário encontrar medidas voltadas para minimizar tal situação, à proporção que esta, além de aumentar esse aspecto negativo, contribui para a eclosão de diversos conflitos sociais, ocasionando ocupações desordenadas de terras pelos chamados "trabalhadores sem terra", atos de violência e, infelizmente, mortes no campo (LOSANO, 2006, p. 44), sendo, pois, imperiosa a atuação estatal com vistas a minimizar ou, até quem sabe, em uma visão mais otimista, solucionar este grave problema social gerador de inegáveis repercussões na esfera jurídica.

Esta é a razão de ser da presente obra quando objetiva tratar, com ineditismo, do instituto denominado de *arrendamento rural forçado*, o qual vem a figurar como uma modalidade de intervenção do Estado na propriedade privada, que visa fazer com que imóveis rurais descumpridores de sua função social, venham a ser compulsoriamente arrendados a trabalhadores rurais, que, embora sem acesso à propriedade da terra, tenham interesse em torná-los produtivos. Isto representa, portanto, uma nova modalidade de política pública de reforma agrária, que, como se procurará demonstrar, constitui um direito fundamental social do trabalhador rural e, como tal, deve ser objeto de atuação ativa por parte do poder público no sentido de buscar sua efetivação, uma vez que, na qualidade de direito fundamental, almeja assegurar condições de vida digna a seus destinatários.

Assim, buscar-se-á comprovar que como uma modalidade de reforma agrária que é, o arrendamento rural forçado visa fazer com que a terra cumpra com sua destinação econômica e social, propiciando ao trabalhador rural o acesso a terras improdutivas, a fim de que ali possa exercer suas atividades, proporcionando-lhe condições de gerar riquezas à sociedade, além de garantir-lhe a subsistência e da família, passando, desse modo, a ter uma vida mais digna, acarretando, assim, paz no seio social.

Ao mesmo tempo, procurar-se-á demonstrar que o instituto do arrendamento rural forçado encontra-se em plena conformidade com os ordenamentos constitucionais garantidores do direito à propriedade privada, a qual, por sua vez, não será suprimida de seu titular, pois permanecerá tendo direitos sobre esta. Também se buscará comprovar que o arrendamento rural forçado aparece como medida salutar para o cenário econômico mundial no período atual e no que se avizinha, quando, possivelmente, será ainda maior a escassez de recursos públicos para a garantia de direitos sociais. Escassez esta que já se demonstrava significativa no momento pré-pandemia do Covid-19 e que, agora, apresenta tendência a se agravar.

A partir da utilização do arrendamento rural forçado para a implantação do direito à reforma agrária, o poder público não necessitará dispor de recursos para indenizar o titular da propriedade arrendada de maneira compulsória, o qual receberá do arrendatário uma renda pelo uso da terra.

Para alcançar esses propósitos, o presente trabalho será dividido em um total de cinco partes. Em sua primeira parte, discorrer-se-á sobre a dignidade da pessoa humana, quando se buscará demonstrar que esta figura como fundamento dos direitos fundamentais, os quais servem de instrumento para concretizá-la. Portanto, far-se-á uma análise do percurso da dignidade da pessoa humana, demonstrando-se o caminho percorrido até os dias atuais, quando consta prevista, implícita ou explicitamente, em diversos textos constitucionais ao redor do mundo. Além disso, será analisado seu conteúdo, a fim de comprovar que se constitui em um verdadeiro fundamento da previsão constitucional de diversos direitos fundamentais que visam garantir autonomia, liberdade e uma vida minimamente condigna aos cidadãos.

Ainda na primeira parte, tratar-se-á dos direitos fundamentais, abordando-se conceito, classificações, dimensões, titulares e proceder-se-á a análise desses direitos na Constituição brasileira, além de realizar breve comparação com a sistemática constitucional portuguesa. Posteriormente, serão analisados os direitos fundamentais sociais, tratando-se de sua estrutura, das obrigações estatais deles decorrentes, da aplicação destes ante a escassez de recursos, para, ao final, buscar demonstrar que a reforma agrária constitui-se em direito fundamental social do trabalhador rural.

A segunda parte da pesquisa tratará da propriedade privada e seu reconhecimento como direito fundamental no Brasil e no âmbito do direito internacional, quando, então, apresentará o conceito e o conteúdo do direito de propriedade privada, objeto e características, assim como a relevante proteção constitucional à propriedade privada no direito brasileiro como um direito fundamental, similar ao ocorrido no âmbito do direito internacional. Ao final, serão tratadas das limitações e garantias constitucionais ao direito de propriedade privada, demonstrando-se que, não obstante a existência da proteção a esse direito, o mesmo não é absoluto, encontrando limitações derivadas da supremacia do interesse público sobre o particular, o que autoriza, desse modo, a chamada intervenção do Estado na propriedade privada.

A terceira parte do livro terá como objeto a chamada função social da propriedade, ocasião em que se fará a análise da chamada teoria da solidariedade social, surgida como fundamento da função social. Em seguida, uma vez demonstrado o fundamento da chamada função social da propriedade, tratar-se-á de seus requisitos, bem como se almejará comprovar que esta se trata de elemento imanente e limitador do direito à propriedade privada tanto no Brasil como em Portugal.

Na quarta parte, discorrer-se-á sobre o instituto da reforma agrária, procedendo-se à breve análise do instituto em alguns países e sua incidência no Brasil e em Portugal, quando, então, apresentar-se-ão conceito, características, métodos e formas de implementação nos referidos países.

Por fim, na quinta parte, uma vez apresentado o arcabouço doutrinário necessário, discorrer-se-á propriamente acerca do instituto do arrendamento rural forçado, a fim de demonstrar que se caracteriza como alternativa viável de acesso à terra em tempos de escassez. Nessa etapa, será tratado inicialmente do instituto do arrendamento rural convencional, já previsto tanto no direito brasileiro, como no direito português. Após isso, adentrar-se-á na análise do inédito instituto do arrendamento rural forçado por descumprimento da função social da propriedade, destacando-se fundamentos fáticos e jurídicos, requisitos legais, direitos e deveres dos particulares envolvidos, causas de exclusão, compatibilidade do instituto com o direito à propriedade privada, controle judicial da inclusão de imóvel rural nessa modalidade interventiva, encerrando-se com uma proposta legislativa para o instituto no Brasil.

Com efeito, quer demonstrar a presente obra que o arrendamento rural forçado trata-se de instrumento plenamente viável para garantir o direito fundamental social de acesso à terra do trabalhador rural, guardando, ao mesmo tempo, plena compatibilidade com as Constituições que contemplam o direito à propriedade privada, figurando ainda como medida viável do ponto de vista econômico na proteção e garantia de direitos sociais, visto não necessitar de dispêndio de recursos públicos para indenizar o proprietário do bem objeto da medida interventiva estatal.

As fontes de pesquisa são bibliográficas, cujo intento reside em demonstrar que o arrendamento rural forçado se constitui em instrumento adequado, legítimo e constitucional para alcançar o cumprimento da função social da propriedade rural em tempos de escassez.

CAPÍTULO 1

DIGNIDADE DA PESSOA HUMANA, DIREITOS FUNDAMENTAIS E A REFORMA AGRÁRIA COMO DIREITO FUNDAMENTAL SOCIAL DO TRABALHADOR RURAL

1.1 A dignidade da pessoa humana como fonte dos direitos fundamentais

1.1.1 Contextualização

A dignidade da pessoa humana compreende, sem dúvida alguma, um dos princípios mais mencionados em diversos ordenamentos jurídicos ao redor do mundo, sendo utilizado para questionar práticas arbitrárias e ilícitas dos mais variados entes, sejam públicos ou privados. Em Portugal, esse princípio encontra-se consagrado logo no artigo 1º da Constituição da República Portuguesa, que estabelece que "Portugal é uma República soberana, baseada na dignidade da pessoa humana e na vontade popular e empenhada na construção de uma sociedade livre, justa e solidária". Na doutrina portuguesa predomina o posicionamento de que o constituinte ao se referir à dignidade da pessoa humana buscou subordinar o catálogo de direitos fundamentais a um valor transcendente à vontade política do Estado. Trata-se, pois, de um princípio que confere unidade de sentido, de valor e de concordância prática ao sistema de direitos fundamentais. A pessoa constituiria, assim, fundamento e fim da sociedade e do Estado (MARTINS, 2010, p. 38).

A Constituição Federal brasileira, também em seu artigo 1º, apresenta a dignidade da pessoa humana como um dos fundamentos da República Federativa, colocando esse princípio ao lado de outros igualmente relevantes como a soberania, a cidadania, os valores sociais do trabalho e da livre iniciativa e o pluralismo político. Deve, assim, a dignidade da pessoa humana servir de diretriz para a interpretação de todas as normas existentes no ordenamento jurídico brasileiro (FERMENTÃO, 2016, p. 890). Portanto, a dignidade da pessoa humana, como base da República, significa o reconhecimento do *homo noumenon*, ou seja, o homem deve ser tido como o limite e fundamento do domínio político da República, que deve figurar como uma organização política cuja existência se justifique para servir o homem e não o contrário (GOMES CANOTILHO; MOREIRA, 2003). É induvidosa a importância dessa previsão constitucional, não apenas no Brasil, bem como em diversos países, na medida em que a disseminação desse postulado constitui-se verdadeiro avanço civilizatório. Esse princípio, de cunho profundamente humanista, baseia-se na valorização da pessoa e é comprometido com a garantia de seus direitos básicos contra todas as formas de injustiça e opressão, inclusive estatal, sobre o qual recai o dever de garantir, com efetividade, essa dignidade, considerando que o objetivo final da existência e das ações do Estado deve, indubitavelmente, proteger a dignidade da pessoa humana (BALAYAN, 2015).

A dignidade da pessoa humana compreende um princípio jurídico constitucional contemplado por diversas Constituições, como a Portuguesa e a Brasileira, como fundamental. Registre-se que inclusive em países, como Estados Unidos e França, nos quais a dignidade da pessoa humana não se encontra expressamente mencionada nas Constituições, sua eficácia também é reconhecida, o que demonstra importância e reconhecimento global. Na França, por exemplo, mesmo diante da ausência de norma expressa, o Conselho Constitucional decidiu, em 1994, ao analisar a constitucionalidade de lei que disciplinava a doação e utilização de elementos e partes do corpo humano, que o princípio da dignidade da pessoa humana tem o *status* de princípio constitucional. Convém ressaltar que o Conselho Constitucional reconheceu esse *status* sem se valer de disposição da Constituição em vigor (de 1958), mas de uma declaração de princípios inserida na Constituição do pós-guerra (1946) (MARTINS, 2010, p. 43).

Dessa forma, independente da opinião a respeito do sentido da dignidade da pessoa humana, é fato que esta se constitui em um dogma de cunho constitucional a ser observado por todos, inclusive, como mencionado, pelo Estado, cujo comportamento não deve se limitar a respeitar, mas sobretudo, fomentar e resguardar os direitos dela decorrentes, deve atuar preventiva e repressivamente sempre que ocorrerem possíveis violações a esses direitos, removendo todos os obstáculos que impeçam o seu exercício (GAMBINO, 2019, p. 40). Nesta premissa, devem, portanto, em qualquer Estado Democrático, as disposições sobre uma pessoa, sua dignidade, direitos e liberdades figurar como valores de extrema relevância, sendo dotados de supremacia (BALAYAN, 2015, p. 235).

A dignidade da pessoa humana representa a base sobre a qual se assenta a República, devendo, pois, ser levada profundamente a sério, não pode ser reduzida a um fato jurídico trivial, ou seja, o princípio da dignidade da pessoa humana encontra-se elevado à qualidade de alicerce em que se assenta todo o edifício constitucional. De algum modo, é constitucionalmente reconhecida como "princípio dos princípios", ou seja, a existência de violação a este princípio se constitui em grave transgressão ao Estado de Direito Constitucional (NOVAIS, 2015, p. 19).

A dignidade vem sendo considerada, para muitos, qualidade intrínseca e indissociável de todo e qualquer ser humano, de maneira que a destruição de um implicaria a destruição do outro, motivo pelo qual o respeito e a proteção da dignidade da pessoa humana, de cada uma e de todas as pessoas, devem ser a meta perene da humanidade, do Estado e do Direito (SARLET, 2010b, p. 29). Portanto, à luz das Cartas Constitucionais portuguesa e brasileira, inobservar a dignidade da pessoa humana caracterizaria uma ofensa a um valor incondicional do Estado de Direito, que abalaria o suporte que sustenta toda a ordem jurídica constitucional, configurando, assim, grave e invencível inconstitucionalidade.

Muito embora, o princípio em questão esteja constitucionalmente consagrado, é nítido que cotidianamente se depara com inúmeras situações em que não tem sido assegurado, havendo uma continental distância entre a previsão dos textos constitucionais e a realidade vivida pelas populações, especialmente nos países em desenvolvimento como o Brasil e outros da América Latina. A fome, o desemprego, as doenças e a falta de acesso a direitos básicos ainda são situações comuns em países nos quais a dignidade da pessoa humana encontra previsão constitucional, o que mostra que a realidade fática não condiz com o preceituado pelas Cartas Políticas. Com efeito, há necessidade de concretizar, na vida das pessoas, esse postulado constitucional.

Não bastasse a dificuldade de concretização da dignidade da pessoa humana na vida das pessoas, outro ponto a merecer análise diz respeito à árdua tarefa de se estabelecer o conteúdo do referido princípio, o que gera profundas divergências conceituais em face de sua elevada abertura semântica, situação que gera curiosa ocorrência pela qual a dignidade da pessoa humana, como conceito jurídico, passa a funcionar como um mero espelho, no qual cada um projeta os próprios valores, procedendo definição conforme suas vontades. Sarmento, nesse particular, afirma:

> A elevada abertura semântica do princípio, a diversidade das suas fontes históricas e fundamentações filosóficas, a sua incidência sobre temas profundamente controvertidos sob o prisma moral, político e religioso, e o pluralismo social que caracteriza as sociedades contemporâneas contribuem para tornar a interpretação da dignidade da pessoa humana um terreno fértil para embates sociais, travados em diferentes esferas, como no Poder Judiciário, nos parlamentos, na opinião pública e na academia. (SARMENTO, 2016, p. 16).

Há, pois, uma enorme dificuldade na concretização desse princípio, uma vez que não significa empreendimento tranquilo chegar-se a um conceito secular, aberto, consensual do que venha a ser dignidade da pessoa humana, e que, ao mesmo tempo, não perca densidade e lhe propicie desenvolver efeitos normativos próprios e em conformidade com um postulado sobre o qual se encontra assentada toda a estrutura constitucional de Estado de Direito (NOVAIS, 2015, p. 25). Isso resta demonstrado quando se observam litígios nos quais a dignidade da pessoa humana vem sendo utilizada como fundamento dos dois lados antagônicos, como, por exemplo, em matérias como o aborto, a eutanásia, o suicídio assistido etc. (BARROSO, 2014, p. 10). Por essa razão, torna-se necessário entender o conteúdo e o significado da noção de dignidade da pessoa humana a fim de compreendê-lo e, dessa maneira, melhor efetivá-lo na vida das pessoas.

Essa compreensão deve ser buscada a partir do posicionamento de que quando uma Constituição prevê o princípio da dignidade da pessoa humana não realiza a criação de algo novo, antes inexistente, mas, ao contrário, confere conteúdo jurídico a algo que já existia historicamente, motivo pelo qual se torna necessário analisar o seu percurso até os dias atuais. Sem dúvida alguma, tal situação propiciará melhor percepção da forma como esse princípio figura hoje como alicerce dos direitos constitucionalmente consagrados. Esse percurso, conforme referido por Peces Barba Martínez, dá o sentido atual da dignidade da pessoa humana que se obtém:

(...) del tránsito a la modernidad, donde surge el concepto de hombre centrado en el mundo y centro del mundo, es decir, donde esa dignidade es acompanhada por la idea de laicidad. Sin embargo, ya desde la antigüedad nos encontramos con precedentes o con materiales que servían luego para la construcción del modelo moderno. (PECES BARBA MARTÍNEZ, 2003, p. 21).[1]

1.1.2 Da dignidade da pessoa humana: breve percurso

Nenhum princípio jurídico surge pronto e acabado, pelo contrário, é construído com o passar do tempo levando em conta diversos fatores, sejam eles econômicos, sociais, políticos e culturais. Além disso, como os princípios surgem a partir das relações sociais, devem ser entendidos como postulados que possuem a possibilidade de se modificarem no decorrer do tempo, a depender de mudanças no seio social onde se encontra consagrado. Premissa válida para o princípio da dignidade da pessoa humana, que não nasceu pronto, sendo importante, portanto, analisar, ainda que de forma abreviada, o seu percurso até chegar aos dias de hoje.

Sarmento (2016, p. 27) ao tratar de dignidade humana, apresenta duas ideias distintas, que, apesar de se entrelaçarem, não se identificam necessariamente, quais sejam, a dignidade da pessoa humana e a dignidade da espécie humana. Por esse pensamento, a dignidade da pessoa humana pressupõe a da espécie humana, mas o inverso não ocorre de modo que, para ele, a dignidade da pessoa humana pressupõe a da espécie humana, não ocorrendo, todavia, o inverso. Visto que a dignidade da espécie humana consiste em reconhecer que o ser humano ocupa posição superior e de destaque entre todos os seres que habitam o mundo, justificando-se essa posição em decorrência do uso da razão, do livre-arbítrio e do fato de ter sido o homem criado à imagem e semelhança de Deus. Por sua vez, pela dignidade da pessoa humana, todas as pessoas, só pelo fato de suas humanidades, possuem dignidade inerente a essa condição, razão pela qual devem ser tratadas com respeito e consideração. Registre-se que, nos conceitos modernos de dignidade humana constantes nas Constituições contemporâneas e nos tratados internacionais sobre direitos humanos, tanto a noção de

---

[1] (...) do trânsito para a modernidade, onde surge o conceito de homem centrado no mundo e no centro do mundo, isto é, onde essa dignidade é acompanhada pela ideia da laicidade. No entanto, desde a antiguidade, temos precedentes ou materiais que serviram mais tarde para a construção do modelo moderno (Tradução nossa).

dignidade da espécie humana como a da dignidade da pessoa humana se fazem presentes (SARMENTO 2016, p. 27).

A ideia de dignidade da espécie humana é mais antiga que a ideia de dignidade da pessoa humana, que se firmou após o Iluminismo. Essa afirmação pode ser ratificada a partir da análise pela qual o homem, bem antes do Iluminismo, já era tratado como ser de destaque entre todos os seres vivos, contudo, isso não garantia a exigência de reconhecimento de igualdade entre as pessoas, havendo, ao contrário, profunda e natural desigualdade entre os seres humanos (SARMENTO, 2016, p. 28).

Na antiguidade clássica, a dignidade da pessoa humana levava em consideração, como regra, a posição social ocupada pelo agente e o reconhecimento deste perante as pessoas da comunidade, havendo, assim, pessoas mais dignas ou menos dignas. Para o pensamento estoico, a dignidade era tratada como uma qualidade que, por ser inerente ao ser humano, diferenciava-o das demais criaturas, compreendendo que todos os seres humanos são dotados da mesma dignidade, estando sujeitos às mesmas leis naturais, de acordo com as quais é proibido que uns prejudiquem os outros, sendo possível reconhecer a coexistência de um sentido moral, relacionado às virtudes pessoais do mérito, integridade e lealdade, e de um sentido sociopolítico de dignidade, ligado à posição sociopolítica ocupada pelo agente (SARLET, 2010b, p. 32). Desse modo, a dignidade teria um duplo sentido. O primeiro seria o sentido absoluto, pois o homem teria uma dignidade decorrente de sua posição de destaque na natureza, único ser dotado de racionalidade dentre os animais. O segundo seria o sentido relativo, pelo qual a dignidade se vincularia à posição social do indivíduo, que poderia ser alterada durante sua vida.

Barroso (2014, p. 13) sustenta que em uma linha de desenvolvimento, desde a Roma Antiga, passando pela Idade Média, até o surgimento do Estado Liberal, a dignidade era um conceito intimamente ligado ao *status* pessoal de alguns sujeitos ou à importância de algumas instituições, ou seja, a dignidade representava a posição política ou social decorrente da titularidade de determinadas funções públicas, gerando um dever de respeito, de deferência, aos indivíduos detentores dessa *qualidade*, ou seja, a dignidade não estava ligada aos direitos humanos, mas sim a qualidades políticas ou sociais.

Como se vê, até antes do Iluminismo, a dignidade considerava a existência de uma sociedade de castas, na qual a desigualdade entre as pessoas era inerente à vida social, pelo que não é possível entender a ideia hoje existente de dignidade da pessoa humana como um desenvolvimento histórico do conceito antigo de *dignidade*, visto este conceito implicar tratamentos privilegiados, portanto, não levava em conta a condição humana em si, mas cargos e funções desempenhados pelos homens. A dignidade da pessoa humana contemporânea é aquela na qual se reconhece a existência de um estatuto elevado, supremo, sagrado, contudo, não consubstanciado em privilégios para poucos, mas se encontra generalizado igualitariamente a todas as pessoas pela simples razão de o serem, havendo, pois, uma *igual dignidade*. Nessa compreensão contemporânea de dignidade da pessoa humana, há, simultaneamente, um alcance vertical, relacionado ao fato de que os seres humanos possuem superioridade em relação aos animais; e também horizontal, consistente na igualdade dos seres humanos entre si, independente da função exercida na sociedade (PELÈ, 2004, p. 10).

Infere-se, pois, que a ideia antiga de dignidade, conceito compatível e estreitamente associado à hierarquia e ao privilégio, contrapõe-se claramente à contemporânea configuração jurídica e ética do princípio de dignidade humana, que evoca, ao invés, um sentido de igualdade e de atribuição geral e universal de direitos, de valia e reconhecimento (NOVAIS, 2015, p. 32). O entendimento contemporâneo de dignidade da pessoa humana possui sua origem na religião e na filosofia, sendo fundamentado na ideia de que cada ser humano possui um valor intrínseco e desfruta de uma especial posição no universo. No que concerne à religião, constata-se que a ideia bíblica do homem, de ser concebido à imagem e semelhança de Deus, designa sua vocação como um apelo à perfeição, o que fez com que fosse afirmada sua dignidade, ou seja, esta o distingue dos demais seres do universo, ante a presença de traços só por ele partilhados com Deus (MANZONE, 2010, p. 291).

Na primeira fase do cristianismo, quando havia assumido a condição de religião oficial do Império, salienta-se o pensamento do Papa São Leão Magno, ao sustentar que os seres humanos possuem dignidade pelo fato de Deus os ter criado à sua imagem e semelhança, e que, ao tornar-se homem, dignificou a natureza humana, além de revigorar a relação entre o Homem e Deus mediante a voluntária crucificação de Jesus Cristo. Logo depois, no período inicial da Idade Média, Anicio Manlio Severino Boécio, cujo pensamento foi posteriormente retomado (em parte) por Tomás de Aquino, formulou, para a época, um novo conceito de pessoa e acabou por influenciar a noção contemporânea de dignidade da pessoa humana ao definir a pessoa como substância individual de natureza racional (SARLET, 2010, p. 34).

Tomás de Aquino defendia que a superioridade do ser humano era decorrente não só da racionalidade, bem como do livre-arbítrio conferido por Deus ao homem, ao criá-lo à sua imagem e semelhança, ou seja, a pessoa, segundo a visão tomista, seria a mais perfeita criação divina. Desse modo, foi asseverado que o fundamento da dignidade da pessoa humana residiria no fato de que o ser humano havia sido constituído à imagem e semelhança de Deus, assim como na sua capacidade de autodeterminação, por força de sua dignidade, o ser humano, livre que é por natureza, existe em função da própria vontade. Em virtude disso, o homem, pelo só fato de ser homem, independente de ocupar cargos ou ter características particulares, deveria ser reconhecido como possuidor de dignidade. Como consequência da pessoa humana ser criatura especial e distintamente honrada pela intenção divina de lhe atribuir a centralidade do mundo, qualquer enfraquecimento dessa ideia ou degradação e destruição de uma pessoa figuraria tanto uma ofensa à sua dignidade como, simultaneamente, um sacrilégio contra Deus ou, na perspectiva recíproca, que qualquer bem que se fizesse a um necessitado corresponderia a um bem feito a Cristo, isto é, à imagem personificada do Deus invisível (NOVAIS, 2015, p. 49).

Todavia, a visão de dignidade apresentada pelo Cristianismo, de reconhecer a superioridade do homem em relação aos demais animais e seres da natureza, não possuía um sentido igualitário que viesse a reconhecer para todos os seres humanos os mesmos direitos e obrigações, havendo, ao contrário, verdadeira relação de castas, pressupondo a existência de desigualdade natural entre elas, pois algumas tinham funções tidas como mais relevantes na sociedade, enquanto outras tinham nítida posição de submissão. Portanto, não obstante a importância do pensamento cristão para a formulação atual da ideia de dignidade da pessoa humana, havia a necessidade de aperfeiçoamento com vistas a tornar o conceito menos abstrato e mais próximo da realidade fática.

No período do Renascimento, Pico della Mirandola manteve a lógica da dádiva divina e retomou a inspiração estoica, não fundamentando o princípio no âmbito da criação divina, mas na associação entre a característica do homem, consubstanciada na racionalidade, e a diferença com os demais seres. Havia sido por intermédio do homem que Deus estabelecera o destino de todos os outros, dando-lhe a liberdade de determinar-se de acordo com sua natureza. A esse respeito, o magistério de Sarmento:

> Para Pico, a dignidade repousa, antes de tudo, na autonomia individual, que consiste na capacidade que tem o ser humano de fazer escolhas sobre os rumos de sua vida. Portanto, nessa perspectiva renascentista, a dignidade humana é um atributo de todas as pessoas, e não só de uma elite. (SARMENTO, 2016, p. 33).

Contudo, o pensamento renascentista não assegurava ainda a ideia de que todos os seres humanos, detentores de dignidade, deveriam gozar de idênticos direitos e obrigações. No século XVI, Francisco de Vitória, durante as discussões na Espanha referentes ao processo de escravização e exploração dos índios, sustentou que estes, em função do direito natural e da sua natureza humana, e não pelo fato de serem católicos, cristãos ou protestantes, eram livres e iguais, devendo ser respeitados como sujeitos de direitos (SARLET, 2010, p. 35).

Não obstante esse pensamento, o processo de colonização espanhola não observou, na prática, os preceitos da dignidade da pessoa humana, pois, concretamente, as políticas de colonização da América – não só da espanhola, mas também da portuguesa, inglesa etc. – foram governadas por lógica perversa, que denegava a humanidade e dignidade dos indígenas, e até hoje ainda não foi superada, fato constatável pela realidade fática de diversos países que foram objetos dessa colonização (SARMENTO, 2016, p. 34).

Por sua vez, Samuel Pufendorf afirmava que a noção de dignidade não estava fundada em uma qualidade natural do homem, muito menos poderia ser identificada com um cargo por ele ocupado, tampouco poderia ser entendida como uma concessão divina. Segundo Pufendorf, o respeito à dignidade da pessoa humana deveria existir em razão da liberdade do ser humano de optar de acordo com sua razão e agir conforme seu entendimento e sua opção (SARLET, 2010, p. 36). Todavia, apenas com o Iluminismo o conceito de dignidade da pessoa humana começou a propagar-se, eis que, naquele momento histórico, prevaleceu a razão, o conhecimento e a liberdade, em detrimento do pensamento de cunho religioso e teocentrista da época anterior.

O pensamento iluminista, ao romper com o pensamento medieval, passou, na realidade, a apresentar as raízes do contorno contemporâneo do princípio da dignidade da pessoa humana, dando-lhe uma visão laica, não fundamentada em questões de cunho religioso, mas lastreada na capacidade de cada ser humano atuar racionalmente e de se autodeterminar. Neste sentido, destaca-se a chamada teoria kantiana, pela qual, diferentemente das coisas e dos animais, as pessoas não têm preço, mas possuem dignidade, sendo um fim em si mesmas. Essa concepção foi construída a partir da natureza racional do ser humano, motivo pelo qual o referido filósofo discorre que a autonomia da vontade, traduzida como a faculdade do homem determinar a si mesmo e se portar de acordo com as leis, é uma característica inerente apenas ao homem, ser racional que é, repousa nisto o fundamento da dignidade da pessoa humana.

> O homem, e, duma maneira geral, todo o ser racional, *existe* como fim em si mesmo, *não só como meio* para o uso arbitrário desta ou daquela vontade. Pelo contrário, em todas as suas acções, tanto nas que se dirigem a ele mesmo como nas que se dirigem a outros seres racionais, ele tem sempre de ser considerado *simultaneamente como fim*. (KANT, 2007, p. 68, grifos do autor).

Assim, os seres irracionais possuem apenas um valor relativo como meios, instrumentos, sendo, por essa razão, chamados de coisas; enquanto que os seres racionais são chamados de pessoas, pois que suas respectivas naturezas os distinguem como fins em si mesmos, como algo que não pode ser empregado como simples instrumento, sendo, por isso, limitado todo e qualquer tipo de arbítrio em relação aos mesmos. Para Kant (2007, p. 77), no reino dos fins tudo tem um preço ou uma dignidade. Assim, quando uma coisa tem um preço, pode-se pôr em vez dela qualquer outra como *equivalente;* mas quando uma coisa está acima de todo o preço, e, portanto, não permite equivalente, então, tem ela dignidade. Desse modo, tudo aquilo que se relaciona com as inclinações e necessidades gerais do homem tem um *preço venal,* o que, muito embora não pressuponha uma necessidade, é, conforme a um certo gosto, isto é, à satisfação que advém de um simples jogo, mesmo destituído de finalidade, de nossas faculdades anímicas, tem um *preço de afeição ou de sentimento (Affektionspreis); mas* aquilo que constitui a só condição capaz de fazer que alguma coisa seja um fim em si mesma, não tem somente um valor relativo, um preço, mas um valor intrínseco, ou seja, *dignidade.* A moralidade, portanto, consiste na única condição que pode fazer de um ser racional um fim em si mesmo, pois só por esta lhe é possível ser membro legislador no reino dos fins. Portanto a moralidade e a humanidade, enquanto capaz de moralidade, são as únicas coisas que têm dignidade.

Novais (2015, p. 45), ao tratar do pensamento kantiano, afirma que no reconhecimento da pessoa com dignidade como um fim em si mesma, vem inserida a proibição da possibilidade de relativização da pessoa humana, ou seja, veda-se que a pessoa seja reduzida a simples meio para a obtenção de um fim, que seja tratada como um mero instrumento a serviço de outro interesse, inclusive o seu próprio, razão pela qual a dignidade não era levada em conta apenas no respeito devido aos outros, mas também em um dever para consigo. Portanto, o posicionamento kantiano considerava, por exemplo, fora das possibilidades de escolha autônoma o suicídio. Segundo o conceito do dever necessário para consigo mesmo, o homem que anda pensando em suicidar-se perguntará a si mesmo se a sua ação pode estar de acordo com a ideia da humanidade *como fim em si mesma*. Se, para escapar a uma situação penosa, destrói a si mesmo, serve-se ele de uma pessoa como de um *simples meio* para conservar até ao fim da vida uma situação suportável. Contudo, o homem não é uma coisa; não é, portanto, um objeto que possa ser utilizado *simplesmente* como um meio, pelo contrário, deve ser considerado sempre em todas as suas ações como fim em si mesmo. Logo, não posso dispor do homem na minha pessoa para o mutilar, degradá-lo ou matá-lo (KANT, 2007, p. 69).

Para Kant, a autonomia reside em uma condição universal dos seres racionais capazes de se autodeterminarem pela lei moral, não depende de classe social, raça ou qualquer fator. Formulou, então, o seguinte imperativo prático da dignidade: "Age de tal maneira que uses a humanidade, tanto na tua pessoa como na pessoa de qualquer outro, sempre e simultaneamente como fim e nunca simplesmente como meio" (KANT, 2007, p. 69).Observa-se, pois, que o pensamento kantiano se revela profundamente antropológico, na medida em que enfatiza que somente as pessoas, por serem racionais, consistem em um fim em si mesmas, de modo que os demais seres vivos, por serem irracionais, devem ser tidos como coisas, que até possuem um determinado valor, o qual, todavia, é relativo, pois se trata de um preço e não de uma dignidade.

Hegel, por sua vez, sustentou uma noção de dignidade cuja base é a eticidade, de modo que, para ele, o ser humano não nascia digno, mas se tornaria digno a partir do momento em que assumisse sua condição de cidadão. Para o filósofo, não possuía dignidade apenas quem nascesse com vida, sendo necessário algo mais: ser sujeito de direitos, ser um cidadão. De acordo com Hegel, a dignidade se configura como o resultado de um reconhecimento pelo qual cada ser humano deve ser pessoa e respeitar os outros como tal. O referido autor, diferentemente de Kant, não fundamenta sua concepção de dignidade da pessoa humana em qualidades comuns a todos os seres humanos. Contudo, o pensamento prevalecente nas legislações dos Estados Democráticos de Direito é o kantiano, pelo qual o ser humano, mesmo diante de qualquer outra regra, deve figurar como o destinatário dos direitos decorrentes do reconhecimento da dignidade da pessoa humana. Portanto, o ser humano, independentemente de qualquer outro atributo, é destinatário dos direitos derivados da adoção do princípio da dignidade da pessoa humana pela ordem constitucional (PEDUZZI, 2009, p. 23).

Dessa forma, após esse breve percurso da dignidade da pessoa humana, é possível observar que esta teve influência em discurso de cunho religioso, lastreada no pensamento do Cristianismo, no entanto, a emancipação filosófica do conceito de dignidade atinente aos preceitos do criacionismo divino, obtida principalmente a partir do pensamento kantiano possibilitou, ulteriormente, a existência jurídica do conceito, o qual deixou de ser mero dever de virtude, passando a se tornar um dever jurídico recepcionado constitucionalmente ao redor do mundo. Assim, consistindo na qualidade e valia inerente à pessoa humana enquanto ser dotado de racionalidade que lhe garante, com autonomia, realizar escolhas em conformidade com o padrão moral, devendo se responsabilizar por estas perante os outros, que, analogamente, possuem autonomia, liberdade e igualdade de direitos e responsabilidades (NOVAIS, 2015, p. 45).

Junto aos marcos religiosos e filosóficos apontados, existe um fato histórico extremamente significativo para a delimitação atual do conceito de dignidade da pessoa humana que corresponde aos gravíssimos acontecimentos no período da Segunda Guerra Mundial (1939-1945), relacionados ao nazismo e fascismo, situação histórica que, na reconstrução do mundo pós-guerra, tornou imprescindível a incorporação da dignidade humana ao discurso político em busca da paz. Assim, a dignidade humana foi importada para o discurso jurídico devido a dois fatores principais. O primeiro deles foi a inclusão em diferentes tratados e documentos internacionais, bem como em diversas Constituições nacionais, de referências textuais ao postulado. O segundo fator corresponde a um fenômeno mais sutil, que se tornou visível com o transcorrer do tempo: a ascensão de uma cultura jurídica pós-positivista, que reaproximou o direito da moral e da filosofia política, atenuando a separação radical imposta pelo positivismo pré-Segunda Guerra. Nessa teoria jurídica renovada, na qual a interpretação das normas legais é fortemente influenciada por fatos sociais e valores éticos, a dignidade humana desempenha um papel proeminente (BARROSO, 2014, p. 19).

Há, portanto, uma concepção contemporânea de direitos humanos, que veio a ser introduzida pela Declaração Universal de 1948 e reiterada pela Declaração de Direitos Humanos de Viena de 1993. Essa concepção vem a ser fruto do movimento de internacionalização dos direitos humanos, que constitui um movimento extremamente recente na história, surgido, a partir do pós-guerra, como resposta às atrocidades e aos horrores cometidos durante o nazismo. Apresentando o Estado como o grande violador de direitos humanos, a era Hitler foi marcada pela destruição da pessoa humana, que resultou no envio de milhões de pessoas aos campos de concentração, com a morte de onze milhões, sendo seis milhões de judeus, além de comunistas, homossexuais, ciganos, entre outros. Isto contribuiu decisivamente para que começasse a ser delineado um sistema normativo internacional de proteção dos direitos humanos, projetando-se a vertente de um constitucionalismo global, voltado a proteger direitos fundamentais e limitar o poder do Estado, mediante a criação de um aparato internacional de proteção de direitos. Enquanto no âmbito do direito constitucional ocidental, nota-se a elaboração de textos constitucionais abertos a princípios, dotados de elevada carga axiológica, com ênfase para o valor da dignidade humana, decorrendo daí a primazia desse valor como paradigma e referencial ético, verdadeiro superprincípio a orientar o constitucionalismo contemporâneo, nas esferas local, regional e global, dotando-lhes especial racionalidade, unidade e sentido (PIOVESAN, 2008, p. 3).

Uma vez conhecida, nessa sucinta análise, a trajetória do princípio da dignidade da pessoa humana até se tornar um preceito jurídico, torna-se necessário compreender o conteúdo básico e sua condição de fonte dos direitos fundamentais, não sendo tarefa singela a obtenção de conceito para definir o que efetivamente venha a ser esse princípio e como deva ser aplicado.

1.1.3 Conteúdo da dignidade da pessoa humana e sua condição de fonte dos direitos fundamentais

Conforme referido alhures, não é tarefa de pouca monta formular um conceito do que venha a ser dignidade da pessoa humana, tendo em vista se tratar de um princípio com substancial abertura semântica, havendo situações em que, em um mesmo litígio, o mencionado princípio é utilizado pelas partes que se encontram em lados diametralmente opostos, o que, por si só, comprova a dificuldade existente de apresentar sua conceituação. Não são incomuns, como afirmado, as hipóteses de que a dignidade da pessoa humana é invocada pelos lados rivais de uma contenda, na defesa de posições antagônicas. Isso aconteceu no Brasil, nos debates travados no Supremo Tribunal Federal sobre pesquisas com células tronco-embrionárias e a interrupção da gestação de fetos anencefálicos. Semelhante discussão ocorre, praticamente, em todo o mundo, a respeito de temas controvertidos como eutanásia, aborto, prostituição, pornografia e legalização das drogas.

Há, pois, uma flexibilidade exagerada na utilização desse postulado, o que possibilita que haja interpretações distintas tendo como base a dignidade da pessoa humana, sendo necessária sua escorreita interpretação, a fim de que seja alcançada a intenção real de diversos legisladores ao redor do mundo que o inseriram nos ordenamentos jurídicos. Registre-se que a finalidade aqui pretendida não se funda em apresentar um conceito fechado do que vem a ser dignidade da pessoa humana, mas evitar o desrespeito ao princípio devido a uma excessiva amplitude. Desse modo, deve haver uma interpretação capaz de compatibilizar a necessária abertura do princípio para atender suas finalidades de proteger a pessoa humana diante de problemas possíveis que não tenham sido objetos de previsão, sem que essa abertura, todavia, seja extremada a ponto de banalizar o instituto.

Assim, para se compreender a dignidade da pessoa humana deve-se partir da premissa de que é uma característica inerente ao ser humano, sendo algo irrenunciável e inalienável, um elemento que o classifica como tal e, por essa razão, não lhe pode ser retirada e deve ser reconhecida, respeitada e protegida. A dignidade da pessoa humana, portanto, não existe apenas onde é reconhecida pelo Direito, na medida em que se trata de um valor inerente ao ser humano como tal. No entanto, o seu reconhecimento pelo direito tem substancial relevância, pois, por intermédio deste, poderá ser promovida e protegida, pelo que se torna necessária a compreensão acerca de seu conteúdo (SARLET, 2010, p. 50).

Esclareça-se, quanto ao conteúdo da dignidade da pessoa humana, que não pode ser universal ou estanque, uma vez que não há de se falar na existência de uma imutável visão de mundo e de moral, as quais se encontram em constante modificação de acordo com as características de cada grupo social, podendo, assim, encontrar-se em constante mutação. A dignidade da pessoa humana é, pois, *limite e tarefa* dos poderes estatais, o que ocasiona uma paralela e conexa dimensão defensiva e prestacional da dignidade. Como limite da atividade dos poderes públicos, a dignidade pertence a cada um e não pode ser perdida ou alienada, figurando como uma barreira sobre a qual não se pode transpor. Como tarefa do Estado, o princípio exige que atue no sentido de promovê-la, criando condições que possibilitem seu pleno exercício (SARLET, 2010, p. 55).

Outra questão importante a ser esclarecida consiste no fato de que apenas a dignidade de pessoa(s) determinada(s) pode(m) vir a ser desrespeitada(s), não se cogitando a existência de violação à dignidade de pessoa abstratamente, eis que a concepção de Kant acerca da dignidade a trata como atributo do ser humano individualmente considerado e não de um ser ou de um grupo de pessoas em abstrato. Desse modo, a previsão da dignidade da pessoa humana resulta em uma obrigação geral de respeito pela pessoa em razão de sua condição como tal, o que faz com que surjam direitos e deveres voltados a garantir essa dignidade.

Tecidas essas considerações, faz-se necessário, então, buscar uma definição do princípio da dignidade da pessoa humana, devendo, todavia, ficar consignado que essa conceituação não deve ser uma mera fórmula do que venha a ser o conteúdo desse relevante princípio. Diante disso, há quem sustente que essa definição pode ser alcançada a partir da análise do caso concreto, buscando-se, assim, a definição a partir de seu âmbito de proteção, ou seja, que onde não houver respeito pela vida e pela integridade física e moral do ser humano, onde as condições mínimas para uma existência digna não forem asseguradas, onde não houver limitação de poder, enfim, onde a liberdade e a autonomia, a igualdade (em direitos e dignidade) e os direitos fundamentais não forem reconhecidos e minimamente assegurados, não haverá espaço para a dignidade da pessoa humana e esta (a pessoa), por sua vez, poderá não passar de mero objeto de arbítrio e injustiças (SARLET, 2010, p. 68).

Essa definição, todavia, constitui, na realidade, um conceito obtido por exclusão, quer dizer, apresentam-se hipóteses de que não há dignidade da pessoa humana, situação que, por isso, não vem a ser propriamente uma definição. Desse modo, objetivando solucionar essa questão, Sarlet traz a seguinte definição para dignidade da pessoa humana:

> (...) temos por dignidade da pessoa humana a qualidade intrínseca e distintiva reconhecida em cada ser humano que o faz merecedor do mesmo respeito e consideração por parte do Estado e da comunidade, implicando, neste sentido, um complexo de direitos e deveres fundamentais que assegurem [sic] a pessoa tanto contra todo e qualquer ato de cunho degradante e desumano, como venham a lhe garantir as condições existenciais mínimas para uma vida saudável, além de propiciar e promover sua participação ativa e corresponsável nos destinos da própria existência e da vida em comunhão com os demais seres humanos, mediante o devido respeito aos demais seres que integram a rede da vida. (SARLET, 2010, p. 70).

Diante dessa peculiar condição do ser humano, que o torna merecedor de respeito e consideração por parte do Estado e da comunidade, surgem os chamados *direitos fundamentais*, os quais servirão para instrumentalizar o princípio da dignidade da pessoa humana, buscando não somente evitar que o homem seja submetido à condição de vida degradante ou desumana, assim como proporcionar condições existenciais mínimas para uma vida saudável, propiciando sua participação ativa e corresponsável pelo próprio destino e dos demais seres humanos, motivo pelo qual é plenamente possível afirmar que o princípio da dignidade da pessoa humana figura como fonte dos direitos fundamentais.

A dignidade da pessoa humana é o fundamento dos direitos fundamentais constitucionalmente consagrados, consignando-se que estes, algumas vezes, encontram-se claramente expressos no texto constitucional, outras vezes implicitamente. Esse reconhecimento deriva da ideia de que, em última análise, a simples existência como pessoa exige das comunidades politicamente organizadas que aspirem ao reconhecimento como Estados de Direito o respeito, a proteção e a promoção de um conjunto ineliminável de direitos fundamentais associado impreterivelmente a essa existência e destinado a garantir juridicamente interesses indispensáveis à vida e à prosperidade das pessoas, mais concretamente, aos interesses individuais de liberdade, de autonomia e de bem-estar (NOVAIS, 2015, p. 69).

    A dignidade da pessoa humana representa tanto justificação moral quanto fundamento jurídico-normativo dos direitos fundamentais, isto é, a dignidade da pessoa humana se caracteriza como uma fonte de direitos e de deveres, aí incluídos aqueles que, mesmo não expressamente enumerados, são reconhecidos como relevantes dentro de uma determinada sociedade. Assim, ainda que em um determinado ordenamento jurídico, não haja, por exemplo, a proibição expressa de penas cruéis, tal fato, devido à existência da dignidade da pessoa humana, encontra-se proibido. Além disso, a dignidade da pessoa humana influencia na previsão de normas constitucionais que criam deveres e obrigações, quando, então, diante da previsão direta do direito fundamental, não se justifica recorrer à dignidade da pessoa humana, que originou a previsão normativa. Isto quer dizer que quando a Constituição elencou um longo catálogo de direitos fundamentais e definiu os objetivos fundamentais do Estado, buscou essencialmente concretizar a dignidade da pessoa humana. Todavia, não significa afirmar que a dignidade da pessoa humana se explica e se aplica apenas quando cotejada com rol dos direitos fundamentais da Constituição, embora seja íntima a relação entre eles (MARTINS, 2010, p. 65).

    Ter dignidade em decorrência do fato de ser pessoa humana pressupõe que o agente seja tratado como titular não apenas de direitos e deveres que lhe garantam juridicamente interesses próprios, como também ser titular de um direito absoluto, irrevogável, indisponível e irrenunciável, ou seja, ter direitos fundamentais. A dignidade da pessoa humana, mais do que um direito ou uma garantia jurídica, constitui um direito originário a ter direitos em face da condição do agente de ser humano. Assim, constata-se que os direitos fundamentais são nada mais do que respostas político-jurídicas a experiências concretas, a fatos ocorridos na sociedade, muitos deles em situações de violência, injustiça, desigualdade, por isso, não podem ser considerados prontos e acabados, mas em constante possibilidade de renovação, em virtude da contínua modificação existente no corpo social nos mais diversos momentos históricos.

    Além disso, possui a dignidade da pessoa humana um relevante papel interpretativo, pois é parte do núcleo essencial dos direitos fundamentais, como a igualdade e a liberdade, tendo, desse modo, o lastro de influenciar na interpretação dos referidos direitos constitucionais. Contribui para entender como devem ser aplicados no caso concreto, notadamente diante de situações em que haja, por exemplo, conflito aparente entre direitos fundamentais, quando, então, a dignidade da pessoa humana servirá como parâmetro em busca da solução adequada (BARROSO, 2014, p. 66).

A dignidade da pessoa humana como fundamento dos direitos fundamentais, seja por previsão constitucional expressa, seja por reconstrução filosófica que a coloque como um fundamento implícito, acaba por gerar consequências práticas em diversos sentidos, as quais assim são apresentadas por Novais:

> (...) em primeiro lugar, eleva a dignidade da pessoa humana à fonte de interpretação do sentido normativo das disposições constitucionais de direitos fundamentais e em critério de orientação da solução judicial de conflitos envolvendo direitos fundamentais; em segundo lugar, faz da dignidade da pessoa humana o critério último da abertura material do catálogo constitucional de direitos fundamentais a novos direitos; reforça a ideia de indivisibilidade dos direitos fundamentais e, por último, reciprocamente, faz dos próprios direitos fundamentais critérios de interpretação do sentido normativo que deve ser reconhecido à dignidade da pessoa humana. (NOVAIS, 2015, p. 72).

Não há, pois, dúvidas de que a dignidade da pessoa humana figura como fundamento de previsão constitucional de uma série de direitos fundamentais cuja finalidade é garantir a autonomia, a liberdade e uma vida minimamente condigna aos cidadãos, de modo que o Estado, os poderes públicos e porque não dizer os cidadãos, reciprocamente, ficam compelidos a respeitá-los em face da convivência em um Estado de Direito, o qual deve observar a dignidade da pessoa humana como pilar básico. Assim, é a dignidade da pessoa humana que confere unidade de sentido ao sistema constitucional dos direitos fundamentais existentes nos ordenamentos jurídicos, sendo a bússola a indicar as margens de abertura e atualização dos referidos direitos. Discorrendo acerca do tema, Orfanel assevera:

> Si la dignidad de la persona supone la decisión axiológica básica de la Ley Fundamental, ello significaría que ocupa una posición prevalente respecto a los restantes derechos fundamentales, que estarían al servicio de la

dignidad humana y se interpretarían desde su perspectiva. (ORFANEL, 2015, p. 59).[2]

Assim, resta evidente que a dignidade da pessoa humana age como matriz dos direitos fundamentais, os quais servirão para concretizá-la, garantindo ao ser humano os direitos decorrentes dessa condição de ser racional, que existe como um fim em si mesmo e não pode servir como meio para o uso de uma vontade externa. O princípio da dignidade da pessoa humana deve, portanto, ser compreendido como o princípio de valor que se localiza na base do estatuto jurídico dos indivíduos e confere unidade de sentido ao conjunto dos preceitos relativos aos direitos fundamentais. Estes preceitos não se justificam isoladamente pela proteção de bens jurídicos avulsos, de modo que só adquirem sentido enquanto ordem que manifesta o respeito pela unidade existencial de sentido que cada homem é para além dos seus atributos. Portanto, encontra-se a dignidade da pessoa humana no fundamento de todos os direitos constitucionalmente consagrados, quer dos direitos e liberdades tradicionais, quer dos direitos de participação política, quer dos direitos dos trabalhadores e dos direitos a prestações sociais, ou seja, projeta-se no indivíduo enquanto ser autônomo, em si e como membro da comunidade (ANDRADE, 2012, p. 96).

A dignidade da pessoa humana ainda pode funcionar como critério material para o acolhimento ou criação, pela jurisprudência, de novos direitos fundamentais não previstos nos textos constitucionais, fato que acontece, sobretudo, em países de Constituições como a do Brasil (art. 5º, §2º da CF) e de Portugal (art. 16, nº 1 CRP), onde há cláusulas abertas dos direitos fundamentais, o que pode propiciar situações como a ocorrida no julgamento do Acórdão nº 509/2002 do Tribunal Constitucional Português, que firmou, a partir da dignidade da pessoa humana, a existência do direito fundamental a um mínimo para uma existência condigna (NOVAIS, 2015, p. 74).

Observa-se o surgimento dos direitos fundamentais a partir de uma evolução histórica cuja finalidade precípua repousa na busca da dignidade da pessoa humana. Em face disso, é possível afirmar que em Constituições, como a portuguesa e a brasileira, os direitos fundamentais

---

[2] Se a dignidade da pessoa supõe a decisão axiológica básica da Lei Fundamental, isso significaria que ela ocupa uma posição predominante em relação aos outros direitos fundamentais, que estarão a serviço da dignidade humana e seriam interpretados a partir de sua perspectiva. (Tradução nossa).

são estabelecidos como meio para alcançar seu valor primordial, qual seja, a dignidade da pessoa humana.

1.2 Os direitos fundamentais na Constituição de um Estado Democrático e Social de Direito

1.2.1 Contextualização

Conforme mencionado na seção anterior, os direitos fundamentais são estabelecidos como meio para alcançar a dignidade da pessoa humana, de modo que a previsão desses direitos nas Constituições não só faz com que haja a imposição de limites à atuação do Estado, assim como a determinação de obrigações ao referido ente em nome da busca da dignidade da pessoa humana. A esse respeito o magistério de Sarlet externa:

> A partir desta formulação paradigmática, estavam lançadas as bases do que passou a ser o núcleo material das primeiras Constituições escritas, de matriz liberal-burguesa: a noção da limitação jurídica do poder estatal, mediante a garantia de alguns direitos fundamentais e do princípio da separação dos poderes. Os direitos fundamentais integram, portanto, ao lado da definição da forma de Estado, do sistema de governo e da organização do poder, a essência do Estado constitucional, constituindo, neste sentido, não apenas parte da Constituição formal, mas também elemento nuclear da Constituição material. (SARLET, 2010b, p. 58).

Verifica-se que a proteção conferida aos cidadãos por intermédio dos direitos fundamentais compreende um amparo contemplado pelo ordenamento jurídico. Neste sentido, a Constituição serve como condição de existência e garantia das liberdades e direitos fundamentais, os quais só vêm a ter eficácia assegurada no âmbito de um Estado Constitucional. Neste sentido, Miranda (2017, p. 13) defende que não há direitos fundamentais sem Constituição. Para o referido autor, sem a Constituição do Constitucionalismo moderno, iniciado no século XVIII, esses direitos não se sustentariam, pois esta aparece como a sistematização racionalizadora das normas estatutárias de poder e da comunidade. Pérez Luño, ressalta essa interdependência entre os direitos fundamentais e o Estado Constitucional de Direito, ao afirmar:

Así, se da un estrecho nexo de interdependencia, genético y funcional, entre el Estado de Derecho y los derechos fundamentales, ya que el Estado de Derecho exige e implica para serlo garantizar los derechos fundamentales, mientras que éstos exigen e implican para su realización al Estado de Derecho. (PÉREZ LUÑO, 2016, p. 15).[3]

A partir da análise dos direitos fundamentais se aferirá o tipo de Estado de Direito (liberal ou social) observado em um determinado país, registrando-se que essa posição dependerá de análise nos textos constitucionais, ou seja, conforme o alcance e o significado que neles é atribuído aos direitos fundamentais. Assim, caso o sistema jurídico e político, em seu conjunto, esteja orientado apenas ao respeito e à promoção da pessoa humana em sua dimensão individual, estar-se-á diante de um Estado Liberal de Direito; ao passo que, se conjugar esta dimensão individual com a exigência de solidariedade, corolário do componente social e coletivo da vida humana, será um Estado Social de Direito (PÉREZ LUÑO, 2016, p. 16).

Nos casos luso e brasileiro, observa-se uma nítida ligação entre os direitos fundamentais e o princípio do Estado Social, esclarecendo-se que, muito embora as Constituições Portuguesa e Brasileira não sejam qualificadas expressamente como Constituições Sociais, ambas possuem em seu bojo um amplo leque de direitos sociais, os quais fazem com que estas sejam tratadas como Cartas Políticas de Estados Sociais e Democráticos de Direito. No caso brasileiro, apesar da ausência de norma expressa no direito constitucional qualificando o país como um Estado Social e Democrático de Direito (o artigo 1º, *caput*, refere apenas os termos democrático e Direito), não restam dúvidas – e nisto parece existir um amplo consenso na doutrina – de que nem por isso o princípio fundamental do Estado Social deixou de encontrar guarida naquela Constituição, notadamente diante do amplo leque de direitos sociais ali albergados (SARLET, 2010b, p. 62).

No que se refere à Constituição portuguesa, infere-se que esta compreende diversas dimensões de conformação e tutela dos direitos e liberdades jusfundamentais. Se o Estado Liberal (basicamente, as Constituições de 1822, 1826, 1838 e 1911) pôde contentar-se com uma

---

[3] Assim, há um estreito nexo de interdependência, genético e funcional, entre o Estado de Direito e os direitos fundamentais, uma vez que o Estado de Direito exige e implica para sê-lo, a garantia dos direitos fundamentais, enquanto estes exigem e implicam, para sua realização, um Estado de Direito. (Tradução nossa).

mera "função defensiva" dos direitos, pelo contrário, o Estado interventor, no campo econômico e social, orienta-se hoje no sentido de uma "efectividade de gozo" (*Grundrechtsoptimierung*) desses mesmos direitos e liberdades jusfundamentais (QUEIROZ, 2010, p. 41).

Os direitos fundamentais sociais no Brasil e em Portugal aparecem como exigências do exercício efetivo das liberdades e como garantia da igualdade de chances, própria de uma democracia e de um Estado substancial de Direito, conduzido pelo valor da justiça material, concluindo-se, pois que, além da estreita ligação havida entre as noções de Estado de Direito, Constituição e direitos fundamentais, estes, com o fim de concretizar a dignidade da pessoa humana, assim como a igualdade, a liberdade e a justiça, figuram como premissa de existência e legitimidade de um Estado Democrático e Social de Direito, conforme consagrado nas Cartas Políticas portuguesa e brasileira (SARLET, 2010b, p. 62).

1.2.2 Conceito de direitos fundamentais

Os direitos fundamentais constituem uma forma histórica de proteção jurídica da liberdade, que rompeu com suas precursoras em aspectos essenciais, sendo relevante compreender as diferenças entre as antigas fórmulas de proteção das liberdades e as atualmente existentes nas Constituições modernas para que, assim, seja possível alcançar o hodierno sentido dos direitos fundamentais. A primeira diferença substancial reside nos titulares dos direitos fundamentais, os quais, atualmente, são todos os homens, situação que não ocorria anteriormente, quando as antigas liberdades jurídicas não se fundavam na qualidade da pessoa, mas no *status* social, havia a valorização de cargos ao invés da valorização do homem enquanto pessoa. A esse respeito, o magistério de Grimm:

> Los titulares de esas liberdades que deban protegerse de manera jurídico-fundamental son todos los hombres (…). Por el contrario, las antiguas libertades jurídicas no se habían fundado en la cualidad de persona, sino en un *status* socialmente determinado o en la pertenencia a una determinada corporación, y sólo excepcionalmente habían protegido a indivíduos, pero jamás a todos, sino únicamente a los privilegiados de forma individual. (GRIMM, 2006, p. 78).[4]

---

[4] Os detentores dessas liberdades, que devem ser protegidos de forma jurídico-fundamental, são todos homens (…). Pelo contrário, as antigas liberdades legais não se basearam na qualidade de pessoa, mas em um *status* ou filiação socialmente determinado ou no pertencimento a

Outra diferença do antigo pensamento de defesa das liberdades para o atualmente contemplado, diz respeito ao fundamento da universalidade dos direitos fundamentais, pois, hoje, os homens são titulares desses direitos em face de sua própria natureza como ser humano, o que torna tais direitos indisponíveis, sendo inerentes à qualidade de ser humano. Por sua vez, as antigas garantias jurídicas dos direitos fundamentais estavam ligadas ao Estado, condicionadas ao direito positivo, podendo ser modificadas e até mesmo suprimidas a partir da vontade de quem estivesse no poder, conforme conveniências políticas do momento.

Tecidas essas considerações, deve ficar consignado que a compreensão dos direitos fundamentais supõe uma atividade integradora entre a filosofia do direito e o direito positivo, sendo um ponto de encontro entre o direito e a moral, eis que esta última não consegue, isoladamente, instrumentalizar a dignidade da pessoa humana, ante a possibilidade de violação de normas de cunho moral, as quais, sem garantia constitucional, não poderão vir a ter a garantia de exigibilidade de cumprimento. Neste viés, o magistério de Peces Barba Martínez, De Asís Roig e Ansuátegui Roig:

> Su inseparable conexión se produce porque los derechos tienen una raíz moral que se indaga a través de la fundamentación, pero no son tales sin pertenecer al Ordenamiento y poder así ser eficaces em la vida social, realizando la función que los justifica. Moralidad y juridicidad o moralidad legalizada forman el ámbito de estúdio necesário para la comprensión de los derechos fundamentales. (PECES BARBA MARTÍNEZ; DE ASÍS ROIG; ANSUÁTEGUI ROIG, 2014, p. 104).[5]

Dessa feita, não terá sentido algum cogitar a existência de direito fundamental se este não for suscetível de integrar-se ao direito positivo, tampouco se poderá cogitar de direito fundamental se este não tiver origem vinculada às dimensões centrais da dignidade da pessoa humana, ou seja, só se pode falar em direito fundamental se o mesmo

---

determinada corporação, e só excepcionalmente havia a proteção a indivíduos, mas nunca a todos, mas somente aos privilegiados de forma individual. (Tradução nossa).

[5] Sua conexão inseparável ocorre porque os direitos têm uma raiz moral que é investigada através da fundamentação, mas eles não são tais sem pertencer ao Ordenamento e poder, assim, serem eficazes na vida social, desempenhando a função que os justifica. Moralidade e juridicidade ou moralidade legalizada formam o escopo de estudo necessário para a compreensão dos direitos fundamentais. (Tradução nossa).

puder integrar o ordenamento constitucional e, simultaneamente, tiver como base de sustentação o princípio da dignidade da pessoa humana. Nesse aspecto:

> Si llegamos a la conclusión de que uma pretensión justificada moralmente y com uma apariencia de derecho fundamental em potencia, de essas que algunos llaman "derechos Morales", no se puede positivar, em ningún caso, por razones de validez o de eficácia, por no ser suceptible de convertirse en norma o por no poder aplicarse, por su imposible contenido igualitário, en situaciones de escassez, no podríamos considerar esa fundamentación relevante, como la de um derecho humano. (PECES BARBA MARTÍNEZ; DE ASÍS ROIG; ANSUÁTEGUI ROIG, 2014, p. 104).[6]

Nos direitos fundamentais, o espírito, a força, a moral e o direito encontram-se intimamente ligados, de modo que a separação entre eles os aniquila, tornando-os incompreensivos, não sendo por outro motivo que Pascal (1869, p. 274) afirma que "*La justice sans la force est impuissante: la force sans la justice est tyrannique*".[7] Portanto, os direitos fundamentais se originam e se fundamentam na moralidade e acabam por surgir no Direito por intermédio do Estado, que passa a figurar como ponto de referência da realidade jurídica a partir do trânsito para a modernidade. Logo, sem o apoio do Estado, os valores morais não adentram no direito positivo e careceriam de força para guiar a vida social em um sentido favorável à sua finalidade moral.

Nota-se que os direitos fundamentais começam a existir e ser considerados como tais a partir do momento em que as obrigações morais, lastreadas na dignidade da pessoa humana, passam a incorporar-se ao direito positivo de um determinado Estado, que as assume e se compromete a cumpri-las, inserindo-as em seu texto constitucional, havendo uma verdadeira conversão da moralidade crítica em norma de cunho constitucional. Traçadas essas diretrizes, é possível afirmar, conforme Peces Barba Martínez, que os direitos fundamentais são:

---

[6] Se concluirmos que uma pretensão moralmente justificada e com uma aparência de direito fundamental em potencial, dessas que alguns autores chamam de "direitos morais", não pode ser positivada, em nenhum caso, por razões de validade ou eficácia, porque não é susceptível de se tornar norma ou porque não pode ser aplicada, devido ao seu impossível conteúdo igualitário, em situações de escassez, não poderíamos considerar essa fundamentação relevante, como a de um direito humano. (Tradução nossa).

[7] A Justiça sem a força é impotente, a força sem justiça é tirânica. (Tradução nossa).

Una pretensión moral justificada, tendente a facilitar la autonomia y la independencia personal, enraizada en las ideas de libertad e igualdad, con los matices que aportan conceptos como solidaridad y seguridad jurídica, y construida por la reflexión racional en la historia del mundo moderno, con las aportaciones sucesivas e integradas de la filosofía moral y política liberal, democrática y socialista. (...) Un subsistema dentro del sistema jurídico, el Derecho de los derechos fundamentales, lo que supone que la pretensión moral justificada sea tecnicamente incorporable a una norma, que pueda obligar a unos destinatarios correlativos de las obligaciones jurídicas que se desprenden para que el derecho sea efectivo, que sea susceptible de garantia o protección judicial, y, por supuesto que se pueda atribuir como derecho subjetivo, libertad, potestade o inmunidad a unos titulares concretos. (...) uma realidade social, es decir, actuante en la vida social, y por tanto condicionados en su existencia for factores extrajurídicos de carácter social, económico o cultural que favorecen, dificultan o impiden su efectividad. (PECES BARBA MARTÍNEZ; DE ASÍS ROIG; ANSUÁTEGUI ROIG, 2014, p. 109).[8]

Assim, observa-se que os direitos fundamentais nada mais são do que anseios morais que objetivam promover a autonomia e independência das pessoas, tendo como base preceitos como a igualdade, a liberdade e a solidariedade, de modo que estes anseios decorrem de profundo processo de evolução social, os quais, uma vez incorporados ao texto constitucional de um Estado, passam a obrigar a todos, Estado e cidadãos, a observarem as obrigações jurídicas daí advindas, as quais deixam de ser meros deveres morais, passando a ser suscetíveis de proteção judicial.

---

[8] Uma pretensão moral justificada tendente a facilitar a autonomia e independência pessoal, enraizada nas ideias de liberdade e igualdade, com as peculiaridades que aportam conceitos como solidariedade e segurança jurídica, sendo construídos pela reflexão racional na história do mundo moderno, com as contribuições sucessivas e integradas da filosofia moral e política liberal, democrática e socialista. (...) Um subsistema dentro do sistema jurídico, o Direito dos direitos fundamentais, o que significa que a pretensão moral justificada seja tecnicamente incorporável à norma, que possa obrigar os destinatários correlativos das obrigações jurídicas daí decorrentes para que o direito seja efetivo, suscetível de garantia ou proteção judicial, e, é claro, que se possa atribuir como direito subjetivo, liberdade, autoridade ou imunidade a titulares concretos (...) uma realidade social, isto é, atuante na vida social e, portanto, condicionados em sua existência por fatores extrajurídicos de natureza social, econômica ou cultural que favorecem, dificultam ou impedem sua efetividade. (Tradução nossa).

1.2.3 Classificações e dimensões dos direitos fundamentais e o enquadramento do direito fundamental à reforma agrária

No estudo dos direitos fundamentais, há vários critérios de classificação, dos quais é possível a obtenção de diversas categorias dos mencionados direitos. Assim, no presente tópico, serão apresentadas algumas das classificações relacionadas aos direitos fundamentais, procedendo-se o devido enquadramento do direito fundamental à reforma agrária, objeto da presente pesquisa, sem, contudo, procurar exaurir o tema, mas fornecer o substrato suficiente à sua compreensão. Além disso, tratar-se-á da tradicional categorização dos direitos fundamentais em dimensões, com o propósito de apontar em qual delas encontra-se o direito fundamental à reforma agrária.

1.2.3.1 Classificações dos direitos fundamentais

1.2.3.1.1 Quanto ao conteúdo dos direitos

Ao se tratar de uma classificação dos direitos fundamentais quanto ao conteúdo dos direitos, leva-se em consideração o objeto ou bem jurídico protegido, assim como a finalidade almejada com a proteção, a qual deve estar em conformidade com a maior razão dos direitos, que é a dignidade da pessoa humana. De acordo com essa classificação, os direitos fundamentais dividem-se em personalíssimos; de sociedade, comunicação ou participação; direitos políticos; direitos de segurança jurídica e direitos econômicos, sociais e culturais. Os direitos personalíssimos buscam proteger a pessoa em si, como ser humano individualmente considerado, tendo independência na vida social e nas suas relações com os demais seres humanos, havendo, no tocante a estes direitos, nítida preocupação com o prisma individual do agente. Dentre estes direitos, podem ser destacados o direito à vida, à integridade física e moral, à liberdade ideológica e religiosa, à honra e à imagem (PECES BARBA MARTÍNEZ; DE ASÍS ROIG; ANSUÁTEGUI ROIG, 2014, p. 454).

Em relação a essa categoria de direitos fundamentais, observa-se que abarcam certamente os direitos de estado (p. ex. direito de cidadania); os direitos sobre a própria pessoa (direito à vida, à integridade moral e física, direito à privacidade); os direitos distintivos da personalidade (direito à identidade pessoal, direito à informática); e muitos dos direitos de liberdade (liberdade de expressão) (GOMES CANOTILHO; MOREIRA, 2003, p. 396). No tocante aos chamados direitos de sociedade, comunicação e participação, é possível afirmar que buscam a proteção da pessoa no âmbito da sociedade civil, almejando aperfeiçoar o livre tráfego entre todos os seus membros e suas intervenções nas relações sociais. Nas palavras textuais de Peces Barba Martínez (2014, p. 455), *"Son los derechos que facilitan la sociabilidad, condición esencial de la moralidade puesto que no se concibe al hombre aislado, sino conviviendo con los demás"*.[9] Dentre esses direitos fundamentais, podem ser destacados os direitos à igualdade, à não discriminação, à liberdade de culto, à liberdade de expressão e informação, à criação literária, científica, artística e técnica, à liberdade de reunião e de manifestação, bem como o direito à liberdade de associação.

Os direitos políticos, por sua vez, são aqueles que propiciam a participação dos titulares na formação do Estado e na configuração de seus poderes e órgãos públicos. Desse modo, esses direitos fundamentais permitem a participação efetiva de seus destinatários na formação da vontade estatal, podendo intervir nos assuntos públicos. Além disso, garantem a possibilidade de acesso a cargos e funções públicas em condições de igualdade a todos, sem que seja possível falar em discriminações injustificadas, como as lastreadas na classe social, no gênero, na raça etc. Podem ser sublinhados como relevantes direitos políticos, o sufrágio universal, ativo e passivo, ou seja, o direito de votar e de ser votado, assim como o princípio da igualdade de acesso aos cargos públicos, que assegura a todos o direito de concorrer, em condições de igualdade, para o ingresso em cargos ou funções públicas, sem a existência de privilégios odiosos.

Os direitos de segurança jurídica são aqueles que, por intermédio das garantias processuais, beneficiam os indivíduos, geram tranquilidade social, figurando, pois, como uma salvaguarda dos cidadãos no sentido de que seus direitos constitucionais deverão ser respeitados pelo Estado, ainda que estejam sendo acusados ou mesmo que tenham sido condenados pela prática de uma infração penal. Ao tratar desses direitos fundamentais, Peces Barba Martínez leciona:

---

[9] São os direitos que facilitam a sociabilidade, condição essencial da moralidade, uma vez que não se concebe o homem isolado, mas sim convivendo com os outros. (Tradução nossa).

A través de las garantias procesales, que benefician al individuo, producen la tranquilidade, la certeza y el saber a qué atenerse, y tienen importante trascendencia social. El signo de esse caracter próprio a la vez individual y social, es que su finalidade y objetivo principal, de asegurar al individuo frente a las leyes criminales – contenido de la libertad política en relación con los ciudadanos para Montesquieu – permite alcanzar el primer fin histórico del Estado moderno, tan presente em el contratualismo iusnaturalista y en Hobbes, la paz y la seguridad. (PECES BARBA MARTÍNEZ; DE ASÍS ROIG; ANSUÁTEGUI ROIG, 2014, p. 457).[10]

Assim, sobressaem-se como direitos de segurança jurídica, os direitos à liberdade, às garantias em caso de prisão, o direito à assistência legal, o direito à obtenção de provimento jurisdicional de juízes e tribunais, o direito ao devido processo legal e os direitos em caso de condenação.

Os direitos econômicos, sociais e culturais visam proteger algumas dimensões no âmbito privado, como a propriedade, possuindo também conteúdo econômico ou cultural. Permitem criar condições nessas dimensões, em ambos os casos, para favorecer e fazer possível o livre desenvolvimento da personalidade. Esses direitos fundamentais visam assegurar direitos como a propriedade, a iniciativa privada ou pretendem implantar educação, saúde, moradia, segurança social, dentre outros, inclusive o fundamental direito à reforma agrária. Esses direitos, no âmbito da Constituição portuguesa, apresentam-se como direitos a "prestações" ou a "atividades do Estado", embora a Constituição inclua nesses "direitos de natureza negativo-defensiva", como, por exemplo, o "direito de iniciativa privada" (artigo 61) ou o "direito de propriedade privada" (artigo 62), que não carecem, como tal, de conteúdo prestacional. O mesmo poderá dizer-se do "direito à greve" (artigo 57) ou do "direito à liberdade sindical" (artigo 55). Estes últimos, qualificados, de "direitos, liberdades e garantias dos trabalhadores", eram anteriormente considerados como "direitos sociais" ou "conquistas dos trabalhadores" (QUEIROZ, 2010, p. 183).

---

[10] Por meio de garantias processuais, que beneficiam o indivíduo, produz-se a tranquilidade, certeza e conhecimento, tendo importante transcendência social. O sinal desse caráter, individual e social, é que sua finalidade e objetivo principal, de garantir o indivíduo em face das leis criminais – conteúdo da liberdade política em relação aos cidadãos para Montesquieu – permite alcançar o primeiro objetivo histórico do Estado moderno, tão presente no contratualismo jusnaturalista e em Hobbes, a paz e segurança. (Tradução nossa).

1.2.3.1.2 Quanto aos bens jurídicos correspondentes

Apresentada por Miranda (2017), outra classificação leva em conta os bens jurídicos correspondentes aos direitos fundamentais, distinguindo-os em direitos de existência, de liberdade, de participação, a prestações e de defesa. Os direitos de existência albergam, nessa classificação, direitos como a garantia à vida, à integridade pessoal, à identidade pessoal, à capacidade civil, à cidadania, ao bom nome e à reputação, à imagem, à palavra, à reserva de intimidade da vida privada e familiar, dentre outros. Recebem essa denominação por visarem proteger a própria existência da pessoa em seu campo mais reservado, sendo direitos pelos quais se exige a tutela contra qualquer forma de ofensa a estes (MIRANDA, 2017, p. 111).

Os direitos de liberdade possuem, como conteúdo positivo, a faculdade do titular decidir, por si, atuar ou não atuar, tendo, ao mesmo tempo, como conteúdo negativo, a garantia do sujeito não sofrer intromissões em seu exercício. Como direitos de liberdade, podem ser destacados o direito ao desenvolvimento da liberdade, à liberdade física, à liberdade de consciência, religião e culto, além do direito à propriedade. Infere-se, pois, que os direitos de liberdade constituem proibições voltadas a prevenir a violação do direito. É a proibição da censura, para proteger a liberdade de expressão do pensamento, a proibição das prisões (salvo em flagrante delito ou por ordem de autoridade), para garantir a liberdade pessoal e de locomoção, a proibição do confisco, para salvaguardar a propriedade etc. É possível dizer que se constituem em *garantias-limites*, visto que servem de baluartes para o poder (FERREIRA FILHO, 1999, p. 32). Por esses direitos, tem o indivíduo o poder de se conduzir livremente dentro dos limites da lei e de exigir do Estado que não o perturbe no desenvolvimento de sua atividade lícita. Estes poderes têm o fulcro de constituir *as liberdades* (CAETANO, 1967, p. 474).

Os direitos de participação permitem aos titulares atuar de forma ativa nas decisões a serem tomadas pelo Estado, podendo ser destacados como tais o direito de sufrágio, acesso a cargos públicos, dentre outros. Além de serem mistos de direitos de defesa e de direitos a prestações, os quais, todavia, são autonomizados em razão de figurarem como meio da participação individual na vida política, ou seja, na formação da vontade política da comunidade (ANDRADE, 2012, p. 168).

Os direitos à prestação são aqueles que permitem a seus destinatários cobrar do Estado o acesso a determinados bens ou serviços, ressalta-se, neste particular, os direitos à saúde, à educação, à segurança, à moradia, ao trabalho etc. Referidos direitos obrigam o Estado a agir, quer seja para a defesa dos bens jurídicos protegidos pelos direitos fundamentais contra a atividade e, em situações excepcionais, a omissão de terceiros, quer seja para promover ou garantir as condições materiais ou jurídicas de gozo efetivo desses bens jurídicos fundamentais. Em qualquer dessas situações, o direito pode ser a prestações materiais (intervenção policial ou prestação de ensino ou cuidados médicos) ou jurídicas (emissão de normas penais ou regulamentação das relações de trabalho ou do arrendamento para habitação) (ANDRADE, 2012, p. 168).

A existência desses direitos tem lastro na convicção de que a carência dessas necessidades básicas impede o desenvolvimento moral e a livre escolha dos planos de vida de quem se encontra nessa situação de vulnerabilidade, que podem ser, como visto, das mais variadas formas, sejam elas econômicas, culturais, educacionais e jurídicas.

Por sua vez, os direitos de defesa, visam salvaguardar os destinatários contra possíveis arbítrios do Estado ou mesmo de entes privados, podem ser elencados como tal o direito de requerer *habeas corpus*, o direito à greve, o direito à objeção de consciência etc. Discorrendo sobre os direitos de defesa, Pérez Luño sustenta:

> Entre los mecanismos de defensa de los derechos fundamentales en los sistemas democráticos, la acción procesal, ejercitada ante los órganos jurisdiccionales, ocupa un lugar destacado. De ahí que, en muchas ocasiones, la tutela de los derechos y libertades se identifique con los instrumentos de su protección judicial.
> Nuestra *norma normarum*, incorporándose a los textos constitucionales que ven en la garantia procesal un elemento decisivo para llevar al terreno de la experiencia práctica el contenido de los derechos fundamentales, ha outorgado especial relieve al papel que corresponde a los tribunales en la salvaguardia de las libertades. (PÉREZ LUÑO, 2016, p. 75).[11]

---

[11] Entre os mecanismos de defesa dos direitos fundamentais nos sistemas democráticos, a ação processual, manejada diante dos órgãos jurisdicionais, ocupa um lugar de destaque. Por isso, em muitos casos, a tutela de direitos e liberdades se identifica com os instrumentos de sua proteção judicial.
Nossas diretrizes, incorporando-se aos textos constitucionais que veem na garantia processual um elemento decisivo para levar ao campo da experiência prática o conteúdo dos direitos fundamentais, tem outorgado papel de destaque aos tribunais na salvaguarda das liberdades. (Tradução nossa).

1.2.3.1.3 Quanto à forma do exercício

Em relação a este critério, considera-se o tipo de comportamento que o titular do direito deve realizar e os impactos desse comportamento no ambiente em que se vive, isto é, são valoradas não apenas as consequências e os efeitos dos comportamentos dos titulares do direito, assim como dos sujeitos a ele obrigados. Em resumo, é possível afirmar que a classificação dos direitos fundamentais que leva em conta o seu exercício, caracteriza-se pela forma como estes direitos se apresentam e os impactos ocasionados na sociedade política. Ao se utilizar este critério, pode-se ter os seguintes tipos de direitos fundamentais: direitos de não interferência, direitos de participação, direitos de prestação e direitos dever.

Os direitos fundamentais de não interferência constituem uma proteção do indivíduo ante a prática de ações externas dos poderes públicos, de outros grupos e de pessoas individuais que poderiam vir a impedir ou dificultar sua liberdade de escolha e, consequentemente, o dinamismo que leva desde esta à liberdade moral. A ideia central deste critério constituiria no seguinte: direitos, liberdades e garantias são os direitos de liberdade, cujo destinatário é o Estado, e que têm como objeto a obrigação de abstenção do mesmo relativamente à esfera jurídico-subjetiva por eles definida e protegida (GOMES CANOTILHO; MOREIRA, 2003, p. 399). Os principais valores a sustentarem estes direitos são a liberdade e a segurança jurídica, podem ser destacados como tais: a liberdade de pensamento, a inviolabilidade domiciliar, de correspondência, o direito à propriedade, dentre outros.

Os direitos de participação são os direitos políticos, os quais supõem uma ação positiva de seus titulares, a qual deve ser amparada e promovida pelos poderes públicos e pelas instituições. Tais direitos contribuem para a formação da vontade política e para a tomada de decisões no âmbito estatal. Além disso, com base nesses direitos, seus titulares tanto podem ter acesso a cargos públicos como fiscalizar as atividades do poder público.

Por sua vez, os direitos de prestação pressupõem uma ação positiva, normalmente dos poderes públicos, justificando-se esse comportamento estatal no fato de que a carência dessas necessidades básicas obsta o desenvolvimento moral e a livre escolha dos planos de vida de quem se encontra nessa situação. Essas necessidades podem ser econômicas, culturais, educacionais, jurídicas, dentre outras, registrando-se que sempre terão como pano de fundo cunho econômico, eis que, para a sua implantação há a necessidade de dispêndio de recursos financeiros. Dentre os direitos dessa natureza, podem ser arrolados os direitos à segurança, saúde, assistência jurídica, o direito à reforma agrária, dentre outros.

Quanto aos direitos dever, são aqueles em que o titular tem também um dever em relação ao mesmo objeto, ou seja, são direitos valiosos tanto para o sujeito individualmente considerado como para a sociedade. Trata-se de direitos tão relevantes que constituem obrigações estatais em prol do titular, porém, ao mesmo tempo, são tidos como deveres do titular para com a sociedade, que deverá exercê-lo de forma obrigatória, por exemplo, o direito ao sufrágio em países como o Brasil, no qual o voto é obrigatório.

1.2.3.1.4 Direitos de liberdades e direitos sociais

Outra classificação existente é aquela que distingue os direitos fundamentais em direitos de liberdade e direitos sociais. Segundo esta classificação, os direitos fundamentais de liberdade derivam do fato de que as pessoas, pela simples razão de o serem, já devem ser respeitadas e protegidas pelo Estado e pelos demais poderes. Por sua vez, os direitos sociais devem ser respeitados em virtude das situações de necessidade e de desigualdade sociais, assegurando-se proteção às pessoas que se encontram sujeitas a essas condições adversas, protegendo-as, com vistas a superarem ou minimizarem as dificuldades a que se encontrem submetidas, a fim de obter, assim, uma relação mais solidária entre as pessoas (GOMES CANOTILHO; MOREIRA, 2003, p. 399).

Os direitos de liberdade figuram, pois, como direitos de limitação do poder, visam limitar juridicamente o poder estatal, enquanto que os direitos sociais são direitos de promoção de necessidades, ou seja, por meio da promoção desses direitos, diminuem-se desigualdades (MIRANDA, 2017, p. 114).

1.2.3.2 Dimensões dos direitos fundamentais

Desde o seu surgimento, os direitos fundamentais sofreram uma série de modificações no que concerne ao seu conteúdo, titularidade, efetivação etc. A essa evolução ocorrida no âmbito dos direitos fundamentais, parte da doutrina costuma chamar de dimensões dos direitos fundamentais. Conforme já visto, surgiram no Estado Liberal

Clássico, consagrando-se a liberdade individual como limite à atuação do Estado, quer dizer, os direitos fundamentais se caracterizavam como direitos de defesa do cidadão contra os arbítrios estatais, constituindo uma verdadeira esfera de não intervenção do poder público e, concomitantemente, de autonomia individual em face do Estado.

Os direitos fundamentais de primeira dimensão, relacionados ao tema liberdade defendido pelos revolucionários franceses, têm como titular o indivíduo. Constituem-se em direitos e garantias individuais e políticos clássicos, oponíveis, em regra, em face do Estado, impondo a este um dever de abstenção (caráter negativo). O seu aparecimento como norma coincide com o surgimento das primeiras Constituições escritas, nas quais são consagrados os direitos fundamentais ligados aos valores liberdade, vida, propriedade e igualdade perante a lei, assim como os direitos de participação política, denominados de direitos civis e políticos. Nessa premissa, os direitos de primeira dimensão são os direitos civis e políticos, tendo sido consagrados primeiramente nos Estados Nações, sendo decorrentes das ideias inspiradoras das revoluções francesa e norte-americana. Referidos direitos vinculam-se com o reconhecimento do chamado constitucionalismo clássico, sendo consagrados como liberdades, as quais, de fato, são a ideia principal de sua consagração (ROSSETI, 2013, p. 310).

Por sua vez, os direitos fundamentais de segunda dimensão têm estreita ligação com o desenvolvimento da industrialização e os severos problemas sociais advindos desta. De igual modo, as doutrinas de cunho socialista e a percepção de que a mera previsão formal de liberdade e igualdade não garantia seu gozo, acabaram por gerar, durante o século XIX, alguns movimentos de reivindicação e o reconhecimento paulatino de alguns direitos, colocando o Estado como agente ativo na realização de justiça social. Ao contextualizar esse momento histórico que culminou com o surgimento do chamado Estado Social e com o aparecimento dos chamados direitos de segunda dimensão, Bonavides sustenta:

> O velho liberalismo, na estreiteza de sua formação habitual, não pôde resolver o problema essencial de ordem econômica das vastas camadas proletárias da sociedade, e por isso entrou irremediavelmente em crise. A liberdade política como liberdade restrita era inoperante. Não dava nenhuma solução às contradições sociais, mormente daqueles que se achavam à margem da vida, desapossados de quase todos os bens.
> (...)

Naturalmente, não se contentou a massa proletária apenas com o direito formal do voto, senão que fez dele o uso que seria lícito esperar e que mais lhe convinha: empregou-o, sem hesitação, em benefício dela mesma, ou seja, dos trabalhadores, mediante legislação de compromisso que veio amortecer o ímpeto da questão social. (BONAVIDES, 2007, p. 188).

Infere-se, portanto, que os direitos fundamentais de segunda dimensão objetivam propiciar ao cidadão o direito de participar do bem-estar social, garantindo-se a ele a consecução de prestações sociais por parte do Estado, como a assistência social, saúde, educação, moradia, trabalho, reforma agrária etc. Assim, os direitos fundamentais de segunda dimensão apresentam-se ligados a uma concepção de igualdade material. São os direitos sociais, econômicos e culturais, advindos da Revolução Industrial (século XVIII), frutos dos constantes conflitos entre o proletariado e os detentores dos meios de produção. Referidos direitos clamam por prestações jurídico-materiais exigíveis para a redução das desigualdades materialmente existentes, conferindo relevante responsabilidade ao ente estatal como ente obrigado a fazer com que sejam observados.

Nesse contexto, vale enfatizar a constitucionalização dos direitos sociais, culturais e econômicos que inauguram uma nova fase da política estatal, caracterizada pela intervenção estatal na realidade privada a culminar com o estado de bem-estar social. Sendo assim, caberia ao Estado colocar à disposição do indivíduo os meios materiais necessários para a conquista e manutenção de sua liberdade, através de uma postura ativa e não apenas de não-intervenção, como ocorre com os direitos fundamentais de primeira dimensão.

Esta dimensão dos direitos fundamentais é a que, efetivamente, mais importa para o presente estudo, uma vez que se buscará demonstrar que a reforma agrária configura um direito fundamental de segunda dimensão do trabalhador rural. Trata-se de um direito a que o Estado se obriga a cumprir, podendo o titular exigir atitudes concretas do poder público a fim de ver satisfeita essa pretensão, a qual não pode ser desconsiderada em razão do fato de ser mais onerosa ao Estado que as pretensões referentes aos direitos de primeira geração; pois, os direitos de segunda dimensão são instrumentos fundamentais para garantir fins como a dignidade, a liberdade e a igualdade, sobretudo, em países com desigualdades sociais gritantes como o Brasil, onde têm o fulcro de reduzir essas desigualdades e melhorar a vida dos cidadãos (NIÑO, 2018, p. 67). Brito Filho, nessa esteira, apresenta-nos lição de peso:

Penso que a primeira questão a ser considerada é que os direitos sociais, ou quaisquer outros que tenham natureza de direito a prestações, são Direitos Humanos e, no plano interno, no Brasil, Direitos Fundamentais. Isso significa que é dever, especialmente do Estado, embora não somente dele, adotar as medidas necessárias para que esses direitos estejam disponíveis para todas as pessoas. É necessário, também, entender que os direitos, embora classificados como sociais, produzem efeitos em relação a cada um dos indivíduos, não sendo possível raciocinar apenas pelo prisma coletivo.

Pensar diferente é imaginar que o ser humano, em relação aos direitos sociais, como saúde, educação, trabalho, assistência etc., é somente e sempre parte de um todo, e que basta uma política geral para que o direito seja preservado, como se os problemas no exercício de cada um desses direitos não se manifestassem de maneira individualizada em cada pessoa; como se as necessidades de todos fossem sempre as mesmas. É óbvio que não é assim. (BRITO FILHO 2015, p. 107).

Esse tema, da exigibilidade dos direitos sociais, será melhor debatido quando da análise dos direitos sociais como direitos fundamentais exigíveis.

Os direitos fundamentais de terceira dimensão são também chamados de direitos de fraternidade ou solidariedade, tendo como característica principal o fato de não levarem em conta a figura do homem individualmente considerado como titular, mas terem como destinatários grupos humanos, sendo, pois, direitos de titularidade difusa ou coletiva. Desse modo, os direitos de terceira dimensão dizem respeito à coletividade, ao homem enquanto gênero humano. Assim, encontram-se incluídos, nos direitos de terceira dimensão, o direito ao meio ambiente equilibrado, o direito a uma saudável qualidade de vida, o direito ao progresso, dentre outros direitos transindividuais.

Esses direitos são providos de elevado teor de humanismo e universalidade, possuem tendência a cristalizar-se no fim do século XX enquanto direitos que não se destinam especificamente à proteção dos interesses de um indivíduo, de um grupo ou de um determinado Estado. Têm primeiro por destinatário o gênero humano mesmo, num momento expressivo de sua afirmação como valor supremo em termos de existencialidade concreta. Os publicistas e juristas já os enumeram com familiaridade, assinalando-lhe o caráter fascinante de coroamento de uma evolução de trezentos anos na esteira da concretização dos direitos fundamentais. Emergiram eles da reflexão sobre temas referentes ao desenvolvimento, à paz, ao meio ambiente, à comunicação e ao patrimônio comum da humanidade (BONAVIDES, 2008a, p. 569).

Os direitos fundamentais de terceira dimensão são resultados de novas reivindicações fundamentais do ser humano, gerada, por fatores como o impacto tecnológico, pelo estado crônico de beligerância, pelo processo de descolonização do pós-Segunda Guerra Mundial, dentre outros. Há no que concerne aos direitos de terceira dimensão uma titularidade de cunho coletivo, indefinido, indeterminável, a exemplo do que se dá com a defesa do meio ambiente, que, nos dias de hoje, imprescinde de novas técnicas de garantia e proteção, que não podem mais ser aplicadas individualmente, mas pela coletividade, visto que a violação de normas ambientais, independente donde ocorra, acarreta consequências em âmbito global. Desse modo, em nome da sobrevivência humana, exsurge um sentimento de solidariedade social, inspirado na ideia de que todos nós ocupamos o mesmo espaço denominado mundo, o qual necessita da colaboração de todos para manter suas condições de habitualidade para as atuais e futuras gerações.

Nestes direitos, incluem-se o direito ao desenvolvimento, o direito ao patrimônio comum da humanidade, pressupondo o dever de colaboração de todos os Estados e não apenas o atuar ativo de cada um, de forma que transportam a uma dimensão coletiva e justificadora de outro nome os direitos em causa: direito dos povos. Fala-se, pois, em *solidarity rights,* ou seja, direitos de solidariedade, sendo certo que a solidariedade já era uma dimensão "indimensionável" dos direitos econômicos, sociais e culturais. Precisamente por isso, atualmente grande parte dos autores falam de três dimensões de direitos do homem e não de "três gerações" (GOMES CANOTILHO; MOREIRA, 2003, p. 386).

Há ainda quem sustente a existência de uma quarta dimensão de direitos fundamentais que seria introduzida no âmbito jurídico em razão da globalização. A globalização neoliberal, fenômeno de cunho mundial, acaba por trazer alguns problemas decorrentes de sua filosofia de poder, de cunho negativo, ao caminhar rumo à dissolução do Estado Nacional, gerar debilidade nos laços de soberania. Ao mesmo tempo em que se dá essa globalização neoliberal, há uma globalização política, sustentada na teoria dos direitos fundamentais, tornando-os universais no campo institucional (BONAVIDES, 2008a, p. 572).

A globalização de direitos fundamentais faz surgir a chamada quarta dimensão de direitos fundamentais, sendo eles: o direito à democracia, à informação e ao pluralismo, de modo que deles depende a concretização da sociedade para o futuro. Assim, levando-se em conta os direitos fundamentais de quarta dimensão, observa-se que a democracia deve ser direta, o que se torna materialmente possível em face dos avanços da tecnologia de comunicação, sendo legitimamente sustentável em razão da informação correta e da abertura pluralista do sistema. Além disso, essa democracia não pode ser contaminada por uma mídia manipuladora, tampouco pode se sujeitar a governos de caráter autoritário, tudo isto para asseverar a observação de uma democracia plural, na qual a informação chegue corretamente a todos, sendo esse um direito fundamental de cunho universal.

A quarta dimensão de direitos fundamentais não gera, de modo algum, a caducidade das outras dimensões de direitos dessa natureza, ao contrário, corresponderia à derradeira fase de institucionalização do Estado Social, de modo que, diante dos direitos fundamentais de quarta dimensão, os de primeira, segunda e terceira permanecem eficazes, formando a base da pirâmide, cujo ápice é a democracia. Sob essa premissa, Bonavides expõe:

> (...) o vocábulo "dimensão" substitui, com vantagem lógica e qualitativa, o termo "geração", caso este último venha a induzir apenas a sucessão cronológica e, portanto, suposta caducidade dos direitos de gerações antecedentes, o que não é verdade. Ao contrário, os direitos de primeira geração, direitos individuais, os da segunda, direitos sociais, e os da terceira, direitos ao desenvolvimento, ao meio ambiente, à paz e à fraternidade, permanecem eficazes, são infraestruturais, formam a pirâmide cujo ápice é o direito à democracia; coroamento daquela globalização política para a qual, como no provérbio chinês da grande muralha, a Humanidade parece caminhar a todo vapor, depois de haver dado o seu primeiro e largo passo. (BONAVIDES, 2008a, p. 571).

Essa quarta dimensão de direitos fundamentais seria resultado da globalização dos direitos à democracia, ao pluralismo e à informação, no sentido de uma universalização no plano institucional, sendo a última fase de institucionalização do Estado Social. Diante do exposto, a quarta dimensão dos direitos fundamentais seria composta pelos direitos à democracia (democracia direta), à informação, assim como pelo direto ao pluralismo, constituindo-se, na realidade, em uma nova fase no reconhecimento dos direitos fundamentais, qualitativamente diversa das anteriores, já que não se cuida apenas de vestir com roupagem nova reivindicações deduzidas, em sua maior parte, dos clássicos direitos de liberdade (SARLET, 2010b, p. 50).

Convém sublinhar que a dimensão de globalização dos direitos fundamentais, como lecionada por Bonavides, ainda não se encontra perto de ser reconhecida pelo direito internacional e pelo direito positivo interno seja português, seja brasileiro, salvo algumas exceções, como, por exemplo, os conhecidos planos de orçamentos participativos. Desse modo, deve ficar registrado que, neste instante, os direitos fundamentais de quarta dimensão tratam-se apenas de esperanças para o futuro da humanidade.

Sob essa ótica, há ainda quem sustente que os direitos fundamentais de quarta dimensão seriam os chamados direitos dos povos, registrando que o momento por nós vivenciado tem produzido profundas modificações no comportamento humano, havendo, por isso, a necessidade de serem assegurados direitos até então não contemplados diretamente, como os que se relacionam à informática, *softwares*, biociências, clonagem, dentre outros eventos ligados à engenharia genética (BULOS, 2015, p. 530). Neste sentido, é o ensinamento de Bobbio:

> Mas já se apresentam novas exigências que só poderiam chamar-se de direitos de quarta geração, referente aos efeitos cada vez mais traumáticos da pesquisa biológica, que permitirá manipulações do patrimônio genético de cada indivíduo. Quais os limites dessa possível (e cada vez mais certa no futuro) manipulação? (BOBBIO, 2004, p. 9).

A quinta dimensão dos direitos fundamentais, respaldada por Paulo Bonavides, trata do direito fundamental à paz, sendo asseverado que a dignidade jurídica da paz decorre do reconhecimento universal que tem enquanto pressuposto qualitativo da convivência humana, corresponde a um elemento de conservação da espécie e assegura o exercício de outros direitos (BONAVIDES, 2008b, p. 86). Com efeito, Sarlet, Marinoni e Mitidiero, ao tratarem do direito à paz como direito de quinta dimensão, referem:

> Também aqui merece registro a proposta de Paulo Bonavides, no sentido de que o direito à paz integra uma quinta dimensão (geração) de direitos humanos e fundamentais. O autor, movido pelo intento de assegurar ao direito à paz um lugar de destaque e superar um tratamento incompleto e teoricamente lacunoso, de tal sorte a resgatar a sua indispensável relevância no contexto multidimensional que marca a trajetória e o

perfil dos direitos humanos e fundamentais, reclama uma classificação mediante sua inserção em uma dimensão nova e autônoma. Sem que aqui possamos aprofundar a matéria, verifica-se como bem aponta o mesmo Paulo Bonavides, uma tendência de o direito à paz (no Brasil consagrado como princípio fundamental no artigo 4º, VI, da CF/1988) a ser cada vez mais invocado na esfera das relações internacionais, sendo também crescentemente referido em decisões de tribunais nacionais, como foi o caso, recentemente, da Sala Constitucional da Suprema Corte de Justiça da Costa Rica. (SARLET; MARINONI; MITIDIERO, 2012, p. 264).

A paz, então, como direito fundamental, sustenta, por exemplo, decisões estatais que punem terroristas, julgam criminosos de guerra e asseguram as bases do pacto social. Na realidade, a paz compreende uma condição para a democracia, o desenvolvimento, o progresso social, econômico e cultural, figurando, portanto, como um dos pressupostos para a efetividade dos direitos fundamentais. Assim, a busca pela dignidade da espécie humana, justifica que a paz seja alçada a um grau máximo de juridicidade, sendo este o principal fator para ser alçada a direito fundamental de quinta dimensão. Em rigor, ao se propor uma quinta dimensão de direitos fundamentais busca-se a paz levantada ao máximo de juridicidade, em nome da conservação e do primado de valores impostos à ordem normativa pela dignidade da espécie humana.

Assim, a paz, como direito fundamental de quinta dimensão, seria uma paz em sua dimensão perpétua, em caráter universal, buscando harmonizar todas as etnias, culturas, sistemas e crenças, de modo que aquele que a infringisse, cometeria ilícito contra a sociedade humana. Tendo em vista que a ética social contemporânea cultiva a busca pela paz, a qual, por isso, para diversos autores, denota-se como um direito fundamental de quinta dimensão, pode-se afirmar que "a guerra é um crime e a paz é um direito,", um "supremo direito da humanidade" (BONAVIDES, 2008b, p. 93).

Há, também, quem sustente a existência de uma sexta dimensão dos direitos fundamentais, que estaria ligada ao acesso à água potável como direito fundamental, consignando-se que o século XXI será marcado, muito provavelmente, por sua escassez, advinda da má distribuição e dificuldade de acesso por significativa parcela da população mundial. Desse modo, há doutrinadores que já trabalham com essa sexta dimensão de direitos fundamentais e colocam, a esse respeito, o seguinte:

Afirma-se, agora, a existência de uma sexta dimensão de direitos fundamentais. A água potável, componente do meio ambiente ecologicamente equilibrado, exemplo de direito fundamental de terceira dimensão, merece ser destacada e alçada a um plano que justifique o nascimento de uma nova dimensão de direitos fundamentais.
(...) A escassez de água potável no mundo, sua má distribuição, seu uso desregrado e a poluição em suas mais diversas formas, geraram uma grave crise, a comprometer a subsistência da vida no Planeta. Em outras palavras, a escassez de água potável é um problema crucial. Logo, essa carência gera a necessidade de novo direito fundamental. (FACHIN; SILVA, 2012, p. 74).

Constata-se, portanto, que as chamadas dimensões de direitos fundamentais demonstram a evolução do reconhecimento e da afirmação de sua relevância no âmbito das Constituições, confirmando-se como direitos que podem ser considerados uma categoria material aberta e mutável, evoluindo, assim, conforme a necessidade social, sem que, todavia, perca-se de vista que muitos deles, como o direito à vida, à liberdade de expressão, de locomoção, dentre outros, dada a sua estreita ligação com a dignidade da pessoa humana, continuam tão atuais como eram por ocasião de seus surgimentos no século XVIII.

Aspecto igualmente importante refere-se ao fato de que alguns dos clássicos direitos fundamentais de primeira e segunda dimensões passam por um processo de revitalização, sendo atualizados para proteger seus titulares em face de novas formas de agressão aos valores tradicionais e incorporados ao patrimônio jurídico da humanidade, notadamente a liberdade, a igualdade, a vida e a dignidade da pessoa humana. Isso tem ocorrido de maneira mais significativa não pela inserção destes nos textos constitucionais, mas por uma espécie de transmutação hermenêutica e jurisprudencial ao reconhecer novos conteúdos e funções a direitos tradicionalmente consagrados. Exemplos desse processo de revitalização podem ser vistos quando os Tribunais são chamados a decidir acerca de situações como a fabricação de clones humanos, questões relacionadas à biotecnologia, bioética, engenharia genética, questões atinentes ao direito à intimidade no âmbito da internet etc.

A utilização das dimensões dos direitos fundamentais contribui no processo de positivação desses direitos nas esferas constitucional e internacional, uma vez que demonstra não serem estanques, a exemplo da sociedade, encontrando-se, ao contrário, sujeitos à modificação conforme a evolução desta. Ao tratar dessa importância das dimensões dos direitos fundamentais no processo de positivação dessas normas, Sarlet elucida:

> (...) não há como negligenciar a relevância também destas novas dimensões de direitos fundamentais, para o progresso da humanidade. Ressalta-se, neste contexto, a dimensão profética e promocional dos direitos fundamentais, que, mesmo não limitada aos direitos da terceira e da quarta dimensões, é com relação a estes que assume particular relevância, patenteando que todos os direitos fundamentais são permanentemente direcionados para o futuro, gerando a perspectiva e a possibilidade de mudanças e progresso. (SARLET, 2010b, p. 56).

Percebe-se a existência dessas dimensões de direitos, sobretudo, ao se constatar a existência dos chamados novos direitos fundamentais, como são alguns dos direitos fundamentais de terceira, quarta, quinta e até sexta dimensões, em fase de reconhecimento e positivação, tanto em nível de direito constitucional interno, como em nível de direito internacional. Isso mostra que tais direitos caracterizam-se por estar em constante processo de formação, podem ser chamados de *law in making*, cuja importância jurídica e política merecem profunda atenção, pois se encontram em perfeita sintonia com a evolução social, passam a integrar, no momento socialmente oportuno, o ordenamento jurídico interno e as normas de direito internacional (SARLET, 2010b, p. 56).

No que concerne à chamada dimensão ou às gerações de direitos fundamentais, há quem critique essa modalidade de classificação argumentando que, dessa forma, há a possibilidade de se imaginar a existência de uma espécie de priorização entre eles, na qual, por exemplo, os direitos de primeira geração teriam preponderância sobre os de segunda geração e assim sucessivamente (SCHMID, 2014, p. 803). Ainda neste sentido, critica-se essa modalidade de classificação por se entender que os direitos fundamentais deveriam ser compreendidos como um único rol, direcionados a um mesmo objeto (KRAEMER BORTOLOTI; MACHADO, 2017, p. 438). Todavia, tais críticas não se sustentam, uma vez que a classificação proposta não pretende fazer uma hierarquização entre os direitos fundamentais, mas tão somente sistematizá-los melhor a fim de serem adequadamente compreendidos.

Infere-se que, no texto constitucional, não há um elenco taxativo de direitos fundamentais, pois, ao contrário, essa enumeração (embora sem ser, em rigor, exemplificativa) é aberta, sempre pronta a ser preenchida ou completada através de novos direitos ou de novas faculdades de direitos para lá daquelas que se encontrem definidas ou especificadas em cada momento (MIRANDA, 2017, p. 181).

1.2.4 Titulares dos direitos fundamentais

É possível afirmar que os titulares dos direitos fundamentais são aqueles que figuram como sujeito ativo na relação jurídico-subjetiva, portanto, são as pessoas que podem exigir que sejam cumpridos. Para se falar acerca dos titulares dos direitos fundamentais, é importante tratar do princípio da universalidade, pelo qual todas as pessoas, pelo fato de serem pessoas, são titulares de direitos e deveres fundamentais. Vale registrar que o texto constitucional de cada país pode, em alguns casos, estabelecer certas restrições de exercício como, por exemplo, no que concerne à idade ou o fato da pessoa ser um nacional nato, naturalizado ou um estrangeiro, como ocorre em Portugal. Precisamente o artigo 122º da CRP (Constituição da República Portuguesa) assevera serem elegíveis para o cargo de Presidente da República, portugueses de origem, maiores de 35 anos. Registre-se que idêntica restrição de idade e quanto à nacionalidade é observada no Brasil, mais precisamente nos artigos 12, §3º, item I e 14, §3º, item VI, alínea "a" da CF/88. Outro item a se chamar a atenção é que essa eventual restrição pressupõe sempre uma justificação ou fundamento material, a qual não pode deixar de observar padrões mínimos fixados pelo direito internacional relativamente à determinação deste fundamento material.

Em Portugal, o princípio da universalidade é contemplado no artigo 12º da CRP e contempla que os direitos fundamentais são direitos de todos e não apenas dos cidadãos portugueses, salvo, como dito, quando a própria Carta Política excepcionar essa condição. Gomes Canotilho e Moreira, ao tratarem do postulado da universalidade, preceituam:

> O primeiro princípio geral dos direitos (e dos deveres) fundamentais consiste na sua universalidade (cfr a epígrafe). Todas as pessoas, só pelo facto de serem pessoas, são, por isso mesmo, titulares de direitos (e deveres) fundamentais, são sujeitos constitucionais de direitos e deveres. (GOMES CANOTILHO; MOREIRA, 2007, p. 328).

Desse modo, todos quantos fazem parte da comunidade política fazem parte da comunidade jurídica, sendo titulares dos direitos e deveres aí consagrados, ou seja, os direitos fundamentais têm ou podem ter sujeitos todas as pessoas integradas na comunidade política, o povo (MIRANDA, 2017, p. 277). No Brasil, o princípio da universalidade vem consagrado no artigo 5º da CF/88, que assevera que todos são iguais perante a lei, sem distinção de qualquer natureza, ao mesmo tempo em que garante aos brasileiros e estrangeiros residentes no país a titularidade dos direitos fundamentais. Registre-se que, muito embora a Constituição brasileira utilize a expressão *estrangeiros residentes no país*, a interpretação a ser dada é a que assegura *a qualquer estrangeiro*, residente ou não, todos os direitos e garantias. Neste cenário, Moraes adverte:

> Observe-se, porém, que a expressão *residentes* no Brasil deve ser interpretada no sentido de que a Carta Federal assegura ao estrangeiro todos os direitos e garantias mesmo que não possua domicílio no País, só podendo, porém, assegurar, a validade e gozo dos direitos fundamentais dentro do território brasileiro, não excluindo, pois, o estrangeiro em trânsito pelo território nacional, que possui igualmente acesso às ações, como o mandado de segurança e demais remédios constitucionais. (MORAES, 2014, p. 33).

A universalidade dos direitos fundamentais será mais ampla ou mais restrita conforme a vontade do legislador constitucional, o qual, todavia, encontra-se limitado a um núcleo mínimo de direitos fundamentais, que é inviolável, não comporta discricionariedade do constituinte, embora possa vir a ser ampliado. Ao tratar desse núcleo mínimo e da universalidade dos direitos fundamentais, Gomes Canotilho e Moreira explicitam:

> O "alargamento" ou "restrição" de direitos fundamentais de estrangeiros pressupõe uma certa medida de "discricionariedade" do legislador constituinte, ou, mediante autorização da constituição, do legislador ordinário.
> Contudo, também aqui se coloca uma "teoria de limites" do poder constituinte (ou dos poderes constituídos constitucionalmente competentes). Existe um núcleo essencial de direitos fundamentais de estrangeiros e apátridas. Em via de princípio, os cidadãos estrangeiros não podem ser privados: (1) de direitos, liberdades e garantias que, mesmo em regime de excepção constitucional – estado de sítio e estado de emergência –, não podem ser suspensos (cfr. CRP, artigo 19/6); (2) de direitos, liberdades e garantias ou direitos de natureza análoga estritamente relacionados com o desenvolvimento da personalidade humana (...) De resto, este "núcleo essencial" não prejudica a sua complementação através da

concretização ou desenvolvimento judicial dos direitos fundamentais. (GOMES CANOTILHO; MOREIRA, 2003, p. 417).

Essas restrições devem decorrer do texto constitucional, ou seja, a lei não é livre no estabelecimento de outras exclusões de direitos aos estrangeiros. Assim, sendo a equiparação regra, todas as excepções têm de ser justificadas e limitadas e devem observar os princípios da necessidade, adequação e proporcionalidade quanto à restrição de direitos constitucionais, positivados na Constituição, ou legais, consagrados em lei ordinária (GOMES CANOTILHO; MOREIRA, 2007, p. 358).

Portanto, diante do princípio da universalidade dos direitos fundamentais, todas as pessoas, em princípio, pelo simples fato de serem pessoas, podem vir a ser titulares de direitos fundamentais, os quais, em regra, valem para todos, ressalvadas as previsões de cunho constitucional lastreadas em justificação ou fundamento material e que obedeçam o núcleo essencial mínimo de direitos fundamentais. Conclui-se, pois, que o princípio da universalidade, por sua vez, refere-se, em primeira linha, à pessoa natural (pessoa física). A Constituição Federal Brasileira, por exemplo, no *caput* do seu artigo 5º, reconhece como titular de direitos fundamentais, orientada pelo princípio da dignidade humana (inc. III do artigo 1º) e pelos conexos princípios da isonomia e universalidade, toda e qualquer pessoa, seja ela brasileira ou estrangeira residente no país. Contudo, a própria dicção do texto constitucional exige algumas distinções entre nacionais e estrangeiros a serem observadas, designadamente a cidadania e a nacionalidade (SARLET; MARINONI; MITIDIERO, 2012, p. 305).

1.2.5 Os direitos fundamentais na Constituição brasileira e uma breve comparação com a sistemática constitucional portuguesa

Nesta seção, longe de se buscar exaurir o tema, procurar-se-á demonstrar como se encontra organizado o sistema do direito constitucional positivo atinente aos direitos fundamentais no Brasil. Além disso será realizada uma breve comparação com a sistemática desses direitos no âmbito da Constituição portuguesa.

No Brasil, com relação ao título de direitos e garantias fundamentais, é possível afirmar que possui caráter analítico, pluralista e forte cunho programático e dirigente. O cunho analítico e regulamentista pode ser constatado a partir da quantidade de artigos constante do título em questão, com mais de cem incisos, sem contar os direitos fundamentais constantes do restante do texto constitucional (SARLET, 2010b, p. 64). O pluralismo decorre da reunião de dispositivos que reconhecem uma série de direitos sociais, ao lado de diversos direitos de liberdade e direitos políticos, isto mostra que o constituinte brasileiro não aderiu, tampouco se restringiu a uma teoria sobre os direitos fundamentais. Enquanto que o seu forte cunho programático e dirigente resulta do grande número de disposições constitucionais a depender de regulamentação legislativa, estabelecendo imposições legiferantes e diretrizes a serem perseguidas pelo poder público.

No Brasil não há de se falar na existência de um rol taxativo dos direitos fundamentais, isto porque outros dispositivos constitucionais ou tratados internacionais podem apresentar previsão de direitos dessa natureza, conforme preceitua o artigo 5º, §2º da CF/88.

A norma do artigo 5º, §2º da CF/88 segue a tradição das Constituições brasileiras desde 1891, pela qual, além de um conceito formal do que venham a ser direitos fundamentais, há um conceito de cunho material a sustentar a existência de direitos que, por sua essência e conteúdo, fazem parte do corpo fundamental da Constituição de um Estado, apesar de não figurarem expressamente no catálogo definido pelo constituinte (SARLET; MARINONI; MITIDIERO, 2012, p. 269).

Essa *fundamentalidade* de cunho material se efetua a partir da análise do conteúdo do direito em apreciação, aferindo-se se este contém decisões fundamentais sobre a estrutura do Estado e da sociedade, notadamente no que diz respeito à posição nestes ocupada pela pessoa humana, ou seja, no direito constitucional brasileiro podem ser considerados direitos fundamentais aqueles que se encontram expressa ou implicitamente elencados no rol previstos na Carta Política. Em virtude de sua relevância em relação à pessoa humana, foram retirados da esfera de disponibilidade dos poderes constituídos, tendo ou não, assento formal na Constituição, pelo que se observa que a Constituição brasileira aderiu, a exemplo da portuguesa, em relação aos direitos materialmente fundamentais, a uma ordem de valores e de princípios que não necessariamente dependem do constituinte, mas da ordem de valores dominante, das circunstâncias sociopolíticas, econômicas e culturais da sociedade.

Ao longo desta obra se buscará demonstrar no que pertine ao direito fundamental à reforma agrária, que, mesmo não estando prevista expressamente no rol de direitos fundamentais, por sua essência e conteúdo, figura materialmente como tal, a exemplo do que sucede com outros direitos, como o direito de igual acesso aos cargos públicos (art. 37, I CF/88), o direito à iniciativa popular legislativa (art. 61, §2º CF/88), o direito à proteção do meio ambiente (art. 225, CF/88), bem como as limitações constitucionais ao poder de tributar (art. 150, CF/88). Assim, constata-se que a Constituição brasileira adota posição, quanto aos direitos fundamentais, no sentido de não depender necessariamente do constituinte para o reconhecimento desses direitos, os quais, para serem considerados como tais devem possuir conteúdo e importância que os qualifiquem dessa forma, independente de constarem no rol constitucional. Portanto, neste contexto, é a constatação de que o reconhecimento da diferença entre direitos formal e materialmente fundamentais traduz a ideia de que o direito constitucional brasileiro (assim como o lusitano) aderiu a certa ordem de valores e de princípios, que, por sua vez, não se encontra necessariamente na dependência do Constituinte, mas também encontra respaldo na ideia dominante de Constituição e no senso jurídico coletivo (SARLET, 2010b, p. 80).

Essa característica da Constituição brasileira, como referido, também é encontrada na Constituição portuguesa que, apesar de apresentar longo rol de direitos e deveres fundamentais, não esgota a matéria, tampouco apresenta um rol taxativo dos direitos fundamentais. Isto porque outros dispositivos constitucionais apresentam previsão de direitos dessa natureza. Além disso, o artigo 16º da CRP contém previsão que torna o rol constante da parte I da Carta Política Portuguesa meramente exemplificativo. Nessa premissa, Miranda esclarece:

> Em primeiro lugar, porque – sem esquecer o Preâmbulo e os "Princípios fundamentais" – preceitos dispersos nas partes II, III e IV e nas disposições finais e transitórias, em conexão com outras matérias preveem outros direitos ou interferem mais ou menos diretamente com o exercício dos direitos ali contemplados.
> Em segundo lugar, porque o artigo 16, nº 2, mandando interpretar e integrar os preceitos constitucionais e legais respeitantes aos direitos fundamentais pela Declaração Universal dos Direitos do Homem, procede à sua receção formal como conjunto de princípios gerais de Direito internacional elevados a princípios de Direito constitucional português. Em terceiro lugar, porque o artigo 16, nº 1, estatui que os direitos fundamentais consagrados na Constituição não excluem quaisquer outros constantes das leis e das regras aplicáveis de direito internacional. (MIRANDA, 2017, p. 176, grifos do autor).

Observa-se, pois, que em Portugal, a exemplo do que ocorre no Brasil, há uma consagração de direitos fundamentais como princípios que se encontram em cláusula aberta, sendo possível a previsão de direitos fundamentais em outras partes do texto constitucional e, até mesmo, em leis ordinárias ou normas internacionais. A respeito dessa abertura, Gomes Canotilho e Moreira referem:

> Relativamente ao primeiro problema – extensão da abertura –, a cláusula aberta acolhe direitos fundamentais de qualquer natureza (direitos, liberdade e garantias; direitos económicos, sociais e culturais), não havendo nenhuma razão para reservá-la para os direitos equiparados aos direitos, liberdades e garantias. Isto quer dizer que podem buscar-se tais direitos tanto no PIDCP, como no Pidesc, tanto na CEDH como na Carta Social Europeia, por exemplo. (GOMES CANOTILHO; MOREIRA, 2007, p. 367).

Tecidas essas premissas, é possível afirmar, exemplificativamente, que no direito português poderão ser considerados direitos fundamentais em sentido material, o direito de não pagar impostos inconstitucionais ou ilegalmente liquidados e cobrados (art. 103, nº 3 da CRP), os direitos de participação política previstos no artigo 122, que garante a elegibilidade aos portugueses de origem, maiores de 35 anos; os direitos da personalidade contemplados no Código Civil, como o direito geral da personalidade (art. 70); o direito ao nome (art. 72) e o direito à imagem (art. 79), uma vez que se tratam de direitos de todas as pessoas, cidadãos ou trabalhadores, direitos que ratificam ou acrescentam aqueles previstos na parte I da Constituição portuguesa.

Portanto, o amplo catálogo de direitos fundamentais ao qual é dedicada à parte I da Constituição portuguesa não esgota o campo constitucional dos direitos fundamentais. Dispersos ao longo da Constituição existem outros direitos fundamentais, sendo chamados direitos fundamentais formalmente constitucionais, mas fora do catálogo ou direitos fundamentais dispersos (GOMES CANOTILHO; MOREIRA, 2003, p. 404). Diante disso, constata-se, tanto no constitucionalismo português como no brasileiro, que o caráter de *fundamentalidade* de direitos não corresponde, necessariamente, à sua previsão no corpo da Constituição, há a necessidade de um critério material para se determinar o que são os direitos fundamentais para a legislação portuguesa. Esses critérios tornam possível identificar nas leis, normas internacionais e na Constituição quais são os direitos fundamentais (ANDRADE, 2012, p. 73).

Há, portanto, direitos materialmente fundamentais que não se encontram previstos nas Constituições brasileira e portuguesa, assim como há direitos apenas formalmente fundamentais, ou seja, estão previstos nessas Constituições, no rol de direitos fundamentais, todavia, materialmente, não são fundamentais, sendo apenas direitos com dignidade constitucional. São normas, como descreve Ferreira Filho (1999, p. 68), apenas formalmente fundamentais, eis que previstas na Constituição como tal, sem, todavia, possuírem cunho material de direitos fundamentais.

A título de exemplos de normas que poderiam ser rotuladas apenas como formalmente fundamentais na Constituição brasileira, pode-se apresentar o artigo 5º, item XXVIII, alíneas "a" e "b" da CF/88, que asseguram a proteção a participações individuais em obras coletivas e a reprodução da imagem e voz humanas, inclusive nas atividades desportivas, além do direito de fiscalização do aproveitamento econômico das obras que criarem ou de que participarem aos criadores, aos intérpretes e às respectivas representações. Indubitavelmente, referidos dispositivos não possuem relação direta com a proteção da dignidade da pessoa humana, tampouco decorrem de maneira inequívoca dos princípios e do regime da Constituição Federal como posições essenciais do ser humano na sua dimensão individual e social.

Igualmente em Portugal, há normas que podem ser consideradas apenas formalmente constitucionais, pois não obstante se encontrarem previstas na parte I da Constituição portuguesa, não ostentam característica de direitos fundamentais, pois não se destinam diretamente a garantir bens jurídicos pessoais nem se referem a uma ideia de *homem* vinculando-a com sua dignidade. Como exemplos desses direitos, é possível destacar os direitos de antena, de resposta e de réplica política, previstos no artigo 40 da CRP, os quais visam facilitar o exercício pelas minorias da oposição política através do rádio e da televisão. Contudo, sem dúvida, não constituem direitos políticos fundamentais do cidadão por lhes faltar a característica de figurarem como direitos cuja finalidade seja explicitar a ideia de *homem*, formada pela consciência universal ao longo dos tempos e consubstanciada no princípio da dignidade da pessoa humana.

Os direitos fundamentais materiais, seriam, nesta perspectiva, os direitos subjetivamente conformadores de um espaço de liberdade de decisão e de autorrealização, servindo simultaneamente para assegurar ou garantir a defesa da subjetividade pessoal (GOMES CANOTILHO; MOREIRA, 2003, p. 406).

No tocante aos parâmetros para a identificação material dos direitos fundamentais no Brasil, é plenamente possível considerar terem sido utilizadas idênticas diretrizes do direito constitucional português, bem delineadas no magistério de Andrade (2012, p. 79) ao identificar características que são da essência material desses direitos. Afirma o mestre português que o núcleo estrutural da matéria dos direitos fundamentais é formado por posições jurídicas subjetivas tidas como fundamentais e conferidas a todos os indivíduos ou a categorias abertas de indivíduos. Além disso, as normas materiais de direitos fundamentais devem buscar proteger bens jurídicos essenciais ou primários, visando especificamente explicitar a ideia de *homem*, formada pela consciência universal ao longo dos tempos e consubstanciada no princípio da dignidade da pessoa humana. Há, pois, para o reconhecimento desses direitos, a imprescindibilidade da nítida valorização da pessoa humana em seu mais elevado grau de juridicidade, estabelecendo-se o primado do homem no seio da ordem jurídica como titular e destinatário, em último grau, das regras do poder.

O artigo 5º, §2º da Constituição brasileira, trata-se de típica norma geral inclusiva, apresentando-se como "a moldura de um processo de permanente aquisição de novos direitos fundamentais" (CARVALHO NETTO, 2003, p. 154), de modo que esse processo não estanque e apto ao reconhecimento de novos direitos fundamentais representa uma característica favorável perante uma sociedade que se mantém em constante evolução, a propiciar, pois, que em face do desenvolvimento social, novos direitos sejam reconhecidos como de cunho fundamental.

Em relação à aplicabilidade imediata dos direitos fundamentais no Brasil, Sarlet (2010b, p. 260) defende que, em princípio, os chamados direitos de defesa (direitos de liberdade, igualdade, garantias, liberdades sociais e direitos políticos) não podem ter tratamento diferenciado dos chamados direitos a prestações (direitos sociais de natureza prestacional), pois o artigo 5º, §1º da CF/88, quando se referiu à aplicabilidade imediata, fez referência aos *direitos e às garantias fundamentais* e não apenas aos *direitos individuais e coletivos*, pois não haveria justificativa, diante de uma mera interpretação literal da norma, para serem excluídos dessa aplicabilidade imediata os chamados direitos prestacionais. Além disso, conforme verificado por Sarlet, há uma nítida diferença entre as Constituições portuguesa e brasileira neste particular.

Também não há como sustentar, no direito pátrio, a concepção lusitana (lá expressamente prevista na Constituição) de acordo com a qual a norma que consagra a aplicabilidade imediata dos direitos fundamentais abrange apenas os direitos, [as] liberdades e [as] garantias (Título II da CRP) que, em princípio, correspondem aos direitos de defesa, excluindo deste regime reforçado (e não apenas quanto a este aspecto) os direitos econômicos, sociais e culturais do Título III da Constituição portuguesa. A toda evidência, a nossa Constituição não estabeleceu distinção desta natureza entre os direitos de liberdade e os direitos sociais, encontrando-se todas as categorias de direitos fundamentais sujeitas, em princípio, ao mesmo regime jurídico. (SARLET, 2010b, p. 262).

A *eficácia e aplicabilidade* das normas que contêm os direitos fundamentais dependem muito de seu enunciado, pois se trata de assunto que se encontra em função do Direito positivo. A Constituição é expressa sobre o assunto, quando estatui que "as normas definidoras dos direitos e garantias fundamentais têm aplicação imediata" (SILVA, 2014, p. 182). Esclareça-se que dada a profundidade e a controvérsia acerca do tema, a questão atinente à aplicabilidade imediata e à exigibilidade dos direitos de cunho prestacional será objeto de análise na próxima seção. Dessa forma, no âmbito da Constituição brasileira, é possível afirmar que direitos fundamentais são:

(...) todas as posições jurídicas concernentes às pessoas (naturais ou jurídicas, consideradas na perspectiva individual ou transindividual) que, do ponto de vista do direito constitucional positivo, foram, expressa ou implicitamente integradas à Constituição e retiradas da esfera de disponibilidade dos poderes constituídos, bem como todas as posições jurídicas que, por seu conteúdo e significado, possam lhes ser equiparadas, tendo, ou não, assento na Constituição formal. (SARLET; MARINONI; MITIDIERO, 2012, p. 269).

A Constituição Federal de 1988 trouxe em seu título II *os direitos e [as] garantias fundamentais,* subdividindo-os em cinco capítulos: *direitos individuais e coletivos; direitos sociais; nacionalidade; direitos políticos e partidos políticos.* O que se nota é que a atual Constituição brasileira fundamenta o entendimento de que os direitos fundamentais nela contemplados integram-se em um todo harmônico de forma que os direitos sociais constituem um meio positivo para dar um conteúdo real e uma possibilidade de exercício eficaz a todos os direitos e a liberdade (SILVA, 2014, p. 187).

1.3 Direitos sociais como direitos fundamentais de aplicação imediata e exigíveis(?)

Neste item da pesquisa, procurar-se-á realizar um estudo acerca dos direitos sociais, enfatizando sua estrutura e as obrigações estatais decorrentes destes. Além disso, buscar-se-á analisar não só a questão atinente aos direitos sociais ante a escassez de recursos públicos, assim como um dos pontos de maior controvérsia no âmbito dos direitos sociais, que diz respeito à sua aplicação imediata e exigibilidade. Por fim, objetivar-se-á demonstrar que a reforma agrária constitui um direito fundamental do trabalhador rural e, como tal, deve ser objeto de atuação por parte do poder público no sentido de buscar sua efetivação.

1.3.1 Da aplicação imediata dos direitos fundamentais sociais a prestações no Brasil e em Portugal e a existência de aparente distinção do tratamento constitucional nesses países

Os direitos sociais são espécies do gênero direitos fundamentais, ou seja, são direitos que têm por finalidade instrumentalizar a dignidade da pessoa humana. Por esse motivo, referidos direitos devem gozar de força jurídica relevante dentro dos ordenamentos jurídicos e não podem jamais ser relegados. Sob essa ótica, Andrade preceitua:

> (…) os direitos sociais fundamentais dispõem, como vimos, de um *conteúdo nuclear*, ao qual se há de reconhecer uma especial força jurídica, pela sua referência imediata à ideia de dignidade da pessoa humana, fundamento de todo o catálogo dos direitos fundamentais (ANDRADE, 2012, p. 357, grifos do autor).

Em que pese Brasil e Portugal apresentarem uma distinção em seus textos constitucionais na questão de previsão da aplicação imediata dos direitos fundamentais sociais, demonstrar-se-á que, na realidade, essa diferença trata-se de questão meramente semântica, pois, quando analisado o tema sob o prisma material, nota-se a semelhança no tratamento conferido aos direitos sociais em ambos os países. No Brasil, a Constituição Federal, ao tratar dos direitos fundamentais, no tocante à aplicação imediata dessas normas, prevê em seu artigo 5º, §1º que "As normas definidoras dos direitos e garantias fundamentais têm aplicação imediata". Como se vê, em princípio, em relação à aplicabilidade imediata, o constituinte brasileiro não fez qualquer distinção entre os direitos de defesa e os direitos sociais prestacionais.

Em Portugal, a Constituição classifica os direitos fundamentais em direitos, liberdades e garantias e em direitos econômicos, sociais e culturais, que se encontram tipificados nos títulos II e III de sua parte I, respectivamente. Ocorre que, no tocante à aplicação imediata, diferentemente do ocorrido no Brasil, a Carta Política portuguesa faz expressa distinção entre os referidos direitos, na medida em que seu artigo 18, nº 1 refere que "Os preceitos constitucionais respeitantes aos direitos, liberdades e garantias são diretamente aplicáveis e vinculam as entidades públicas e privadas".

Os direitos, as liberdades e as garantias seriam os direitos com *referência* pessoal ao homem individual, além do que, seriam os direitos de liberdades, cujo obrigado principal é o Estado, que deve se abster de determinados comportamentos que possam violar a liberdade individual do cidadão. Outra característica desses direitos consiste no fato de que seu conteúdo é essencialmente determinado ou determinável ao nível das opções constitucionais, não necessitando de outras normas para a sua plena aplicabilidade.

Por sua vez, os Direitos Econômicos, Sociais e Culturais encontram-se previstos no título III da parte I da CRP, correspondendo às categorias genéricas dos direitos sociais. Essa classificação, porém, não figura como uma contraposição aos direitos, às liberdades e garantias, sendo apenas direitos diversos, sujeitos ao regime geral dos direitos fundamentais, sem, todavia, serem beneficiados do regime especial daqueles direitos, ou seja, da aplicabilidade imediata por se constituírem, predominantemente, em direitos a prestações ou atividades estatais (GOMES CANOTILHO; MOREIRA, 2003, p. 403).

Esses direitos têm como característica o fato de que seu conteúdo principal deverá ser determinado, em maior ou menor escala, por opção do legislador ordinário, que recebeu da Constituição esses poderes de determinação ou concretização. Desse modo, apenas a intervenção autônoma do legislador ordinário tem o lastro de definir o seu conteúdo, concretizando os preceitos respectivos, procedendo, assim, o desenvolvimento da intenção normativa em termos de produzir direitos certos e determinados. Há, pois, uma delegação constitucional no legislador da competência para definir ou concretizar o conteúdo dos direitos, sendo, portanto, descabida a conformação desse conteúdo pelos Tribunais, assim como o seria o reexame das decisões legislativas, por atentar contra a filosofia constitucional de repartição dos poderes. Tal situação é facilmente perceptível quando se depara com direitos a prestações relacionadas a recursos materiais, considerados como os direitos sociais por excelência (ANDRADE, 2012, p. 177).

Em relação a esses direitos, sua fixação ou prescrição compete ao legislador ordinário, conforme delegação constitucional para tal, caberá a este, tendo em vista as opções políticas legitimadas pelo voto e avaliando os recursos humanos e materiais presentes, procurar as soluções adequadas, que podem consubstanciar-se em distintos tipos, graus, tempos e modos de efetivação dos direitos ou na prioridade dada a uns e não a outros (MIRANDA, 2017, p. 535).

Como se vê, pertinente aos direitos, às liberdades e às garantias, as normas constitucionais são capazes de fornecer todos os elementos e critérios necessários e suficientes para a sua aplicação, sendo, pois, determinados diretamente por escolhas constitucionais neste sentido. Isto, por sua vez, não ocorre com os demais direitos, também fundamentais, porém definidos como econômicos, sociais e culturais, eis que, no tocante a estes, apenas por intermédio de intervenção autônoma do legislador ordinário é possível se dar a definição de seu conteúdo. Não significa dizer que referidos direitos fiquem ao mero alvedrio do legislador ordinário, uma vez que possuem um conteúdo mínimo previsto na Constituição a impor deveres ao legislador ordinário (ANDRADE, 2012, p. 176). Em vista disso, em tese, haveria distinção entre as normas jurídicas brasileira e portuguesa quanto à aplicabilidade imediata dos direitos sociais. Entretanto, na realidade, procedendo-se uma análise material a respeito do tema, observar-se-á que essa distinção, conforme adiantado, não passa de mera diferença no campo da semântica.

É fato que a norma constitucional brasileira foi clara ao não realizar qualquer distinção no que tange à aplicabilidade imediata dos direitos fundamentais, ou seja, todo e qualquer direito fundamental deverá ter aplicação imediata, não pode, desse modo, por se tratar de um ou de outro direito, seja de defesa, social, prestacional, ter sua aplicação imediata questionada. Infere-se, pois, que a Constituição brasileira não estabeleceu distinção desta natureza entre os direitos de liberdade e os direitos sociais, encontrando-se todas as categorias de direitos fundamentais sujeitas, em princípio, ao mesmo regime jurídico. Afirmar que uma norma tem aplicação imediata não corresponde dizer que esta tenha, por si só, força jurídica suficiente para transformar todos os direitos fundamentais em normas imediatamente aplicáveis e dotadas de plena eficácia, notadamente quando essas normas não receberam, do constituinte, normatividade suficiente para tanto; necessita, pois, de atuação do legislador. Contudo, esse fato, repita-se, não tem o lastro de retirar da norma de direito fundamental sua aplicabilidade imediata. A esse respeito, o magistério de Sarlet discorre:

> Outros direitos fundamentais há, de modo especial – mas não exclusivamente – entre os direitos sociais, que, em virtude de sua função prestacional e da forma de sua positivação, se enquadram na categoria das normas dependentes de concretização legislativa, que – a exemplo do que já foi visto – podem ser também denominadas de normas dotadas de baixa densidade normativa. Ainda que estes direitos fundamentais sejam diretamente aplicáveis, não há por certo, como sustentar que o sejam de forma idêntica aos direitos de defesa, consoante, aliás, tentaremos demonstrar no decorrer do nosso estudo. (SARLET, 2010b, p. 268).

O fato de todas as normas de direitos e garantias fundamentais terem reconhecida a sua aplicabilidade direta não significa afirmar que a eficácia jurídica de todas essas normas seja idêntica, pois os direitos fundamentais são multifuncionais e abrangem um conjunto heterogêneo e complexo de normas e posições jurídicas (SARLET; MARINONI; MITIDIERO, 2012, p. 314). Assim, se a ausência de normatização infraconstitucional é dado impeditivo de fruição dos demais direitos constitucionais, o mesmo não ocorre quanto aos direitos e às garantias individuais, pois, com relação a estes, existe expressa disposição normativa a determinar a aplicação imediata de suas normas, o que torna impossível usar contra elas o argumento de seu conteúdo vazio, concluindo-se ser plenamente possível haver a distinção entre normas de direitos fundamentais no tocante à eficácia jurídica (GEBRAN NETO, 2002, p. 153).

Convém ressaltar como deve ser compreendida a aplicação imediata das normas de direitos sociais prestacionais, compreensão esta que deve se dar no sentido de que essas normas impõem ao Estado a tarefa de buscar maximizar a eficácia dos direitos fundamentais, investindo os poderes públicos na atribuição constitucional de promover as condições para que estes sejam reais e efetivos. Isto não quer dizer que dentre os direitos fundamentais não possa haver distinções no que tange à graduação desta aplicabilidade, a depender da forma de positivação, do objeto e da função que cada preceito desempenha (SARLET, 2010b, p. 271).

Além disso, a aplicabilidade imediata das normas de direito fundamental, em especial no que concerne aos direitos sociais de cunho prestacional, observa-se também quando impõe ao legislador que não atue em desconformidade com elas, havendo, desse modo, um verdadeiro *efeito negativo* imposto ao legislador, demonstrando-se, mais uma vez, sua aplicabilidade imediata.

Assim, os direitos fundamentais, inclusive aqueles direitos sociais de cunho prestacional, sempre estarão aptos a gerar um mínimo de efeitos jurídicos, sendo, na medida desta aptidão, diretamente aplicáveis, seguindo a regra de que inexiste norma constitucional destituída de eficácia e aplicabilidade. O quanto de eficácia de cada direito fundamental a prestações dependerá, por outro lado, sempre de sua forma de positivação no texto constitucional e das peculiaridades de seu objeto (SARLET, 2010b, p. 280). Isso também ocorre em relação aos direitos sociais em Portugal, os quais constituem verdadeiras normas impositivas de legislação, a fim de ordenar ao Estado a adotar medidas para a maior realização ou satisfação dos bens protegidos, registrando-se que não podem ser entendidas como meras normas programáticas, pois, decorrentes da dignidade da pessoa humana, possuem força jurídica, vinculando o poder público, que deverá adotar providências no sentido de observá-las.

Os dispositivos que preveem os direitos sociais a prestações em Portugal, como referido acima, contêm diretivas para o legislador, ou seja, apresentam a este normas impositivas de legislação, de modo que não conferem aos seus titulares verdadeiros poderes de exigir, visto que objetivam orientar o Estado a adotar medidas para a maior satisfação ou realização concreta dos bens protegidos. Conclui-se, pois, que o legislador não pode decidir se atua ou não, sendo-lhe defeso o não fazer. Desse modo, no que concerne à conformação do conteúdo dos direitos, ainda que o legislador possa escolher em grande parte o que quer, não é livre de escolher o que quer que seja (ANDRADE, 2012, p. 359).

Desse modo, mesmo no que diz respeito às normas referentes aos direitos sociais prestacionais, há, de fato, em Portugal, a exemplo do que acontece no Brasil, a existência de aplicabilidade imediata, a qual, todavia, é distinta daquela observada em relação aos direitos de defesa. No entanto, diante da imposição de condutas ao Estado e ao legislador, não é possível considerar que as normas que preveem os direitos sociais prestacionais sejam tidas como normas despidas de aplicabilidade imediata, valendo-se destacar que essa aplicabilidade imediata, todavia, não autoriza, como regra, a postulação direta do direito pelo titular. Há a necessidade de atuação legislativa que defina seu conteúdo concreto, fazendo opções políticas em um quadro de prioridades a que obrigam a escassez de recursos e o caráter limitado da intervenção do Estado na vida social.[12]

Uma norma é aplicável quando, por si só, tem condições de produzir efeitos no ordenamento jurídico, independente do grau desses efeitos, se maiores ou menores. (GEBRAN NETO, 2002, p. 129). Ora, com relação aos direitos sociais prestacionais, mesmo em menor grau que em relação aos direitos de defesa, há a produção de efeitos no ordenamento jurídico, tanto que o legislador tem a obrigação de criar normas para buscar implementá-los e esta obrigação de legislar deve ser no sentido de garanti-los e nunca de suprimi-los, motivo pelo qual é plenamente possível sustentar a aplicabilidade imediata, nestes termos, dos direitos fundamentais prestacionais.

Tecidas essas considerações, constata-se que, na realidade, no que concerne às normas de direitos fundamentais sociais prestacionais, muito embora haja suposta distinção de tratamento entre as Constituições brasileira e portuguesa, essa diferença, como já afirmado, é meramente semântica, pois o tratamento conferido a esses direitos é o mesmo, ou seja, em ambos os países, as normas em questão possuem aplicabilidade imediata, o que, todavia, não quer dizer que poderão ser imediatamente exigíveis, independente da atuação do legislador ordinário. A própria doutrina portuguesa é clara ao afirmar que as normas de direitos sociais à prestação não podem ser vistas como normas meramente proclamatórias, mas, ao contrário, vinculam o legislador, sem, todavia, autorizar que, de regra, juízes e tribunais, diretamente, possam determinar seus pressupostos e a extensão de seu conteúdo sem que haja uma necessária atuação do Poder Legislativo. A esse respeito, os ensinamentos de Andrade:

---

[12] Cfr. Gomes Canotilho e Moreira (2007, p. 38), que afirmam: "Trata-se em geral de direitos de natureza positiva (direitos a prestações), sem densidade bastante para alcançarem o nível de determinabilidade necessário para usufruir do regime dos direitos, liberdades e garantias. Não quer isto dizer que eles sejam desprovidos de qualquer garantia. Desde logo, valem para eles os princípios da universalidade e da igualdade (arts. 12º e 13º). Depois, eles não deixam de dispor de importantes efeitos jurídicos. Para começar, tais preceitos constitucionais aplicam a *interpretação* das normas legais do modo mais conforme com elas (por exemplo, em caso de dúvida sobre o âmbito legal de certa prestação da segurança social como foi o caso de apoio social a portugueses emigrantes binacionais, deve seguir-se a interpretação conforme a teleologia intrínseca do Estado Social). Depois, a inércia do Estado em cumprir a obrigação constitucional dá lugar à *inconstitucionalidade por omissão* (cfr. artigo 283)".

> Não significa isso, porém, que se trate de normas meramente programáticas, no sentido de simplesmente proclamatórias, visto que têm força jurídica e *vinculam* efetivamente os poderes públicos, impondo-lhes autênticos *deveres* de legislação. O legislador não pode decidir se atua ou não: é-lhe proibido o "non facere". Tal como, relativamente à conformação do conteúdo dos direitos, mesmo que possa escolher em grande medida o que quer, não é livre de escolher o que quer que seja (...).
> É certo que estas tarefas ou incumbências não estão, em regra, suficientemente determinadas pela Constituição para vincularem de modo imediato os poderes públicos para além desse mínimo – nem podem, sem prejuízo da divisão constitucional dos poderes, ser determinadas pelos juízes quanto aos pressupostos e à extensão do *conteúdo* dos direitos dos respectivos beneficiários. Para que se tornem *direitos subjetivos certos*, é necessária uma atuação legislativa que defina o seu conteúdo concreto, fazendo opções políticas num quadro de prioridades a que se obrigam a escassez dos recursos, o caráter limitado da intervenção do Estado na vida social e, em geral, a abertura característica do próprio princípio democrático. (ANDRADE, 2012, p. 359, grifos do autor).

Portanto, como se vê, no que tange a aplicação imediata dos direitos fundamentais sociais prestacionais, percebe-se que Brasil e Portugal possuem apenas aparente diferença de tratamento, pois, na realidade, referidos países reconhecem que essas garantias gozam de aplicação imediata, compatível com sua natureza jurídica. Uma vez demonstrado que, com as peculiaridades que lhe são próprias, as normas de direitos sociais à prestação gozam de aplicação imediata no Brasil e em Portugal, cabe, agora, analisar a questão estrutural dos referidos direitos.

1.3.2 Da estrutura e das obrigações estatais em sede de direitos fundamentais sociais

Do ponto de vista de sua estrutura, os direitos fundamentais sociais caracterizam-se por se constituírem em obrigações de prestação positivas a cargo dos poderes públicos. Sobre essa questão estrutural, Abramovich e Courts lecionam:

> Por el contrario, la estrutura de los derechos económicos, sociales y culturales se caracterizaría por obligar al Estado a *hacer,* es decir, a *brindar prestaciones positivas:* proveer servicios de salud, asegurar la

educación, sostener el patrimonio cultural y artístico de la comunidad. (ABRAMOVICH; COURTS, 2014, p. 21).[13]

Diante dessa estrutura, os direitos fundamentais sociais, como regra, vêm caracterizados segundo diferentes técnicas de positivação, isto é, como tarefas legislativas, determinações dos fins do Estado, tarefas constitucionais, princípios diretivos e mandatos de otimização, fato que faz com que estes não garantam posições jurídico-subjetivas, dirigindo-se, pois, ao Estado, sem, todavia, deixarem de ser normas jurídico vinculantes (QUEIROZ, 2006, p. 18). Desse modo, diferentemente do que acontece com os direitos de defesa, a pretensão dos direitos sociais não corresponde a uma omissão, mas a uma ação, à proporção que esses direitos necessitam de uma atitude, de um fazer por parte dos entes públicos, fica o legislador vinculado à criação de leis prestacionais a fim de que o direito seja exercido. Confere-se, então, ao legislador a tarefa de, legitimamente, interpretando a Constituição, estabelecer o conteúdo de tais direitos (PETIT GUERRA, 2017, p. 217). Há, pois, verdadeira vinculação do legislador à criação de leis prestacionais, ante a ausência de um objeto determinado que possa fundamentar diretamente a realização desses direitos ou pretensões no seu conjunto (QUEIROZ, 2006, p. 19). Assim, uma vez reconhecido que o Estado, ante os direitos fundamentais sociais, possui obrigações a cumprir, cabe destacar quais seriam esses deveres.

Considerando que os direitos fundamentais sociais não podem ser considerados como meras normas de cunho programático, os Estados têm a obrigação de se comprometer a adotarem medidas de efetivação destes até o máximo dos recursos disponíveis, por todos os meios apropriados, inclusive por medidas legislativas (ABRAMOVICH; COURTS, 2014, p. 79). Desse modo, uma das primeiras obrigações dos Estados, no que concerne aos direitos fundamentais sociais, é buscar adotar todas as medidas possíveis, dentro de suas possibilidades, para efetivá-los.

Outra obrigação existente quanto aos direitos fundamentais sociais diz respeito ao dever de garantir níveis essenciais dos direitos. Como decorrência dessa obrigação, os Estados deverão adotar medidas, geralmente de cunho positivo, quando o grau de satisfação dos direitos

---

[13] Ao contrário, a estrutura dos direitos econômicos, sociais e culturais se caracterizaria por obrigar o Estado a fazer, ou seja, proporcionar benefícios positivos: prover serviços de saúde, assegurar a educação, sustentar o patrimônio cultural e artístico da comunidade. (Tradução nossa).

sociais encontre-se em níveis tais que não alcancem o mínimo exigido. Desse modo, em relação à saúde, por exemplo, há quem sustente que esse mínimo deve garantir o direito de acesso aos centros, bens e serviços de saúde sem qualquer tipo de discriminação, em especial aos grupos mais vulneráveis economicamente. Além disso, deve ser garantida a facilitação a medicamentos necessários aos tratamentos de saúde, dentre outros deveres (ABRAMOVICH; COURTS, 2014, p. 89). A obrigação de progressividade e a proibição do retrocesso figuram como outros deveres dos Estados no tocante aos direitos fundamentais sociais, ou seja, os entes públicos deveriam buscar aperfeiçoar cada vez mais o efetivo cumprimento desses direitos, aprimorar suas condições de gozo e exercício, vedando-se, pois, como consequência lógica, a adoção de práticas que constituam retrocesso ao exercício desses direitos. Neste sentido, Abramovich e Courts deslindam:

> De allí que la noción de progresividad implique un segundo sentido, es decir, el de *progreso*, consistente en la obligación estatal de merojar las condiciones de goce y ejercicio de los derechos económicos, sociales y culturales (...). La obligación mínima asumida por el Estado al respecto es la obligación de *no regresividad*, es decir, la prohibición de adoptar políticas y medidas, y por ende, de sancionar normas jurídicas, que empeoren la situación de los derechos económicos, sociales y culturaes (...). (ABRAMOVICH; COURTS, 2014, p. 93).[14]

Infere-se, pois, que diante da relevância e da aplicabilidade imediata dos direitos fundamentais sociais, os Estados possuem obrigações a cumprir em relação a estes, as quais devem ser observadas sob pena de absoluta ineficácia dos mesmos, os quais, então, seriam meramente normas de conteúdo proclamatório, o que, indubitavelmente, não foi a vontade do legislador constitucional.

---

[14] Assim, a noção de progressividade implica um segundo sentido, isto é, o sentido do progresso, consistindo na obrigação do Estado de navegar pelas condições de gozo e exercício dos direitos econômicos, sociais e culturais (...). A obrigação mínima assumida pelo Estado a esse respeito é a obrigação de não-regressão, isto é, a proibição de adotar políticas e medidas e, portanto, de sancionar normas jurídicas que agravem a situação dos direitos econômicos, sociais e culturais (....). (Tradução nossa).

1.3.3 A escassez de recursos e os direitos sociais: a análise da exigibilidade dos direitos sociais ante a reserva do possível e o mínimo para uma existência condigna

Os direitos fundamentais, sejam de direitos de defesa, sejam os direitos a prestações, exigem, para a sua realização, algumas medidas por parte dos poderes públicos, que importam na alocação de recursos materiais e humanos para a sua implantação. Assim, o exercício de direitos fundamentais tem o lastro de gerar custos ao Estado, que devem ser suportados por recursos, os quais, como se sabe, são escassos, surgindo, então, a necessidade de ser analisada a questão da escassez ante a implementação de direitos. Muito embora essa escassez de recursos públicos seja uma realidade posta e vivenciada na sociedade, há quem sustente que se trata de um mito, uma construção social que tem sido aceita passivamente pela sociedade ou, em outras palavras, uma ideologia de escassez (BRZUZY, 2002, p. 122). Todavia, é induvidoso que essa afirmação não se sustenta à luz da realidade fática, permanecendo, pois, meramente, no campo da retórica, conforme será melhor percebido adiante. É fato que os direitos e seu exercício implicam custos. Isto decorre da chamada Teoria do Custo dos Direitos, que apresenta uma concepção pela qual todos os direitos devem ser considerados onerosos, pois, mesmo a efetivação de direitos de defesa ou negativos, tem o fulcro de demandar algum tipo de despesa para o Estado, ainda que esta não se compare com uma oriunda da efetivação de um direito do tipo prestacional (HOLMES; SUNSTEIN, 1999, p. 22).

A escassez, como gênero, pode ser justificada e sistematizada em três categorias: na primeira delas, algumas atividades necessitam do uso de recursos que, por razões físicas ou técnicas, caracterizam-se por seu caráter finito. Essa característica desses recursos pode levar o poder público a retirar do âmbito de atuação particular as decisões sobre sua alocação, submetendo-a a um regime de direito público cuja finalidade seja assegurar sua preservação ou utilização de maneira eficiente (ARROYO; UTRILLA, 2015, p. 31). Exemplo dessa situação de escassez se encontra, por exemplo, na questão da distribuição de energia elétrica ou ainda na utilização de um recurso ambiental, hipóteses em que necessitam da obtenção de direitos de utilização por parte do poder público (OSÉS-ERASO; VILADRICH-GRAU, 2007, p. 436).

Na segunda delas, a escassez não é antecedente, mas resultado de uma decisão adotada pelos poderes públicos para corrigirem o funcionamento do mercado correspondente, surgindo como uma decisão política utilizada a partir de certa interpretação das exigências que a respeito se derivam do interesse público. Nesse prisma, Arroyo e Utrilla estabelecem:

> La escasez surge aqui de una decisión política adoptada a partir de una cierta interpretación de las exigencias que al respecto se derivan del interés público. La limitación del número de títulos habilitantes para acceder a un determinado mercado o el establecimiento de contingentes o cuotas en relación con un cierto volumen de actividad, producción o efecctos externos, puede responder a fundamentos diversos. (ARROYO; UTRILLA, 2015, p. 32).[15]

A terceira categoria de justificativa do fenômeno da escassez se dá quando deva ocorrer a adjudicação administrativa de direitos limitados em número de situações de concorrência, hipótese em que os poderes públicos demandam ou ofertam certos recursos em quantidade limitada ante a escassez de recursos financeiros para suportar todas as demandas. É em relação a essa terceira categoria de escassez que se encontra voltada esta pesquisa, na medida em que, diante da previsão dos direitos fundamentais, o Estado deve se posicionar quanto à sua implementação. Há, neste particular, nítida distinção entre os chamados direitos de defesa e os direitos sociais prestacionais visto que o fator custo não constitui um elemento impeditivo da efetivação pela via jurisdicional quando se encontram em causa direitos subjetivos de cunho "negativo", pois, nesses casos, o Judiciário vai determinar apenas que o ente público se abstenha de uma determinada conduta. Isto, por sua vez, não se efetua quando estiver em voga um direito social à prestação, cuja pretensão, para se realizar, necessitará do dispêndio de recursos públicos, na medida em que a ordem judicial consistirá na determinação do poder público instaurar uma dada política pública, o que, indubitavelmente, necessitará de recursos públicos. Há, portanto, no que tange aos direitos negativos, os gastos

---

[15] A escassez surge aqui de uma decisão política adotada a partir de uma certa interpretação das demandas que, a esse respeito, derivam do interesse público. A limitação do número de qualificações para acesso a determinado mercado ou o estabelecimento de cotas ou cotas em relação a um determinado volume de atividade, produção ou efeitos externos, pode responder a diferentes fundamentos. (Tradução nossa).

comuns, ordinários, inerentes à manutenção das instituições, enquanto que, para os direitos a prestações, além dos gastos comuns, há aqueles deles decorrentes por sua própria natureza.

Desse modo, constata-se que a realização dos direitos sociais custa mais dinheiro, havendo, assim, nítida distinção entre "gastos institucionais", que seriam gastos comuns a todos os direitos (os gastos com a manutenção das instituições políticas e judiciais, por exemplo, que estão a serviço de todos os direitos) e os gastos diretamente referidos à realização dos direitos sociais, razão por que se entende que tais gastos gerais devem ser excluídos para efeito de comparação entre os direitos civis e políticos e direitos sociais, econômicos e culturais, designadamente na sua esfera prestacional (SARLET, 2010b, p. 285).

Portanto, não há dúvidas de que, diante do custo dos direitos sociais prestacionais deve ser aferido se o destinatário da prestação encontra-se em condições materiais de implementar esses direitos, ante a sabida existência de limitações de recursos para a sua efetivação, ou seja, da escassez de recursos orçamentários, tendo, a partir dessa realidade fática, afirmado-se que os direitos sociais prestacionais encontram-se sujeitos a uma reserva do possível, que abrangeria a possibilidade de prestar o serviço, o poder de disposição por parte do destinatário na norma, assim como a razoabilidade da prestação.

Essa chamada reserva do possível apresenta, pelo menos, uma dimensão tríplice, que abrange a efetiva disponibilidade fática dos recursos para a efetivação dos direitos fundamentais; a disponibilidade jurídica dos recursos materiais e humanos, que guarda íntima conexão com a distribuição das receitas e competências tributárias, orçamentárias, legislativas e administrativas, entre outras, e que, além disso, reclama equacionamento, especialmente no caso brasileiro, no contexto do sistema constitucional federativo; e a proporcionalidade da prestação, em especial no tocante à sua exigibilidade e, nesta quadra, também sua razoabilidade, na perspectiva (também) do eventual titular de um direito a prestações sociais (SARLET, 2010b, p. 287).

Assim, a reserva do possível surge como uma espécie de limite fático e jurídico dos direitos fundamentais a prestações ante a existência de escassez de recursos públicos, de modo que competirá ao legislador, no âmbito de sua competência constitucionalmente estabelecida, de acordo com as reservas orçamentárias, dos planos econômicos e financeiros, das condições econômicas e sociais do país, a tarefa de concretizar e realizar os programas, fins, tarefas e ordens ali estabelecidos, o que, todavia, não significa que essa efetivação seja um singelo apelo da Constituição ao legislador, ao contrário, trata-se de imposição constitucional. Portanto, a reserva do possível restringe as providências do Estado ao que efetivamente possa vir a cumprir (OTERO; HILLE, 2013, p 499).

Em resumo, a ideia central da reserva do possível é a de que deve ser compreendida como a destinação de todo o possível para atender aos direitos fundamentais do indivíduo, evitando-se, simultaneamente, colocar-se em risco o orçamento público, ou seja, não se trata da negativa do Estado em garantir direitos, mas de limitar o que não há condições de atender (SILVA; VITA, 2014, p. 254). Deve ser esclarecido, porém, que não obstante se fale da efetivação dos direitos dentro de uma reserva do possível, tal fato não se reduz, jamais, a um simples pedido ao legislador. Ao contrário, há uma verdadeira determinação constitucional, legitimadora, dentre outras coisas, de transformações econômicas e sociais na medida em que estas forem necessárias para a efetivação desses direitos (GOMES CANOTILHO; MOREIRA, 2003, p. 478).

O Acórdão nº 148/94 do Tribunal Constitucional Português realizou uma distinção entre direito fundamental social propriamente dito e a correspondente política pública de implantação desse direito. Na referida decisão, ficou consignado que, diante da escassez dos recursos, o conceito de "reserva do possível" poder-se-ia apresentar como uma exigência racional, imposta pelas próprias circunstâncias fáticas de incapacidade financeira do Estado, isto é, os direitos fundamentais sociais são exigíveis, no entanto, deve ficar consignado que o Estado possui recursos limitados e não tem condições de responder a todas as questões de forma imediata (QUEIROZ, 2006, p. 25).

Em relação aos direitos sociais, a Constituição portuguesa de 1976 deixa claro que o poder público encontra-se compelido a implementar políticas públicas no sentido de buscar a garantia destes, motivo pelo qual deve o Estado aprovar medidas de cunho legislativo e de outra natureza a fim de alcançar referidos direitos no âmbito particular. Nesse diapasão, o magistério de Andrade coloca:

> Já não terá de ser assim quanto aos preceitos relativos aos outros direitos fundamentais, para os quais juntamente a Constituição não prescreve em geral o regime da aplicabilidade imediata. Neste domínio, onde se insere a generalidade dos direitos a prestações, será, ao invés, de presumir, salvo indicação normativa em contrário, que há uma delegação constitucional

no legislador da competência para definir ou concretizar o conteúdo dos direitos; seria, pois, ilegítima a conformação desse conteúdo pelos tribunais e o consequente reexame das decisões legislativas, por atentar contra a filosofia constitucional de repartição dos poderes (...).
As opções que permitirão definir o conteúdo dos direitos dos cidadãos a prestações positivas do Estado têm de caber, portanto, a um poder constituído. Não certamente ao juiz, na sua função aplicadora, sob a cobertura de uma interpretação, mas sim aos órgãos (politicamente responsáveis) competentes para a definição das linhas gerais das políticas econômicas, sociais e culturais ou para a sua implementação. (ANDRADE, 2012, p. 178).

Essas modalidades de normas constitucionais apresentam ao legislador imposições legiferantes, devendo este atuar positivamente no sentido de criar condições materiais e institucionais para o exercício desses direitos, bem como lhe impõem fornecer prestações aos cidadãos, densificadoras da dimensão subjetiva essencial destes e executoras do cumprimento das determinações institucionais (GOMES CANOTILHO; MOREIRA, 2003, p. 476). Deve, todavia, pela importância do tema, ficar ratificado no que concerne à efetivação desses direitos que, não obstante devam ser observados dentro da reserva do possível, não estamos diante de um pedido de favor ao legislador, o qual, na realidade, possui uma obrigação de cunho constitucional em adotar providências práticas para a referida implementação.

No âmbito do direito brasileiro, em relação à efetivação dos direitos sociais prestacionais, o juiz deve ter especial cautela, eis que estes se encontram submetidos à mencionada reserva, razão pela qual o magistrado não pode desenvolver ou efetivar direitos sem a existência de meios materiais disponíveis para tanto. Por outro lado, mesmo que existam meios para viabilização de determinada prestação material especificamente estatal, não se pode olvidar a escassez de recursos orçamentários, ou seja, viabilizar aqui poderá inviabilizar acolá, de modo que o atendimento de determinada prestação a prestações materiais pode esvaziar outras. Diante disso, caberia exclusivamente ao legislador, em virtude do argumento democrático e de sua especial competência orçamentária, definir como os recursos existentes serão utilizados (MORO, 2000, p. 68).

Assim, a Constituição brasileira, em seu artigo 6º, apresenta um rol de direitos sociais, os quais, a exemplo do que ocorre em Portugal, não podem, como regra geral, ser exigidos de forma individual em face do Estado, a que se incumbe buscar um mínimo existencial para uma vida condigna, pois o fato de existir a previsão de direitos sociais, não quer dizer que as pessoas, particularmente consideradas, possam exigir, por exemplo, individualmente, uma casa para morar, ou um emprego, pois o que se exige do Estado brasileiro é a adoção de políticas públicas voltadas para a proteção do direito em seu *mínimo existencial*, o qual, apenas se não atingido, poderá implicar a possibilidade de intervenção jurisdicional, hipótese em que, diante do injusto inadimplemento de deveres estatais de prestação constitucionalmente impostos ao Estado, legitima-se a intervenção do Poder Judiciário (BRASIL, 2013).

Sobre o tema, outra não pode ser a interpretação que não seja a de que se ao Estado incumbe a obrigação de realizar uma política de pleno emprego, não havendo como sustentar que a cada indivíduo corresponda um direito subjetivo a determinada política de pleno emprego. Na verdade, constata-se que o direito ao trabalho na Constituição brasileira foi objeto de concretização em diversas outras normas constitucionais, inclusive na seara dos direitos fundamentais, como bem demonstra o extenso rol do artigo 7º, sem que, no entanto, se possa chegar ao extremo de reconhecer a existência de um direito subjetivo a um local de trabalho (direito a um emprego) (SARLET, 2010b, p. 298).

Como se vê, a reserva do possível configura um relevante obstáculo para a efetivação de direitos sociais prestacionais pela via jurisdicional, uma vez que, como regra, essa atribuição cabe ao legislador. Todavia, não se trata de barreira intransponível por haver a possibilidade de imposição de eficácia direta no intuito de se garantir um chamado mínimo social, mínimo existencial ou mínimo para uma existência condigna. A esse respeito, os ensinamentos de Gomes Canotilho e Moreira (2003, p. 481, grifos do autor): "Para atenuar essa desoladora conclusão adianta-se, por vezes, que a única vinculação razoável e possível do Estado em sede de direitos sociais se reconduz à garantia do *mínimo social*."

A possibilidade de transposição dessa barreira está, pois, condicionada à inobservância pelo poder público, no que concerne aos direitos sociais prestacionais, do que se chama mínimo existencial ou mínimo para uma existência condigna, ou seja, autorizar-se-ia a coercibilidade judicial das prestações quando o poder público não atingir o limiar mínimo de realização do direito social, o qual, diante disso, fica aquém do qual resta comprometida a dignidade da pessoa humana, configurando, assim, uma inconstitucionalidade por omissão a autorizar o controle judicial (CORDEIRO, 2012, p. 58). Assim, excepcionalmente, pode se cogitar em retirar diretamente da Constituição um direito a determinada prestação social, exatamente quando estiver em causa o conteúdo mínimo dos preceitos constitucionais, especialmente em situações de necessidade ou injustiça extremas, o que figurará como verdadeira válvula de segurança da ordem jurídico-constitucional, como resposta a casos de insuficiência manifesta ou de incompletude discriminatória da atuação legislativa, relativamente aos quais se admitirá para os tribunais, de acordo com o critério de *evidência*, verificar a inconstitucionalidade (ANDRADE, 2012, p. 369). Ao tratar do reconhecimento do mínimo para uma existência condigna em Portugal, Cordeiro refere:

> Em Portugal, onde a constitucionalização dos direitos sociais não incluiu uma previsão expressa acerca do direito ao mínimo existencial, o Tribunal Constitucional, no Acórdão 509/2002, reconheceu a existência do direito a um mínimo de existência condigna ou a um mínimo de sobrevivência a exigir que o Estado forneça meios materiais àqueles que, encontrando-se transitoriamente em situação de ausência ou insuficiência de recursos econômicos para satisfazer suas necessidades mínimas, precisam do apoio estatal. (CORDEIRO, 2012, p. 105).

Desse modo, a conclusão a que se pode chegar quanto aos direitos sociais prestacionais é de que estes contêm normas jurídicas que vinculam o legislador, o qual deverá atuar no sentido de buscar a efetivação desses direitos, registrando-se se sujeitar à reserva do possível ante a situação da escassez de recursos. Todavia, essa reserva do possível não poderá servir de fundamento para a não instauração do conteúdo mínimo desses direitos, ou seja, do mínimo existencial ou mínimo para uma existência condigna; pois o pleno exercício das potencialidades humanas, aí incluída a capacidade de viver em condições de autonomia, imprescinde do acesso a bens considerados básicos para uma vida digna, como, por exemplo, a saúde, a educação e o trabalho, há, assim, a necessidade de se garantir um conjunto de prestações materiais que não se consegue, por meios próprios, alcançá-las. Dessa feita, a fim de assegurar a dignidade dessas pessoas que se encontram nessas circunstâncias, de violação a esse mínimo existencial, autoriza-se a intervenção judicial e o reconhecimento direto da prestação, independente da atuação do legislador ordinário.

 A dignidade da pessoa humana faz com que seja justificado o reconhecimento do direito fundamental a um mínimo existencial, até na ausência de norma constitucional expressa, como é o caso da Constituição brasileira. Este também foi o fundamento que o Tribunal Constitucional português reconheceu não apenas a existência de um direito fundamental implícito a um mínimo de existência condigna, a ela inerente, como extraiu também daí a normatividade constitucional direta e imediata, independente de intermediação legislativa ou administrativa infraconstitucional, inclusive em sua dimensão positiva (CORDEIRO, 2012, p. 94). Assim, no tocante a eficácia dos direitos a prestações, observa-se que, como regra, sujeitam-se à atuação do legislador, que deverá realizar sua implementação de acordo com os postulados da Constituição, registra-se que, como se tratam de direitos que acarretam custos, devem ser implementados em conformidade com a reserva do possível.

Consigne-se que a alegação pelo poder público da necessidade de observância da reserva do possível não poderá constituir entrave ao cumprimento do núcleo essencial da existência mínima inerente ao respeito pela dignidade humana, quer dizer, ao Estado incumbe, diante da dignidade da pessoa humana, em todos os casos, a preservação, em favor dos indivíduos, da integridade e da intangibilidade do núcleo consubstanciador do mínimo existencial, podendo o Poder Judiciário, em caso de omissão do Estado, desempenhar essa função diretamente, embora de forma subsidiária, na falta total ou parcial do legislador ou do administrador. Dessa feita, infere-se que o reconhecimento a esse mínimo para uma existência condigna mostra uma posição dos direitos sociais como verdadeiros direitos subjetivos, na medida em que sua não efetivação ocasiona dano injustificado ao titular (ARANGO, 1998, p. 72).

Essa obrigação do Estado de dar cumprimento ao mínimo existencial e que, inclusive, autoriza a intervenção do Poder Judiciário justifica-se porque abaixo de certo nível de bem-estar material e social, de formação e de educação, as pessoas simplesmente não podem participar da vida política e social como cidadãos, menos ainda como cidadãos iguais, sendo, portanto, imperiosa a atuação positiva do Estado como forma de assegurar a liberdade real (CORDEIRO, 2012, p. 99). Por fim, assinale-se ser extremamente difícil obter uma definição precisa sobre o conteúdo do mínimo existencial, pois só poderá ser aferido por meio da análise do caso concreto. Essa conclusão acaba sendo salutar, visto permitir que esse conteúdo não seja algo estanque, e, assim, pode evoluir constantemente a fim de se adequar à realidade social e garantir o cumprimento da intenção real da Constituição de assegurar os direitos fundamentais sociais e jamais desguarnecer o mínimo para uma existência condigna.

1.3.4 A reforma agrária como direito fundamental social dos trabalhadores rurais

Neste tópico, procurar-se-á demonstrar que a reforma agrária constitui-se em um direito fundamental social dos trabalhadores rurais e, por isso, deve ser objeto de ampla atuação por parte do Estado, uma vez que este deve buscar implementar os direitos fundamentais decorrentes da dignidade da pessoa humana. De partida, deve ser destacado que neste instante da pesquisa não será procedida análise mais aprofundada do instituto da reforma agrária, a ser elaborada adiante em outra parte específica desta obra. Neste momento, tratar-se-á apenas das questões gerais acerca do instituto da reforma agrária com o fito de demonstrar que se constitui um direito fundamental social dos trabalhadores rurais.

A reforma agrária engloba um conjunto de medidas adotadas pelo poder público de cada país com o intuito de garantir para o meio rural viabilidade econômica, sustentabilidade ambiental, desenvolvimento territorial, por intermédio de instrumentos fundiários adaptados a cada público e região. Assim, é possível afirmar que a reforma agrária costuma ter diferentes peculiaridades em cada local. Visto que a reforma agrária abarca aspectos políticos, econômicos, sociológico, históricos, entre outros, de modo que a questão conceitual tem o lastro de identificar o momento histórico e a opção política de cada país ou região, chegando a se observar a existência de acepções restritas e amplas de reforma agrária, as primeiras que postulam exclusivamente a redistribuição da propriedade, e as segundas, que propugnam todo um conjunto de medidas que ultrapassam as singelas distribuições de terras. A depender da situação histórico-política-econômica de cada país, a concepção de reforma agrária pode objetivar a simples redistribuição de terra, fator a exigir uma política fundiária de planificação e organização com repercussões de ordem ética e social; como também uma transformação do sistema de posse e exploração da terra, com a substituição do regime latifundiário e minifundiário por um sistema justo de propriedade (COSTA, 2014, p. 75).

A reforma agrária compreende, portanto, uma forma de intervenção do Estado na propriedade privada com peculiaridades inerentes a cada país, ou seja, não há de se falar em um modelo padrão de reforma agrária, à proporção que cada país possui uma origem territorial distinta, razão que não se pode exigir que países, inclusive localizados em um mesmo continente, ou até mesmo vizinhos, possuam modelos comuns de reforma agrária (MARQUES, 2011, p. 131). A finalidade da reforma agrária consiste na mudança de uma estrutura vigente, determinada historicamente em que os camponeses buscam, junto ao Estado, o acesso à terra, portanto, esse instituto objetiva alterar essa estrutura para garantir, de forma eficaz, o adequado acesso do camponês à terra, por intermédio de uma justa distribuição de terras.

Neste diapasão, a reforma agrária objetiva realizar a revisão, um novo regramento das normas disciplinando a estrutura agrária do país, tendo em vista a valorização humana do trabalhador e o aumento da produção, mediante a utilização racional da propriedade agrícola e de técnica apropriada ao melhoramento da condição humana da população rural (FERREIRA, 1998, p. 156). Consiste, pois, a reforma agrária, na modificação da estrutura agrária deficiente de um país, ou de uma região, para torná-la eficiente, de acordo com uma política do poder público, a ser executada segundo instituições jurídicas agrárias especialmente elaboradas, modificando as então vigentes (LIMA, 1994, p. 262). Essa redefinição da estrutura fundiária deve promover uma distribuição mais justa da terra, gerando, dessa maneira, a diminuição da pobreza, segurança alimentar, sustentabilidade ambiental, aproximando-se dos objetivos perseguidos pelo desenvolvimento humano, na medida em que se relaciona com aspectos não apenas econômicos, como também sociais (TAWFEIQ; MAINARDES DA SILVA, 2017, p. 170). No Brasil, a Constituição Federal consagra em seu artigo 184 a possibilidade de desapropriação dos imóveis rurais que não observem sua função social. Por sua vez, a Lei nº 4.504/64, o Estatuto da Terra, apresenta como seu objeto primordial a reforma agrária, a destacar logo em seu artigo 1º: "Esta Lei regula os direitos e obrigações concernentes aos bens imóveis rurais, para os fins de execução da reforma agrária e promoção da Política Agrícola".

O artigo 1º, §1º, do Estatuto da Terra define esse instituto no direito brasileiro ao preceituar: "Considera-se Reforma Agrária o conjunto de medidas que visem a promover melhor distribuição da terra, mediante modificações no regime de sua posse e uso, a fim de atender aos princípios de justiça social e aumento de produtividade". Observa-se, desse modo, que a reforma agrária, para o direito brasileiro, não reside simplesmente na partilha de terras decorrentes da sua exacerbada concentração em poder de poucos, mas deve consistir também na instauração de políticas agrícolas e outras providências públicas ligadas ao setor e que visem fixar o trabalhador na terra, permitindo o seu desenvolvimento e sustento, como, por exemplo, incentivos fiscais, créditos agrícolas, saneamento básico, transporte, escolas, postos de saúde etc.

Essa concepção acerca do conteúdo da reforma agrária é a mais adequada, na medida em que não figura somente como uma política de distribuição de ativos fundiários, bem como um processo mais geral – *agrário*, e não apenas *fundiário* – envolvendo o acesso aos recursos naturais (terra, água, cobertura vegetal no caso dos trabalhadores extrativistas etc.) ao financiamento, à tecnologia, ao mercado de produtos e de trabalho e, especialmente, à distribuição do poder político (LEITE; ÁVILA, 2007a, p. 13).

Tecidas essas considerações, é possível avançar no sentido de demonstrar que esse instituto constitui um direito fundamental social dos trabalhadores rurais.

Como observado na primeira parte deste trabalho, tanto em Portugal como no Brasil, os direitos fundamentais não se encontram elencados em um rol taxativo, há, em ambos os ordenamentos jurídicos, a possibilidade de outros dispositivos, mesmo fora da Constituição, possuírem conteúdo de direitos fundamentais, o que se chama de *consagração de direitos fundamentais em cláusula aberta*. Em Portugal, essa previsão se encontra no artigo 16 da CRP, ao passo que no Brasil encontra-se prevista no artigo 5º, §2º da CF/88. Há, desse modo, direitos materialmente fundamentais que não se encontram previstos nos capítulos dos direitos fundamentais das Constituições portuguesa e brasileira, tampouco em outros trechos das mencionadas Cartas Políticas.

Como asseverado anteriormente nesta pesquisa, para se identificar quais são esses direitos materialmente fundamentais que se encontram fora dos respectivos capítulos, devem ser buscadas as características de sua essência. Para isso, convém entender que o núcleo estrutural da matéria dos direitos fundamentais é formado por posições jurídicas subjetivas tidas como fundamentais e conferidas a todos os indivíduos ou a categorias abertas de indivíduos. Ademais, as normas materiais de direitos fundamentais devem buscar proteger bens jurídicos essenciais ou primários, visando especificamente explicitar a ideia de *homem*, formada pela consciência universal ao longo dos tempos e consubstanciada no princípio da dignidade da pessoa humana (ANDRADE, 2012,

p. 79). Dessa forma, há um conceito de cunho material de direitos fundamentais que sustenta a existência de direitos que, pela sua essência e conteúdo, fazem parte do corpo fundamental da Constituição de um Estado, mesmo que não figurem expressamente no catálogo definido pelo constituinte (SARLET; MARINONI; MITIDIERO, 2012, p. 269). Esses direitos são aqueles tidos como essenciais à proteção da pessoa humana, uma vez que esta se constitui como a fonte dos direitos fundamentais.

Nesse contexto, diante da possibilidade do reconhecimento da existência de direitos fundamentais fora dos capítulos específicos das Constituições brasileira e portuguesa, observar-se-á que a reforma agrária, indubitavelmente, deve ser considerada um direito fundamental de cunho social dos trabalhadores rurais. Como observado a partir dos conceitos apresentados, a reforma agrária, ao buscar um novo conceito de propriedade, fundamentado na função social, visa atender aos anseios sociais e contribuir para o desenvolvimento nacional, diminuição da pobreza e desigualdades sociais, importando em modificações sociais cujo conteúdo é constitutivo das estruturas básicas do Estado e da sociedade (COSTA, 2014, p. 103).

Não há dúvidas de que é dever do Estado firmar políticas públicas voltadas para melhorar a vida da população, com a distribuição equitativa dos resultados obtidos em sua economia, evitando, assim, a miséria, a fome e o abuso dos ricos, motivo pelo qual o direito agrário deve estabelecer legislações que conduzam à harmonia entre os direitos individuais e econômicos, sociais e demais direitos a ele relacionados (MANIGLIA, 2010, p. 77). Indubitavelmente, as políticas de reforma agrária caminham nesse rumo, à medida que contribuem para proceder o desenvolvimento nacional por intermédio da diminuição da pobreza e do aumento da produção, o que tem o fulcro de gerar a diminuição de desigualdades sociais. Em que pese a função social não seja objeto de análise aprofundada neste tópico, eis que será tratada adiante deve ficar consignado que esta se constitui em elemento imanente ao direito de propriedade, pelo que o referido direito não pode ser exercido levando em conta interesses unicamente individuais, mas, também, o interesse coletivo. A esse respeito, relevante transcrever o magistério de Correia:

> No que concerne à natureza da "função social" da propriedade, um sector maioritário da doutrina concebe-a como um elemento integrante da própria *estrutura* do direito ou como uma parte integrante do mesmo.

São, deste modo, rejeitadas a concepção que considera a "função social" como um fim externo ao direito, finalidade a que se dirige a instituição da propriedade, mas que não faz parte dela, nem incide sobre o interior do direito, bem como aquela que vê a "função social" como um elemento contraposto à estrutura do direito. (CORREIA 2008, p. 815).

A função social é parte integrante do direito de propriedade, figurando como elemento de sua estrutura, conformando-a, atuando de dentro para fora e não como os limites, que são exteriores e, portanto, de fora para dentro, embora se possa falar genericamente como um limite de atuação do proprietário. Tal questão não é meramente acadêmica e possui grande importância prática, como se verá quando do exame do descumprimento da função social da propriedade (TORRES, 2010, p. 2.367). Dessa feita, conforme assevera Costa (2014, p. 104), o "(...) o cumprimento da função social não é uma opção do seu proprietário, mas um dever (...)", sendo a reforma agrária um meio do qual dispõe o Estado para implementar e renovar o conceito de propriedade, pois somente com essa renovação do direito de propriedade há concreta possibilidade de se alcançar um sistema de justiça social e respeito à dignidade da pessoa humana (COSTA, 2014, p. 105).

Tendo em vista que a reforma agrária visa permitir a renovação da propriedade, tendo como fundamento a função social, que contempla a terra como meio de produção destinado a gerar diversas modificações socioeconômicas e melhoria de vida para a sociedade, é possível asseverar-se que a reforma agrária possibilita a propulsão da dignidade da pessoa humana, na medida em que tem a capacidade de materializar os direitos subjetivos inerentes à condição humana, podendo, por isso, ser considerada um direito fundamental. Assim, não há dúvidas de que a reforma agrária corresponde a um direito fundamental, porque vai permitir a renovação da propriedade, fundamentada na doutrina da função social, que vê a terra como um bem de produção a trazer profundas implicações socioeconômicas e melhoria de vida para a sociedade como um todo (COSTA, 2014, p. 106).

Outro ponto a corroborar essa asserção é o fato de que a reforma agrária busca instalar uma justa distribuição de terras e da produtividade, isto ratifica o instituto como um direito fundamental, à proporção que se encontra diretamente associado à dignidade da pessoa humana, pois o trabalhador rural só pode vir a adquirir uma condição digna de vida quando tiver à sua disposição os meios necessários à sua sobrevivência e subsistência digna, sendo, neste particular, a terra um instrumento imprescindível para esse fim. Há, portanto, nítida vinculação entre a reforma agrária e a dignidade da pessoa humana, pois a primeira possibilita a propulsão da segunda, razão desse instituto jurídico poder ser considerado um direito fundamental do homem, capaz de efetivar os direitos subjetivos inerentes à condição humana (LIBERATO, 2008, p. 83). Essa íntima relação entre dignidade da pessoa humana e reforma agrária possibilita a este instituto ser considerado como um direito fundamental.

> (...) a reforma agrária pode ser encaixada enquanto um direito fundamental. Sendo a reforma agrária, o instituto jurídico destinado à propulsão da justa distribuição da terra e da produtividade (Lei nº 4.504/64, artigo 1º), pode-se afirmar que esta distribuição equitativa está intimamente correlacionada com a dignidade da pessoa humana. (LIBERATO, 2008, p. 83).

Não há, pois, qualquer dúvida de que a distribuição mais justa da terra, a mudança no seu regime de posse e uso, juntamente com assistência técnica, de créditos, tem como finalidade precípua a busca de justiça social, o aumento de produtividade e, por conseguinte, o respeito à dignidade da pessoa humana (COSTA, 2014, p. 107). Além disso, a implementação de uma reforma agrária efetiva garante ao camponês o exercício de, pelo menos, três importantes direitos fundamentais sociais, quais sejam, a garantia à alimentação, ao trabalho e à moradia, pois propicia aos trabalhadores produzirem para sua própria subsistência, terem um trabalho, além de um lugar para morar, assegurando-lhes, desse modo, direitos fundamentais sociais tão relevantes. Corroborando esse posicionamento, Peixoto Neto sustenta:

> Contudo, não se poderá negar a necessidade da realização de uma política estatal em terras improdutivas, ou seja, aquelas que desrespeitam a função social da propriedade, por meio do instituto jurídico da reforma agrária que, como defende parcela da doutrina, por estar relacionado ao princípio maior da dignidade da pessoa humana (art. 1º, III da CF/1988) representa um direito humano fundamental e como tal deverá ser objeto de efetivação por parte do Estado, visão esta que surge de repensar dos direitos humanos, alicerçada na crítica ao individualismo. (PEIXOTO NETO, 2014, p. 1.314).

Assim, o fato da reforma agrária propiciar a instauração de direitos fundamentais, como o direito à alimentação adequada contribui bastante para sustentar a asserção de que a reforma agrária constitui-se em direito fundamental. Isto porque acaba por permitir que os beneficiários dos respectivos programas produzam parte do seu próprio consumo, ou seja, a produção de alimentos, advinda da reforma agrária, garante, além da possibilidade de produzirem para o comércio, que os trabalhadores rurais possam alimentar-se da própria produção. Outro argumento a corroborar a reforma agrária como direito fundamental é que contribui para a implementação do direito fundamental ao trabalho, que, consigne-se, não se confunde com o direito a um emprego, porém, a implementação da reforma agrária propicia a garantia de emprego na própria terra, aspecto que reduz a possibilidade de que os agricultores familiares sofram de fome ou desemprego, evidenciando o papel estratégico desse direito fundamental que acaba por implementar outros direitos fundamentais (LEITE; ÁVILA, 2007a, p. 60).

A reforma agrária acarreta modificações estruturais no Estado e na sociedade, notadamente na estrutura da terra por intermédio de sua distribuição mais justa, que autoriza uma escorreita análise do direito de propriedade, que não poderá ser visto sob um prisma meramente individual, mas sim a partir de sua função social, proporcionando a toda terra ter uma destinação socioeconômica garantindo melhoria na qualidade de vida da sociedade e de seus cidadãos. A esse respeito, os ensinamentos de Costa:

> Assim, a reforma agrária é um direito fundamental em razão de sua magnitude constitucional, visando o bem-estar da coletividade. Ela importa em mudanças na estrutura do Estado e da sociedade porque, implicando na [sic] modificação na estrutura da terra, através de sua distribuição mais justa, de mudanças fundamentais no seu regime de posse e uso, permite a renovação do conceito de propriedade fundamentado na doutrina da função social, a fim de que toda a terra tenha uma destinação socioeconômica, gerando, desse modo, melhoria na qualidade de vida da sociedade como um todo com a construção de uma vida mais digna para todos os cidadãos. (COSTA, 2014, p. 107).

Dessa forma, constata-se que a reforma agrária, ao buscar proteger bens jurídicos essenciais e se encontrar, a partir de suas finalidades, consubstanciada no princípio da dignidade da pessoa humana dos trabalhadores rurais camponeses, caracteriza-se como um direito fundamental social, pois, visa a equitativa distribuição de terras, atendida a função social da propriedade, constituindo-se, então, em direito fundamental do homem, em especial do trabalhador rural (LIBERATO, 2008, p. 84). Portanto, produz efeitos imediatos no ordenamento jurídico, devendo o legislador ordinário adotar providências no sentido de implementar e garantir esse direito. Sem dúvida alguma, ao se tratar a reforma agrária como um direito fundamental social, ter-se-á um direito agrário humanístico, o qual, não pode ser pensado de maneira isolada por um Estado ou uma comunidade, devendo, na realidade, haver uma preocupação mundial neste sentido, com investimentos no setor agrário, com a conscientização das pessoas acerca da importância da terra para as presentes e futuras gerações, como forma de se buscar uma sociedade justa, sem fome, sem miséria e em paz, sendo a reforma agrária um instrumento significativo para essa transformação social (MANIGLIA, 2010, p. 80).

CAPÍTULO 2

A PROPRIEDADE PRIVADA COMO DIREITO FUNDAMENTAL NO BRASIL E NO ÂMBITO DO DIREITO INTERNACIONAL

2.1 Noção e conteúdo da propriedade privada

2.1.1 Conceito e conteúdo do direito de propriedade privada

A concepção atual do direito de propriedade deriva da ideia liberal que teve o direito de propriedade no direito romano, que outorgava ao dono as mais amplas faculdades sobre a coisa, limitando-as a garantir o necessário à salvaguarda do interesse geral ou à proteção das relações de vizinhança (PÉREZ ÁLVAREZ, 2014, p. 18). A propriedade é qualificada como o direito real máximo, sendo, efetivamente o modelo de todos os demais direitos reais (ASCENÇÃO, 2000, p. 444). Assim, é o direito de propriedade o direito real com o maior conteúdo possível, assumindo-se como o paradigma não apenas dos direitos reais, bem como dos direitos subjetivos em geral (LEITÃO, 2017, p. 263). No Código Civil português, a propriedade vem prevista no artigo 1.305, que possui a seguinte redação:

> Art. 1.305º. O Proprietário goza de modo pleno e exclusivo dos direitos de uso, gozo, fruição e disposição das coisas que lhe pertencem, dentro dos limites da lei e com a observância das restrições por ela impostas.

Por sua vez, no Código Civil Brasileiro, a propriedade encontra-se prevista no artigo 1.228, que possui a seguinte redação:

Art. 1.228: O proprietário tem a faculdade de usar, gozar e dispor da coisa, e o direito de reavê-la do poder de quem quer que injustamente a possua ou detenha.

Como se vê, as legislações portuguesa e brasileira definem o conteúdo do direito de propriedade, sem, todavia, apresentarem uma definição propriamente dita acerca do referido direito. O direito de propriedade nada mais é do que a submissão de uma coisa, em todas as suas relações, a uma pessoa. Por sua vez, analiticamente, seria o direito de usar, fruir, dispor de um bem e de reavê-lo de quem injustamente o possua. Por fim, descritivamente, seria o direito complexo, absoluto, perpétuo e exclusivo, pelo qual uma coisa fica submetida à vontade de uma pessoa, com as limitações da lei (GOMES, 2000, p. 97). Sustenta-se que propriedade civil tem sido objeto de definições que ora levam em consideração o aspecto da disponibilidade da coisa pelo proprietário, ora a relação de pertença entre um sujeito e a coisa, sendo que a primeira ficou conhecida como teoria do senhorio ou do domínio e a segunda como teoria da pertença (VIEIRA, 2008, p. 664).

A teoria do senhorio, a quem se deve, muito provavelmente, a primeira noção técnica de propriedade, define-a como o *ius de re corporali perfecte disponendi nisi lege prohibeatur*, ou seja, o direito de dispor completamente da coisa, a menos que proibido por lei. Assim, para os defensores dessa teoria, a propriedade representa o senhorio total sobre a coisa. Essa teoria identifica o direito de propriedade como o mais vasto direito sobre uma coisa, que assim fica sujeita inteiramente ao titular do direito. No prosseguimento desta ideia, observa-se existir, por vezes, a indeterminação do conteúdo do direito de propriedade como consequência da vastidão dos poderes que o integram e não admitem enumeração exaustiva (FERNANDES, 2004, p. 316).

Por sua vez, para a teoria da pertença, a propriedade tira a tônica caracterizadora ao domínio e aos poderes que são atribuídos ao proprietário e defende que a propriedade consiste em uma relação de pertença entre uma pessoa e uma coisa, ou seja, a propriedade seria o direito pelo qual uma coisa pertence a alguém completamente. Vieira (2008) afirma não haver necessidade de se filiar a nenhuma dessas teorias, pois, para ele, nenhuma delas ilustra de forma suficiente a propriedade, à medida que o referido direito não representa uma realidade imutável e qualquer tentativa de lhe definir deve ser historicamente situada, pois a experiência histórica prova que esse direito varia em função do momento histórico no qual é analisado, bem como do ordenamento jurídico que o consagra. Isso se verifica, por exemplo, a partir da análise de que a propriedade ilimitada do século XIX não é a mesma propriedade entendida no início do século XXI. Em consonância, Brito, ao defender a variabilidade do conceito de propriedade ao longo do tempo:

> Por outro lado, pode entender-se que o conceito constitucional de propriedade está sujeito a uma evolução no tempo, como demonstra, desde logo, a discussão em torno da questão de saber se a tutela constitucional da propriedade pode ser estendida a posições jurídicas de direito público e em que medidas. (BRITO, 2007, p. 961).

Para Vieira (2008), é possível apresentar uma definição acerca do direito de propriedade sem que se coloquem em causa distinções de conteúdo que possam advir de um particular regime jurídico deste direito em cada uma das ordens jurídicas que o integram. Assim, o autor português define a propriedade da seguinte maneira:

> (...) a propriedade é o direito que atribui todo o aproveitamento possível a uma coisa corpórea. Falamos em aproveitamento possível para deixar sublinhado que, apesar de ser o mais extenso dos direitos aproveitados sobre coisas corpóreas, também o direito de propriedade sofre uma delimitação negativa e está sujeito aos limites gerais de exercício da ordem jurídica. Maior extensão não equivale a ilimitação. (VIEIRA, 2008, p. 668).

Em face disso, a propriedade poderia ser tida como o direito real máximo, mediante o qual é assegurada a certa pessoa, com exclusividade, a generalidade dos poderes de aproveitamento global das utilidades de certa coisa, ou seja, esta nada mais é do que o direito real pelo qual se outorga a universalidade dos poderes que à coisa se podem referir, ou seja, a propriedade concede a universalidade dos poderes que se podem referir à coisa, sendo esse o motivo pelo qual o proprietário tem a vocação para o gozo, que, inclusive, pode, em concreto faltar, sem, todavia, retirar-se a essência do direito (ASCENÇÃO, 2000, p. 448). López, acerca do direito de propriedade, afirma:

> El derecho de propiedad es aquel derecho subjetivo que permite a su titular extraer la más amplia utilidad económica de su objeto que el ordenamiento permita; la propiedad marca la situación de más

intensas posibilidades de satisfacción del interés de un titular sobre un determinado bien (...). (LÓPEZ, 2001, p. 165).[16]

Caringella (2007, p. 4) refere que a propriedade "(...) *è un diritto reale – in verità, il diritto reale per eccellenza – che ha come contenuto la facoltà di godere e disporre delle cose in modo pieno ed exclusivo*".[17] Quanto ao seu conteúdo, nota-se que o direito de propriedade abrange as faculdades de uso, fruição e disposição da coisa de modo pleno e exclusivo, essa expressão se inspira na fórmula do direito romano que caracterizava a propriedade como o *ius utendi, fruendi et abutendi* (LEITÃO, 2017, p. 263). Nas palavras de López:

> Técnicamente, el derecho de propiedad se estructura como un haz que envuelve todas las utilizaciones económicas permitidas por el ordenamiento del bien sobre el que recae. Tradicionalmente se ha considerado compuesto dicho haz por dos facultades: la de goce (que abarca las posibilidades de uso y desfrute de la cosa) y la de disposición (que implica la posibilidad jurídica de enajenar, en todo o en parte, el contenido del derecho de propiedad). (LÓPEZ, 2001, p. 169).[18]

A faculdade de usar a coisa é colocá-la serviço do titular sem lhe alterar a substância (SERMET, 1999, p. 18), pelo que o proprietário usa, por exemplo, seu imóvel quando ali habita ou quando permite que um terceiro o faça. Por sua vez, gozar do bem significa extrair dele benefícios e vantagens, como acontece, por exemplo, com a percepção de frutos, sejam eles naturais ou civis. A faculdade de dispor tem relação com o poder de consumir o bem, alterar sua substância, aliená-lo ou gravá-lo, sendo, pois, o poder mais abrangente, uma vez que aquele

---

[16] O direito de propriedade é aquele direito subjetivo que permite ao seu proprietário extrair a mais ampla utilidade econômica de seu objeto que o ordenamento permita; a propriedade marca a situação de mais intensas possibilidades de satisfação do interesse de um titular sobre um certo bem. (Tradução nossa).

[17] é um direito real – na verdade, o verdadeiro direito por excelência – que tem como conteúdo a faculdade de desfrutar e dispor das coisas de maneira completa e exclusiva. (Tradução nossa).

[18] Tecnicamente, o direito de propriedade é estruturado como um feixe que envolve todos os usos econômicos permitidos pelo ordenamento do bem sobre o qual ele cai. Tradicionalmente, o referido feixe foi considerado como composto por duas faculdades: o gozo (que abrange as possibilidades de uso e aproveitamento da coisa) e a disposição (o que implica a possibilidade legal de alienar, no todo ou em parte, o conteúdo do direito de propriedade). (Tradução nossa).

que pode dispor da coisa, dela também pode usar e gozar (VENOSA, 2005, p. 185).

O direito de usar consiste na faculdade de colocar a coisa a serviço do titular, sem modificação em sua substância, pode o dono empregar a coisa em benefício próprio ou de terceiro. Por sua vez, o direito de gozar, *ius fruendi*, ocorre essencialmente com a percepção dos frutos, sejam provenientes da coisa de forma natural ou por intermédio dos frutos civis. Já o direito de dispor consiste na mais viva expressão do domínio, pois quem dispõe da coisa, revela-se mais dono do que aquele que a usa ou frui, na medida em que pode vir a dispor materialmente da coisa, podendo vendê-la, doá-la. No conteúdo do direito de propriedade, observa-se que o proprietário pode buscar reaver a coisa de alguém que a tenha de forma injusta, pois de nada valeria ao proprietário ser sujeito da relação jurídica dominial se não pudesse reaver a coisa quando venha a ser dela despojado de forma indevida. Cabe salientar que o fato do direito de propriedade ser o direito real mais amplo não significa que seja ilimitado, ou seja, apesar de ser o mais extenso, não pode ser tratado como um direito sem limites (ARTARIA, 2012, p. 105).

Na atualidade, é inconcebível tratar de um conceito de propriedade ilimitada, pois esta deve se sujeitar aos limites da lei e às restrições por ela impostas. As restrições são parte do conteúdo (negativo) do próprio direito, não constituindo obstáculos normativos exteriores a um aproveitamento ilimitado. Não seria, portanto, retratada adequadamente a propriedade se não for feita uma alusão ao fato do aproveitamento da coisa não ser total. Conforme afirmado, uma propriedade ilimitada não existe. Todos os direitos subjetivos recebem uma delimitação interna (conteúdo negativo) e estão sujeitos a limites externos de exercício. Considerações diversas, de ordem econômica, social, ambiental, de saúde ou outras podem levar o ordenamento a impor ao proprietário vinculações no aproveitamento da coisa ou mesmo proibir algumas formas de aproveitamento. Por essa razão, o aproveitamento da coisa propiciado pela propriedade tem de ocorrer nas zonas libertas de normas que impõem vinculações ou de normas proibitivas que o afastem em certa medida (conteúdo negativo) (VIEIRA, 2008, p. 667).

Idêntico posicionamento é adotado por Brito (2010, p. 27-28) ao asseverar que a propriedade não pode ser considerada um direito absoluto, ilimitado. Quando se diz que o direito de propriedade é um direito absoluto, profere-se uma afirmação que apenas faz sentido se se tiver em vista este modo pleno e exclusivo de fruição e disposição, não a ausência de concretas limitações aos poderes e faculdade que nele se integram e são, em cada momento, aplicáveis. Portanto, neste último sentido, isto é, no sentido de as faculdades e os poderes que nele se integram não estarem sujeitos a limitações legais, o direito de propriedade não é, nem nunca foi, um direito absoluto. Especificamente em relação ao direito português, constata-se que, sendo genericamente indeterminado, o conteúdo do direito de propriedade não é, porém, ilimitado, dado que o artigo 1.305 obriga o proprietário a respeitar os limites da lei por ela impostas (LEITÃO, 2017, p. 264).

Outra questão a corroborar esse posicionamento repousa no fato de que inexiste direito absoluto. Assim, os direitos fundamentais não são absolutos nem ilimitados. Encontram limitações na necessidade de se assegurar aos outros o exercício desses direitos, como têm, ainda, limites externos, oriundos da necessidade de sua conciliação com as exigências da vida em sociedade, traduzidas na ordem pública, ética social, autoridade do Estado (CARVALHO, K., 1999, p. 57). Tal situação, portanto, não seria diferente com a propriedade, a qual, segundo os ideais liberais do sistema clássico, era tida como individual, absoluta, exclusiva, preponderantemente imobiliária, típica e adepta do princípio registral, que, todavia, hoje se direciona na busca de novos rumos, buscando alcançar verdadeira feição humanista da construção jurídica. Desse modo, os limites atualmente estabelecidos não permitem visualizar a propriedade como um direito subjetivo pleno por excelência. Deve ela atender, em instância primeira, aos valores existenciais da pessoa, vista como ser humano e não como sujeito de direito na conformidade com o estatuto de privilégios fixados pelo sistema clássico (FACHIN, 2006, p. 250). Embora seja um direito genericamente indeterminado, o conteúdo do direito de propriedade não é ilimitado, eis que o proprietário deve respeitar os limites da lei e as restrições impostas.

2.1.2 Objeto do direito de propriedade privada

Quanto ao seu objeto, o direito de propriedade não é definido de forma incontroversa. Tradicionalmente, afirma-se que o objeto do direito de propriedade deve ser os bens corpóreos, havendo, todavia, quem sustente, doutrinariamente, que a propriedade se estende aos bens incorpóreos (GOMES, 2000, p. 98). Há quem defenda que, em princípio, todos os bens são apropriáveis ou que o homem tem a faculdade de dominação sobre todas as coisas dentro das restrições instituídas em lei. Gierke (*apud* PEREIRA, 2003, p. 97) afirma que os bens incorpóreos e as coisas corpóreas podem ser objeto do direito de propriedade, enquanto que Martin Wolff limita o direito de propriedade às coisas corpóreas. Contudo, para o referido autor brasileiro, não se justifica a existência de controvérsia neste sentido, tendo em vista que a questão apresentada é de cunho meramente terminológico, pois, se a rigor, a propriedade compreende apenas as coisas corpóreas, estende-se, todavia, o conceito dominial aos direitos. Para ele, a linguagem corrente, não apenas popular ou literária, mas igualmente a jurídica, não sofre pelo fato de se levar a noção do direito de propriedade aos bens incorpóreos. Todavia, Pereira evidencia que a condição de sujeito de direito no tocante aos bens incorpóreos acontece por intermédio de outras denominações:

> É certo que, em puro rigor, a condição de sujeito de direitos sobre bens incorpóreos se designa por outros apelidos. É certo, também, que os direitos de autor na atualizada revisão terminológica e conceitual desbordam da relação dominial. Mas à amplitude semântica do vocabulário jurídico não repugna designar a titularidade dos direitos sobre bens incorpóreos como "propriedade". (PEREIRA, 2003, p. 97).

Em posição antagônica, há quem alegue que o fenômeno da *propriedade incorpórea* se explica como reflexo do valor psicológico da ideia de propriedade, porém embora esses novos direitos tenham semelhança com a propriedade, pois são exclusivos e absolutos, com esta não se confundem e podem ser chamados de *quase propriedade*. No tocante à chamada *propriedade* sobre direitos, esta só pode ser aceita como força de expressão, visto não ser possível lhe aplicar o regime jurídico da *propriedade corpórea* (GOMES, 2000, p. 99). Nessa toada, seguem as lições de López:

> Según la enseñanza tradicional, ajustada a la visión del derecho de propiedad consagrada en los Códigos Civiles y en la tradición que los precede, objeto del derecho de propiedade sólo pueden serlo las cosas corporales, muebles o inmuebles, específicamente determinadas (LÓPEZ, 2001, p. 179).[19]

---

[19] De acordo com o ensino tradicional, ajustado à visão do direito de propriedade consagrado nos Códigos Civis e na tradição que os precede, o objeto do direito de propriedade só pode ser a propriedade tangível, móvel ou imóvel, especificamente determinada. (Tradução nossa).

Em relação ao objeto do direito de propriedade, Vieira (2008, p. 663) considera não ser escorreito falar em propriedade intelectual, literária, artística e industrial quando se pretenda exprimir uma propriedade à luz do direito civil, tendo em vista que sobre as coisas incorpóreas incidem os direitos intelectuais, o direito de autor para a obra literária e artística; e direitos privativos industriais para os bens industriais, razão pela qual, tecnicamente, não é correto afirmar que esses bens constituam direitos de propriedade.

Como se vê, à luz do direito civil, não obstante existam entendimentos doutrinários a defender que os bens incorpóreos podem ser objeto do direito de propriedade, no Brasil, a exemplo do que se dá em Portugal, prevalece o posicionamento de que apenas as coisas corpóreas, móveis ou imóveis, podem figurar como objeto desse direito, consignando-se que o artigo 1.302 do Código Civil português tem previsão expressa neste sentido, enquanto que os artigos 649 a 673 do revogado Código Civil brasileiro de 1916, que inseriam a propriedade artística, literária e científica como objeto do direito das coisas, foram revogados pela Lei nº 9.610/98, que tratou dos direitos autorais no Brasil, motivo pelo que, indiscutivelmente, segundo a legislação civilista, não há espaço para discussão no sentido de que só se pode cogitar como objeto do direito de propriedade no Brasil as coisas corpóreas.

Ao se mencionar que, no Brasil e em Portugal, prevalece o posicionamento de que apenas as coisas corpóreas, móveis ou imóveis, constituem-se como objeto do direito de propriedade, está a se referir o direito de propriedade à luz do direito civil, visto que, quando a análise tiver pertinência ao direito de propriedade em consonância com as Constituições dos referidos países, a situação muda de posicionamento. Para essas Cartas Políticas, o conceito de propriedade é mais largo, admitindo não apenas a propriedade do direito civil, como também todo o direito privado patrimonial, como direitos de crédito, participações sociais no capital de sociedades comerciais, direitos autorais etc. Ao tratar do tema, a Constituição da República Portuguesa dispõe:

> Artigo 62º (Direito de propriedade privada)
> 1. A todos é garantido o direito à propriedade privada e à sua transmissão em vida ou por morte, nos termos da Constituição.

Por sua vez, a Carta Política Brasileira dispõe:

Art. 5º, XXII – é garantido o direito de propriedade.
Art. 5º, XXVII – aos autores pertence o direito exclusivo de utilização, publicação ou reprodução de suas obras, transmissível aos herdeiros pelo tempo que a lei fixar.
Art. 5º, XXIX – a lei assegurará aos autores de inventos industriais privilégio temporário para sua utilização, bem como proteção às criações industriais, *à propriedade das marcas, aos nomes de empresas e a outros signos distintivos*, tendo em vista o interesse social e o desenvolvimento tecnológico e econômico do País. (grifos nossos).

Segundo Brito (2010, p. 29), essa assimetria entre a propriedade civil e a propriedade constitucional não deve ser estranhada, pois, essa situação exprime um dado já antigo no direito, segundo o qual o domínio que hoje se diz propriedade abrange, no sentido amplo, tudo o que é nosso, o que forma o nosso patrimônio; e assim todas as coisas corpóreas e incorpóreas que estão nos bens de cada um. Mas, no sentido próprio ou restrito, diz-se propriedade ou domínio o direito pelo qual uma coisa [corpórea] pertence a alguém completamente, para o que é necessário que muitos direitos componentes ou elementares se reúnam no sujeito enquanto ao objeto; e são o direito de dispor dele a sua vontade, a de aproveitar-lhe toda a utilidade de que ele é suscetível, a de mudar-lhe a forma, a de vendê-lo, dá-lo, excluir os outros do seu uso, e, finalmente, a de havê-lo ou reivindicá-lo de qualquer, que o detenha (TEIXEIRA, 1848, p. 32).

Desse modo, a propriedade constitucional representa, conforme referido, o que se chama de propriedade em sentido amplo, enquanto que a propriedade do direito civil vem a ser a propriedade em sentido próprio ou restrito, sendo o comum entre ambas o fato de assegurarem uma esfera de liberdade no domínio jurídico patrimonial. Assim, a acepção constitucional da propriedade compreende um sentido muito mais lato do que o sentido técnico do direito de propriedade do direito civil. De uma forma geral, pode-se dizer que, no sentido constitucional do termo, por propriedade se entende a titularidade de um direito patrimonial. A acepção constitucional ou de direito público da propriedade baseia-se no caráter patrimonial do direito considerado, abrange uma multiplicidade de direitos subjetivos de diferente natureza, todos pertencentes a ramos diversos da ordem jurídica (VIEIRA, 2008, p. 660). Gomes Canotilho e Moreira, com precisão, esclarecem que, no âmbito do direito constitucional, o objeto do direito de propriedade não pode se limitar ao universo das coisas, manifestando-se da seguinte forma:

O objecto do direito de propriedade não se limita ao universo das coisas. Parece seguro que ele não coincide com o conceito civilístico tradicional, abrangendo, não apenas a propriedade de coisas (mobiliárias e imobiliárias), mas também a propriedade científica, literária ou artística (art. 42º – 2) e outros direitos de valor patrimonial (direitos de autor, direitos de crédito, partes sociais) etc. O alargamento do conceito de propriedade a outros bens, para além da *proprietas rerum*, representa uma extensão da garantia constitucional e traduz, por um lado, uma diversificação do objecto do direito de propriedade para fora do seu paradigma oitocentista e, por outro lado, a descaracterização do seu figurino originário de garantia absoluta de livre utilização e disposição exclusiva de um determinado bem. (GOMES CANOTILHO; MOREIRA 2007, p. 800).

Essa orientação autoriza que haja proteção constitucional não apenas à propriedade privada em sentido estrito, mas, fundamentalmente, às demais relações de índole patrimonial. Assim, integram-se no direito constitucional de propriedade não só a propriedade no sentido do direito civil, bem como todo o direito privado patrimonial, incluindo designadamente créditos, participações sociais, direitos reais distintos da propriedade, direitos de autor (ainda que estes sejam objeto de tutela constitucional específica, nos termos do artigo 42, nº 2, da Constituição) e direitos de propriedade industrial (BRITO, 2010, p. 65).

Desse modo, o conceito constitucional de propriedade privada é hoje um conceito amplo a incluir tanto o direito real de propriedade como um amplo leque de outros direitos patrimoniais. Tal alargamento acompanhou a transformação das relações econômicas na sociedade contemporânea ditadas pela segunda revolução industrial: a partir do momento em que, sobretudo desde o período entre guerras, os particulares passaram a sofrer também em outras dimensões da sua esfera jurídica as investidas dos poderes públicos. Isto ocorreu no contexto da multiplicação das intervenções daqueles poderes na esfera econômica que marcou a transição do Estado Liberal para o Estado Social, ocasião em que se tornou imprescindível, do ponto de vista da garantia constitucional da propriedade e da liberdade, a extensão do conceito a outros direitos patrimoniais, como os direitos de crédito (AMORIM, 2014, p. 230).

Portanto, a acepção constitucional de propriedade possui um sentido mais abrangente do que o sentido do direito civil. No sentido constitucional brasileiro e em Portugal, a propriedade deve ser entendida como a titularidade de um direito patrimonial, quer dizer, as participações de sócios em sociedades, os créditos, os direitos de autor, as marcas e patentes, recaem no âmbito da garantia constitucional da propriedade privada, embora, sob o prisma do direito civil, não sejam consideradas como tal, na medida em que possuem regramento próprio em normas especiais.

2.1.3 Características do direito de propriedade privada

Quanto às características do direito de propriedade, os autores apresentam variadas peculiaridades ao identificar esse direito. A primeira delas seria o caráter de *direito indeterminado*, pelo qual a propriedade engloba uma série ilimitada de faculdades, permitindo ao proprietário excluir outras pessoas de qualquer ingerência em relação a *res*, bem como a possibilidade de dispor da mesma da forma que considere adequada, desde que em observância das normas vigentes. Apesar de ser um direito gerador de poderes indeterminados ao titular, estes não são ilimitados (LEITÃO, 2017, p. 264). Tal asserção mostra-se relevante no estudo da chamada função social da propriedade, que vem a ser exatamente um dos elementos limitadores do direito de propriedade.

O direito de propriedade é garantido nos termos dos textos constitucionais. Embora a fórmula pareça supérflua, não é, pois visa exatamente esclarecer que o direito de propriedade não é garantido em termos absolutos, mas dentro das restrições previstas e definidas na Carta Política e, eventualmente na lei, quando a Constituição possa a ela remeter ou quando se trate de revelar limitações constitucionalmente implícitas, como ocorre, por exemplo, em matérias ambientais, de ordenamento territorial e urbanístico, de segurança e de defesa nacional (GOMES CANOTILHO; MOREIRA, 2007, p. 801).

Dessa forma, outro não pode ser o entendimento que não seja o de que o regime jurídico da propriedade está atrelado à concepção filosófica do neoliberalismo, em que se coloca como inerente ao homem, como direito tendente à consecução de seus fins. Todavia, submete-se a limites impostos pela necessidade de interação social e oriundos de relacionamentos entre os particulares, o Estado e pessoas jurídicas outras atuantes no plano jurídico. Esses limites têm o lastro de alcançarem principalmente o complexo imobiliário de bens, tanto na área urbana, como na rural, mediante a instituição de restrições ao respectivo exercício de direitos, na extensão considerada adequada pelo legislador e em razão do interesse social. Embora, muitas vezes, com novos sacrifícios aos interesses individuais, como na hipótese de uso público de bem particular (BITTAR, 1991, p. 3). Assim, o direito de propriedade tende a abranger todos os poderes que podem existir sobre uma coisa, contudo essa plenitude é meramente tendencial, conforme adverte o artigo 1.305 do Código Civil português (DUARTE, 2007, p. 49).

Outra característica inerente ao direito de propriedade refere-se a sua *exclusividade,* significa que o direito de propriedade não precisa concorrer com outro direito incidente sobre a coisa, sendo, pois, um direito de gozo exclusivo sobre a *res.* Em decorrência da exclusividade, a propriedade demonstra-se independente de qualquer outro direito real, sendo, desse modo, um direito exclusivo em relação à coisa, diferente do que acontece com outros direitos reais como o usufruto, o qual se vê compelido a concorrer com a propriedade (LEITÃO, 2017, p. 265). A doutrina ainda afirma que a propriedade tem como característica sua elasticidade, pela qual o proprietário pode vir a se privar ou ser privado de alguma faculdade inerente ao seu direito, sem que haja qualquer modificação no tocante à existência do direito, o qual poderá voltar a ter sua extensão máxima tão logo sejam extintas as limitações construídas. Em síntese, a propriedade abarca potencialmente todas as utilidades que o proprietário pode obter da coisa, de modo que, caso existam direitos reais sobre a coisa, quando estes se extinguem, o caráter elástico da propriedade faz com que estes sejam reabsorvidos ao direito (PÉREZ ÁLVAREZ, 2014, p. 23). Pela *elasticidade,* pode o direito ser distendido ou contraído, no seu exercício, conforme se lhe agreguem ou retirem faculdades destacáveis (GOMES, 2000, p. 98).

Fala-se na característica da *elasticidade* do direito de propriedade por ser o mais extenso quando desvinculado de direitos reais limitados, como o usufruto, uso e habitação, bem como do penhor, hipoteca e anticrese. Esses direitos restringem o âmbito do direito de propriedade, porém quando desaparecem, a propriedade volta a ser plena (VENOSA, 2005, p. 187). Em arremate, infere-se que a nota de elasticidade, que se pretende encontrar no direito de propriedade privada, consiste na potencialidade de se retirar de seu conteúdo certas prerrogativas ou faculdades, mediante a constituição de direitos reais menores, ou mesmo limitações, sem, entretanto, alterar-lhe a estrutura (FROSI, 1998, p. 20).

Por fim, a doutrina configura a *perpetuidade* como característica imanente ao direito de propriedade. Pela perpetuidade, o direito de propriedade subsiste independentemente de seu exercício, enquanto não sobrevier causa extintiva legal ou oriunda da própria vontade do titular, não se extinguindo pelo não uso (DINIZ, 2014, p. 137). Trata-se de um direito potencialmente perpétuo, chamado a durar de forma ilimitada, sem prejuízo, é claro, das causas de extinção geral de direitos reais (PÉREZ ÁLVAREZ, 2014, p. 23). Portanto, ao se afirmar que o direito de propriedade é *perpétuo*, quer dizer que não pode simplesmente se extinguir pelo não uso. Cabe esclarecer que o usucapião, como forma de aquisição de propriedade pelo usucapiente, traduz atitude ativa do que adquire a propriedade, não se destacando a atitude passiva daquele que perde (VENOSA, 2005, p. 187). No direito português, essa característica da perpetuidade da propriedade comporta exceção, à proporção que se admite a chamada propriedade temporária a ser observada nos casos especialmente previstos em lei, conforme disciplina o artigo 1.307 do Código Civil português. Assim, as principais características do direito de propriedade são o seu cariz de direito indeterminado, sua exclusividade, elasticidade e perpetuidade.

2.2 A propriedade como direito fundamental no Brasil e no âmbito do direito internacional

2.2.1 A proteção constitucional à propriedade privada como direito fundamental no Brasil

Conforme já referido na primeira parte desta obra, o princípio da dignidade da pessoa humana caracteriza-se como justificação moral e fundamento jurídico-normativo dos direitos fundamentais, ou seja, a dignidade da pessoa humana demonstra-se como uma fonte de direitos e deveres tidos como relevantes e necessários dentro de uma sociedade (BARROSO, 2014, p. 64). Assim, a existência de dignidade humana garante que o agente seja tratado como titular não apenas de direitos e deveres que lhe asseguram juridicamente interesses próprios, mas, ao mesmo tempo, de ser titular de um direito absoluto, irrevogável, indisponível e irrenunciável, que é o de ter direitos fundamentais. Portanto, em decorrência da dignidade da pessoa humana se constitui um direito originário a ter direitos em face da condição do agente como ser humano, pelo que é possível concluir que os direitos fundamentais existem como instrumentos para se alcançar a dignidade da pessoa humana.

Dessa feita, infere-se que os direitos fundamentais constituem normas constitucionais de natureza principiológica centradas em proteger a dignidade da pessoa humana. Esses direitos legitimam a atuação do Estado e de particulares e se materializam por normas constitucionais positivas. Essas normas, registre-se, não necessariamente serão escritas e estarão no texto constitucional. Neste aspecto, os direitos fundamentais podem se definir como os princípios jurídica e positivamente vigentes na ordem constitucional, os quais traduzem a concepção de dignidade humana de sociedade e legitimam o sistema jurídico estatal (FIGUEIREDO NETO, 2016, p. 106).

Portanto, os direitos fundamentais não apenas impõem limites à atuação estatal, assim como atribuem deveres aos entes públicos com vistas a buscar, de forma efetiva, a dignidade da pessoa humana, sendo uma espécie de amparo previsto no ordenamento jurídico, especialmente nas Constituições, a fim de proteger os cidadãos (SARLET, 2010b, p. 59). Os direitos fundamentais conferem ao indivíduo uma segurança jurídica sobre a existência de um ciclo mínimo de atuação, um espaço oponível contra seus pares e contra o Estado que o governa. Essa certeza o faz sentir-se livre e ativo, dono de seu destino e apto a desenvolver cada vez suas potencialidades enquanto ser humano (GUILHERMINO, 2012, p. 35). Apesar de ser majoritário o pensamento que sustenta a propriedade como direito fundamental, há autores que negam reconhecer essa posição, como por exemplo, Amaral, em relação ao artigo 62 da Constituição portuguesa:

> (…) tal norma [relativa à garantia da propriedade privada] possui um duplo sentido: integra por um lado uma garantia objectiva que cobre todos os direitos patrimoniais privados – e não apenas certos direitos reais – e que se traduz na garantia de instituto do nº 1 do artigo 62º; e integra por outro lado um verdadeiro *direito subjectivo*, um direito fundamental do tipo *direito, liberdade e garantia*, e que consiste no direito à justa indemnização que se encontra consagrado no nº 2 do mesmo artigo. (AMARAL, 1998, p. 570).

Desse modo, para Amaral (1998), o único direito fundamental de natureza análoga aos direitos, às liberdades e às garantias, inserido na garantia constitucional da propriedade seria o contemplado no nº 2 do artigo 62, consistente no pagamento de indenização em caso de sacrifícios graves e especiais que lhes tenham sido colocados por lei em nome da busca do bem comum. Portanto, de acordo com esse posicionamento, a garantia do direito de propriedade não se configura um direito fundamental, de modo que só seria considerado como tal o direito previsto no artigo 62º, nº 2 da Constituição, referente à garantia do pagamento de justa indenização em caso de expropriação.

Em que pese o brilhantismo da mencionada professora portuguesa, a afirmação de que apenas o direito de indenização ao proprietário figura como direito fundamental encontra-se em desconformidade com os fins pretendidos pelo legislador constituinte quando previu a propriedade tanto na Constituição portuguesa, a qual, neste particular, tem idêntico conteúdo ao existente na Constituição brasileira, visto que os artigos 62, nº 1 da CRP e 5º, XXII da CF/88 são claros ao afirmarem a existência da garantia direito de propriedade, ou seja, as Cartas Políticas portuguesa e brasileira asseguram ao proprietário a existência de bens e direitos em face do poder Estatal e de terceiros, razão pela qual a garantia da propriedade significa que aquilo que foi adquirido deve ser mantido, sem que isso exclua, por outro prisma, outra garantia desse mesmo direito, ou seja, do proprietário ser indenizado quando, por força do interesse público, for privado de seu direito (BRITO, 2007, p. 852). Ao tratar do tema, Brito refere:

> Deste modo, a garantia de um concreto direito de propriedade à luz do artigo 62º, nº 1, da Constituição, não exclui a alteração do respectivo conteúdo. Ao mesmo tempo, a possibilidade que assiste ao legislador de atribuir uma nova conformação aos direitos adquiridos, abrangidos pela "garantia individual" ou "garantia de permanência" do artigo 62º, nº 1, não é ilimitada, na medida em que está, desde logo, vinculada aos princípios da proporcionalidade e da chamada protecção da confiança. Enquanto através deste último princípio se estabelece uma clara conexão entre a "garantia de permanência" da propriedade e o problema da retroactividade constitucionalmente admissível das leis, o primeiro exclui ainda que a conformação da propriedade se encontre na disposição arbitrária do legislador. Com efeito, o artigo 62º, nº 1, não concede ao legislador um poder irrestrito de determinação do conteúdo e limites da propriedade, mas antes deve conter o critério para a ordem da propriedade desenvolvida pelo direito ordinário e, nessa medida, estabelecer os fundamentos jurídico-constitucionais do conceito de propriedade. (BRITO, 2007, p. 853).

Assim, a garantia constitucional da propriedade deve ser entendida através de um desdobramento nos chamados "efeito primário" e "efeito secundário". O efeito primário se caracteriza pela defesa da propriedade em face de agressões que não sejam justificadas pela necessidade de afetação dos bens a uma função socialmente mais relevante. Por sua vez, o efeito secundário diz respeito à garantia existente no tocante à necessidade de ser assegurada uma justa indenização para a hipótese de consumação dessa afetação. Ademais, a afirmação de que não haveria de se falar na garantia do direito de propriedade, mas apenas no direito à indenização acabaria por limitar a garantia constitucional da propriedade a uma mera "garantia do valor dos bens". Ter-se-ia apenas uma "consideração meramente capitalística", "impotente para nos desvelar o espírito da nossa constituição", que "pretende justamente favorecer a propriedade e desfavorecer o capitalismo" (ASCENÇÃO 1973, p. 347).

Dessa forma, a propriedade do bem em si é efetivamente garantida e defendida de agressões que liquidariam a sua função de anteparo da liberdade individual, a qual só pode vir a ser suprimida se forem justificadas por uma função mais alta. A garantia constitucional não incide apenas sobre a propriedade, como instituto jurídico, mas sobre cada propriedade isoladamente considerada. Assim, pelo nº 1 do artigo 62º da Constituição portuguesa se pode extrair a ideia do direito fundamental de propriedade como direito de defesa, ou seja, como um direito de cada um a não ser privado de sua propriedade. Por sua vez, o nº 2 do referido dispositivo constitucional faz garantir o direito à justa indenização em caso de privação da propriedade por razões de interesse público (BRITO 2007, p. 855).

Portanto, dúvida não há de que a propriedade se caracteriza como um direito fundamental tanto na Constituição portuguesa como na Constituição brasileira, de modo que essa fundamentalidade é definida a partir de sua previsão expressa no ordenamento constitucional, recebendo o mesmo *status* concedido a direitos como a vida, a liberdade, a igualdade e a segurança, tendo, por conseguinte, proteção material e formal. A força jurídica constitucional decorre do contexto político e social que envolve, sobretudo, sua relação com o direito de liberdade, reconhecida pela doutrina como existente especialmente quando da definição de direitos como fundamentais (FREITAS 2017, p. 116).

Infere-se que propriedade, no contexto de direitos e garantias fundamentais, tem o lastro de servir de acesso e conservação daqueles bens necessários ao desenvolvimento de vida digna, sendo plenamente sustentável, sob o ponto de vista jurídico, a afirmação de que a propriedade figura como direito fundamental, visto se encontrar inteiramente a serviço do seu objetivo fundamental, qual seja, o pleno desenvolvimento da pessoa (TEPEDINO; SCHREIBER, 2005, p. 117). É induvidoso que o reconhecimento do direito à propriedade como direito fundamental contempla não apenas a dimensão do proprietário, como também a do Estado ao reforçar a ideia de que a propriedade adquire uma ressignificação com a dimensão do direito constitucional, representando um direito do proprietário, do Estado e também dos interesses sociais ou coletivos. A propriedade representa um direito e um dever, para fins de concretização dos ideais da sociedade previamente estabelecidos na Constituição vigente, conforme o constitucionalismo (FIGUEIREDO NETO, 2016, p. 137).

Desse modo, a Constituição estabelece as características estruturais do direito, ficando, pois, o legislador ordinário adstrito a esse conteúdo quando da elaboração das normas atinentes aos limites da propriedade. Cabe ao legislador a determinação de conteúdo e limites da propriedade privada, os quais, porém, não podem constituir obstáculo à existência de características estruturais da propriedade em sentido constitucional, em relação aos quais o mesmo legislador se acha vinculado na execução de tal tarefa, sob pena de subversão ao ordenamento jurídico constitucional (BRITO, 2007, p. 904).

Essas características estruturais concernem à utilização privada e poder de disposição da coisa, ou seja, à garantia constitucional da propriedade cabe, no conjunto dos direitos fundamentais, a missão de assegurar ao proprietário um espaço de liberdade na esfera jurídico-patrimonial, estendendo essa garantia a todos os direitos subjetivos de conteúdo patrimonial que são destinados ao titular para o seu aproveitamento privado e a sua disposição (BRITO, 2007, p. 905). A Constituição, ao reconhecer a propriedade como direito fundamental, apresentará os alicerces estruturais do mencionado direito, competindo ao legislador ordinário, a partir desses preceitos, estabelecer as normas de conteúdo do direito de propriedade, as quais deverão estar em consonância com os ditames da Constituição.

Sabe-se que a noção de propriedade privada enquanto direito fundamental encontra sua origem na ideia de liberdade (BURDEAU, 1966), ou seja, no pensamento que reconhece a liberdade do homem pelo natural domínio que exerce sobre si próprio. Neste aspecto, Locke (1963, p. 20) afirma que "cada homem tem uma propriedade em sua própria pessoa; a esta ninguém tem qualquer direito senão ele mesmo". Desse modo, o trabalho exercido pelo homem constitui sua propriedade, bem como os frutos dele advindos, ou seja, o trabalho de seu corpo e a obra de suas mãos, pode-se dizer, são propriamente dele e nenhum outro homem pode ter direito ao que foi conseguido (LOCKE, 1963, p. 20). Observa-se, assim, que a garantia do direito de propriedade tem o lastro de configurar-se como o principal estímulo à produção, ao trabalho e ao desenvolvimento econômico, concluindo-se, pois, que o trabalho e a propriedade, nesse prisma, são colocados como aspectos imanentes à condição humana, à liberdade pessoal e à dignidade dos direitos humanos (HÄRBELE, 2007, p. 393). Em concordância, Loureiro (2003, p. 9) defende que a propriedade foi elevada, juntamente com a liberdade e a segurança, à categoria de "direitos naturais e imprescindíveis à pessoa humana", a ponto de ser considerada não apenas "expressão e garantia da individualidade humana", assim como "condição de existência e de liberdade de todo homem, que, sem ela, não poderia obter desenvolvimento intelectual e moral".

O direito à propriedade privada é atualmente reconhecido pelas Constituições de quase todos os Estados como um direito fundamental, porém é válido ressaltar que apesar de ostentar condição de relevância, possui limites determinados pelo interesse social ao seu exercício, de modo que sua conformação e proteção em cada ordenamento jurídico ocorrem a partir da influência de fatores sociais, filosóficos, políticos, jurídicos e econômicos (CARDOSO; BENATTI, 2017). Ao tratar da propriedade como um direito fundamental, Leal externa:

> Tal orientação concebe a propriedade, a exemplo da liberdade, como direito do homem – pois inerente à condição humana – precedente, portanto, ao Estado. Comporia o conjunto de direitos que se encontram na base da ordem política, que constituem seu fundamento, seus direitos fundamentais. (LEAL, 2012, p. 55).

Sendo a propriedade um direito fundamental, deve ser assegurada pelas Constituições dos Estados, ou seja, é imperiosa a existência de proteção não apenas no âmbito do direito ordinário, mas, sobretudo, no âmbito constitucional visto que uma das tarefas principais do Estado Democrático é garantir o direito de propriedade e propiciar a sua tutela efetiva. Essa tarefa se concretiza não somente através do direito civil, bem como pelo nível de proteção constitucional conferido ao supracitado direito. Isto significa que uma posição jurídica de direito privado conferida ao particular é também garantida pelo direito público e pode ser exigida diante do Estado, preservando o indivíduo de possíveis arbitrariedades e violações a seu direito. Em outras palavras, o direito de propriedade pode ser concebido como um direito subjetivo exigível entre os particulares e como direito subjetivo público de defesa em face do Estado e especificamente nesta última perspectiva deve ser compreendida a garantia constitucional da propriedade (CARDOSO; BENATTI, 2017).

Otto y Pardo (1987), confirmando esse posicionamento, sustentam que o constitucionalismo surgiu inspirado nos ideais de defesa e proteção da liberdade, tendo como finalidade a introdução de princípios e mecanismos destinados à limitação do poder do Estado, a fim de garantir as liberdades básicas do homem. Observa-se que, diante do reconhecimento do direito à propriedade privada como um direito fundamental do indivíduo-proprietário, é imperiosa a existência de regras claras de atribuição e defesa deste, assim como soluções ante eventuais conflitos em face do referido direito, a fim de que ser efetivamente assegurado. Ao destrinchar sobre esse dever estatal, Rivero (2006) estabelece que essa garantia busca assegurar um dever de abstenção, à medida que determina uma esfera de autonomia privada imune à interferência estatal ou a de outros particulares, sendo, pois, direitos a repercutirem nos outros em sentido negativo. Desse modo, a intervenção do Estado é medida imperiosa e, por meio desta, poder-se-á proteger o direito pela via legislativa, inclusive com a imposição de sanções.

Assim, para a proteção dos direitos e interesses legalmente protegidos dos cidadãos, como a propriedade, não basta apenas o reconhecimento constitucional destes, tornando-se necessário, também, criar um conjunto de garantias adequadas que permita aos interessados, em face de uma infração por parte da Administração, reagir e defender-se desta. As garantias dos particulares (neste caso, dos administrados) figuram como meios criados pela ordem jurídica com o intento de evitar ou sancionar as violações do direito objetivo, as ofensas dos direitos subjetivos ou dos interesses legítimos dos particulares ou o demérito da ação administrativa, por parte da Administração Pública (OLIVEIRA; DIAS, 2017).

No tocante à função de defesa, em relação ao direito de propriedade, observa-se que é dirigida em face do Estado, constituindo-se, num plano jurídico-objetivo, em normas de competência negativa para os poderes públicos, impondo vedações no tocante a possíveis ingerências estatais na esfera jurídica individual. Além disso, implicam um plano jurídico subjetivo, o poder de exercer positivamente direitos fundamentais, (liberdade positiva) e de exigir omissões dos poderes públicos, evitando, desse modo, violações por parte destes (liberdade negativa) (GOMES CANOTILHO; MOREIRA, 2003).

Com relação à função de proteção perante terceiros, infere-se que, concernentemente ao direito de propriedade, ao Estado é imposto o dever de proteger esse direito perante terceiros. Assim, deve o Estado adotar medidas positivas destinadas a proteger o exercício dos direitos fundamentais perante atividades perturbadoras ou lesivas destes cometidas por terceiros. Como garantia do direito de propriedade, o Estado tem o dever de não apenas proteger o direito do titular em face de terceiros, tendo também, conforme já referido, de respeitar esse direito. Sob esse prisma, Brito argumenta:

> (...) a garantia constitucional da propriedade significa apenas que a uma posição jurídica de direito privado é associado um direito subjectivo público de defesa ou manutenção dessa posição. Por outras palavras, o proprietário, além do direito a excluir terceiros do gozo da sua propriedade, tem também o direito a que o Estado respeite sua posição. (BRITO, 2010, p. 64).

A garantia da propriedade como direito fundamental lhe confere uma garantia de permanência e valor, ou seja, deve o mesmo ser tido como um direito clássico de defesa do proprietário em face do Estado. Portanto, não pode ser desapossado de sua propriedade por um particular ou mesmo pelo Estado e, quando isso for imprescindível, por razões de interesse público, deverá perceber a respectiva indenização. Contudo, conforme comentado anteriormente, a garantia constitucional da propriedade não pode figurar como uma mera garantia de valor de bens, de cunho meramente indenizatório, ao contrário, deve ter como efeito primário de sua garantia a busca pela estabilidade perante os demais membros da sociedade e perante o Estado. Deve-se, inicialmente, defender o direito de propriedade contra agressões que não sejam justificadas pela necessidade de afetação dos bens a uma função socialmente mais elevada, sendo que, secundariamente, ocorrendo essa situação, aí sim, poder-se-á falar no efeito secundário, pertinente à justa indenização (BRITO, 2010). No mesmo sentido, é o posicionamento do Tribunal Constitucional Português, que, ao proferir o Acórdão nº 322/99, afirmou, no tocante ao direito de propriedade:

Ora, no que concerne ao *direito de propriedade*, dessa *dimensão essencial* que tem *natureza análoga* aos direitos, liberdades e garantias, faz, seguramente, parte o direito de cada um a não ser privado da sua propriedade, salvo por razões de utilidade pública – e, ainda assim, tão-só mediante o pagamento de justa indemnização. (artigo 62º, nº 1 e 2, da Constituição, grifos nossos).

Com efeito, sendo a propriedade um direito fundamental, o que está em causa recai muito mais em assegurar a liberdade do titular do direito, mantendo essa sua qualidade, e não o valor em si da propriedade. A previsão constitucional do direito de propriedade deve ser interpretada à semelhança do que acontece nos ordenamentos jurídicos alemão e francês, ou seja, esse direito deve ser consagrado como uma garantia institucional ou objetiva e como uma garantia individual ou subjetiva. De modo que a primeira garante a propriedade como um instituto jurídico, enquanto que a segunda protege como direito fundamental a posição jurídica que se encontra nas mãos do particular. Leciona Correia:

> A garantia institucional da propriedade privada dirige-se exclusivamente ao *legislador* (vocábulo entendido aqui em sentido amplo, como *órgão criador do direito material*, englobando, por isso, tanto os órgãos com competência legislativa, como os que têm competência regulamentar) e impõe a produção de normas que permitam caracterizar um direito individual como "propriedade privada" e possibilitem a sua existência e capacidade funcional. (....). Por seu lado, a garantia individual ou subjectiva da propriedade privada constitui um direito fundamental do cidadão que vincula não apenas o legislador, mas também a Administração e o poder judicial (cfr. o artigo 18, nº 1, da Constituição). A sua função mais importante é a de proteger a posição jurídica patrimonial do cidadão perante as medidas de socialização, confisco político e expropriação. (CORREIA, 2008, p. 800, grifos do autor).

No Brasil, o direito fundamental à propriedade privada encontra-se previsto no artigo 5º, XXII da Constituição Federal/88, arrolado em "Direitos e Deveres Individuais", sendo, de igual modo, norma impositiva a todo ordenamento jurídico, vinculando, assim, tanto o poder público como os integrantes da sociedade. Relevante também transcrever a previsão constitucional brasileira:

> Art. 5º, XXII – é garantido o direito de propriedade.

A propriedade privada demonstra-se como um direito de extrema valia no ordenamento jurídico brasileiro, pode ser considerada, inclusive, um instrumento de consecução dos objetivos da República, na medida em que pode vir a contribuir para a garantia do desenvolvimento nacional, a erradicação da pobreza e da marginalização. Além da redução de desigualdades sociais, especialmente quando se trata da propriedade rural, a qual, vocacionada à produção que é, tem o lastro de gerar produtos, emprego e renda, sendo instrumento hábil a consecução dos objetivos da República Brasileira, previstos no artigo 3º da Constituição Federal (CORTIANO JÚNIOR, 2014).

Como se vê, a propriedade no direito brasileiro, a exemplo do que se dá em Portugal, é tratada como um direito fundamental, o qual deve ser assegurado pelo Estado, incumbido de adotar medidas para que esse direito seja respeitado por todos, inclusive por si próprio. Isto porque têm os poderes públicos o dever de observar os direitos assegurados em sede constitucional, a exemplo da propriedade, de modo que sua eventual modificação ou superação somente teria cabimento quando tais procedimentos especiais fossem estritamente observados. Por isso, conferiu-se, na maior parte dos países do mundo ocidental, estatura constitucional ao direito de propriedade, atribuindo-lhe nível hierárquico superior aos demais atos legislativos (LEAL, 2012).

A concepção de propriedade em cada ordenamento jurídico, como já afirmado anteriormente, é fruto da cultura do povo, está diretamente ligada à situação histórica observada por ocasião do momento fático vivido por aquela população. Esse fato pode ser claramente notado à proporção que se infere que a propriedade de hoje não é, nem de perto, semelhante à propriedade do século XIX, quando outros valores prevaleciam. Enquanto no século XIX havia uma visão puramente individualista do direito à propriedade, hoje já há posicionamentos voltados ao bem-estar coletivo, havendo previsões como a da chamada função social da propriedade, que rompe com um dogma puramente liberal e individual da propriedade, passando a ver esse direito como um direito a ser exercido em prol do bem comum. Note-se que, no absolutismo, o cidadão tinha deveres para com o Estado e quase nenhum direito, pois inexistia o senso de direitos individuais. No Estado de Direito, pós-revolução liberal, o direito passou a ser o centro de interesse da norma, tendo em vista que o cidadão precisava ser protegido na sua liberdade e na propriedade. Com o advento do Estado Social, os direitos e deveres começam a compor as faces da mesma moeda, e a ética e a solidariedade entram no cenário jurídico dividindo o palco com os direitos individuais (GUILHERMINO, 2012).

Conforme anteriormente mencionado, o Brasil consagrou expressamente o direito à propriedade como garantia fundamental, pelo que o proprietário de um determinado bem tem a plena disponibilidade de, dentro da legalidade, dar a destinação desejada ao seu patrimônio privado e, não pode, por exemplo, ser privado ou expropriado sem justa indenização. O Estado de Direito não pode jamais implicar uma legalidade meramente formal, mas, ao contrário, deve buscar a realização da justiça baseada no valor supremo da dignidade da pessoa humana, corolário dos direitos fundamentais. Assim, a efetiva tutela constitucional da propriedade possui enorme relevância como expressão do Estado de Direito e da democracia em países como o Brasil, pois confirma que, essas nações, na verdade, pretendem, por intermédio dos direitos fundamentais, efetivar a garantia da dignidade da pessoa humana. Acerca do âmbito de proteção constitucional da propriedade, Brito assevera:

> Com efeito, deve entender-se que a proteção constitucional da propriedade incide sobre as situações jurídicas subjectivas concretas, já existentes na esfera jurídica de uma pessoa, não abrangendo expectativas futuras ou possibilidades de obter um ganho patrimonial. À luz deste modo de ver, dir-se-á que a garantia constitucional da propriedade protege o "adquirido", o resultado de uma atividade, sendo a "aquisição", isto é, a actividade em si, incluída no âmbito de proteção da liberdade profissional e da liberdade de iniciativa privada. (BRITO, 2007, p. 940).

Ocorre, todavia, que mesmo sendo um direito fundamental, conforme já sustentado, o direito à propriedade não é, como não pode ser nenhum direito, algo absoluto, sem restrições, eis que encontra limites ao seu exercício, os quais devem estar previstos em normas jurídicas, como se dá, por exemplo, nas limitações existentes em relação ao direito de vizinhança ou ainda em questões relativas a direito público, como, por exemplo, nas hipóteses de permitir a entrada de agente de endemia em um imóvel por causa da necessidade de fiscalizar a existência de insetos ou agentes capazes de provocarem doenças. Ao tratar das limitações incidentes ao direito de propriedade, que podem constar do texto constitucional, assim como de leis, desde que autorizadas pela Constituição, Miranda e Medeiros afiançam:

Somente numa quimérica Constituição liberal radical se pretenderia que a propriedade não pudesse ser restringida senão nos casos nela directa e expressamente contemplados e se entenderiam proibidas quaisquer normas legais restritivas que lhes não correspondessem. Pelo contrário, qualquer Constituição positiva, ainda que imbuída de respeito pela propriedade, tem de admitir que a lei declare outras restrições – até por não poder prevê-las ou inseri-las todas no texto constitucional. (MIRANDA; MEDEIROS, 2005, p. 628).

Como se vê, deve ser assegurado o exercício pleno do direito de propriedade, porém não se pode deixar de compreender que não pode ser alheada do interesse público, ficando sujeita a limitações. As eventuais limitações ao direito de propriedade devem encontrar lastro no texto constitucional, uma vez que não deve haver restrição a direito fundamental sem sustentação na Carta Política (MIRANDA, 2000). Essas limitações podem decorrer diretamente do texto constitucional, sendo chamadas de restrições diretamente constitucionais ou podem ser impostas por lei infraconstitucional devidamente autorizada, expressa ou tacitamente pela Constituição, sendo denominadas de restrições indiretamente constitucionais (LEAL, 2012).

As restrições diretamente constitucionais derivam de normas de nível constitucional que impõem, sem a necessidade de complementação normativa, restrições ao direito fundamental (ALEXY, 1993), hipótese em que a limitação prescinde de qualquer outra norma ou ato além do preceito de cunho constitucional. Como exemplo dessa limitação, é possível citar o artigo 243 da Constituição brasileira, no qual se determina o confisco de glebas onde forem localizadas culturas ilegais de plantas psicotrópicas.

Já as restrições indiretamente constitucionais, caracterizam-se pela atribuição ao legislador ordinário do poder de limitar o exercício do direito na medida em que há cláusula constitucional expressa que permite ao legislativo estabelecer normas restritivas ao exercício do direito fundamental. Exemplo dessa situação acontece quando se autoriza o legislador, nos termos do artigo 190 da Constituição brasileira, a regular e limitar a aquisição ou o arrendamento de propriedade rural por pessoa física ou jurídica estrangeira, bem como a estabelecer os casos que dependerão de autorização do Congresso Nacional. Exemplificando esse tipo de norma, pode ser citado, no âmbito do direito português, o artigo 1.305 do Código Civil, o qual determina que o proprietário goza de modo pleno e exclusivo dos direitos de uso, fruição e disposição das coisas que lhe pertencem, *"dentro dos limites da lei e com observância das restrições por ela impostas"*. Esta regra pode e deve ser considerada constitucional tendo em vista a Carta Política portuguesa contemplar o direito de propriedade em seu artigo 62º, e, ao mesmo tempo, prever em seus artigos 1º, 2º, 9º, 58º e 80º princípios que autorizam a imposição de limites ao direito de propriedade.

No direito brasileiro, o artigo 1.228 do Código Civil disciplina o direito de propriedade, deixando clara a faculdade do proprietário de usar, gozar, dispor e reivindicar a coisa, porém, concomitantemente, esclarece que esse direito deve ser exercido em conformidade com suas finalidades socioeconômicas, de modo que sejam preservadas, a flora, a fauna, as belezas naturais, o equilíbrio ecológico e o patrimônio histórico e artístico, evitando-se a poluição do ar e das águas. Além disso, a legislação brasileira ainda deixa explícito que o direito à propriedade não pode ser exercido de forma egoística, tanto que no §2º do artigo 1.228 do Código Civil há clara proibição da realização de atos que não tragam ao proprietário qualquer utilidade e sejam realizados com o fim de prejudicar a outrem, dispõe também, no §3º do artigo 1.228, que a privação a esse direito pode se dar nos casos de desapropriação, por necessidade, utilidade pública ou interesse social, assim como nas hipóteses de requisição em caso de perigo público iminente.

A exemplo do que se referiu em relação a Portugal, as normas ordinárias brasileiras citadas podem e devem ser consideradas constitucionais porque a Carta Política brasileira, ao contemplar o direito de propriedade em seu artigo 5º, XXII, logo em seguida, no item XXIII, afirma que a propriedade deverá atender sua função social, o que, portanto, autoriza a imposição de limites ao exercício desse direito. Nesse enfoque, Teixeira argumenta:

> A Constituição Federal de 1988, assim como as demais Cartas Magnas já citadas, discorre acerca da propriedade e a elenca de forma a tutelá-la como um direito fundamental do homem, em rol específico destinado a tais direitos, qual seja, seu artigo 5º. Vinculado a este, porém, postula-se, já no inciso seguinte do referido artigo, que "a propriedade atenderá à sua função social", o que torna imperativa a interpretação de que o direito fundamental à propriedade, garantido constitucionalmente aos cidadãos brasileiros e estrangeiros residentes no país é vinculado ao também direito fundamental de que esta atenda àquilo que se concebe pelo texto da Carta Magna como sendo sua função social. (TEIXEIRA, 2013, p. 8).

A propriedade é o mais amplo, mas não ilimitado direito, de modo que as restrições existentes são parte de seu conteúdo de cunho negativo e não impedem seu pleno exercício, desde que em conformidade com o ordenamento jurídico. Portanto, na qualidade de titular de um direito fundamental, o proprietário possui ampla margem de discricionariedade no exercício de seu direito, o qual deve obedecer as chamadas restrições negativas inerentes ao próprio direito em si, que, como já mencionado, podem decorrer do direito público, que visam garantir o bem comum, ou mesmo aquelas provenientes das relações de vizinhança, nas quais há interesses eminentemente particulares (VIEIRA, 2016).

Esclareça-se, por fim, que, não obstante se sujeite a propriedade a certas restrições decorrentes das Constituições, não poderá ser relativizada a tal ponto que seu exercício seja inviabilizado, sob pena de verdadeira supressão do direito, havendo a necessidade de subsistirem medidas de proteção contra eventuais violações indevidas ao mencionado direito fundamental. Muito embora seja possível ao legislador impor restrições ao direito de propriedade, deverá preservar o núcleo essencial do direito, constituído pela utilidade privada e, fundamentalmente, pelo poder de disposição. A vinculação social da propriedade, que legitima a imposição de restrições, não poderá ir a ponto de colocá-la, única e exclusivamente, a serviço do Estado ou da comunidade (MENDES; BRANCO, 2015).

Portanto, o legislador ordinário pode impor as restrições que forem necessárias, à luz do princípio da função social. Todavia, caso o faça de maneira que seja esvaziado o conteúdo da propriedade sem contrapartida em justa indenização, incorrerá em inconstitucionalidade (BRITO, 2010). Diante da previsão da propriedade como um direito fundamental, deve o próprio ordenamento jurídico assegurar aos titulares do direito um conjunto mínimo de garantias a serem observadas, sob pena de inviabilização do exercício do direito. Nesse sentido é o posicionamento de Capitão:

> Diga-se que o mínimo que obrigatoriamente tem de ser respeitado traduz-se na utilidade e valor econômico do objecto do direito, no sentido que o direito de propriedade não pode ser esvaziado da totalidade das faculdades que usualmente lhe estão associadas, nem ser configurado em total desfasamento do seu objecto que conduza à inutilização concreta do conteúdo do direito. Esta posição é coincidente com a defendida por Vieira de Andrade, a propósito da definição do mínimo do conteúdo

essencial dos direitos fundamentais, como limite absoluto da afectação ou limitação desses direitos. (CAPITÃO, 2004, p. 39).

2.2.2 A propriedade como direito fundamental perante o direito internacional

Uma vez compreendido que a Constituição brasileira contempla o direito à propriedade como um direito fundamental, cabe, agora, analisar como se observa esse direito no âmbito do direito internacional. É possível considerar que o direito internacional reconheça ao indivíduo um direito fundamental à propriedade privada ou tal direito a ele não pode ser reconhecido? Nesta seara, reporta Santos:

> Entretanto, o direito de propriedade, no âmbito do direito internacional dos direitos humanos, tem qual valor jurídico? É um direito que merece o mesmo grau de proteção que o direito à vida, por exemplo, ou é um direito que está inserido numa categoria secundária de proteção? (SANTOS, 2006, p. 30)

Assim, demonstra-se relevante observar como o direito internacional se comporta no tocante ao direito à propriedade, uma vez que, com o fenômeno da globalização da economia, assim como pela cada vez mais comum união socioeconômica e política de países, como a União Europeia, é natural que estrangeiros passem a adquirir bens em países do qual não venham a ser naturais, torna-se fundamental saber as garantias existentes nessa modalidade de aquisição de propriedade. Para a chamada corrente clássica, o direito internacional de raiz convencional não atribui ao indivíduo uma titularidade ao direito à propriedade. Isto porque para essa posição, o homem, individualmente considerado, não pode, regra geral, figurar como sujeito do direito internacional. Para os defensores desse posicionamento, muito embora haja normas, como a Declaração Universal dos Direitos do Homem, que elencam direitos a favor do indivíduo, tais preceitos devem ser interpretados como imposição de obrigações aos Estados e não como normas a conferir direitos aos indivíduos (QUADROS, 2017).

A doutrina clássica foi influenciada pela concepção positivista voluntarista a personificar um Estado todo-poderoso, em que o rol de direitos plasmados nestes textos na verdade impõe obrigações ao Estado e não direitos aos indivíduos, visto que esta corrente doutrinária alega que o indivíduo nunca pode ser tratado como sujeito de direito internacional. Diante disso, este seria apenas um beneficiário da proteção à propriedade privada imposta aos Estados e não pode figurar como titular de um direito fundamental à propriedade. Outro argumento utilizado é de que a Declaração Universal de Direitos Humanos não é um texto obrigatório, por ser apenas uma Declaração, o que não justificaria conceber o indivíduo como seu direto destinatário e sujeito de direitos (SANTOS, 2006).

Por sua vez, a corrente doutrinária mais moderna, que pode ser chamada de Teoria da Afirmação do Direito do Indivíduo à propriedade privada, advoga que o direito internacional geral de fonte convencional confere direitos aos indivíduos e, de forma concreta, confere-lhe o direito à propriedade privada. Esse direito faz parte de um rol de direitos fundamentais atribuídos de forma direta ao indivíduo pelo direito internacional, o que propicia a este que possa exigir o respeito por parte do Estado de acolhimento (QUADROS, 2017).

Dois são os principais argumentos a sustentar essa tese. O primeiro deles é no sentido de que os preceitos relacionados à questão, tanto da Carta da ONU, como da Declaração Universal de Direitos Humanos, como dos Pactos de 1996, conferem direitos *concretamente ao indivíduo*, eis que mencionam as expressões *todos, todos os seres humanos, toda a pessoa, todo o indivíduo, ninguém, os particulares*. Por isso, em virtude dessas expressões, para os defensores desta tese, não há a menor dúvida de que o indivíduo deve ser considerado como o destinatário direto dos respectivos direitos, tendo sido este o fim almejado pelos preceitos em questão, ou seja, reconhecer a personalidade jurídica ao próprio indivíduo (QUADROS, 2017). Corroborando esse posicionamento, Santos expõe:

> Entretanto, a doutrina mais recente reconhece plenamente o indivíduo como sujeito de direito internacional, e segue, dessa forma, a orientação de que as Declarações e Convenções sobre direitos humanos dirigem-se diretamente ao indivíduo e não aos Estados. E, sendo assim, de fato, conferem o direito à propriedade diretamente ao indivíduo. Segundo Cançado Trindade, as tentativas feitas no passado de negar a condição de sujeitos de direito internacional aos indivíduos, por não lhes reconhecer algumas das capacidades pertencentes aos Estados, como a de celebrarem tratados, por exemplo, são totalmente desprovidas de sentido, pois mesmo no direito interno nem todos os indivíduos participam direta ou indiretamente do processo legiferante. Foi com a Declaração Universal dos Direitos do Homem, portanto, que se desencadeou o movimento

internacional que veio a superar o pensamento tradicional. (SANTOS, 2006, p. 35).

Outro argumento a edificar esse ponto de vista reside no fato de que nas Constituições dos países constam, no rol dos direitos fundamentais, por remissão, os direitos e as liberdades reconhecidos, por exemplo, pela Declaração Universal dos Direitos Humanos. Neste particular, apenas a título de exemplo, observa-se que tanto a Constituição portuguesa, em seu artigo 16, como a Constituição brasileira, em seu artigo 5º, §2º, contemplam essa garantia. Assim, se as Constituições remetem para o direito internacional geral de raiz convencional a definição de alguns dos direitos fundamentais a serem respeitados pelo respectivo Estado, demonstra-se inequívoco que as fontes do direito internacional possuem a força de conferir direitos aos indivíduos e não apenas impor obrigações aos Estados.

Outro fator a corroborar é que as Convenções Internacionais foram mais adiante, na medida em que conferiram ao indivíduo o direito de apresentar petição individual, sem a necessidade de intermediação de seu Estado nacional, podendo, se for o caso, ajuizar ação até mesmo em face de seu Estado para proteger seus direitos. Ora, essa possibilidade de acesso dos indivíduos às Cortes Internacionais, por intermédio da petição inicial, demonstra que estes, por serem titulares de direitos, como o direito à propriedade, passam a ter, inclusive, capacidade processual na esfera internacional a fim de verem assegurados seus direitos (SANTOS, 2006). Diante desses argumentos, hoje prevalece o posicionamento de que há um direito fundamental à propriedade privada conferido ao indivíduo, especialmente se for considerado que, por intermédio da Declaração Universal dos Direitos Humanos, pela primeira vez, o Direito Internacional veio a incluir um preceito escrito sobre a matéria (QUADROS, 2017). Neste sentido, o artigo 17 da referida Declaração:

> Art. 17º da DUDH.
> 1. Toda a pessoa, individual ou colectivamente, tem direito à propriedade.
> 2. Ninguém pode ser arbitrariamente privado da sua propriedade.

Em face da expressa dicção da norma, resta claro inexistir dúvida de que este preceito confere ao *indivíduo* um verdadeiro direito à propriedade privada, não se limitando impor aos Estados a obrigação de proteger a propriedade privada. Como se vê, deve ser compreendido que o indivíduo foi transformado em sujeito de direito internacional, sendo o verdadeiro destinatário dos direitos reconhecidos nos tratados internacionais, de modo que a proteção internacional hoje existente busca tutelar os direitos dos indivíduos como seres humanos e não enquanto nacionais de qualquer Estado. Sob essa ótica, relevante transcrever os ensinamentos de Cançado Trindade (2000, p. 154): "(...) mesmo os nostálgicos de dogmas do passado terão que se ajustar definitivamente à nova realidade da consolidação da posição do ser humano como sujeito incontestável do Direito Internacional dos Direitos Humanos."

No âmbito do direito internacional convencional de âmbito regional, fica expresso o reconhecimento do direito à propriedade como direito fundamental. Na Convenção Europeia dos Direitos do Homem, por intermédio do 1º Protocolo Adicional à Convenção, assinado em 20 de março de 1952 que, entrou em vigor em 18 de março de 1954, foi conferido ao indivíduo o reconhecimento do direito à propriedade privada. Ficou expresso que qualquer pessoa singular ou coletiva tem direito ao respeito dos seus bens, não podendo ser privada de sua propriedade a não ser por utilidade pública e nas condições previstas pela lei e pelos princípios gerais do direito internacional. Por sua vez, a Convenção Americana sobre Direitos Humanos, por intermédio de seu artigo 21, também reconhece o direito à propriedade como direito fundamental, aduzindo que a lei pode subordinar esse direito ao interesse social, sendo que nenhuma pessoa poderá ser privada de seus bens salvo mediante o pagamento de indenização justa, por utilidade pública ou interesse social.

Por seu turno, a Carta Africana dos Direitos Humanos e dos Povos, em seu artigo 14, afirma que o direito de propriedade é garantido, só podendo ser afetado por necessidade pública ou no interesse geral da coletividade, em conformidade com as disposições de normas legais apropriadas. No tocante à União Europeia, não obstante inexista preceito expresso neste sentido, tem sido pacífico que a Ordem Jurídica Comunitária deve reconhecer o direito à propriedade privada. Isto advém do princípio da economia social de mercado, implícito na Constituição Econômica das Comunidades, do fato de que as Constituições de todos os Estados Membros reconhecem o direito à propriedade, assim como o 1º Protocolo Adicional da Convenção Europeia dos Direitos do Homem assim previu, não havendo, pois, que se questionar a respeito desse direito.

O Tribunal de Justiça das Comunidades Europeias, em 13 de dezembro de 1979, ao julgar o Processo nº 44/49, conhecido como Caso Hauer, ao decidir uma questão prejudicial, sustentou que o direito de propriedade deveria ser garantido na Ordem Jurídica Comunitária em conformidade com as concepções comuns às Constituições dos Estados Membros, refletidas igualmente pelo 1º Protocolo à Convenção Europeia dos Direitos do Homem. Assim, é plenamente possível afirmar que a titularidade do direito de propriedade privada figura como um direito fundamental diretamente reconhecido ao indivíduo no âmbito do direito internacional, decorrendo dessa previsão diversas consequências jurídicas a serem observadas pelos Estados, os quais deverão adotar medidas voltadas a assegurar a manutenção desse direito contra terceiros e, inclusive, em face de si mesmo, além de garantir justa indenização em caso de privação do direito em decorrência de afetação por utilidade pública. Tratando do tema no que tange à imprescindibilidade de indenização em caso de privação do direito, Quadros atesta:

> Mas isso só pode ser interpretado, a nosso ver, como querendo significar que, à face do Direito Internacional, o direito de propriedade tem como co-natural a si o direito à indemnização pela privação de propriedade. E foi nesse sentido que se orientou quer a prática dos Estados, como vimos, quer a das Organizações internacionais, com apoio na doutrina e na jurisprudência internacionais, neste último caso, sempre que há órgãos jurisdicionais internacionais – é o caso, para este efeito, do Tribunal Europeu dos Direitos do Homem como dos tribunais arbitrais. (QUADROS, 2017, p. 176).

Por fim, deve ficar esclarecido que, em princípio, o direito internacional contempla como titulares do direito à propriedade apenas os estrangeiros sujeitos à jurisdição do Estado concretamente considerado, ou seja, o problema atinente ao reconhecimento do direito de propriedade privada aos nacionais de um país nas suas relações com sua pátria deve ser objeto de atuação do direito interno, não sendo matéria do direito internacional, salvo quando o próprio direito internacional postule a obrigação de os países reconhecerem esse direito aos seus cidadãos e o respeito por esse direito venha a ser exigível aos respectivos países (QUADROS, 2017, p. 177).

Essa previsão consta do 1º Protocolo à Convenção Europeia dos Direitos do Homem, que reconhece aos cidadãos dos Estados partes no referido Protocolo o direito à propriedade privada, razão pela qual os referidos entes públicos devem respeitar a propriedade privada de seus nacionais, inclusive quando residam em outros territórios, ainda que estes não sejam partes na Convenção ou no mencionado Protocolo. Desse modo, não há a menor dúvida no tocante ao reconhecimento, pelo direito internacional, a exemplo do que sucede no Brasil, objeto da presente pesquisa, do direito à propriedade como direito fundamental da pessoa humana, que incide diretamente na esfera jurídica do indivíduo, demonstrando que tal reconhecimento é inerente a países classificados como democráticos de direito.

2.3 Limitações e garantias constitucionais ao direito de propriedade. a intervenção do Estado na propriedade privada

Conforme amplamente mencionado alhures, o direito de propriedade, embora seja um direito fundamental, não pode ser tratado como um direito absoluto, quase egoístico, completamente alheio aos interesses da coletividade. Desse modo, o exercício desse direito encontra-se sujeito, como qualquer outro, a limites ao seu exercício, os quais devem estar previstos ou autorizados pela Constituição com vistas à consecução de finalidades coletivas ali pretendidas (MIRANDA, 2000, p. 307). Assim, os limites impostos pelo Estado ao direito de propriedade se originam da busca do poder público pela satisfação do bem-estar coletivo e do bem comum, ou seja, as necessidades coletivas cuja satisfação se insere na função administrativa devem ter como fundamento um ato jurídico-público (Constituição, lei, sentença), sempre visando alcançar o bem comum ou bem-estar da coletividade, encontrando-se na ideia de bem-estar tudo aquilo que permite dignificar a pessoa humana no contexto da realização dos fins do Direito – a justiça, a segurança e a liberdade (OTERO, 2016, p. 184).

Desse modo, quando o Estado, autorizado pela Constituição, intervém ou limita o direito de propriedade, o faz objetivando alcançar um interesse coletivo, sendo, pois, plenamente legítima essa intervenção, desde que ocorra dentro dos limites estabelecidos pelo texto Constitucional e não inviabilize o exercício do direito; hipótese em que deverá ser assegurada a justa indenização ao proprietário do bem cujo direito teve seu exercício inviabilizado por ato do poder público. Assim, para o uso e gozo de riquezas particulares, é possível que o poder público imponha normas e limites; e sempre que o interesse público o exigir, pode vir a intervir na propriedade privada através de atos de império inclinados a satisfazer exigências coletivas e a reprimir condutas antissociais de iniciativa particular. Há a possibilidade de chegar a retirar a propriedade particular para dar-lhe uma destinação pública ou de interesse social, através da desapropriação ou mesmo realizar limitações de cunho administrativo que não chegam a retirar a propriedade do particular (MEIRELLES, 1992, p. 501).

Partindo dessa premissa, é certo, então, que um dos âmbitos em que mais se revela a face de autoridade da Administração Pública é no direito de propriedade, sobretudo da propriedade imóvel. O direito de propriedade evoluiu muito, deixando de ter, na atualidade, a conotação absoluta característica até as primeiras décadas do século XX. Ampliaram-se as intervenções públicas e ocorreu a mudança da própria configuração estrutural do direito de propriedade ante sua função social, percebida de modo sensível em matéria urbanística e agrária (MEDAUAR, 2001 p. 400). Isto significa que a propriedade deve ser estudada não apenas sob o prisma do direito privado, como também sob o enfoque publicista, ou seja, a propriedade quando colocada em contraste ou em confronto com o interesse coletivo, isto é, com o interesse público. Nessas ocasiões, em face da supremacia do interesse público sobre o interesse privado, ressaltam os limites do direito de propriedade. A propriedade antiga, sobre a qual recaía o *jus utendi, fruendi et abutendi*, a propriedade quiritária do direito romano deixa de ser de apenas um para flexionar-se ao chamado direito de todos, direito este informado pelo denominado "princípio do interesse público" ou "princípio do interesse social". A expressão "limites ao direito de propriedade", todavia, não significa limites que o cidadão imponha ao direito de propriedade de outro cidadão. São os limites que o Estado impõe ao direito de propriedade do cidadão por motivo transcendental, que é a necessidade pública, o interesse público ou o interesse social.

Isto acontece devido à função social desempenhada pela propriedade, onde o ordenamento jurídico deve não apenas regulamentar o direito de propriedade no sentido de não impedir a realização do interesse público, como também fazer com que ele próprio realize diretamente esse interesse, seja pela imposição do seu exercício ou pela realização das suas faculdades, em certa direção. Procura-se, portanto, disciplinar não só de modo negativo o direito de propriedade, bem como de modo positivo, ou seja, o que o proprietário deve fazer, em correspondência com o interesse público (GRACIAS, 1954, p. 166).

Como se vê, é plenamente possível, à luz das Constituições, a imposição de limitações ao direito de propriedade, sendo tal fato decorrência da chamada supremacia do interesse público sobre o interesse particular ou do chamado princípio da prossecução do interesse público. Isto figura como um postulado do direito administrativo segundo o qual, sendo as atividades administrativas desenvolvidas pelo Estado para benefício da coletividade, o interesse público deve prevalecer ante os interesses privados. Em sua atuação, a Administração Pública, sem prejuízo de sempre conferir primado aos postulados de uma concepção personalista, jamais poderá deixar de estar a serviço dos interesses gerais da sociedade. Portanto, esta nunca se pode motivar pela prossecução de interesses privados, identificados como interesses de pessoas ou grupos particulares, mas deve almejar sempre a defesa, a garantia e a promoção do bem comum ou interesse público, ou seja, deve buscar que seja respeitada a dignidade humana. Assim, o interesse público constitui o critério, o fundamento e o limite da atuação administrativa (OTERO, 2016, p. 368).

Essa autorização concedida ao poder público decorre da necessidade de proteção do Estado aos interesses da comunidade, uma vez que estes representam o direito do maior número e, por isso mesmo, quando em conflito com os interesses individuais, estes cedem àqueles, em atenção ao direito da coletividade, alicerce do regime democrático e do direito civil moderno (MEIRELLES, 1992, p. 502). Nesses casos, o Estado age de forma vertical, criando imposições que, de alguma forma, restringem o uso da propriedade pelo seu titular e o faz exatamente em função da supremacia que ostenta, relativamente aos interesses privados. Nesses casos, quando o particular sofre a imposição interventiva do Estado em sua propriedade, sua reação natural é de insatisfação por ter tido o interesse contrariado. Todavia, como ressaltado alhures, essa atitude estatal objetiva ao atendimento de uma situação de interesse público e, sendo assim, há de ser justificada conduta, mesmo que contrária ao interesse do particular. Deve-se, assim, concluir que toda vez que colide um interesse público com um interesse privado, é aquele que tem de prevalecer. É a supremacia do interesse público sobre o privado, como princípio, que retrata um dos fundamentos da intervenção estatal na propriedade (CARVALHO FILHO, 2010)

Indubitável, então, que para que se possa falar na possibilidade de intervenção do Estado na propriedade privada, é preciso compreender que essa atuação estatal deve ocorrer só e, somente só, se estiver em absoluta conformidade com o interesse público. Como mencionado, em um Estado Democrático de Direito, a Administração Pública vincula-se a praticar os atos que promovam o interesse público e o bem comum, não sendo legítima qualquer atuação ao mero alvedrio do administrador público ou dissociada do interesse público. Nessa toada, sempre que o interesse público reclamar atuação estatal neste sentido, ficará autorizado ao poder público intervir na propriedade particular, contudo, a intervenção deverá observar fielmente o princípio da legalidade estrita, não podendo, pois, a administração afastar-se dos ditames legais quando estiver intervindo na esfera dos direitos do administrado, eis que, caso assim o faça, estará violando o direito fundamental à propriedade.

Para ser analisada a intervenção do Estado na propriedade particular, é preciso que se faça uma análise do que ocorria no século XIX, quando predominava o Estado Liberal, por intermédio do qual o Estado deveria ter ingerência mínima na vida dos particulares, fato que acabou por gerar inúmeras disparidades responsáveis por diversos conflitos de classe. Após isso, com o surgimento do Estado do bem-estar social, este passou a ter um comportamento mais proativo, passando a ter mais atitudes em busca da diminuição de desigualdades, a fim de empregar seu poder de império para minimizar graves distorções sociais. Hoje, no Estado contemporâneo, busca-se garantir prestações sociais, protegendo-se a sociedade como um todo, motivo pelo qual o poder público passou a ter a necessidade de intervir mais no âmbito das relações privadas.

Isto sucede devido ao fato de países como o Brasil e Portugal serem considerados Estados Sociais de Direito, os quais, sem abrirem mão das conquistas dos cidadãos individualmente considerados em seu relacionamento com os poderes públicos, apresentam como objetivo a consolidação e o aperfeiçoamento do Estado Social, lastreado nos valores da solidariedade política, econômica e social da comunidade. O Estado Social se fundamenta na busca de compatibilização da posição subjetiva de cada um com o interesse geral da sociedade, no sentido de que os direitos subjetivos reconhecidos individualmente admitem uma obrigação de que o seu exercício deve ser conduzido no sentido de não colidir e, até mesmo, de contribuir com o bem-estar da coletividade, o qual tem, igualmente, de ser observado de modo a garantir e respeitar a posição individual (CAPITÃO, 2004, p. 42).

Nesse contexto de busca da supremacia do interesse coletivo, surgiu a figura da intervenção do Estado na propriedade particular, a qual tem o lastro de apresentar restrições ao exercício do direito de propriedade, que podem variar, como já referido, desde uma limitação parcial até mesmo à perda do direito de propriedade. A intervenção do Estado na propriedade é motivada pela busca do bem-estar social, ou seja, do atendimento daquilo que, naquele momento histórico seja relevante para a sociedade como um todo, a exemplo do que ocorre quando a Administração Pública necessita desapropriar um imóvel onde reside uma família por ser aquele local o mais recomendável para a construção de um hospital naquela cidade.

Considera-se, pois, intervenção do Estado na propriedade privada toda e qualquer atividade estatal que, fundamentada no ordenamento jurídico, tenha por objetivo ajustá-la aos inúmeros fatores exigidos pela função social a que está condicionada, ou seja, qualquer afronta à propriedade, que não tenha esse objetivo, estará eivada de ilegalidade (CARVALHO FILHO, 2010, p. 841). E qual seria a justificativa para essa intervenção? A resposta encontra-se no chamado bem-estar social, ou seja, o bem comum, o bem do povo em geral, expresso sob todas as formas de satisfação das necessidades comunitárias. Aí estão incluídas as exigências materiais e espirituais dos indivíduos coletivamente considerados, consistindo nas necessidades vitais da comunidade, dos grupos, das classes que compõem a sociedade. O bem-estar social é o escopo da justiça social a que se refere à Constituição Federal brasileira em seu artigo 170 e só pode ser alcançado através do desenvolvimento nacional (MEIRELLES, 1992, p. 503). Conclui-se, pois, ser legítima a intervenção do Estado na propriedade particular, desde que essa intervenção ocorra em conformidade com os ditames e princípios do direito administrativo, especialmente o da legalidade estrita e da supremacia do interesse público sobre o particular. Uma vez cristalina a possibilidade de intervenção legítima do Estado no direito de propriedade, cabe analisar de forma mais detalhada os requisitos necessários presentes nas normas restritivas ao direito de propriedade.

As normas que restringem direitos, aí inserido o direito de propriedade, devem observar seis requisitos, sendo eles: autorização expressa na Constituição; lei formal, generalidade e abstração da lei restritiva; não retroatividade da lei restritiva; proibição do excesso; e salvaguarda do núcleo essencial (GOMES CANOTILHO; MOREIRA, 2003, p. 451). No tocante à exigência de autorização expressa na Constituição, infere-se que o legislador deve ficar compelido a procurar sempre nas normas constitucionais o fundamento concreto para o exercício de sua competência de restrição de direitos dos cidadãos, fato que garante a existência de segurança jurídica aos administrados, os quais terão assegurada a inocorrência de medidas restritivas de direito fora dos casos expressamente considerados pelas normas constitucionais como sujeitos à reserva de lei restritiva. Ademais, a obrigatoriedade de autorização derivada do texto constitucional exerce uma função de advertência ao legislador, deixando-o ciente do significado e alcance da limitação de direitos, além de constituir uma norma de proibição, eis que sob reserva de lei restritiva não se poderão englobar outros direitos salvo os autorizados pela Constituição (GOMES CANOTILHO; MOREIRA, 2003, p. 452).

Com relação ao requisito de lei formal, deve ser compreendido que só nos casos expressamente previstos na Constituição podem ser restringidos os direitos e *somente* a lei os pode restringir. É imprescindível a existência de ato legislativo decorrente do Parlamento, havendo, desse modo, a exigência de uma cadeia ininterrupta de legitimidade legal relativamente aos atos que restrinjam direitos e garantias constitucionais, excluindo-se, assim, a possibilidade de limitações sem fundamento na lei (GOMES CANOTILHO; MOREIRA, 2003, p. 453). Portanto, para que sejam implementados limites imanentes à garantia do direito de propriedade são vedadas condutas que autorizem a intervenção estatal na propriedade que não seja por intermédio da lei, como, por exemplo, por meio da remissão dinâmica para a Administração, bem como a atribuição a esta de um poder fortemente discricionário (CAPITÃO, 2004, p. 66).

Outro requisito diz respeito à necessidade das leis restritivas possuírem caráter geral e abstrato, visto que a norma deve se dirigir a um número indeterminado ou indeterminável de pessoas, regulando um número indeterminado ou indeterminável de casos. Isto ocorre porque não se admitem leis individuais e concretas que venham a restringir direitos, pois tais normas violam o direito à igualdade, além do que representariam, nesse caso, verdadeira manipulação da forma da lei, pelos órgãos legislativos, uma vez que implementariam ato administrativo individual e concreto com roupagem de lei. Assim, será tida como inconstitucional toda a lei que imponha restrições aos direitos, às liberdades e às garantias de uma pessoa ou de várias pessoas *determinadas, ou ainda que* imponha restrições a uma pessoa ou a um círculo de pessoas que, muito embora não determinadas, podem vir a sê-lo através da conformação intrínseca da lei ou levando-se em conta o momento da sua entrada em vigor (GOMES CANOTILHO; MOREIRA, 2003, p. 455).

Para serem consideradas legítimas, as restrições à propriedade, além de terem de ser criadas por lei, devem se revestir, materialmente, de generalidade e abstração, o que deve ser aferido a partir tanto da indeterminabilidade dos destinatários quanto das situações objeto da sua aplicação (CAPITÃO, 2004, p. 67). Por sua vez, o pressuposto da não retroatividade da lei restritiva indica que a norma limitadora do direito de propriedade não pode retroagir para alcançar situações consolidadas antes de sua entrada em vigor. Portanto, uma lei restritiva de direitos, liberdades e garantias será retroativa quando as consequências jurídicas atribuídas aos fatos por ela regulados se produzem no passado, ou seja, em data anterior à sua entrada em vigor, hipótese em que deve ser considerada inconstitucional tanto pela retroatividade, quanto pela violação à proteção da confiança e segurança jurídica (GOMES CANOTILHO; MOREIRA, 2003, p. 456).

O requisito da proibição do excesso indica que uma lei restritiva ao direito de propriedade deve ser adequada, necessária e proporcional, ou seja, a medida legislativa deve ser apropriada para o fim a que se destina, deve, além de apropriada para esse fim, ser necessária para a obtenção dos desideratos de proteção objetivados pela Constituição. Neste sentido, só será considerada necessária a norma se não for possível utilizar-se de outro meio igualmente eficaz, mas menos coativo relativamente aos direitos restringidos. Com relação à proporcionalidade, a lei restritiva, mesmo sendo adequada e necessária, será tida como inconstitucional quando adotar cargas coativas de direitos tidas como desmedidas, desajustadas, excessivas ou desproporcionais aos fins pretendidos. A Constituição, ao permitir que a lei restrinja a propriedade, fê-lo com o intuito de que fossem adotadas apenas as medidas estritamente necessárias ao alcance das finalidades públicas, não se admitindo, desse modo, atitudes arbitrárias ou excessivas (GOMES CANOTILHO; MOREIRA, 2003, p. 457).

Enfim, o requisito da salvaguarda do núcleo essencial preceitua a existência um núcleo essencial do direito que não pode, em caso algum, ser violado. Assim, ainda que o legislador esteja constitucionalmente autorizado a editar normas restritivas, deve permanecer vinculado a salvaguardar um núcleo essencial do direito restringido, ou seja, especificamente no tocante ao direito de propriedade. Deve haver um claro limite entre a ocorrência de mera restrição parcial ao direito, quando será possível, em alguns casos, indenização pela parcial limitação e a ocorrência de restrição que venha a inviabilizar seu exercício; hipótese em que, mesmo sendo autorizada a edição da norma, a propriedade passará ao domínio do Estado mediante o pagamento de justa indenização ao antigo proprietário, pois esse requisito visa exatamente evitar restrições conducentes à aniquilação do direito. Dessa feita, uma vez estabelecidos os requisitos necessários às limitações ao direito de propriedade, cabe agora analisar os tipos de restrições que podem alcançar o referido direito.

A Administração Pública pode servir-se ou lançar mão de bens alheios por intermédio da aquisição coativa desses bens (expropriação), pela utilização dos bens alheios por motivos de utilidade pública (requisição), bem como pela introdução especial de limitações ao uso dos bens por parte dos administrados em função de um interesse público prevalente (OLIVEIRA; DIAS, 2017, p. 356). As figuras jurídicas que assinalam as intervenções administrativas recebem diversos nomes na doutrina, os quais nem sempre possuem sentido unânime, de modo que a doutrina brasileira adotou o posicionamento por intermédio do qual as limitações administrativas abarcam tudo aquilo que afete qualquer dos caracteres desse direito. Neste sentido, infere-se, por exemplo, que as limitações administrativas abrangem as restrições que afetam o caráter absoluto do direito de propriedade; por sua vez, a ocupação temporária, a requisição e a servidão atingem o caráter exclusivo desse direito, ao passo que a desapropriação incide sobre o caráter perpétuo da propriedade (MEDAUAR, 2001, p. 401).

Diversas são as formas de intervenção do Estado na propriedade privada, de modo que, para fins didáticos, admite-se a existência de duas formas básicas de intervenção levando-se em consideração a natureza e os efeitos desta em relação à propriedade, sendo elas a intervenção restritiva e a intervenção supressiva (CARVALHO FILHO, 2010, p. 846). A primeira seria aquela em que o Estado impõe restrições e condicionamentos ao uso da propriedade, sem, todavia, subtraí-la de seu titular. Este não poderá usá-la a seu exclusivo critério e conforme seus próprios padrões, torna-se subordinado às imposições emanadas pelo poder público, em contrapartida, mantém a propriedade em sua esfera jurídica. Como exemplos dessa modalidade de intervenção, podem ser elencadas a servidão administrativa, a requisição, a ocupação temporária, as limitações administrativas e o tombamento.

Por sua vez, a intervenção supressiva é aquela em que o Estado, utilizando-se de seu poder de império, transfere coercitivamente para si a propriedade de terceiro em face da ocorrência de situação de interesse público previsto em lei. O efeito da intervenção supressiva compreende a subtração da propriedade das mãos do antigo titular, em que a desapropriação serve de exemplo dessa forma interventiva. Várias são, pois, as modalidades de intervenção do Estado na propriedade, pelo que se tratará a seguir daquelas de maior destaque no ordenamento jurídico brasileiro, no qual se procurará demonstrar a possibilidade de aplicação de uma nova modalidade, denominada arrendamento rural forçado. No Brasil, constam como principais modalidades de intervenção do Estado na propriedade a servidão administrativa, a requisição, a ocupação temporária, as limitações administrativas, o tombamento e a desapropriação.

A servidão administrativa figura como uma modalidade de intervenção do Estado na propriedade que se caracteriza por ser um direito real de gozo, de natureza pública, instituído sobre imóvel de propriedade alheia, com base em lei, pelo poder público ou seus delegados, em favor de um serviço público ou de um bem afetado a fim de utilidade pública (CARMONA, 2010, p. 39). Trata-se de um direito real público que autoriza o poder público a usar a propriedade imóvel para permitir a execução de obras e serviços de interesse coletivo. Trata-se de um direito real público, pois instituído em favor do Estado para atender a fatores de interesse público (CARVALHO FILHO 2010, p. 847).

A fim de que seja compreendido adequadamente esse direito real sobre coisa alheia, interessante saber que a expressão deriva do latim *servus*, "escravo", ou seja, demonstra a submissão da coisa pertencente ao titular, a outrem, retirando daquele a plenitude de seu domínio. Nesse caso, o Estado subtrai do titular do bem privado a plenitude de seu domínio, com finalidade pública e utiliza, uma parcela deste, tornando-a verdadeira extensão ou dependência do domínio público (CASSEB, 1983, p. 37). A servidão administrativa consiste, pois, em um encargo imposto a um prédio em benefício ou proveito da utilidade pública, como ocorre, por exemplo, com as estradas, as águas públicas, as linhas de transmissão e distribuição de energia, os aeródromos e aeroportos, as obras de fortificação militar, os paióis etc. (CAETANO, 1989, p. 471).

Constituem-se exemplos mais comuns de servidão administrativa a instalação de redes elétricas e a implantação de gasodutos e oleodutos em áreas privadas para a execução de serviços públicos, além da colocação em prédios privados de placas com nomes de ruas e avenidas e de ganchos para sustentar fios da rede elétrica. A servidão administrativa cuida-se de um ônus real de uso imposto pela Administração Pública à propriedade particular para assegurar a realização e conservação de obras e serviços públicos ou de utilidade pública, mediante indenização dos prejuízos efetivamente suportados. No Brasil, a base legal para a servidão encontra-se no artigo 40, do Decreto-Lei nº 3.365/41, consignando-se que havendo a edição do ato declaratório de necessidade pública, utilidade pública ou interesse social de parte do imóvel para fins de servidão, esta poderá concretizar-se por acordo ou mediante sentença judicial em ação movida pelo poder público ou seu delegado.

No tocante à indenização, deve ocorrer em correspondência com o efetivo prejuízo causado ao imóvel, ou seja, a indenização só terá espaço se a servidão causar prejuízo ao bem, de modo que se não vier a causar prejuízo ao imóvel não há de se falar em indenização. Nesses termos, só se pode falar em indenização se ocorrer efetivo prejuízo ao imóvel, segundo sua normal destinação. Se a servidão não prejudica a utilização do bem, nada há de indenizar; se o prejudica, o pagamento deverá corresponder ao efetivo prejuízo, podendo, até mesmo, a transformar-se em desapropriação indireta com indenização total da propriedade, se a intervenção o inutilizou para a sua exploração econômica normal (MEIRELLES, 1992, p. 533).

Desse modo, só será possível se falar em indenização na servidão se esta efetivamente causar prejuízo ao imóvel, não se justificando o pagamento de qualquer valor se o ônus imposto ao bem não causar prejuízo ao imóvel, situação que dependerá da análise do caso concreto.

A requisição cuida de modalidade de intervenção estatal por intermédio da qual o Estado utiliza-se de bens imóveis e serviços particulares em situação de perigo iminente. A previsão normativa dessa modalidade de intervenção advém do artigo 5º, XXV da CF/88, que permite que, em caso de iminente perigo público, a autoridade competente use de propriedade particular, assegurada ao proprietário indenização ulterior, caso ocorra dano. A requisição é a utilização coativa de bens ou serviços particulares pelo poder público por ato de execução imediata e direta da autoridade requisitante e indenização ulterior, para o atendimento de necessidades coletivas urgentes e transitórias.

Observa-se, pois, que a característica fundamental da requisição configura a existência de iminente perigo público a justificá-la, ou seja, uma situação de risco imediato à integridade e segurança de pessoas e de bens, uma situação de urgência. Como exemplos de situações que podem ensejar a requisição, podem ser destacadas as seguintes hipóteses: incêndio, inundação, epidemia e sonegação de gêneros de primeiras necessidades. A requisição possui objeto amplo, pode alcançar bens móveis, imóveis e serviços particulares a fim de preservar a sociedade contra situações de perigo público atual ou iminente. Configura, assim, hipótese em que se admite a requisição administrativa ante uma situação de iminente calamidade pública, quando, então, o poder público poderá requisitar o uso do imóvel, dos equipamentos e dos serviços médicos de determinado hospital privado. A requisição só não será legítima se não estiver configurada a situação de perigo mencionada na Constituição. Nesse caso, pode o proprietário recorrer ao Judiciário para invalidar o ato de requisição (CARVALHO FILHO, 2010, p. 857).

Em relação à execução da medida, deve se destacar que o instituto em comento goza de autoexecutoriedade, pois, por uma questão lógica, decorrente do perigo público e da urgência que enseja a requisição, caso houvesse necessidade de prévia autorização judicial, ocorreria prejuízo à eficácia da medida em um momento de profunda necessidade pública. Eventuais abusos deverão ser corrigidos *a posteriori* pelo Poder Judiciário, notadamente via mandado de segurança (CARMONA, 2010, p. 34). Quanto à indenização, só será cabível se a atividade estatal tiver causado prejuízo ao particular, tendo a requisição, neste particular, a mesma peculiaridade das servidões administrativas. Todavia, utilizando-se o mesmo raciocínio empregado no tocante à autoexecutoriedade da medida, diante da urgência da questão, proveniente do perigo público ensejador da requisição, caso haja necessidade de indenização, esta só será devida *a posteriori*, na medida em que não seria razoável em uma situação de urgência, que a administração pagasse primeiro pelo uso do bem ou do serviço, para apenas ulteriormente ter a possibilidade de utilizá-lo em prol da sociedade.

A ocupação temporária trata-se de forma de intervenção do Estado na propriedade por intermédio da qual o poder público usa transitoriamente imóveis privados como meio de apoio à execução de obras e serviços públicos.

Duas são as modalidades de ocupação temporária previstas na legislação brasileira, sendo uma delas a chamada ocupação temporária para obras públicas, prevista no artigo 36, do Decreto-Lei nº 3.365/41, e a outra a denominada ocupação temporária para as demais obras e para os serviços públicos em geral (CARVALHO FILHO, 2010, p. 861). No primeiro caso, trata-se de modalidade interventiva a se justificar quando há necessidade de ocupação de terrenos vizinhos à obra pública e que neste terreno inexista edificação, instalando-se, pois, no local, canteiro de obra, com depósito de material, equipamentos e maquinários. Visa, assim, facilitar a realização de obra pública a fim de evitar a ocupação de parte da via pública, pelo que é correto afirmar que incide apenas sobre bem imóveis, constituindo-se em verdadeiro arrendamento forçado (CARMONA, 2010, p. 31). Já a segunda modalidade se configura, por exemplo, em situações como as previstas na legislação eleitoral, quando há a ocupação temporária de escolas, clubes e estabelecimentos privados por ocasião das eleições, hipótese em que a ocupação visa propiciar a execução do serviço público eleitoral.

Ao tratar da indenização, deve ser feita importante distinção entre as modalidades de ocupação temporária. Na primeira delas, implica o dever do Estado de indenizar o proprietário pelo uso do imóvel. O referido dispositivo da lei expropriatória estabelece que a ocupação "será indenizada, afinal". Note-se aqui que a utilização estatal se consuma por período de tempo mais extenso, gerando, em consequência, o dever indenizatório. Na outra modalidade, a regra é a mesma que vale para a servidão administrativa, ou seja, em princípio não haverá indenização, mas esta será devida se o uso acarretar comprovado prejuízo ao proprietário (CARVALHO FILHO, 2010, p. 861).

Quanto ao momento do pagamento da indenização na ocupação temporária, nos casos em que seja devida, deve ser feita ao final da ocupação, pois é quando se saberá, com certeza, o período de duração da medida interventiva, registrando-se que o valor poderá ser fixado por acordo extrajudicial ou, não sendo realizado acordo, por sentença judicial (CARMONA, 2010, p. 32). No entanto, uma vez expedida a competente ordem para fins da ocupação temporária, deve ser fixada, desde logo, quando devida, a justa indenização devida ao proprietário do terreno ocupado. Em que pese possam essas posições parecer antagônicas, na realidade, devem ser interpretadas conjuntamente, pois, de fato, deve ser fixado, no momento da expedição da ordem de ocupação, o valor devido mensalmente pelo uso do bem, estabelecido mediante avaliação realizada pelo poder público, o qual será devido até o final da obra, quando, então, saber-se-á o período da medida limitadora (MEIRELLES, 1992, p. 536). Nessa esteira, o posicionamento de Casseb se apresenta:

> O correto seria o Estado pagar determinada quantia ao titular do terreno enquanto nele permanecesse, quantia esta estipulada dentro dos parâmetros justos e adequados estabelecidos em lei, e, ainda assim, independentemente, da comentada caução. (CASSEB, 1983, p. 37).

As limitações administrativas configuram-se em determinações de caráter geral, por intermédio das quais o poder público impõe a proprietários indeterminados obrigações positivas, negativas ou permissivas visando condicionar as propriedades ao atendimento da função social. Consiste essa modalidade interventiva em toda imposição geral, gratuita, universal e de ordem pública condicionadora do exercício de direitos ou de atividades particulares às exigências do bem-estar social (MEIRELLES, 1992, p. 537). São exemplos de obrigações impostas aos proprietários a limpeza de terrenos, as obrigações de parcelamento ou edificação compulsória, a proibição de construir além de determinado número de pavimentos, as obrigações de permissão de vistoria em elevadores de edifícios e ingresso de agentes para fins de vigilância sanitária.

Essas medidas decorrem, segundo opinião de Meirelles (1992, p. 537) "da supremacia geral que o Estado exerce sobre pessoas e coisas existentes em seu território, decorrendo do condicionamento da propriedade privada e das atividades individuais ao bem-estar da comunidade". Válido ressaltar que, para serem legítimas, essas limitações devem corresponder às justas exigências do interesse público que as motiva, gerando bem-estar social, sem que isso venha a resultar em um total aniquilamento da propriedade ou das atividades, pois, caso tal situação ocorra, a intervenção não poderá ser tratada como mera limitação administrativa, mas como situação que dá ensejo a desapropriação, impondo-se a indenização. Devido ao fato de se tratarem de imposições de ordem geral, as limitações administrativas não garantem indenização em favor do proprietário. Isto porque as normas genéricas, obviamente, não visam a uma determinada restrição nesta ou naquela propriedade, mas abrangem quantidade indeterminada de propriedades. Desse modo, podem contrariar interesses dos proprietários, mas nunca direitos subjetivos. Por outro lado, não há prejuízos individualizados, mas sacrifícios gerais a que se devem obrigar os membros da coletividade em favor desta (CARVALHO FILHO, 2010, p. 866).

A característica da generalidade resulta do fato da limitação dirigir-se a propriedades indeterminadas, contudo, determináveis no momento de sua aplicação. Caso haja situações eminentemente particulares que venham a conflitar com o interesse público, a solução deverá ser obtida na via da servidão administrativa ou mesmo na desapropriação, jamais na limitação administrativa, cujas características principais são a gratuidade e generalidade da medida protetora dos interesses da comunidade.

O tombamento consiste na modalidade de intervenção do Estado na propriedade por intermédio da qual o poder público objetiva promover o patrimônio cultural brasileiro, pretendendo preservar a memória nacional. Busca-se, por essa medida interventiva, proteger, conservar e cultuar a natureza, não somente por sua beleza, estética ou originalidade, ainda que sobre esta tenha havido intervenção humana a tirar-lhe o caráter primitivo. Importa para esse fim o grau de sensibilização causado à memória humana e se justifica essa intervenção pela nítida finalidade de promoção cultural e/ou histórica (CASSEB, 1983, p. 43). O tombamento corresponde ao ato administrativo pelo qual se declara o valor histórico, artístico, paisagístico, arqueológico, cultural, arquitetônico de bens, os quais, por essa razão, devem ser preservados, conforme as características indicadas no livro próprio, tendo, a partir daí, como principal efeito, a imutabilidade do bem, sendo possível haver restrições quanto à destinação da coisa e sua alienabilidade.

Quanto ao objeto, o tombamento pode incidir sobre bens móveis e imóveis, *ex vi* do artigo 1º do Decreto-Lei nº 25/37, que, ao definir patrimônio histórico e artístico nacional, considera-o composto de bens móveis e imóveis existentes no país. Uma vez ocorrido o tombamento, o proprietário não pode mais usar e fruir livremente de seus bens, pois estes traduzem interesse público por estarem atrelados a fatores de ordem histórica, artística, cultural, científica, turística e paisagística. Esses bens, portanto, embora permanecendo na propriedade do particular, passam a ser protegidos pelo poder público, que, para esse fim, impõe algumas restrições quanto ao seu uso pelo proprietário (CARVALHO FILHO, 2010, p. 868).

Como regra, o tombamento não gera direito à indenização, na medida em que significa uma restrição administrativa a obrigar o proprietário a manutenção do bem tombado dentro de suas características para a proteção do patrimônio cultural. Caso, todavia, o proprietário venha a comprovar o prejuízo, este fará jus à indenização (CARVALHO FILHO, 2010, p. 880). Assim, em situações nas quais o tombamento possua alcance geral, como sucede nas cidades brasileiras de Ouro Preto e Olinda, descabe ressarcimento. No caso de imóvel tombado isoladamente, em princípio, é cabível a indenização, desde que demonstrado o prejuízo direto e material (MEDAUAR, 2001, p. 405). Assim, neste particular, conclui-se que, regra geral, o tombamento representa uma restrição parcial ao direito de propriedade, mas não impede ao particular o exercício dos direitos inerentes ao domínio, não gera, *prima facie*, direito à indenização, salvo se o proprietário demonstrar ter sofrido algum prejuízo, como, por exemplo, ter ficado impedido de continuar a desenvolver uma atividade econômica que desempenhava em função das restrições impostas pelo tombamento.

A desapropriação constitui-se na modalidade mais drástica de intervenção do Estado na propriedade privada, na medida em que gera a perda da propriedade. Trata-se de um procedimento de direito público pelo qual o poder público transfere para si a propriedade de terceiro por razões de utilidade pública ou de interesse social, geralmente mediante o pagamento de indenização.

Caracteriza-se, portanto, a desapropriação na transferência compulsória da propriedade particular (ou pública de entidade de grau inferior para a superior) para o poder público ou seus delegados, por utilidade ou necessidade pública ou, ainda, por interesse social, mediante prévia e justa indenização em dinheiro (CF, artigo 5º, XXIV), salvo as exceções constitucionais de pagamento em títulos da dívida pública de emissão previamente aprovada pelo Senado Federal, no caso de área urbana não edificada, subutilizada ou não utilizada (CF, artigo 182, §4º, III) e de pagamento de títulos da dívida agrária, no caso de reforma agrária por interesse social (CF, artigo 184). Sob o ponto de vista teórico, pode-se afirmar que a desapropriação consiste no procedimento pelo qual o poder público compulsoriamente retira de alguém uma propriedade e a adquire, mediante indenização, fundado em um interesse público. Trata-se, portanto, de um sacrifício de direito imposto ao desapropriado (MELLO, 2003, p. 734). Cretella Júnior., referindo-se à desapropriação, coloca que:

> Desapropriação é a operação ou procedimento de direito público pelo qual a Administração, necessitando de uma coisa, móvel ou imóvel, para

fins de interesse público obriga o proprietário a transferir a propriedade dessa coisa, mediante prévia e justa indenização em dinheiro. O fundamento da desapropriação, no direito brasileiro, é tríplice: 1) necessidade pública; 2) utilidade pública; 3) interesse social. (CRETELLA JÚNIOR, 1989, p. 274).

A desapropriação, como visto anteriormente, funciona como meio do qual se vale o Estado para remover obstáculos à execução de obras e serviços públicos, para propiciar a implantação de planos de urbanização, para preservar o meio ambiente contra devastações e poluições, assim como para realizar justiça social mediante distribuição de bens inadequadamente utilizados pela iniciativa privada. Destarte, a desapropriação possa ser tida como uma espécie de intervenção do Estado na propriedade privada por intermédio da qual o poder público, ao necessitar de um bem para fins de interesse público, extrai-o do patrimônio do proprietário mediante justa e prévia indenização. Tem o lastro de atingir o caráter perpétuo do direito de propriedade, na medida em que extingue o vínculo entre o proprietário e a coisa, que será substituído por justa e prévia indenização.

Quanto ao objeto da desapropriação, podem figurar como bens desapropriáveis todos aqueles que possam ser objeto de propriedade. Assim, todo bem, móvel ou imóvel, corpóreo ou incorpóreo pode ser desapropriado. Portanto, como regra, a desapropriação pode ter por objeto qualquer bem móvel ou imóvel dotado de valoração patrimonial. Esse é teor do artigo 2º do Decreto-Lei nº 3.365/41, no qual se encontra consignado que "todos os bens podem ser desapropriados" pelas entidades da federação. Deve-se, por conseguinte, incluir nessa expressão os bens móveis ou imóveis, corpóreos ou incorpóreos. Em razão dessa amplitude, são também desapropriáveis ações, cotas ou direitos relativos ao capital de pessoas jurídicas (CARVALHO FILHO, 2010, p. 891).

Ainda no tocante ao objeto da desapropriação, deve ser referido que mesmo sendo possível a desapropriação dos direitos em geral, aqueles tidos como personalíssimos, como a liberdade e a honra, não podem ser objeto de desapropriação. Visto que referidos direitos não se definem por um conjunto patrimonial, sendo verdadeiras projeções da personalidade do indivíduo, tratando-se, pois, de direitos personalíssimos, indestacáveis do indivíduo ou irretiráveis de sua condição cívica (MEIRELLES, 1992, p. 508). Idêntico raciocínio deve ser aplicado às pessoas, físicas ou jurídicas, as quais, por não serem objeto de direitos, mas, sujeitos de direitos, não podem ser desapropriadas (MELLO, 2003, p. 745). Além disso, não pode ser objeto de desapropriação a moeda corrente no país. Isto porque a desapropriação da moeda em vigor seria uma medida que caminharia na contramão do instituto, uma vez que, como regra geral, a desapropriação imprescinde do pagamento de prévia e justa indenização, pelo que não se justificaria desapropriar algo que se constitui no próprio meio em que se materializa a indenização. Carmona (2010, p. 58) apresenta o rol de excluídos da desapropriação:

> a) a moeda corrente do país, porque é a forma de pagamento da desapropriação (inclusive nas desapropriações especiais, pois os títulos públicos são conversíveis em dinheiro) e por isso as moedas antigas e estrangeiras podem ser objeto de desapropriação, ao menos em tese;
> b) os direitos personalíssimos, porque são indisponíveis e inalienáveis (*res extra commercium*), como o direito à honra, à liberdade religiosa ou o direito à cidadania ou ao nome;
> c) as pessoas, quer sejam pessoas físicas ou jurídicas, porque não são objeto do direito e sim sujeitos de direitos. (CARMONA, 2010, p. 58).

Três são as espécies de desapropriação arroladas na Constituição brasileira, a saber: a desapropriação comum ou ordinária, a desapropriação especial para reforma urbana ou desapropriação sanção urbanística e a desapropriação especial para fins de reforma agrária (CARMONA, 2010, p. 55). A desapropriação comum ou ordinária encontra-se prevista no artigo 5º, XXIV da CF/88, exigindo indenização prévia, justa e em dinheiro, sendo disciplinada em dois diplomas legais. O primeiro é o Decreto-Lei nº 3.365, de 21 de junho 1941, considerado a lei geral das desapropriações por dispor acerca dos casos de desapropriação por utilidade pública. A enumeração desses casos encontra-se no artigo 5º da referida norma, destacando-se, entre outros casos, os de segurança nacional e defesa do Estado; calamidade e salubridade pública; exploração de serviços públicos; abertura de vias e a execução de planos de urbanização; proteção de monumentos históricos e artísticos; construção de edifícios públicos etc.

O outro diploma regulamentador do tema é a Lei nº 4.132, de 10 de setembro de 1962, que define os casos de desapropriação por interesse social e dispõe sobre sua aplicação. Entre as hipóteses consideradas pela lei como casos de interesse social estão, dentre outros casos, o aproveitamento de todo bem improdutivo ou explorado sem correspondência com as necessidades de habitação, trabalho e consumo dos centros populacionais; a manutenção de posseiros que, em terrenos urbanos, tenham construído residência, quando a posse tiver sido expressa ou tacitamente tolerada pelo proprietário; a instalação das culturas nas áreas em cuja exploração não se obedeça ao plano de zoneamento agrícola etc.

A necessidade pública surge quando a Administração se defronta com situações de emergência, que, para serem resolvidas satisfatoriamente, exigem a transferência urgente de bens de terceiros para o seu domínio imediato (CRETELLA JÚNIOR., 1989, p. 274). Por sua vez, a utilidade pública apresenta-se quando a transferência de bens de terceiros para a Administração mostra-se conveniente, embora não seja imprescindível. A lei geral das desapropriações (Decreto-Lei nº 3.365/41) consubstanciou as duas hipóteses em utilidade pública, pois só emprega essa expressão em seu texto (MEIRELLES, 1992, p. 513). Quanto à indenização dessa modalidade expropriatória, deve a mesma ser justa, prévia e em dinheiro, conforme preceitua o artigo 5º, inciso XXIV da CF/88. Ao tratar das indenizações nas expropriações, o posicionamento de Fleiner aplica-se perfeitamente à legislação brasileira.

> La expropiación forzosa no puede efectuarse sin previa y justa indemnización em dinero. Esta indemnización ha de compensar todos los perjuicios, aun los indirectos, que por la expropiación se ocasionen en el patrimonio del expropiado. La indemnización por la expropiación está destinada a establecer el equilíbrio entre la situación económica anterior y la posterior del expropriado. (FLEINER, 1933, p. 251).[20]

A indenização justa é aquela que cobre não apenas o valor real e atual do bem desapropriado à data do pagamento, como também contempla os danos emergentes e os lucros cessantes do proprietário, em consequência da perda de seu patrimônio, ou seja, se o bem produzia uma renda, esta deve ser computada no preço; não será justa a indenização que desfalque o patrimônio do expropriado (MEIRELLES, 1992, p. 523). Assim, o requisito *justa* diz respeito, em primeiro lugar, ao valor do bem expropriado, que deve corresponder ao valor real do bem. Isso

---

[20] A expropriação forçada não pode ser realizada sem indenização prévia e justa em dinheiro. Esta indenização deve compensar todos os danos, inclusive os indiretos, que devido à desapropriação são causados nos bens dos expropriados. A indenização pela expropriação destina-se a estabelecer o equilíbrio entre a situação econômica anterior e posterior do expropriado. (Tradução nossa).

quer dizer que o bem não há de ser subavaliado, nem superavaliado, pois nesses dois casos o requisito constitucional estaria desatendido. Deve, pois, a indenização ser estabelecida de forma razoável, proporcional (SERMET, 1999, p. 39).Em segundo lugar, a indenização justa supõe o ressarcimento de todos os prejuízos financeiros arcados pelo expropriado em virtude da expropriação (MEDAUAR, 2001, p. 412). Carvalho Filho arremata o conceito de justa indenização:

> Para que se configure a justiça no pagamento da indenização, deve esta abranger não só o valor real e atual do bem expropriado, como também os danos emergentes e os lucros cessantes decorrentes da perda da propriedade. Incluem-se também os juros moratórios e compensatórios, a atualização monetária, as despesas judiciais e os honorários advocatícios. (CARVALHO FILHO, 2010, p. 926).

Em relação ao momento do pagamento da indenização, deve ficar claro que esta deve ser prévia, ou seja, não pode ocorrer a transferência da propriedade antes de ser paga a indenização. Assim, observa-se que o caráter prévio da indenização deve ser fixado em relação ao momento que assinala a perda da propriedade, ou seja, o proprietário deve receber a indenização antes de perder o domínio. Neste aspecto, Mello (2003, p. 757) afirma que: "Em consequência, o Poder Público só adquirirá o bem e o particular só o perderá com o pagamento da indenização". Por fim, a indenização, nestes casos, deverá ser em dinheiro, ou seja, o expropriante deve pagar o proprietário em moeda corrente, conforme previsão constitucional do artigo 5º, inciso XXIV da CF/88.

A desapropriação especial para reforma urbana ou desapropriação sanção urbanística está prevista no artigo 182, §4º, III da CF/88 e se aplica aos imóveis urbanos que não atendam à exigência de promover o adequado aproveitamento da propriedade ao plano diretor municipal. Além disso, sua disciplina jurídica, na legislação ordinária, encontra-se contemplada no chamado Estatuto da Cidade, Lei nº 10.257/2001. De acordo com a Constituição Federal brasileira, o solo urbano, cuja utilização não se concilie com a função social, é passível de gradativas condicionantes. Nos termos da lei federal, e mediante lei específica para a área incluída no plano diretor, caso o proprietário não promova o aproveitamento adequado, o solo urbano poderá: em primeiro lugar, ser parcelado ou compulsoriamente edificado; em segundo, sofrer imposição de tributo progressivo; e, em terceiro, desapropriação punitiva, com indenização em títulos da dívida pública, resgatáveis em prestações anuais no prazo de dez anos (art. 182, §4º, I, II e III da CF/88) (MOTTA, 1997, p. 109).

Essa espécie de intervenção estatal está disciplinada no artigo 8º da Lei nº 10.257/2001 e preceitua que decorridos cinco anos de cobrança do Imposto Predial e Territorial Urbano (IPTU) progressivo, sem que o proprietário tenha cumprido a obrigação de parcelamento, edificação ou utilização, o poder público municipal ou distrital poderá proceder à desapropriação do imóvel, com pagamento em títulos da dívida pública (CARMONA, 2010, p. 23). Quanto à indenização, nessa modalidade de desapropriação, o pagamento dar-se-á em títulos da dívida pública, com prazo de resgate de até dez anos e parcelas anuais, sucessivas e iguais, garantido o valor real e acrescido de juros legais. Carvalho Filho elucida como se efetiva o pagamento da indenização nessa espécie de desapropriação:

> Outra situação especial, é a desapropriação para fins urbanísticos, prevista no artigo 182, §4º, III, da CF. Consigna o dispositivo que o pagamento da indenização nesse caso será feito através de títulos da dívida pública, de emissão anteriormente aprovada pelo Senado, com prazo de resgate de até dez anos, em parcelas iguais e sucessivas, sendo assegurados, todavia o valor real da indenização e os juros legais. (CARVALHO FILHO, 2010, p. 928).

Por fim, a desapropriação especial para fins de reforma agrária contemplada nos artigos 184 e 185 da CF/88, aplica-se aos imóveis rurais que não honrem com a sua função social. Sua disciplina jurídica, na legislação ordinária, encontra-se na Lei nº 8.629/93, conhecida como Lei da Reforma Agrária e na Lei Complementar nº 76/93, que dispõe sobre o procedimento contraditório especial, de rito sumário, para a desapropriação de imóvel rural para fins de reforma agrária. A Constituição brasileira elucidou pontos controversos em capítulo especificamente dedicado à política agrícola e fundiária e à reforma agrária, tendo estabelecido a competência da União (art. 184) para promover a desapropriação por interesse social, para fins de reforma agrária e ainda traçado parâmetros para o legislador ordinário quanto à forma e ao procedimento de indenização. Contudo, a desapropriação por interesse social para fins de reforma agrária ficou restrita ao imóvel rural que não cumpra sua função social, ou seja, aquele que inobserve os requisitos do artigo 186 da CF/88 de aproveitamento racional: utilização adequada de recursos naturais e preservação ambiental, observância da legislação trabalhista e exploração benéfica para proprietários e trabalhadores (MOTTA, 1997, p. 105).

Neste caso, a desapropriação é movida por fins de interesse social, que ocorre quando a medida se destina a solucionar problemas sociais, ou seja, aqueles diretamente ligados à classe dos trabalhadores, influindo em suas condições de vida, objetiva, desse modo, a melhor e mais equitativa distribuição da riqueza para reduzir desigualdades sociais. O interesse social se caracteriza como pressuposto dessa modalidade de desapropriação e consiste naquelas hipóteses em que mais se realça a função social da propriedade. O poder público, nesses casos, possui a finalidade preponderantemente de neutralizar, de alguma forma, as desigualdades coletivas. Exemplo mais marcante recai na reforma agrária ou no assentamento de colonos. Há então interesse social quando as circunstâncias impõem a distribuição ou o condicionamento da propriedade para o melhor aproveitamento, utilização ou produtividade em benefício da coletividade ou de categorias sociais merecedoras de amparo específico do poder público. Deve, todavia, ficar consignado que, nesses casos, os bens desapropriados não se destinam à Administração ou a seus delegados, mas à coletividade ou, mesmo, a certos beneficiários credenciados por lei para recebê-los e utilizá-los (CARVALHO FILHO, 2010, p. 888). A norma constitucional que autoriza essa modalidade de desapropriação preceitua que poderão se sujeitar a esta os imóveis rurais não cumpridores de sua função social, a qual, na Constituição Federal de 1988, encontra-se prevista no artigo 186:

> Art. 186. A função social é cumprida quando a propriedade rural atende, simultaneamente, segundo critérios e graus de exigência estabelecidos em lei, aos seguintes requisitos:
> I – aproveitamento racional e adequado;
> II – utilização adequada dos recursos naturais disponíveis e preservação do meio ambiente;
> III – observância das disposições que regulam as relações de trabalho;
> IV – exploração que favoreça o bem-estar dos proprietários e dos trabalhadores.

Uma vez constatada a inobservação do imóvel rural a esses preceitos, sujeitar-se-á a possibilidade de ser desapropriado por interesse social para fins de reforma agrária. O descumprimento da função social do imóvel rural recebeu tratamento do constituinte como uma conduta reprovável a ponto de sua ocorrência ensejar punição ao proprietário, consistente na desapropriação de seu bem por interesse social para fins de reforma agrária. Para o constituinte brasileiro, o direito de propriedade rural encontra-se condicionado ao implemento de sua função social, de maneira que, conforme o artigo 184 da CF/88, o imóvel que não observe essa condição pode ser desapropriado por interesse social, para fins de reforma agrária, mediante prévia e justa indenização em título da dívida agrária, com cláusula de preservação do valor real resgatáveis no prazo de até vinte anos, registrando-se que as benfeitorias úteis e necessárias devem ser indenizadas em dinheiro.

Nota-se no dispositivo clara sanção ao proprietário que não atende ao apelo da produção e uso racional na exploração da terra, o que desemboca em desapropriação, sendo, neste caso, a propriedade destinada a um fim que a atenda, como se dá no assentamento de famílias de trabalhadores rurais, fato que corrobora a importância da exploração do imóvel e não apenas sua propriedade despida de produção. Evidencia-se a elevada finalidade da função social da propriedade, que deve resultar em benefício econômico para a coletividade, valendo ressaltar que isto não pode ser conduzido ao extremo, justamente para evitar o devastamento e a dizimação da natureza (RIZZARDO, 2013, p. 144). Registre-se ainda que o procedimento para a desapropriação por interesse social para fins de reforma agrária encontra-se regulado na Lei Complementar, nº 76/93, sendo um rito célere, sumário. No tocante à competência para a desapropriação por interesse social para fins de reforma agrária, esta, de acordo com o artigo 184 da CF/88 é da União, tendo tal atribuição sido delegada ao Instituto Nacional de Colonização e Reforma Agrária (Incra) por meio do Decreto-Lei nº 1.110/70.

A modalidade de desapropriação deve ser precedida de decreto que declare o interesse social do imóvel para fins de reforma agrária. Para que se considere um imóvel apto a ser desapropriado por interesse social para fins de reforma agrária, devem ser tomadas algumas providências administrativas prévias que demonstrem o não cumprimento de sua função social, algo que se dá mediante a realização de vistoria (MARQUES JÚNIOR, 2010, p. 122).

Uma vez tenha sido realizada a vistoria e observado o descumprimento da função social do imóvel, é possível declará-lo de interesse social, para fins de reforma agrária, por ato do Presidente da República, sendo ali descrito o bem, os dispositivos normativos que autorizam o ato e o fim a que se destina. Contudo, essa declaração não tem o lastro de gerar a desapropriação, embora garanta ao expropriante o direito subjetivo de, no prazo de dois anos, promover a desapropriação. Nestes casos, a desapropriação exige indenização prévia, justa, através de títulos da dívida agrária (salvo para as benfeitorias necessárias e úteis, que devem ser pagas em dinheiro), com cláusula de preservação do valor real, resgatáveis em até vinte anos, a partir do segundo ano de sua emissão (CARVALHO FILHO, 2010, p. 928).

Embora o texto constitucional brasileiro em seu artigo 184 reporte que a indenização nesses casos será prévia, verifica-se que tal expressão deve ser entendida de acordo com a integralidade do dispositivo em questão. A definição do valor da indenização será prévia, porém o pagamento dar-se-á através de títulos da dívida agrária, resgatáveis no prazo de até vinte anos, a partir do segundo ano de sua emissão.

Por fim, cabe registrar ainda a existência da chamada desapropriação confisco, prevista no artigo 243 da CF/88, a qual, por sua vez, não enseja qualquer direito à indenização dada a extrema gravidade da situação que lhe dá causa. Esta modalidade de desapropriação é autorizada em relação às propriedades rurais e urbanas, de qualquer região do país onde sejam encontradas culturas ilegais de plantas psicotrópicas ou a exploração de trabalho escravo.

Uma vez apresentadas diversas espécies de intervenção do Estado na propriedade no Brasil, o objetivo do presente trabalho é demonstrar a possibilidade de ser instituída, nesse contexto, uma nova modalidade interventiva, qual seja, a implementação de um *arrendamento rural forçado*, nos casos de imóveis rurais que não cumpram com sua função social, tanto no Brasil como em Portugal, visto que, se as Constituições desses países admitem que o poder público, em nome do bem comum, possa expropriar, mediante indenização, a propriedade privada do administrado, não se vislumbra, *prima facie*, que ele não possa, em algumas situações, determinar coercitivamente que uma determinada área seja compulsoriamente arrendada a fim de que seja atendido o interesse público, hipótese esta menos invasiva de intervenção estatal.

O CUMPRIMENTO DA FUNÇÃO SOCIAL DA TERRA EM PORTUGAL E NO BRASIL COMO EXIGÊNCIA CONSTITUCIONAL À LUZ DA TEORIA DA SOLIDARIEDADE SOCIAL

3.1 A teoria da solidariedade social como fundamento do princípio da função social da propriedade

Nos dias atuais é bastante comum estudiosos do direito e das legislações de vários países tratarem do denominado princípio da função social da propriedade. Contudo, o referido princípio não pode ser estudado, tampouco aplicado, sem que seja devidamente apresentado o seu fundamento, por ser de extrema importância se explicitar seus alicerces sociológicos e jurídicos.

Para encetar o estudo dessa temática revela-se imprescindível tratar das chamadas doutrinas de direito individual, cujo auge foi atingido por ocasião da Revolução Francesa de 1789, ao sustentar que o ser humano, quando nascia, por sua própria condição humana, já surgia com alguns direitos subjetivos. Portanto, já possuía alguns direitos individuais naturais, como sua liberdade, podendo, desse modo, desenvolver plenamente suas atividades física, moral e intelectual, obtendo os frutos provenientes destas (DUGUIT,1996, p. 11). De acordo com essas teorias, para que fossem garantidos os direitos individuais, era necessária a ocorrência de uma relação de reciprocidade e respeito entre todos os detentores dos direitos, impondo-se, dessa forma, limites a direitos singulares apenas para garantir que os demais integrantes do grupo social pudessem gozar dos mesmos direitos.

Destarte, a preservação dos direitos individuais de todos condicionaria a uma limitação recíproca os direitos individuais. Por essa razão, na doutrina individualista, a norma de direito, por um lado, deveria impor a todos o respeito aos direitos de cada um e, em contrapartida, determinaria uma limitação sobre os direitos individuais para assegurar a proteção aos direitos gerais. Demonstra-se assim que essa teoria parte do direito subjetivo para se chegar ao direito objetivo, ou seja, o fundamento do direito objetivo seria o subjetivo (DUGUIT, 1996, p. 11). Observa-se que as doutrinas de direito individual possuem um longo passado, sendo produto de uma larga evolução, na medida em que têm sua origem na filosofia estoica, tendo encontrado sua fórmula jurídica no direito romano clássico, chegando ao século XVIII a uma fórmula completa e definitiva (DUGUIT, 2007, p. 156).

Para as doutrinas de direito individual, portanto, o homem é livre por natureza, sendo independente, isolado, titular de direitos individuais inalienáveis e imprescritíveis, de direitos naturais, indissoluvelmente unidos à sua condição humana, consignando-se que as sociedades se formaram a partir da aproximação voluntária e consciente dos indivíduos, reunidos com a finalidade de assegurarem a proteção de seus direitos individuais naturais. A partir dessa associação, impuseram-se restrições aos direitos de cada um, que, todavia, deveriam se dar apenas à proporção que fossem necessárias para asseveraram o livre exercício do direito de todos. A fim de melhor esclarecer essa organização social, é relevante o magistério de Duguit:

> La colectividad organizada, el Estado, no tiene outro fin que proteger y sancionar los derechos individuales de cada uno. La regra de derecho, o el derecho objetivo, no tiene outro fin que proteger y sancionar los derechos individuales de cada uno. La regla de Derecho, o el Derecho objetivo, tiene por fundamento el derecho subjetivo del individuo. Impone al Estado la obligacíon de proteger y de garantir los derechos del individuo; le prohibe hacer leyes o realizar actos que atenten contra ellos. Impone a cada cual la obligación de respetar los derechos de los demás. El limite de la actividad de cada cual tiene por fundamento y por medida la protección de los derechos de todos. (DUGUIT, 2007, p. 156).[21]

---

[21] A coletividade organizada, o Estado, não tem outra finalidade senão proteger e sancionar os direitos individuais de cada um. A regra de direito, ou o direito objetivo, não tem outro propósito que proteger e sancionar os direitos individuais de cada um. A regra de direito, o direito objetivo, baseia-se no direito subjetivo do indivíduo. Impõe ao Estado a obrigação de proteger e garantir os direitos do indivíduo; proíbe-o de fazer leis ou realizar atos que

Infere-se, pois, que as doutrinas de direito individual presumiam a existência de uma igualdade plena entre os homens, os quais nasciam com idênticos direitos, de maneira que, para que houvesse a manutenção destes direitos, todos, indistintamente, deveriam sofrer as mesmas limitações. A Declaração dos Direitos do Homem e do Cidadão, de 1789, sofreu profunda influência da doutrina individualista, conforme se infere de seus artigos 1º e 4º, *in verbis:*

> Art. 1º: Os homens nascem e são livres e iguais em direitos. As distinções sociais só podem fundar-se na utilidade comum.
> (...)
> Art. 4º: A liberdade consiste em poder fazer tudo que não prejudique o próximo. Assim, o exercício dos direitos naturais de cada homem não tem limites senão aqueles que asseguram aos outros membros da sociedade o gozo dos mesmos direitos. Estes limites apenas podem ser determinados por lei.

Decorria da doutrina individualista a necessidade dos direitos individuais de uns serem respeitados pelos outros indivíduos e também pelo Estado, tendo se consolidado como uma reação ao momento histórico anterior – a Idade Média – no qual o poder público e a Igreja não encontravam limites em sua atuação no sentido de intervir nos direitos dos cidadãos, o que causava demasiada insegurança jurídica a estes últimos. Buscou-se, então, com o ingresso na Idade Moderna romperem-se os laços com o pensamento medieval e com a centralização do poder nas mãos da religião e da nobreza, passando-se a defender um liberalismo político e o fortalecimento do denominado Estado Nacional, com a disseminação das teorias contratualistas apresentadas por pensadores como Hobbes, Locke, entre outros (CONTIPELLI, 2010, p. 101).

As legislações daquela época davam ênfase ao individualismo, ao liberalismo econômico, tratando a propriedade como um direito de cunho absoluto, como forma de proteger o cidadão contra os arbítrios do Estado, de modo que as limitações aos direitos subjetivos eram apenas as necessárias para permitir uma convivência social. O sentido de direito absoluto adquirido naquele momento histórico não acontecia apenas do ponto de vista dogmático, como também semanticamente,

---

atentem contra eles. Ela impõe a todos a obrigação de respeitar os direitos dos outros. O limite da atividade de cada pessoa tem por fundamento e por medida a proteção dos direitos de todos. (Tradução nossa).

estando, pois, o conceito de direito absoluto carregado de significação ideológica (ARRUDA ALVIM NETO, 2006, p. 12).

Em virtude da ascensão da burguesia, o direito de propriedade passou a ser encarado como um direito absoluto, que poderia ser utilizado sem qualquer limitação social e, portanto, estatal. O Estado, servindo aos interesses da classe burguesa, tinha o seu papel nesse contexto, consistente em apenas garantir o livre exercício de propriedade para que a riqueza permanecesse nas mãos de quem a detinha. Era uma época do Estado não interventor e tão apenas garantidor de direitos, denominado Estado Liberal. Esse fenômeno, conhecido como liberalismo, constituía uma política antiestatal, cuja característica era a garantia dos direitos meramente individuais dos cidadãos. O Estado mantinha, nesse contexto, apenas a ordem social, para controle da sociedade, com o fito de garantir a não intervenção na execução dos direitos dos cidadãos (SOARES, 2015, p. 76).

O momento histórico anterior revelou-se determinante para o liberalismo, na medida em que a sociedade do século XIX tinha em seu seio uma burguesia emergente ansiosa pelos poderes políticos e com fortes desejos econômicos. Esse desiderato exigia a garantia de autonomia, ou seja, o poder de regular sua vida privada; e, para isso, era fundamental a separação entre o direito público e o direito privado, estabelecendo-se espaços jurídicos próprios para a regulamentação da vida dos particulares e as operações do Estado. Esse pensamento foi a premissa sob a qual se organizou o Direito na era moderna (GUILHERMINO, 2012, p. 35).

Esta doutrina veio, porém, a sofrer inúmeras críticas. Dentre as quais, ganhou corpo a que afirmava que a extrema valorização da liberdade individual tornou praticamente inexistente a proteção das camadas sociais menos favorecidas do ponto de vista econômico, as quais ficaram em situação de extrema vulnerabilidade, havendo inúmeros conflitos sociais. Naquela configuração social, os sujeitos atuavam apenas em prol de si, de modo que a burguesia, titular do poder econômico, gozava de direitos relevantes e sem qualquer tipo de controle estatal, deixando o proletariado com péssimas condições de trabalho e remuneração ante a total ausência de intervenção estatal. Tratando desse momento histórico, Martín afirma:

> Finalmente, desde la perspectiva que aqui corresponde, a partir de esta configuración del sujeto se crean las bases de un sistema estructuralmente insolidario, en cuanto el sujeto lo es en sí y para sí exclusivamente, un

absoluto en sí mismo y cuyo mecanismo central de participación, mediación y relación social es en y a través del mercado. En estas condiciones (y en cuanto "el outro", no existe, sino como posible competidor o potencial enemigo), la desintegración social en sentido literal es el resultado, en cuanto quedan excluídos tanto los que no pueden participar, mediarse o relacionarse a través del mercado como los valores e intereses que no tengan que ver com el mercado. (MARTÍN, 2006, p. 43).[22]

Além disso, a concepção puramente individualista do direito é tão artificial como a concepção metafísica do direito subjetivo. Como esta, trata-se de um produto histórico, que teve seu valor em um determinado momento, porém não tinha como subsistir e, portanto, deveria desaparecer, pois, ao não reconhecer a existência do "outro" enquanto seu semelhante, se não apenas como possível concorrente ou inimigo potencial, a desintegração social no sentido literal seria o resultado, pois, sob esse prisma, ficariam excluídos aqueles que não poderiam participar, mediar-se ou relacionar-se através do mercado (DUGUIT, 2007, p. 157).

Outra crítica relevante refere que a concepção individualista seria insustentável, pois a figura de um homem natural, isolado, que nasce livre e independente dos demais homens, que tem, em face de sua qualidade humana, direitos anteriores à sociedade, corresponde a uma situação desvinculada da realidade fática, tendo em vista que o ser humano, ao nascer, já integra um grupo social, pelo que a premissa doutrinária a ser aplicada ao homem não poderia ser no sentido de tratá-lo como um ser que vive no ostracismo, ao contrário, deve levar em conta a sua realidade de ser que vive em coletividade. A esse respeito, mostram-se relevantes as lições de Martín:

> La concepción del individuo como un absoluto que se autodetermina nunca fue cierta (y desde muy pronto se denunció su falsedad: "no es

---

[22] Finalmente, desde a perspectiva que aqui corresponde, a partir desta configuração do sujeito, criam-se as bases de um sistema estruturalmente não solidário, na medida em que o sujeito é em si e para si exclusivamente, sendo um absoluto em si mesmo e cujo mecanismo central de participação, mediação e relação social é dentro e através do mercado. Nessas condições (e, como "o outro" não existe, encontrando-se como possível concorrente ou potencial inimigo), a desintegração social em sentido literal é o resultado, quedando-se excluídos tanto os que não podem participar, mediar ou se relacionar através do mercado, assim como os valores e interesses que não tenham relação com o mercado.(Tradução nossa).

la consciência de los hombres la que determina su ser social, sino que es su ser social el que determina su consciência"). (MARTÍN, 2006, p. 28).[23]

Ademais, falar dos direitos do homem natural, isolado, do indivíduo em si mesmo, separado de seus companheiros, seria uma contradição, pois, todo direito, por definição, implica uma relação entre dois ou mais agentes. É difícil imaginar um homem isolado e absolutamente separado dos demais homens, visto que falar de direitos antes de falar em sociedade se assemelha a falar de nada (DUGUIT, 2007, p. 157).

Em virtude das críticas à doutrina individualista, passou-se a ter necessidade de compreender o homem como um indivíduo comprometido com os vínculos sociais, observando-se, na verdade, que estes seres não nasciam livres e iguais em direito, ao contrário, por viverem em sociedade, nasciam participando de uma coletividade, ficando submetidos a deveres necessários à subsistência dessa vida em comum. Aliado a esse fato, não se sustentava a ideia de que todos os homens nasciam iguais e permaneciam iguais, pois, ao contrário, pela própria condição humana, estes são diferentes. Registre-se que essas diferenças tendem a crescer conforme o meio em que vivam, conforme a evolução social e o grau de civilização da sociedade. Impõe-se, portanto, que os homens devam ser tratados de modo diverso, porque são diferentes; o seu estado jurídico, representante da sua situação enquanto referencial na relação com seus semelhantes, deve se alternar para cada um em particular, uma vez que cada um, em relação a todos, manifesta-se de forma essencialmente diferente. Se uma doutrina adota como lógica definida a igualdade absoluta e matemática dos homens, opõe-se à realidade e deve ser repelida (DUGUIT, 1996, p. 16).

Desse modo, tornou-se necessário entender o direito de outra forma, por intermédio de doutrina que viesse para retificar esses equívocos. Assim, surgiram as chamadas doutrinas do direito social, cuja característica marcante se funda na solidariedade social.

Em virtude do modelo individualista, proposto pelo Estado Liberal, não garantir o mínimo de dignidade aos membros da sociedade, já que permitia o abandono de uma expressiva parcela da sociedade que não era proprietária de bens, deixando-os em situação

---

[23] A concepção do indivíduo como um absoluto que se autodetermina nunca foi verdadeira (e desde muito cedo sua falsidade foi denunciada: "não é a consciência dos homens que determina seu ser social, mas é seu ser social que determina sua consciência"). (Tradução nossa).

de profunda vulnerabilidade, além de estar em dissonância com a realidade fática existente, tornou-se necessário reformular o pensamento vigente, concebendo-se um Estado que não fosse inerte diante de gritantes desigualdades sociais.

Houve duas etapas na evolução do movimento liberal e do Estado Liberal, sendo a primeira delas a da conquista da liberdade e a segunda a da exploração da liberdade. Como legado do Estado Liberal, a liberdade e igualdade jurídicas, mesmo apenas formais, passaram a ser incorporadas aos direitos das pessoas humanas e não apenas dos sujeitos das relações jurídicas, de modo que nenhuma ordem jurídica democrática pode delas dispor. Com efeito, o movimento liberal estabeleceu a igualdade formal de direitos subjetivos, dando fim a estrutura fundada tão somente no *jus privilegium* (LÔBO, 2005, p. 4). Todavia, ante as flagrantes desigualdades sociais havidas, isto não era o bastante.

Surge, nesse contexto, um discurso solidário, o qual foi profundamente condicionado pela crise do modelo liberal provocada pelas transformações socioeconômicas a partir da segunda metade do século XIX. O liberalismo econômico passava a agir contra ele mesmo a partir do momento em que servia à concentração dos grandes monopólios. A concentração dos bens nas mãos de uma classe privilegiada contradizia a retórica do interesse geral, do progresso e da felicidade. O liberalismo não podia mais salvar as aparências e a ideologia puramente liberal acabou se demonstrando uma verdadeira ilusão (FARIAS, 1998, p. 196).

Tratam-se as doutrinas do direito social como aquelas em que se parte da sociedade para chegar ao indivíduo, do direito objetivo para o direito subjetivo, da norma social para o direito individual. Para essas doutrinas, a validade de uma norma que se impõe ao homem decorre do fato de se tratar de um ser social, derivando os seus direitos subjetivos das suas obrigações sociais. Enfim, devem ser consideradas doutrinas de direito social aquelas que concebem o homem como um ser social exatamente por estar submetido a uma regra social que lhe inflige obrigações com relação aos outros homens e cujos direitos derivam das mesmas obrigações, isto é, dos poderes que possui para realizar livre e plenamente os seus deveres sociais (DUGUIT, 1996, p. 19). No mesmo sentido, Martín, ao justificar a necessidade de modificação do pensamento individualista para o pensamento social e solidarista, assevera:

> Frente a lo que ocorre en el sistema constitucional liberal, el constitucionalismo del Estado social se configura como un constitucionalismo

estructuralmente solidário, o, lo que es lo mismo, la Solidariedad aparece como un principio constitucional definitorio e fundante de este constitucionalismo del Estado social. (MARTÍN, 2006, p. 45).[24]

O chamado solidarismo sociológico tem como base a interdependência social, busca conciliar conceitos do liberalismo com o socialismo, instituindo um Estado intervencionista, baseado na regulação das relações econômicas e de mercado, sem deixar de lado a implantação de normas sociais e assistenciais a fim de garantir direitos a grupos menos favorecidos econômica e socialmente. Parte-se, nesse pensamento, de um pressuposto de interdependência social, inerente à natureza do homem, para se afirmar que a sociedade se forma a partir de uma associação estabelecida entre os seus membros, onde cada qual tem responsabilidades mútuas. Tendo em vista que há entre cada um dos indivíduos e entre todos os outros um laço necessário de solidariedade, de forma que somente o estudo exato das causas, das condições e dos limites dessa solidariedade poderá dar a medida dos direitos e dos deveres de cada cidadão, assegurando as condições científicas e morais do problema social (BOURGEOIS, 1902, p. 90). Nesse diapasão, Martín expressa:

> En este sentido, la reconstrucción del sujeto individual exige el entendimiento del individuo como ser social (que la propuesta aristotélica se mantenga hoy como programa indica la dimensión del retroceso) es decir, como un "resultado" – de su interrelación con los demás – com un "relativo a posteriori" y no como un absoluto *a priori*, como una realidad a construir socialmente y no como algo dado. (MARTÍN, 2006, p. 31, grifos do autor).[25]

Desse modo, no discurso solidarista, a solidariedade social não se realiza apenas pela via estatal, ao contrário, supõe a existência de uma pluralidade de solidariedades realizadas em todo espaço da sociedade civil, onde os grupos sociais são sujeitos de direitos no sentido de

---

[24] Em contraste ao que ocorre no sistema constitucional liberal, o constitucionalismo do Estado social configura-se como um constitucionalismo estruturalmente solidário ou, o que é o mesmo, a Solidariedade aparece como um princípio constitucional definidor e fundador desse constitucionalismo do Estado social. (Tradução nossa).

[25] Neste sentido, a reconstrução do sujeito individual exige hoje a compreensão do indivíduo como ser social (que a proposta aristotélica seja mantida hoje como um programa indica a dimensão do retrocesso), ou seja, como um "resultado" – de sua interrelação com os outros, como um "relativo *a posteriori*" e não como um absoluto *a priori*, como uma realidade a ser construída socialmente e não como algo pronto. (Tradução nossa).

figurarem como produtores de direitos autônomos em relação ao Estado. O direito de solidariedade repousa, pois, numa prática alimentada pela própria complexidade social, que exige uma sociedade aberta, flexível e pluralista. Uma sociedade baseada cada vez mais na autonomização da sociedade civil, dos grupos sociais e também dos indivíduos, pois estes não podem ser vistos de maneira isolada, mas dentro do âmbito da imprescindível relação de solidariedade a se realizar na sociedade (FARIAS, 1998, p. 186). A solidariedade pode ser entendida tanto em sentido objetivo, referindo-se, neste caso, à relação de pertença, partilha e corresponsabilidade que conecta as pessoas ao que ocorre com os demais membros da coletividade, seja positiva ou negativamente; bem como no sentido subjetivo, de ética social, hipótese em que se manifesta por intermédio de sentimento e consciência de pertencimento à comunidade (NABAIS, 2007, p. 135).

Essa solidariedade pode ser classificada como vertical, também chamada de solidariedade pelos direitos ou paterna e horizontal, também conhecida solidariedade pelos deveres ou fraterna. A chamada solidariedade vertical é aquela desenvolvida por atos realizados pelo Estado, que não pode deixar de garantir aos membros da sociedade um satisfatório nível de realização de direitos sociais como saúde, educação, habitação etc., devendo, então, instaurar prestações sociais que assegurem níveis sociais adequados. Por sua vez, a solidariedade horizontal é aquela promovida no âmbito da sociedade, entre seus membros, os quais, por viverem em sociedade, teriam a obrigação de buscar implementar, configurando-se, pois, como um dever fundamental (NABAIS, 2007, p. 137). Exemplo do dever de solidariedade social pode se observar quando, em tempos de uma pandemia, como a ocorrida no início do ano de 2020, decorrente da doença chamada Covid-19, causada pelo Coronavírus, pessoas colocaram-se em isolamento social a fim de diminuir a velocidade de propagação da doença. Evitaram, desse modo, o rápido alastramento, o que poderia ocasionar em colapso dos sistemas de saúde. A solidariedade encontra-se intrinsecamente ligada ao estado de bem-estar social, à proporção que a realização de ações de solidariedade social acarreta melhores condições de vida à sociedade em geral (MANGIAMELI, 2017, p. 142).

P. J. Proudhon (1867, p. 57) afirmava que não havia solução possível em um sistema de direito individual onde os indivíduos são isolados. Para o referido autor, o direito nascia dos grupos e das relações entre eles, eis que a base jurídica do sistema social residia num direito econômico e descentralizado, que buscava sua fonte nos próprios grupos sociais. Portanto, a economia política dos liberais seria "a morte para os que não possuem", de modo que o mercado unicamente seria incapaz de assegurar o equilíbrio desse sistema social, pelo que o Estado assomava como o grande organizador e arranjador social, cabendo-lhe estar sempre em ação como órgão essencial do movimento, pois havia a necessidade de satisfazer incessantemente as novas necessidades sociais e resolver outras questões. Além disso, o Estado não poderia cair no imobilismo ou na autocracia, ao contrário, deveria ser um gênio da coletividade, fecundando-a, dirigindo-a e enriquecendo-a, sem lhe impor nenhum incômodo (FARIAS, 1998, p. 197)

A modernidade, por intermédio das declarações de direitos, foi colocando na ordem do dia as ideias de caridade e filantropia, de modo que o dever de prestar ajuda às pessoas que passam necessidades foi preocupação da Revolução Francesa, após o que foi instituído o direito ao socorro público. Surgiu, então, a lógica da solidariedade com um discurso que não se confundia com a ideia de "caridade" ou "filantropia", mas como uma nova maneira de pensar a sociedade por intermédio de uma política concreta, decorrente da condição de se viver em sociedade e que não pode ser vista apenas como um sistema de proteção social, mas como um fio condutor indispensável à construção e à conceitualização das políticas sociais (FARIAS, 1998, p. 188). Bourgeois ao defender uma visão orgânica da sociedade, por intermédio da ideia de um quase contrato, esclarece:

> Não mais que o Estado, forma política do grupamento humano, a sociedade, isto é, o grupamento ele mesmo, não é um ser isolado, tendo fora dos indivíduos que a compõe uma existência real e podendo ser o sujeito de direitos particulares e superiores ao direito dos homens. Não é, então, entre o homem e o Estado ou a sociedade que se põe o problema do direito e do dever; é entre os homens eles mesmos, mas entre os homens concebidos como associados a uma obra comum e obrigados uns com os outros pelos elementos de um objetivo comum. (BOURGEOIS, 1902, p. 89).

Para as teorias do direito social, o homem, isoladamente considerado, não tem direitos, tampouco o tem a coletividade como tal, porém, todo indivíduo tem na sociedade uma função a cumprir, necessitando executar uma tarefa em razão do fato de conviver em grupo, sendo este o fundamento da regra do direito que inflige a todos suas obrigações sociais. Assim, de acordo com as teorias do direito social, os homens, queiram ou não, são sempre devedores e credores uns em relação aos outros, figurando a solidariedade como um verdadeiro fato social (MARCUCCI, 2014, p. 68).

Assim, a solidariedade social deve ser compreendida de forma científica, não pode ser considerada apenas como um sentimento ou uma doutrina, por ser um fato de ordem real, suscetível de demonstração direta, ou seja, o fato da própria estrutura social. Uma vez procedida análise de qualquer civilização, observar-se-á que a solidariedade social está sempre constituída por dois elementos, quais sejam, as semelhanças das necessidades dos homens que pertencem ao mesmo grupo social e a diversidade de necessidades e aptidões dos homens que pertencem a este grupo. Assim, em virtude desses elementos, os homens estarão sempre unidos, pois, primeiramente, possuem necessidades comuns. Além disso, por terem necessidades e aptidões diferentes, podem se ajudar mutuamente a fim de assegurar a satisfação de suas diversas necessidades. Exatamente por serem diferentes, cada homem terá, na sociedade, obrigações distintas. Dessa forma, há uma regra de direito similar a todos os homens, qual seja, a cooperação na solidariedade social. No entanto, cada um terá deveres sociais diferentes exatamente por se tratarem de pessoas distintas entre si.

As regras de direito, portanto, devem ser similares para todos os homens, na medida em que impõem a todos a cooperação na solidariedade social. Todavia, estabelecem, para cada um, deveres diferentes, visto que a tendência e o potencial, em cada homem, são diferentes e, por isso, devem cooperar de maneira diferente na solidariedade social. Essa proposição invalida o conceito anteriormente existente da igualdade absoluta de todos os homens (DUGUIT, 1996, p. 26).

Dessa maneira, o fundamento do direito não poderia ser encontrado na vontade do agente, tampouco no poder Estatal, mas na sociedade. Destarte, o direito objetivo seria uma regra de fato, imposta aos homens não em virtude de um princípio superior de bem, interesse ou felicidade, mas devido à situação fática do homem viver em sociedade e *só poder* viver assim, pois a sociedade mantém-se apenas pela solidariedade que une seus indivíduos. Portanto, uma regra de conduta aplica-se ao homem social pelas próprias contingências contextuais e pode ser formulada do seguinte modo: não praticar nada que possa atentar contra a solidariedade social sob qualquer das suas formas, devendo, de igual modo, realizar toda atividade propícia a desenvolvê-la organizadamente.

Por esse posicionamento, o direito objetivo decorrerá das manifestações de vontades individuais advindas do sentimento de solidariedade social imposto a todos os seres humanos como fenômeno oriundo de sua condição como tal, tendo como consequência o fato de que cada um deverá cumprir seu papel no funcionamento e desenvolvimento do sistema social. Esse pensamento coletivo não mais tolera a liberdade como o direito de fazer tudo aquilo que não venha a prejudicar a outrem, possibilitando, assim, o direito de não fazer nada. Ao contrário, em uma visão de direito social, todo homem tem uma função a desempenhar, tendo o dever de executá-la, não pode permanecer inativo, eis que deve cumprir com suas obrigações perante a sociedade.

Pelo direito objetivo, todo indivíduo se torna obrigado a cooperar na solidariedade social, tendo este o direito de praticar todos aqueles atos com os quais venha a cooperar na solidariedade social, não pode, porém, realizar qualquer obstáculo à realização do papel social que lhe cabe. O homem em sociedade tem direitos, que não decorrem da sua qualidade de homem, sendo poderes que lhe pertencem porque, sendo um ser social, tem obrigações a cumprir e precisa ter o poder de cumpri-las. Esses princípios diferem da concepção do direito individual. Não são os direitos naturais, individuais, portanto, que fundamentam a regra de direito imposta aos homens em sociedade. Ao contrário, pois existe uma regra de direito que obriga cada homem a desempenhar um papel social; é que cada um goza de direitos, os quais têm assim, por princípios e limites, o desempenho dos deveres sociais a que estão sujeitos (DUGUIT, 1996, p. 27).

Esse pensamento de cunho coletivo visa assegurar a liberdade individual dando-lhe, ao mesmo tempo, um fundamento social, pois a vontade individual deverá estar em conformidade com a obrigação social de realizar a solidariedade social, a fim de garantir o equilíbrio da sociedade. O homem, então, não apenas é um indivíduo independente e autônomo, devendo ser mais do que isso – um ser social – não só por causa de sua natureza social, como também porque normas sociais e jurídicas lhe impõem um comportamento de colaboração no campo da solidariedade social. Assim, a solidariedade social é, simultaneamente, um "imperativo hipotético" e um "imperativo categórico", um fato imperativo, antes mesmo de se tornar norma jurídica, pois determina o comportamento dos indivíduos na sociedade (FARIAS, 1998, p. 228).

Portanto, ser solidário é garantir a existência social, e, posteriormente, poder contribuir para a melhora coletiva. A visão antiga individual não pode prevalecer, pois o indivíduo não vive isolado, mas depende dos outros membros da coletividade para sobreviver às intempéries sociais e à complexidade na sociedade (SOARES, 2015, p. 138).

Isso vale para todas as relações sociais, inclusive para o exercício do direito à propriedade, que não pode mais ser tratado como um direito absoluto, egoístico, pelo contrário, deve ser observado como um direito inserido em conformidade com seus deveres perante o grupo social. Portanto, deve ser atribuído a indivíduos que possam desempenhar livremente a incumbência social que lhes cabe em virtude da sua situação especial de proprietários. Deve, pois, a propriedade ser compreendida como uma contingência, resultante da evolução social; e o direito do proprietário, como justo e concomitantemente limitado pela missão social que lhe incumbe em virtude da situação particular em que se encontra (DUGUIT, 1996, p. 29).

Com efeito, o que se chama de função social da propriedade envolve a adequação do direito de propriedade ao interesse coletivo, de modo a lhe retirar o caráter visto essencialmente sob o prisma individualista, excludente e absoluto que se formou ao longo da idade moderna. A função social da propriedade especifica o dever de solidariedade de acordo com uma finalidade social (ARTARIA, 2012, p. 170). Trata-se, pois, de compatibilizar o direito de propriedade com a chamada solidariedade social, impondo-se o reconhecimento da existência de relação entre o titular do direito de propriedade e a comunidade onde está inserido. Fixando-se, a partir daí, ao proprietário, condutas omissivas e positivas, que podem ser tipificadas como deveres fundamentais (PEDRA; FREITAS, 2015, p. 55). Nesse prisma, os ensinamentos de Mirow postulam:

> In essence, the idea of the social-obligation norm of property is that property rights should have their share of social responsibility. These ideas contrasted with the dominant conception of property as an absolute right in which the owner is free to do or not to do whatever the owner likes with the property. (MIROW, 2010, p. 192).[26]

---

[26] Na essência, a ideia da função social da propriedade é que os direitos de propriedade devem ter sua parcela de responsabilidade social. Essas ideias contrastam com a concepção dominante de propriedade como um direito absoluto, no qual o proprietário seja livre para fazer ou não fazer qualquer coisa que queira com a propriedade. (Tradução nossa).

Assim, à medida que essa qualificação social não desnatura os elementos da propriedade privada, importa compatibilizar o direito subjetivo e a função social, aquele condicionado por esta, mediante imposição de deveres, positivos ou negativos, para o cumprimento da finalidade preestabelecida para os bens objeto do direito de propriedade, segundo sua natureza e de acordo com as diversas situações merecedoras de tutela especial (CHALHUB, 2003, p. 55).

Diante dessa sistemática, admitem-se, pois, intervenções do Estado no direito de propriedade a fim de que esta cumpra, adequadamente, sua função social, pois o exercício de direitos, como a propriedade, goza de liberdade. No entanto, liberdade condiciona-se ao exercício de realização de solidariedade social, ou seja, a liberdade concebida dessa forma assume um caráter inabalável, pois, neste sentido, consiste unicamente na liberdade de se cumprir um dever social (DUGUIT, 1996, p. 28). Esse dever fundamental, de dar cumprimento à função social da propriedade, em que pese possa vir a despertar a ideia de limitação de direitos, de restrição de liberdades individuais a quem o dever é dirigido, na realidade, presta-se à realização de direitos fundamentais, como, por exemplo, moradia, bem-estar e trabalho (PEDRA; FREITAS, 2015, p. 67), os quais, indubitavelmente, estão contemplados na reforma agrária, que, como visto, constitui-se como direito fundamental social do trabalhador rural.

Portanto, à luz do solidarismo social, que embasa a função social da propriedade, este direito não é mais pensado nos limites do sujeito, mas em função da referência comum a uma regra de direito objetiva, a qual desempenha na sociedade o papel de dar ao direito a função de controle no sentido de ser um instrumento essencial de regulação social. O direito objetivo é a regra de conduta que legitima o fim, impondo aos indivíduos referências comuns de comportamento, serve como a regra de referência de conduta na sociedade em torno da qual vai se criar um processo de comunicação e de identificação social fundamental para a criação e recriação da ordem social. A "regra de direito" é, então, o fundamento de legitimidade do direito, uma vez que determina o valor relativo dos atos conscientes do homem (FARIAS, 1998, p. 226).

Em face do dever social, o homem, além de ser obrigado a cumprir com suas obrigações sociais, não pode praticar condutas que restrinjam o desenvolvimento do grupo onde viva, devendo o Estado intervir para coibir esse tipo de comportamento, não havendo, nesses casos, de se falar em violação ao direito de liberdade, que passa a sofrer substancial modificação em seu conteúdo, mas na existência do cumprimento de uma obrigação de cunho social contemplada em lei. Nessa premissa, disserta Duguit:

> Si el hombre no es libre más que para desenvolver su individualidad y solamente en la medida en que obra en vista de este fin, no puede hacer nada que conduzca a restringir o suprimir este desenvolvimiento; y el Estado, intérprete del Derecho objetivo, puede y debe intervir para prohibírselo. No hay entonces atentado a un pretendido derecho, sino simplesmente la aplicación de la ley de solidaridad social, es la ley fundamental de todas las sociedades modernas. (DUGUIT 2007, p. 164).[27]

Da mesma forma, para as teorias do direito social, o direito à propriedade não pode mais ser visto como um direito intangível, absoluto, mas, devido à convivência social, deve ser instrumento de busca de prosperidade e desenvolvimento social. A propriedade não pode ser tida como um direito absoluto, porém, como um direito que possua uma função social, pelo que, sendo o proprietário dono de uma riqueza, deve cumprir com determinadas obrigações sociais voltadas ao cumprimento da função social desta, sob pena de intervenção estatal para fazê-lo. A respeito do tema, Duguit afirma:

> El propietario, es decir, el poseedor de uma riqueza tiene, por el hecho de poseer esta riqueza, una función social que cumplir; mientras cumple esta misión sus actos de propietario están protegidos. Si no la cumple o la cumple mal, si por ejemplo no cultiva su tierra o deja arruinarse su casa, la intervención de los governantes es legítima para obligarle a cumplir su función social de propietario, que consiste em assegurar el empleo de las riquezas que posee conforme a su destino. (DUGUIT, 2007, p. 158).[28]

---

[27] Se o homem é livre apenas para desenvolver sua individualidade e somente na medida em que age em vista desse fim, ele não pode fazer nada que leve a restringir ou suprimir esse desenvolvimento; e o Estado, intérprete do Direito objetivo, pode e deve intervir para proibi-lo. Não há, então, ataque a um direito pretendido, mas simplesmente a aplicação da lei da solidariedade social, que é a lei fundamental de todas as sociedades modernas. (Tradução nossa).

[28] O proprietário, isto é, o possuidor de uma riqueza tem, pelo fato de possuir essa riqueza, uma função social a cumprir; Ao cumprir esta missão, seus atos de proprietário são protegidos. Se ele não o faz ou faz mal, se, por exemplo, não cultiva sua terra ou deixa sua casa arruinar, a intervenção dos governantes é legítima para forçá-lo a cumprir sua função social como dono, que é a de garantir o uso da riqueza que ele possui de acordo com seu destino. (Tradução nossa).

Essa forma de se enxergar a propriedade supõe um significativo esforço no sentido de ressignificar esse direito, fornecendo-lhe um conteúdo social, cuja proposta principal é que a propriedade tenha como elemento condicionador de seu exercício a necessidade de que as questões sociais prevaleçam sobre as questões individuais. Isto deve ser entendido dentro de um processo de ressignificação mais amplo, no qual a própria noção de direito subjetivo seja colocada em discussão (GONZÁLEZ, 2015, p. 102). Há, pois, também no que concerne ao direito de propriedade, uma verdadeira ruptura do pensamento puramente liberal para um pensamento social, no qual é reconhecida a importância do homem não mais como um ser isolado, mas inserido em um contexto social, no qual há uma interdependência entre todos. Auguste Comte (1851, p. 156), destacando o papel do homem como um ser com uma função social, a qual deve também ser aplicada à propriedade, discorre que:

> Les sentiments d'individualisme comme les vues de détail ont dû prévaloir pendant la longue transition révolutionnaire qui nous sépare du moyen âge. Mais les uns conviennent encore moins que les autres à l'ordre final de la société moderne. Dans tout état normal de l'humanité, chaque citoyen quelconque constitue réellement un fonctionnaire public, dont les attributions plus ou moins définies déterminent à la fois les obligations et les prétentions. Ce principe universel doit certainement s'étendre jusqu'à la propriété, où le positivisme voit surtout une indispensable fonction sociale, destinée à former et à administrer les capitaux par lesquels chaque génération prépare les travaux de la suivante. Sagement conçue, cette appréciation normale ennoblit sa possession, sans restreindre sa juste liberté, et même en la faisant mieux respecter. (COMTE,1851, p. 156).[29]

Esse é o substrato do princípio da função social, sustentado pelas doutrinas do direito social, pelo qual todos têm tarefas sociais a

---

[29] Os sentimentos do individualismo, bem como os pontos de vista dos detalhes, tinham de prevalecer durante a longa transição revolucionária, que nos separa da Idade Média. Mas alguns são ainda menos adequados do que outros à ordem final da sociedade moderna. Em qualquer estado normal da humanidade, todo cidadão comum é realmente um funcionário público, cujas atribuições mais ou menos definidas determinam tanto as obrigações quanto as reivindicações. Este princípio universal certamente deve estender-se à propriedade, onde o positivismo vê acima de tudo uma função social indispensável, destinada a formar e administrar o capital pelo qual cada geração prepara o trabalho do próximo. Sabiamente concebida, essa apreciação normal, enobrece sua posse sem restringir sua liberdade justa, tornando-a ainda mais respeitada. (Tradução nossa).

cumprir, de modo que, não sendo cumprida essa missão, há uma verdadeira desordem social, justificando-se a intervenção estatal tanto para obrigar ao cumprimento dessas obrigações, como para reprimir aqueles que atuam em desconformidade com esta. Em uma convivência em sociedade, os direitos, aí incluído o direito de propriedade, não podem ser fundados na vontade individual de seus titulares, mas devem ser encarados como funções a serem exercidas em conformidade com os diversos interesses da sociedade (GONZÁLEZ, 2015, p. 102).

A função social poderia ser sintetizada ao seguinte: o homem não tem direitos, nem a coletividade os possui. Falar dos direitos do indivíduo, dos direitos da sociedade, dizer que é necessário conciliar os direitos do indivíduo com os da comunidade, é falar de coisas que não existem. No entanto, cada indivíduo tem na sociedade certa função a ser preenchida, certa tarefa a ser executada. Não pode deixar de cumprir esta função, de realizar esta tarefa, pois a abstenção resultaria em uma desordem ou, pelo menos, um prejuízo social. Por outro lado, todos os atos realizados contrariamente à função que lhe cabe devem ser socialmente reprimidos. Ao contrário, todos os atos realizados para cumprir a missão que corresponde por causa do lugar ocupado na sociedade serão socialmente protegidos e garantidos (GONZÁLEZ, 2015, p. 102).Como se percebe, para as teorias do direito social, todos têm obrigações perante o grupo social, havendo, assim, uma *solidariedade social*, na qual o direito deve se fundamentar, passando, a partir daí, a ordenar deveres a todos os integrantes do corpo social. Surge, assim, um novo conceito de liberdade, não mais entendido como a possibilidade de fazer tudo o que não prejudique a outrem, mas a de não praticar nada que prejudique essa solidariedade, deve ainda praticar atividades propensas a desenvolvê-la. Sob essa ótica, o magistério do fundador da escola de Bordeaux, Léon Duguit:

> Descansa en el fundamento de la estructura social, la necessidad de mantener coerentes entre sí los diferentes elementos sociales por el cumplimiento de la función social que incumbe a cada individuo, a cada grupo. Y así es como realmente una concepción socialista del Derecho sustituye a la concepción individualista tradicional. (DUGUIT, 2007, p. 160).[30]

---

[30] Repousam nos alicerces da estrutura social, a necessidade de manter coerentes entre si os diferentes elementos sociais para o cumprimento da função social que incumbe a cada

Dessa feita, a solidariedade social, fundamentada nas doutrinas do direito social, sustenta a chamada função social e, mais precisamente, a função social da propriedade (ARTARIA, 2012, p. 169), pois o direito de propriedade não poderá mais ser visto como um fim em si mesmo ou como mero instrumento de deleite à disposição de seu titular, sendo, ao contrário, uma instituição jurídica existente para atender a um fim social, do qual não se pode esquivar. Deve, pois, esse direito satisfazer necessidades individuais e coletivas, em nome da solidariedade social, incutindo, assim, a seu titular, obrigações e limites, a fim de alcançar a equidade e a justiça social (BINDI, 2010, p. 38).

Há, portanto, em nome da solidariedade social, a imposição de condutas ao titular do direito fundamental de propriedade, que permitem a tipificação de um dever fundamental cuja finalidade compreende a promoção de direitos fundamentais, em especial o direito fundamental social à reforma agrária. A solidariedade corresponde ao fundamento sociológico a garantir a aplicação do princípio da função social da propriedade, legitimando, assim, que os diversos ordenamentos jurídicos passem a prever, explícita ou implicitamente, normas neste sentido, obrigando a todos os proprietários exercerem seus direitos e a observarem certas obrigações advindas desse postulado.

No Brasil, por exemplo, essa obrigação geral de solidariedade vem consubstanciada no artigo 3º, I da CF/88, que prescreve como objetivo fundamental da República a construção de uma sociedade livre, justa e *solidária*, o que nos leva a concluir que essa solidariedade prevista na Constituição brasileira tem cunho normativo e, por isso, pode ser exigida juridicamente, não depende, pois, do altruísmo das pessoas (PEDRA; FREITAS, 2015, p. 63). Ademais, no artigo 5º, incisos XII e XIII da CF/88, consta ser garantido o direito de propriedade e caberá a esta atender a sua função social.

Em Portugal, por sua vez, a função social da propriedade não se encontra prevista de forma explícita no artigo 62º, o qual se limita a afirmar que a todos é garantido o direito à propriedade privada e à sua transmissão em vida ou por morte. Muito embora não haja previsão expressa nesse dispositivo constitucional, uma interpretação sistemática da Constituição portuguesa faz com que se chegue à conclusão de que esse direito deve ser exercido levando em conta a função social. Na

---

indivíduo, a cada grupo. E é assim que uma concepção socialista do Direito realmente substitui a concepção individualista tradicional. (Tradução nossa)

Constituição portuguesa, o princípio da apropriação está consagrado no artigo 62º e, por sua vez, o princípio social se manifesta em diversos dispositivos, desde o artigo 1º (afirmando o empenho da República Portuguesa na construção de uma sociedade livre, justa e solidária) ao artigo 2º (caracterizando a República como um Estado de Direito Democrático, visando designadamente à realização da democracia econômica, social e cultural), passando pelo artigo 9º (que define entre as tarefas fundamentais do Estado a efetivação dos direitos econômicos, sociais, culturais e ambientais), até os artigos 58 e seguintes (direitos econômicos, sociais e culturais) e 80 e seguintes (organização econômica) (BRITO, 2010, p. 61).

Portanto, essa fundamentação teórica, extraída a partir da situação fática vivenciada pela sociedade, tem o fulcro de propiciar a inclusão da função social da propriedade, explícita ou implicitamente, em diversos ordenamentos jurídicos. Isso faz com que esse fenômeno fático, uma vez inserido explícita ou implicitamente nos textos constitucionais, gere efeitos no mundo jurídico, na medida em que os indivíduos tomam consciência e passam a ter de atuar em prol da solidariedade social, isto é, passam a ter de fazer tudo para implantar o crescimento da solidariedade social, e de nada fazer para impedir o seu desenvolvimento.

Resta, pois, nítido que o dever fundamental de solidariedade social deve decorrer do ordenamento jurídico, ou seja, encontra-se legitimado a partir de sua previsão explícita ou implícita em cada Constituição Federal, hipóteses em que, por possuírem especial significado para a sociedade, podem por esta ser exigidos (NABAIS, 2007, p. 251). Vale salientar que, mesmo diante da previsão constitucional implícita ou explícita, o dever fundamental de solidariedade social não pode impor a alguém esforços exorbitantes, que inviabilizem o exercício de seu direito. Contudo, deve figurar como categoria jurídico-constitucional com força de impor condutas proporcionais aos agentes que estejam submetidos a uma determinada ordem democrática visando alcançar a promoção de direitos fundamentais (PEDRA; FREITAS, 2015, p. 66).

O critério de juridicidade da experiência jurídica se encontra na experiência imediata da regra de direito normativa, quer dizer, a partir do instante em que os indivíduos tomam consciência da solidariedade social. A força obrigatória da norma jurídica é, portanto, encontrada no estado de consciência jurídica dos indivíduos que vivem em sociedade (FARIAS, 1998, p. 230). Há autores que criticam o uso da expressão *função social da propriedade*, defendendo a utilização do termo *função estrutural da sociedade*. Para esses doutrinadores, a expressão função social, apesar de possuir uma considerável carga expressiva, resulta semanticamente vazia, de modo que sua indeterminação poderia vir a servir a interesses de governos tanto liberais como totalitários (PELLERINO, 2005, p. 44). Essa crítica, todavia, não encontrou eco na doutrina, tampouco nas legislações ao redor do mundo, tanto que diversos países contemplam em suas Constituições previsões explícitas ou implícitas do referido princípio, a exemplo do que ocorre no México, no Chile, na Alemanha, na Itália e na Espanha.

Como se vê, diversos países contemplam em suas Cartas Políticas a chamada função social da propriedade, aduzindo que tem o lastro de impor limites ao direito de propriedade. A chamada função social integra e, ao mesmo tempo, impõe limites ao direito de propriedade rural, fato que, conforme se verá, acontece também no direito português e no direito brasileiro. Contudo, antes de analisar propriamente a função social da propriedade como um elemento imanente e limitador do direito à propriedade rural no Brasil e em Portugal, faz-se necessário realizar uma análise do que vem a ser esse instituto, tão importante e atual no cenário mundial.

3.2 Definição da função social da propriedade

3.2.1 Considerações gerais

Nesta seção, procurar-se-á discorrer sobre os principais aspectos relacionados à chamada função social da propriedade, dando-se ênfase aos imóveis rurais, motivo pelo qual ao se fazer referência à chamada função social da terra, deve a mesma ser compreendida como a função social da propriedade quando analisada em relação aos imóveis rústicos. Será utilizado como parâmetro para identificar essas características a Constituição brasileira de 1988, uma vez que, como refere Gomes (2018, p. 13): "É na Constituição do Brasil (de 1988) que a 'função social' surge desenhada com mais amplitude e com maior detalhe". Isto demonstra que a Carta Política brasileira apresenta parâmetros mais precisos e propiciam identificar, no caso concreto, se há observância do cumprimento da função social da propriedade. Como visto, o direito de propriedade passou por significativas mudanças, deixou de ser tido como um direito absoluto, de natureza quase egoística, passando, em nome da solidariedade social, a ser reconhecido como um direito que deveria cumprir com sua função social, e, dessa feita, surgiu o que se convencionou chamar de função social da propriedade.

A função social relaciona-se com o uso da propriedade e modifica diversos aspectos pertinentes a essa relação externa, que é o seu exercício, alterando, desse modo, as faculdades ou os poderes a ele inerentes. Sob essa ótica, o direito de propriedade deve ser exercido com a visão e aceitação de certas exigências sociais, como a subordinação em favor do bem-estar geral, tendo, de igual modo, sido despojada do atributo que mais aversões e desconfianças lhe atraíam, que era seu caráter individualista, passando a ter um novo título de legitimidade consubstanciado na produção e no trabalho, visando reduzir as desigualdades sociais (MESSINEO, 1954, p. 269).

Diante desse posicionamento, passa a ser construído um conjunto de interpretações da e a partir da função social da propriedade que impressiona não só pela qualidade, como também pelo engajamento empenhado na ampliação das possibilidades jurídicas a fim de reduzir as desigualdades sociais (MELO, 2009, p. 71). Nesse viés, o indivíduo e seu direito de propriedade já não possuem sentido em si mesmo, mas sim na medida em que seja realizado, no exercício do direito, a função social da propriedade, de acordo com o interesse coletivo. O social opera como um valor premente, sendo um limite inerente ao direito, condicionando seu exercício a partir de dentro dele, impondo, dessa maneira, obrigações positivas a quem objetive figurar como proprietário (GONZÁLEZ, 2015, p. 103).

Na Constituição brasileira de 1988, tornou-se claro que o direito de propriedade foi relativizado em seu caráter absoluto, inviolável por causa de sua vinculação ao cumprimento da função social, apesar de ter sido arrolado com um direito fundamental do homem, a propriedade pode e deve sofrer restrições em nome do bem comum (TEIXEIRA, 2013, p. 11). É válido assinalar que inexiste um conceito pronto e acabado do que venha a ser a chamada função social da propriedade, torna-se necessário estudar diversas características relacionadas ao instituto, além de levar em consideração que depende da forma como cada ordenamento jurídico o prevê nos mais variados momentos históricos (PRATA, 2017, p. 155).

3.2.2 Principais Características da Função Social da Propriedade

3.2.2.1 Imprescindibilidade do exercício de atividades produtivas

A primeira das grandes características relacionadas à chamada função social da propriedade e que se encontra consagrada em diversos ordenamentos jurídicos ao redor do mundo diz respeito à imprescindibilidade do exercício de atividades produtivas a fim de contribuir para o desenvolvimento social, evitando, desse modo, a existência de propriedades improdutivas, meramente especulativas. Esta é, sem dúvida, a característica de realce da função social da propriedade, na medida em que, conforme se verá, à luz da solidariedade social, não se justifica a existência de imóveis rurais improdutivos, uma vez que, por sua própria natureza, são bens destinados à produção e, como tal, devem exercer essa função para contribuir com o desenvolvimento da coletividade. Nas sociedades modernas, nas quais deve imperar a consciência da interdependência social, a propriedade deve ser para o possuidor dessa riqueza um dever, uma obrigação de cunho objetivo de empregar a riqueza que possui na manutenção e no aumento do desenvolvimento social. Nesta senda, Duguit complementa:

> Todo indivíduo tiene la obligación de cumplir en la sociedad una cierta función em razón directa del lugar que ella ocupa. (...) Está, pues, obligado socialmente a realizar esta tarea, y no será protegido socialmente más que si la cumple y en la medida que la cumpla. La propiedad no es, pues, el derecho subjetivo del propietario; es la función social del tenedor de la riqueza. (DUGUIT, 2007, p. 215).[31]

A função social se consubstancia no interesse social de incremento da produção e do aumento de riqueza, pelo que busca proteger o utilizador produtivo do bem, infligindo restrições ao proprietário que não o utilize de maneira produtiva (PRATA, 2017, p. 156). Desta forma, quando o direito agrário acolhe a função social da propriedade,

---

[31] Todo indivíduo tem a obrigação de cumprir na sociedade certa função em razão direta do lugar que ocupa. (...) Ele é, portanto, socialmente obrigado a realizar essa tarefa, e ele não será protegido socialmente a menos que a cumpra e desde que a cumpra. A propriedade não é, portanto, o direito subjetivo do proprietário; é a função social do portador da riqueza. (Tradução nossa).

rompe com o paradigma eminentemente privado e passa a demonstrar que o imóvel rural improdutivo, mesmo atendendo à satisfação individual de seu proprietário, já não cumpre mais com sua função social, pois sua utilização não corresponde às expectativas da coletividade (GONÇALVES; CERESÉR, 2013, p. 35). É por intermédio do uso da coisa que o proprietário cumpre sua função social, ou seja, o não uso da faculdade pertencente ao direito só cumpre função tipicamente individual, fato que pode gerar consequências ao proprietário conforme a natureza do bem. A falta de utilização da propriedade imóvel urbana ou rural corresponde ao descumprimento de sua função social, sujeitando o titular às consequências de sua inércia, tais como: na propriedade urbana, o IPTU progressivo, edificação e parcelamento compulsórios, desapropriação sanção; e, na propriedade rural, a desapropriação sanção (TORRES, 2010, p. 249).

A propriedade rural por ser um bem de produção e não simplesmente um bem patrimonial, gera ao proprietário a obrigação de fazê-lo produzir de acordo com o tipo da terra, sua localização e com os meios e condições propiciados pelo poder público (CHEMERIS, 2003, p. 80). Há, então, verdadeira imprescindibilidade de se dar a exploração eficiente da terra e seu aproveitamento apreciável, de modo que os fatores de produção se apliquem de forma eficaz nesta, de acordo com a zona em que se encontrem e com suas próprias características. Essa forma de exploração trata-se, pois, de um dos elementos essenciais da função social da propriedade, sendo considerados contrários ao princípio da função social da propriedade e incompatíveis com o bem-estar nacional e desenvolvimento econômico do país a existência e manutenção de imóveis rurais não cultivados ou ociosos. Este fato ratifica a importância do desenvolvimento de atividades produtivas como forma de se fazer cumprir a função social da propriedade (CASANOVA, 1967, p. 30). Demonstrando a importância do exercício de atividades produtivas, refere Casanova (1967, p. 35): *"La tierra se recibe para ponerla a producir. La ociosidad de la propiedad privada la desnaturaliza y hace que las tierras que un día salieron del patrimonio colectivo reviertan a él"*.[32]

---

[32] A terra é recebida para colocá-la para produzir. A ociosidade da propriedade privada a desnaturaliza e faz com que as terras que um dia saíram do patrimônio coletivo, voltem a ele. (Tradução nossa).

Uma das mais relevantes obrigações do proprietário é cumprir com o destino econômico dos seus bens, pelo que, neste particular, sua tarefa mais importante consiste em introduzir com seu trabalho uma atividade organizada, capaz de garantir a produção, seja por meio do cultivo de vegetais, pela criação de animais ou de outros bens em processo de produção. O proprietário, portanto, em face da função social, já não pode ser visto como titular de um direito exclusivamente individual, mas que esse direito deve ser exercido também em prol da sociedade, sujeitando-se a regras ditadas pelo interesse público, notadamente aquela que diz respeito à exploração da terra (PADRON, 1980, p. 282).

Em outras palavras, o proprietário não deve contentar-se em ter o direito à propriedade, que, embora assegurada, obriga-o a desempenhar uma função social, ou seja, compele-o a explorá-la racional e economicamente, pois, assim agindo, beneficia a todos, a si, a seus familiares e aos que consigo trabalham (ZENUN, 1997, p. 131). Resta evidente a relevância da produtividade da terra como requisito para o cumprimento da função social da propriedade rural. Cultivar eficiente e corretamente a terra deve figurar como o primeiro e o mais importante dos princípios do direito agrário, o que se resume em exigir da propriedade o cumprimento de sua função social. O proprietário deve ter a titularidade garantida, os direitos assegurados, contudo, não deve olvidar dos deveres sociais, justamente pelo fato de ser proprietário. Conclui-se, pois que este precisa trabalhar a terra ou fazê-la trabalhada. Do contrário, não há de se falar em função social (BORGES, 1996, p. 8).

A propriedade que não cumpre com a função social no viés da produtividade pode se sujeitar a intervenção estatal, ou seja, se uma propriedade estiver ociosa, que esteja ali apenas aguardando uma valorização imobiliária, ou então, por capricho do proprietário, esteja prejudicando o desenvolvimento local, ou a implantação de qualquer bem coletivo que venha a melhorar a qualidade de vida dos habitantes da região ou cidade, ou venha a causar alguma ofensa ao meio ambiente, um dos direitos fundamentais bastante evidenciado na atualidade, poderá sofrer limitação do seu direito de propriedade, inclusive a desapropriação (OLIVEIRA; CEDRO, 2014, p. 69). É ilegítimo, portanto, alguém manter uma propriedade ociosa e improdutiva ou para fins de especulação imobiliária em detrimento do interesse social. Há necessidade do proprietário exercer atividades produtivas no bem, pois da terra se extraem os alimentos e os bens para a satisfação das necessidades vitais do ser humano, sendo esta condição de vida e desenvolvimento (BORGES, 2009, p. 65). A fim de arrematar a demonstração da imprescindibilidade do exercício de atividades produtivas nos imóveis rurais como forma de cumprir com a função social da propriedade, cabe citar a conclusão apresentada por Spinedi e Valls ao tratarem da função social da propriedade:

> a) Al ser un medio de produción debe estar em manos de quienes sean capaces de trabajarla.
> b) Su explotación debe contemplar el beneficio social, más que el individual.
> c) No debe haber tierras abandonadas.
> d) El mayor valor debido al progreso social corresponde a la sociedad.
> e) Debe limitarse el domínio privado para asegurarse una explotación racional.
> f) El Estado tiene el derecho de expropiación para evitar que sus fines se desnaturalicen. (SPINEDI; VALLS, 1951, p. 34).[33]

3.2.2.2 Imprescindibilidade da adequada utilização dos recursos naturais

Por essa característica, a propriedade, para ser considerada cumpridora de função social, deverá utilizar adequadamente os recursos naturais. É o que se chama de respeito ao aspecto ecológico da propriedade, por intermédio do qual se deve buscar a preservação do meio ambiente, o qual deve estar ecologicamente equilibrado, evitando-se sua destruição ou degradação. Esse requisito exige o respeito à vocação natural da terra, com vistas à manutenção tanto do potencial produtivo do imóvel rural como das características próprias do meio natural e da qualidade dos recursos ambientais, visando, dessa maneira, o equilíbrio ecológico da propriedade, assim como a saúde e qualidade de vida das gerações atuais e vindouras.

Dessa forma, não cumprirá a função social da terra a área rural que, mesmo produtiva, utilize técnicas que degradem o meio ambiente e visem tão somente o aumento da produtividade a qualquer custo. Há,

---

[33] a) Por ser um meio de produção deve estar nas mãos daqueles que são capazes de trabalhá-la.
b) Sua exploração deve contemplar o benefício social, mais do que o individual.
c) Não deve haver terras abandonadas.
d) O maior valor devido ao progresso social corresponde à sociedade.
e) O domínio privado deve ser limitado para assegurar-se uma exploração racional.
f) O Estado tem o direito de expropriação para impedir que seus fins sejam desnaturados. (Tradução nossa).

pois uma nítida preocupação com a preservação da terra para as gerações futuras, o imóvel rural não pode ser tratado de maneira a gerar o seu aniquilamento. Cumprirá a função social no viés preservação do meio ambiente o proprietário que faça a terra produzir de maneira fértil, conforme as diretrizes legais instituídas pelo legislador, mas sem a exaurir, sem a esgotar, porque as gerações futuras também precisam tê-la como produtiva (BORGES, 1996, p. 8). Os recursos naturais devem ser utilizados sem desperdícios, não estando o proprietário legitimado a abusar dos recursos, deve utilizá-los com parcimônia, voltando seus interesses para o bem comum, além de suas justas preocupações com o próprio sustento, dos familiares e de todos aqueles que dele necessitam (BERTAN, 2009, p. 125).

A Constituição Federal brasileira deixou claro que o aspecto socioambiental integra o conteúdo da função social. Neste sentido, denota-se que a obrigação legal imposta ao proprietário rural em preservar o meio ambiente, em recompor a vegetação nativa da área de reserva legal e preservação permanente em sua propriedade, ainda que não seja o autor do desmatamento, decorre do princípio da função socioambiental da propriedade rural (MOURA, 2014, p. 76). A imprescindibilidade de se preservar o meio ambiente para considerar-se atendida a função social demonstra que, apesar do direito de propriedade se manifestar na esfera individual do homem e o direito ao meio ambiente sadio incidir na órbita coletiva da sociedade, o direito de propriedade, em nome da solidariedade social, deve ser exercido com vistas ao interesse social. Não há de se falar na existência de interesse social mais soberano do que o direito ao meio ambiente sadio e equilibrado para ser gozado por esta e pelas gerações do futuro, justificando-se, assim, essa exigência para o cumprimento da chamada função social da propriedade. É induvidoso, portanto, que a propriedade, para cumprir com a função social, deva, simultaneamente, ser produtiva e observar as diretrizes relacionadas à preservação do meio ambiente (GARBACCIO; CHAGAS; DIAS, 2017, p. 1.204).

O direito de propriedade sobre os bens ambientais apresenta uma dicotomia em relação ao seu usufruto, já que se dá a apropriação individual, pelo proprietário, de certa parcela de um bem, que é de todos, justificando-se, pois, que incida sobre esse indivíduo uma responsabilidade para com toda a comunidade no sentido de preservar o meio ambiente ecologicamente equilibrado. Faz-se necessário que as políticas agrárias tenham como um de seus princípios fundamentais a proteção ambiental, devido ao fato de que as atividades agrárias acarretam um grande impacto sobre o meio ambiente natural, com o que se protege a propriedade contra a perda de seu real potencial produtivo (VIEIRA E COUTO, 2012, p. 139). Oliveira, ao exemplificar como esse viés de proteção ao meio ambiente ocorre em termos concretos para o cumprimento da função social da terra, menciona:

> Se é, por exemplo, utilizado o sistema de agricultura irrigada com captação das águas que correm no leito de um riacho, esta tecnologia deve ser utilizada de forma parcimoniosa, extirpando-se o risco de comprometimento do manancial. Desse modo, o balizador [sic] dessa utilização será justamente a preservação do meio ambiente. (OLIVEIRA, 2011, p. 172).

A inserção da necessidade de preservação do meio ambiente como requisito para o cumprimento da função social da propriedade é medida salutar, pois a atividade de agricultura, se mal desempenhada, pode vir a causar sérios transtornos ao meio ambiente, comprometendo a qualidade de vida da geração atual e das gerações vindouras. Outra questão importante a ser realçada é que a exigência da observância da adequada utilização dos recursos naturais não pode ser considerada como violação ao direito de propriedade, o qual, como já se destacou em outras oportunidades não se trata de direito absoluto, devendo ser exercido em conformidade com a necessária vida harmônica em sociedade. Esta exige que o meio ambiente saudável seja assegurado, ou seja, as exigências de sustentabilidade ecológica na ocupação e utilização de bens econômicos privados não evidenciam apossamento, esvaziamento ou injustificada intervenção pública, na medida em que prescrever que indivíduos cumpram certas cautelas ambientais na exploração de seus pertences não se demonstra atitude discriminatória, tampouco rompe com o princípio da isonomia, mormente porque ninguém é confiscado do que não lhe cabe no título ou senhorio. Se o proprietário ou possuidor se sujeita à função social e à função ecológica da propriedade, despropositado alegar perda indevida daquilo que, no regime constitucional e legal vigente, nunca deteve, isto é, a possibilidade de utilização completa, absoluta, ao estilo da terra arrasada, da coisa e de suas virtudes naturais (RIZZARDO, 2013, p. 52). Zeledón defende a necessidade de ser observada a preservação do meio ambiente como forma de se caracterizar o cumprimento de função social ao reportar que o proprietário:

Debe respetar el normal desarrollo de la naturaleza y velar por un ambiente ecológicamente equilibrado. Es su deber cumplir con lineamentos generales dictados por la planificación y programación, acatando las reglas técnicas de cultivos, contribuyendo a mejorar las especies y evitando por medio de medidas de salud animal y vegetal la propagación o difusión de enfermidades que afecten a otros productores o al país. (ZELEDÓN, 2002, p. 44).[34]

Dessa forma, observa-se ser indispensável a adequada utilização dos recursos naturais a fim de se cumprir com a função social da propriedade, uma vez que tal providência encontra-se em perfeita sintonia com a solidariedade social a fundamentar a função social e sua exigência ao redor do mundo.

3.2.2.3 Observância das disposições reguladoras das relações de trabalho e exploração que favoreçam o bem-estar dos proprietários e trabalhadores

Outro requisito necessário ao cumprimento da função social da propriedade do imóvel rural é que ali deverão ser observadas as disposições reguladoras das relações de trabalho, assim como a exploração das atividades deve favorecer o bem-estar dos proprietários e dos trabalhadores. Mais uma vez, a solidariedade social, base da função social da terra, encontra-se fundamentando essa característica do instituto, pois como a propriedade não pode servir a interesses unicamente particulares de seu titular, mas da coletividade como um todo, não se pode cogitar a existência de uma propriedade rural que inobserve, em relação a seus empregados, as regras trabalhistas ou cuja exploração não favoreça o bem-estar tanto do dono da terra como de seus trabalhadores. Ora, a atividade agrária não se desenvolve, por maior que seja a utilização da tecnologia, sem a presença do elemento humano: o trabalhador rural, pelo que se torna necessário e imprescindível que seja protegido a fim de ser preservada a sua dignidade (OLIVEIRA, 2011, p. 175).

O chamado aspecto social da propriedade deve ser expresso através de dois requisitos, a saber: a observância das disposições

---

[34] Deve respeitar o desenvolvimento normal da natureza e velar por um ambiente ecologicamente equilibrado. É seu dever cumprir com as diretrizes gerais ditadas pelo planejamento e programação, aderindo às regras técnicas das culturas, contribuindo para melhorar as espécies e evitando, através de medidas de saúde animal e vegetal, a propagação ou difusão de doenças que afetem a outros produtores ou ao país. (Tradução nossa).

reguladoras às relações de trabalho e a exploração deve favorecer o bem-estar dos proprietários e dos trabalhadores. Assim, o proprietário da terra deve cumprir todas as obrigações trabalhistas, como pagamento correto de salário, férias e demais direitos trabalhistas, eis que o não atendimento destas implica o descumprimento da função social da propriedade (COSTA, 2014, p. 89). Esta característica se constitui em um princípio social, de modo que as relações havidas no imóvel rural devem respeitar as leis trabalhistas, além do que a exploração deve favorecer o bem-estar dos proprietários e dos trabalhadores rurais, visando, dessa forma, atender às necessidades básicas dos que cultivam a terra, observando as normas de segurança do trabalho, evitando-se tensões sociais no bem. Induvidosamente, a inobservância das regras trabalhistas tem a potencialidade de causar conflitos entre o proprietário e os trabalhadores, o que caminha no sentido inverso da solidariedade social (PASSOS, 2008, p.153). Há, nessa característica, uma nítida busca de paz no campo.

    Registre-se que mesmo que o imóvel seja produtivo, caso não venha a observar as normas trabalhistas em relação aos seus trabalhadores, não poderá ser considerado como cumpridor da função social da propriedade, ou seja, não basta ser a terra produtiva para ser tida como cumpridora do princípio da função social. Se ela produz, mas de modo irracional, inadequado, descumprindo a legislação trabalhista em relação aos seus trabalhadores, evidentemente está longe de atender à sua função social (SILVA, 2005, p. 747). Para atender a este requisito, o proprietário deve obedecer à legislação trabalhista, recolher os encargos e pagar os direitos de seus empregados conforme estabelece a lei e o contrato de trabalho. Já o inciso IV, do artigo 184 da Constituição brasileira de 1988, tem preocupações teleológicas, pois a finalidade da empreitada agrícola é permitir o bem-estar de proprietários e trabalhadores, ou seja, pelo menos deve favorecer este bem-estar, isto é, contribuir para que este se efetive (BERTAN, 2009, p. 125).

    O imóvel rural cujo proprietário inobserva as relações trabalhistas e realiza, por exemplo, a prática de redução de seus empregados à condição análoga de escravos, não paga salários etc., não pode ser considerado como cumpridor da função social da propriedade. Ao agir dessa maneira, atende exclusivamente aos interesses do titular do bem, em detrimento dos trabalhadores e da própria sociedade que, diante dessas situações, acaba por enfrentar sérias tensões no campo, gerando conflitos sociais. Essa característica inerente à função social visa realizar verdadeira mudança no pensamento acerca da propriedade, que deve ser considerada como sinônimo de fonte de distribuição de progresso para todos (SOARES, 2015, p. 97).

Diante das características apresentadas, a função da propriedade de um imóvel rural é cumprida quando este exerce atividades produtivas, respeita os recursos naturais, promove a exploração racional e adequada e observa as relações trabalhistas, fazendo com que a exploração favoreça ao bem-estar do proprietário e dos trabalhadores. A lógica da função social corresponde a um poder que é simultaneamente um dever, a uma prerrogativa de exercício não solitário, mas *solidário*, a um feixe de faculdades que impõe aos proprietários o dever de exercê-las, atuando como fonte de comportamentos positivos (GOMES, 2018, p. 13). Benitez, ao discorrer sobre a função social da propriedade, refere:

> Esto significa que la relación entre el propietario y el objeto de la propiedad, aunque se presenta como un derecho individual o privado, no debe ya más estar aislado, ante los ojos del legislador, de las normas que rigen toda la sociedad. La sociedad y el interés social se interponen así entre el propietario y la propiedad. El derecho de propiedad es uma relación que ya no concierne solamente ao propietario y la cosa, sino igualmente al medio en el qual nació y dentro del cual existe. Tal derecho se encuentra en el centro de la vida material del individuo y de la sociedad, y actúa necesariamente sobre el medio ambiente desbordandose del marco de esa relación. (BENITEZ, 1981, p. 111).[35]

A função social da propriedade apresenta a premissa de que toda riqueza produtiva possui uma finalidade social e econômica e quem a detém, deve fazê-la frutificar, em benefício próprio e da sociedade em que vive (SILVA, 2014, p. 832). Oportuno destacar que, no caso concreto, para que seja cumprida a função social da propriedade, não basta que esta cumpra apenas um ou uns desses elementos. É necessário atender a todos concomitantemente, não significando dizer que sejam observados sempre da mesma forma por todas as propriedades,

---

[35] Isso significa que a relação entre o proprietário e o objeto da propriedade, embora apresentada como um direito individual ou privado, não deve mais ser isolada, perante os olhos do legislador, das regras que governam toda a sociedade. A sociedade e o interesse social estão assim interpostos entre o proprietário e a propriedade. O direito de propriedade é uma realização que não diz respeito apenas ao dono e à coisa, mas também ao ambiente em que nasceu e dentro do qual existe. Este direito está no centro da vida material do indivíduo e da sociedade, e necessariamente atua sobre o ambiente transbordando do quadro dessa relação. (Tradução nossa).

pois é induvidoso sofrer variações conforme a localização, tamanho e qualidade das terras (SILVA, 2014, p. 832). Casanova elenca os elementos essenciais ao cumprimento da função social da propriedade nos seguintes termos:

> a) La explotación eficiente de la tierra y su aprovechamiento apreciable, en forma tal que los factores de producción se apliquen eficazmente en ella de acuerdo con la zona donde se encuentra y con sus propias características.
> b) El trabajo y dirección personal y la responsabilidad financiera de la empresa agrícola por el propietario de la tierra, salvo en los casos de explotación indirecta eventual por causas justificadas.
> c) El acatamiento de las normas jurídicas que regulan el trabajo asalariado, las demás relaciones de trabajo en el campo y los contratos agrícolas. (CASANOVA, 1967, p. 31).[36]

A função social da propriedade objetiva o aumento da produtividade, uma melhor repartição da terra, além de mais equitativa participação na rentabilidade das explorações, permitindo que seja dada ao bem uma exploração socialmente adequada (MARCIAL, 1978, p. 107). Assim, a chamada função social da propriedade significa que o proprietário deve conferir utilização socialmente justa ao objeto do direito de propriedade, tendo como ideia subjacente à recusa de um direito no qual o interesse individual tenha uma precedência em face do interesse geral (CORREIA, 2008, p. 813).

Há certa similitude no tratamento doutrinário da chamada função social da propriedade, a qual poderá, todavia, conforme referido anteriormente, sofrer certas variações de acordo com o ordenamento jurídico em que se encontre e conforme o momento histórico vivido. Contudo, deve ficar consignado que a base sociológica da função social repousa no solidarismo social, pelo que não poderá se afastar dessa premissa de cunho social, sob pena de desvirtuamento pleno do instituto. Uma vez compreendida a função social da propriedade, caberá evidenciar a seguir esta figura como um elemento imanente e limitador do direito

---

[36] a) A exploração eficiente do solo e sua utilização apreciável, de modo que os fatores de produção sejam efetivamente aplicados de acordo com a área onde se localiza e com suas características próprias.
b) O trabalho e direção pessoal e responsabilidade financeira da empresa agrícola pelo proprietário da terra, exceto em casos de eventual exploração indireta por razões justificadas.
c) Cumprimento das normas legais que regulam o trabalho assalariado, outras relações de trabalho no campo e contratos agrícolas. (Tradução nossa).

à propriedade rural no Brasil, similar ao que sucede em Portugal, não obstante não haja previsão expressa do referido princípio na Carta Política portuguesa.

3.3 A função social como elemento imanente e limitador do direito à propriedade rural no Brasil e em Portugal

A propriedade pode incidir sobre quaisquer bens, sejam móveis, imóveis, rurais ou urbanos. Entretanto, para fins da presente pesquisa, conforme já referido anteriormente, tratar-se-á especificamente da propriedade de imóveis rurais, os quais, dada sua condição de bens escassos, irreprodutíveis e com aptidão ao incremento de atividades produtivas podem sofrer mais limitações por parte do legislador quando comparadas com outros bens, como, por exemplo, um bem móvel sem essa aptidão. Essa peculiaridade dos imóveis rurais permite ao legislador definir formas especiais de propriedade, com conteúdo jurídico diferente, por exemplo, em relação à propriedade industrial, à propriedade do solo e à propriedade de bens móveis, que tenham em consideração não apenas as suas formas típicas e exigências próprias, assim como a sua especial vinculação social (CORREIA, 2008, p. 805).

Especificamente acerca da maior vinculação social da propriedade do solo, convém lembrar que a propriedade privada não deve ser vista como uma instituição única, mas que há diferentes formas de propriedade, cujo conteúdo jurídico sofrerá variações conforme as funções típicas de cada uma e da relevância social de seus objetos. Desse modo, como a propriedade do solo tem características próprias, como sua escassez e irreprodutibilidade, além de figurar como instrumento indispensável às satisfações básicas do homem, terá vinculação social mais forte que a propriedade que incide sobre outros bens, devido à sua importância fundamental ao desenvolvimento da sociedade no seu conjunto e para as necessidades das instituições de utilidade pública. Justifica-se, assim, a inexistência de uma prevalência incondicional do interesse individual sob o interesse geral, que, por sua vez, legitima a possibilidade de intervenção do poder público sobre esta (CORREIA, 2008, p. 816).

No desenvolvimento do estudo da função social da propriedade, é possível distinguirem-se duas intervenções decorrentes da mencionada função, sendo elas: as intervenções limitadoras e as intervenções impulsionadoras. No primeiro caso, a lei busca manter cada titular dentro de limites que se não revelem prejudiciais à comunidade, enquanto que, no segundo, a intervenção se daria ativamente, fomentaria, impulsionaria, de maneira a que uma situação de direito real derivasse um resultado socialmente mais valioso. Essa distinção é útil para a compreensão do material legislativo existente, pois, enquanto no século passado a lei quase se limitava a certo número de intervenções de carácter restritivo, agora se multiplicam as intervenções impulsionadoras, de modo a aumentar o proveito que socialmente pode se extrair do bem (ASCENSÃO, 2000, p. 192).

Por essa razão, quando se trabalha com o conceito de função social da propriedade, deve ser entendido que alguns bens terão função social mais elevada que outros. Essa aferição de maior ou menor função social do bem é diretamente proporcional à importância social deste perante a comunidade. À guisa de exemplo, um automóvel embora seja um bem que possua uma função social, esta é muito menor do que a de um imóvel rural, o qual, por sua vez, possui condições de gerar mais riquezas, empregos e renda para a sociedade. Isto legitima o legislador a lhe conferir maior função social, aumentando, pois, suas limitações. Casanova define função social da propriedade com clareza:

> La función social de la propiedad territorial, lo repetimos, implica una obligación, se expresa en obligaciones. El propietario de la tierra tiene un derecho real sobre la misma, un derecho que le permite gozar della con exclusividade. Pero a la vez tiene obligaciones que cumplir. Debe gozar de su derecho de modo que aproveche a los demás. El propietario de la tierra la posee en nombre y em beneficio de la colectividade. (CASANOVA, 1967, p. 31).[37]

Conforme apresentado alhures, a função social da propriedade nada mais é do que uma limitação imposta ao titular do direito de propriedade, que lhe obrigará, no exercício desse direito, a cumprir obrigações em prol da coletividade. Em razão da função social, a propriedade atenderá, ao mesmo tempo e com a mesma intensidade,

---

[37] A função social da propriedade territorial, repetimos, implica uma obrigação, expressa-se em obrigações. O proprietário da terra tem um direito real sobre a mesma que lhe permite desfrutar dela com exclusividade. Mas também tem obrigações a cumprir. Deve gozar de seu direito de modo que contribua com os demais. O proprietário da terra a tem em seu nome e em benefício da comunidade. (Tradução nossa).

interesses individuais e coletivos. Godoy, de forma profundamente didática, esclarece:

> Para usar uma expressão metafórica muito feliz, diz-se que o direito de propriedade é o corpo, e a função social é a alma, elementos indispensáveis, mas distintos, que se mantêm vivos enquanto ligados. (GODOY, 1999, p. 31).

Portanto, a função social integra a propriedade como uma carga a ser suportada por quem eventualmente seja seu titular. Trata-se de um ônus a ser cumprido em face do coletivo, que a todos pertence e a todos interessa. A expressão função social designa o lado do proprietário, *propter rem*, em face da sociedade; para a coletividade é direito subjetivo coletivo fundamental (PILATI, 2012, p. 103). Como destacado, para que uma propriedade rural cumpra com a função social deverá cumprir com certas obrigações, das quais se pode enfatizar o desenvolvimento, pelo proprietário, de atividades produtivas. O bem deve ser tido como elemento de produção, visando produzir alimentos e matérias-primas, não sendo justificável a existência de propriedades improdutivas, devendo, portanto, o proprietário adotar medidas no sentido de desenvolver atividades na terra, como, por exemplo, por meio de plantações de produtos vegetais, de desenvolvimento de atividade pecuária etc., sob pena de, em caso de inobservância dessa regra, a propriedade sofrer consequências previstas pelo ordenamento jurídico. Conforme magistério de Casanova:

> La tierra se recibe para ponerla a producir. La ociosidade de la propiedad privada la desnaturaliza y hace que las tierras que un día salieron del patrimonio colectivo reviertan a él. Esto impone también la limitación. Porque la propiedad privada de la tierra surgirá legalmente sólo en la medida de la capacidad de trabajo de sus tenedores. (CASANOVA, 1967, p. 35).[38]

A propriedade, tanto no Brasil como em Portugal, é um direito constitucionalmente assegurado (art. 5º, XXII CF/88 e artigo 62, nº 1

---

[38] A terra é recebida para colocá-la para produzir. A ociosidade da propriedade privada a desnaturaliza e faz com que as terras que um dia saíram do patrimônio coletivo revertam-se a ele. Isto impõe também a limitação. Porque a propriedade privada da terra surgirá legalmente somente na extensão da capacidade de trabalho de seus detentores. (Tradução nossa)

CRP), o qual permite o monopólio da exploração de um determinado bem pelo seu titular, tendo, assim, as características de ser um direito exclusivo, perpétuo e oponível contra todos, inclusive em face do poder público. Estas Constituições, que contemplam e asseguram o direito de propriedade, também apresentam previsões normativas, relacionadas à propriedade, que fazem com que esse direito não possa ser tido como um direito absoluto, de modo que a este se integram determinados deveres, os quais têm o lastro de limitá-lo, fazendo com que esteja submetido a essas obrigações, sob pena de não poder ser exercido em plenitude. A função social da propriedade é, pois, um limite imanente, que compõe a estrutura da propriedade, e não um limite imposto de fora desse direito.

Assim, a função social da propriedade deve ser tida como um elemento integrante da própria estrutura desse direito, como uma parte deste, devendo ser rejeitadas as concepções que a consideram como um fim externo ao direito, dirigido a este, mas que não faz parte dele, nem incide sobre o interior do direito, bem como aquela ideia que vê a função social como um elemento contraposto à estrutura do direito (CORREIA, 2008, p. 815). Neste aspecto, são estas as lições de Rodotà:

> (...) la función social debe considerarse como componete de la estructura de la propiedad, los datos reconducibles a ella (deberes y cargas que gravan al titular) no se pueden colocar en el exterior de la situación como limites de derecho publico o de cualquier otro modo que se quiera considerarlos. (RODOTÀ, 1986, p. 221).[39]

Ao citar a decisão proferida pelo Tribunal Constitucional Federal Alemão, em 12 de janeiro de 1967, na qual ficou expressamente consignada a prevalência do interesse coletivo sobre o interesse individual no tocante ao solo rural, ante sua indispensabilidade à vida social, bem como em face de sua irreprodutibilidade, Correia (2008, p. 818) frisa:

> O facto de o solo ser indispensável e de não ser multiplicável impede que a sua utilização seja abandonada completamente ao jogo não controlável da livre iniciativa e à vontade do particular; uma ordem social e jurídica justa exige, pelo contrário, que os interesses gerais sejam

---

[39] A função social deve ser considerada como um componente da estrutura da propriedade, os dados que podem ser derivados dela (deveres e encargos que são cobrados do proprietário) não podem ser colocados fora da situação como limites de direito público ou de qualquer outro modo que se queira considerá-los. (Tradução nossa).

salientados no caso do solo numa medida mais forte do que nos outros bens económicos. O solo, por causa do seu significado tanto económico, como social, não é equiparável sem mais aos restantes bens económicos; não pode ser tratado no comércio jurídico como um bem móvel (...) A obrigação da utilização socialmente justa não é apenas uma ordem para o comportamento concreto do proprietário, é também em primeira linha um *directiva (Richtsnur)* para o legislador, para este tomar em consideração o interesse público na regulamentação do conteúdo da propriedade. Nisto reside a recusa de um ordenamento da propriedade, no qual o interesse individual tenha uma preferência incondicional perante o interesse geral. (CORREIA, 2008, p. 818, grifo do autor).

No Brasil, essa situação é mais explícita na expressa previsão da função social da propriedade no texto constitucional, quando a Carta Política brasileira, em seu artigo 5º, XXIII consignou que "a propriedade atenderá à sua função social". Além disso, o artigo 170 do texto constitucional brasileiro asseverou a função social da propriedade como um dos princípios a reger a ordem econômica nacional, tornando claro, que contempla e determina o cumprimento da função social da propriedade em nítida adoção de uma concepção de deveres fundamentais lastreados na solidariedade social. A propriedade representa o grande exemplo da concepção de deveres fundamentais fundados no dever de solidariedade, visto que a projeção de outros direitos constitucionais sobre o referido direito, como a dignidade da pessoa humana, a função social, a tutela do meio ambiente equilibrado, dentre outros, demonstra que o conteúdo do direito em questão já se encontra bastante modificado desde a concepção liberalista, sendo nítida a ideia de um direito-meio e não mais um direito-fim como se propôs na Revolução Francesa (GUILHERMINO, 2012, p. 81). O constituinte brasileiro optou por fazer constar expressamente a função social da propriedade na Constituição Federal, não deixando qualquer dúvida no sentido de que seja imanente e, ao mesmo tempo, limitante do direito de propriedade. Em outras palavras, a função social está impregnada no direito de propriedade, sendo parte integrante do complexo de limitações deste (TORRES, 2010, p. 236).

É indubitável, portanto, que o conceito de propriedade radica o princípio da função social. A propriedade corresponde a um direito subjetivo individual, o qual, no entanto, é acrescido de uma função atrelada a imposição de obrigações ao titular ou dono da riqueza. A concepção de direito de propriedade une a ideia de função social à noção de direto subjetivo, havendo um verdadeiro direito-dever ou direito-função, sendo impossível não reconhecer que o direito de propriedade transformou-se em função ou dever exclusivamente. Ainda nessa premissa, o direito de propriedade conjuga poder e dever (CHEMERIS, 2003, p. 72). Isso se deve porque a função social é um limite encontrado pelo legislador para delinear a propriedade, em obediência ao princípio da prevalência do interesse público sobre o interesse particular. Esse postulado exprime que sempre que houver um interesse público em conflito com um interesse particular, aquele deve prevalecer por representar a vontade da coletividade, que não pode ser submetida à vontade de um indivíduo apenas (VARELLA, 1998, p. 217). Assim, a função social é elemento da estrutura e do regime jurídico da propriedade, incidindo em seu conteúdo, além de compor o seu conceito (GIORDANI, 1991, p. 49). Tanajura, expressamente, ratifica que a função social compreende um elemento integrante do direito de propriedade e, por isso, só será garantida a partir do efetivo cumprimento dessa função.

> O princípio da função social da propriedade, em vez de se revelar uma mera restrição ao direito de propriedade, compõe o próprio desenho do instituto, de sorte que, a partir de 5/10/88, no Brasil, somente é garantida a propriedade particular que cumpra sua função social. (TANAJURA, 2000, p. 28).

O texto constitucional brasileiro não deixa qualquer margem de dúvida quanto ao fato da função social da propriedade e, ao mesmo tempo, ser elemento imanente e limitador do direito de propriedade. Mesmo que a Constituição brasileira não tivesse, de forma expressa, contemplado a previsão da função social da propriedade, uma análise sistemática no texto constitucional do Brasil faria com que se chegasse à conclusão de que o cumprimento dessa função realiza a vontade do legislador constituinte brasileiro, sendo medida imperiosa.

O preâmbulo da Constituição brasileira refere que os constituintes se reuniram com a finalidade de instituir um Estado Democrático, destinado a assegurar o exercício dos direitos sociais e individuais, a liberdade, a segurança, o bem-estar, o desenvolvimento, a igualdade e a justiça. Por sua vez, o artigo 1º, III da CF/88 afirma que a República Federativa do Brasil tem como um de seus fundamentos a dignidade da pessoa humana, enquanto que o artigo 3º, itens II e III, afirma que constituem objetivos da República Federativa do Brasil garantir o desenvolvimento nacional e erradicar a pobreza e a marginalização e reduzir as desigualdades sociais e regionais. Nesse contexto, observa-se que uma propriedade improdutiva não se compatibilizaria com as finalidades previstas na Constituição brasileira, eis que tal tipo de propriedade em um país com índices alarmantes de pobreza e desigualdades sociais, claramente afrontaria a dignidade da pessoa humana e caminharia na contramão da busca pela garantia do desenvolvimento nacional, erradicação da pobreza e marginalização e redução das desigualdades sociais.

Portanto, só se pode falar em propriedade, no sentido constitucional da expressão, quando esta atender a sua função social, eis que, ao cumpri-la, tem o lastro de gerar riquezas, diminuir desigualdades e garantir o desenvolvimento nacional, implementando, desse modo, objetivos constitucionais da República Federativa do Brasil. Resta, portanto, evidente a necessidade da propriedade ser garantida a partir do trabalho, da produção e não meramente a partir de títulos ou contratos, ou seja, há a necessidade da propriedade rural gerar riquezas, de cumprir com sua função social. Neste sentido, referindo-se à realidade brasileira, enfatiza Santos:

> No caso da terra, confrontam-se fundamentalmente duas concepções de propriedade: a concepção que tem na sua base o direito agrário, ligado ao trabalho; e as concepções individualistas, ligadas ao direito civil, com uma concepção de propriedade mais ligada ou à posse directa [sic] ou ao título. São duas concepções que estão, neste momento, em conflito. Em minha opinião, uma política forte de acesso ao direito e à justiça pressupõe a preferência por uma concepção social de direito agrário da propriedade neste país. Não se pode esquecer que as fracturas [sic] provocadas pela disputa da posse da terra no Brasil são também o pano de fundo da alarmante situação de violência no campo (disputa pela terra e conflitos agrários) que este país vivencia. Para a obviar é necessário que as instituições do Estado aprofundem *a componente social da propriedade*. (SANTOS, 2007, p. 36, grifo do autor).

Em Portugal, embora não haja uma expressa previsão da função social da propriedade, é plenamente possível, ao se fazer uma interpretação sistemática da Constituição, chegar-se à conclusão de que esta, de modo semelhante, integra e limita o direito à propriedade. A Constituição portuguesa, diante de diversos dispositivos ali constantes, não almeja garantir a existência do direito de propriedade simplesmente em uma dimensão puramente liberal, pelo contrário, acrescenta-lhe uma vertente social, deduzido da interpretação sistemática dos preceitos mencionados. Esta vertente social se centra na necessidade de distribuição de riqueza promovida pela exploração agrícola pelos pequenos agricultores, além de levar em conta vinculações jus ambientais, que militam no sentido de uma exploração ecologicamente equilibrada de um recurso escasso, qual seja o solo rural (GOMES, 2018, p. 10). Correia argumenta que, apesar de inexistir previsão explícita da expressão *função social da propriedade* na Carta Política portuguesa, esta se encontra implícita em várias regras e princípios constitucionais:

> A nossa Constituição não menciona expressamente a "função social da propriedade" como um *limite imanente* ao direito da propriedade privada, ao invés do que sucede, por exemplo, com a Lei Fundamental alemã (artigo 14º, nº 2), a Constituição espanhola (artigo 33º, nº 2) e a Constituição italiana (artigo 42º). Mas uma tal limitação deve considerar-se *implícita* em várias regras e princípios constitucionais. É o que acontece, desde logo, com os artigos 61º, nº 1, e 88º da Constituição. (CORREIA, 2008, p. 810).

O fato da Constituição portuguesa não fazer uma alusão expressa no artigo 62º à função social da propriedade privada não quer dizer que tenha rejeitado tal princípio. Ao contrário, pois, infere-se que o legislador constitucional português apenas considerou desnecessário referir expressamente no citado dispositivo a chamada função social, eis que esta decorre de outras normas constitucionais. Tal fato pode ser percebido quando se analisa que o artigo 62º, nº 1 da CRP, encontra-se inserido em um contexto mais amplo, qual seja, a construção de uma sociedade livre, justa e solidária (artigo 1º); a realização da democracia econômica, social e cultural (artigo 2º); a promoção da igualdade real entre os portugueses [artigo 9º, alínea *"d"*)]; a correção das desigualdades na distribuição da riqueza e do rendimento [artigos 81º, alínea "b"), 103º, nº 1, e 104º], bem como a propriedade pública dos recursos naturais e de meios de produção, de acordo com o interesse coletivo [artigo 80º, alínea *"d"*)] (CORREIA, 2008, p. 812). Prata, demonstrando a pertinência da função social da propriedade com o ordenamento jurídico português, assim leciona:

> Mais ou menos ultrapassado um período em que parte da doutrina se opôs à utilização da ideia, ou afirmando a sua incompatibilidade com a noção de direito subjetivo ou – como aconteceu em Itália perante a irremediável consagração constitucional da função social da

propriedade – dissociando as duas ideias e procurando hierarquizá-las com predomínio da de direito subjetivo, pode-se afirmar que hoje, com alguma generalidade, o conceito de função social da propriedade se impôs. Como toda a evolução doutrinária no campo civilístico, também esta tem sido lenta e quase exclusivamente determinada pela força e extensão que os limites e as obrigações impostas ao proprietário assumiram na lei. Só um preconceito liberal, individualista e, mais ou menos remotamente jusnaturalista, explica, aliás as resistências da doutrina. (PRATA, 2017, p. 152).

Portanto, a função social não pode ser construída como um dado externo, como algo externo à estrutura da propriedade, mas que a atribuição do direito é condicionada à realização das funções, dos fins que são atribuídos a cada um no âmbito da coletividade, posicionamento que se encontra em plena conformidade com a solidariedade social. Desse modo, só se pode considerar que o titular do direito de propriedade recebeu do ordenamento jurídico aquele direito na medida em que respeita aquelas obrigações, ou seja, se proprietário não cumprir com os requisitos da função social, deixará de ser merecedor de tutela por parte do ordenamento jurídico e, pode, inclusive, fazer perecer seu direito. Dessa feita, a função social tem o significado de uma expressão englobante e sintetizadora dos limites legais intrínsecos à propriedade, constituídos não como uma compreensão exterior do direito do proprietário, mas sim um verdadeiro elemento conatural do próprio direito que lhe habilita a ser exercido de forma legítima. Todavia, não se trata de uma fórmula designativa de limites especificados na lei, constituindo-se, autonomamente, uma fonte de limitações, na medida em que caracteriza, por certa forma, o direito e o seu exercício (PRATA, 2017, p. 154).

Portanto, significativa parcela da doutrina portuguesa, com razão, sustenta que a função social da propriedade configura-se, no ordenamento jurídico local, como elemento imanente e limitador do direito à propriedade, segundo a interpretação sistemática da Constituição de Portugal. Como mencionado anteriormente, o artigo 1º da CRP começa a defender esse posicionamento ao afirmar que "Portugal é uma República soberana, baseada na dignidade da pessoa humana e na vontade popular e empenhada na construção de uma sociedade livre, justa e solidária". Esse dispositivo, ao conter os postulados da dignidade da pessoa humana e da solidariedade, já mostra o fim pretendido pelo constituinte português, o qual entendeu ser necessário à República valorizar a dignidade da pessoa humana e buscar uma sociedade solidária. Contudo, são situações incompatíveis com uma propriedade tida como direito absoluto, ilimitado, pois, se assim fosse, permitir-se-ia a manutenção de imóveis improdutivos, com exploração irracional dos recursos naturais, com a possibilidade de exploração ilegal de mão de obra, situações que não se coadunam com uma sociedade solidária.

Analogamente, o artigo 2º da CRP, quando assevera que a República Portuguesa visa promover a realização da democracia econômica, social e cultural indica que não devem ser toleradas condutas que violem a busca pela igualdade social e pelo desenvolvimento econômico, pelo que a propriedade deverá cumprir com sua função social, eis que, assim, propiciará melhores condições de desenvolvimento econômico e social no país, gerando recursos, empregos e preservando o meio ambiente. Por sua vez, o artigo 9º, alínea "d" da CRP afirma, dentre as tarefas fundamentais do Estado português, "Promover o bem-estar e a qualidade de vida do povo e a igualdade real entre os portugueses, bem como a efectivação dos direitos económicos, sociais, culturais e ambientais, mediante a transformação e modernização das estruturas económicas e sociais". Uma propriedade rural que cumpre com sua função social, induvidosamente, contribui para a promoção do bem-estar e da qualidade de vida do povo, além de propiciar a transformação e modernização das estruturas socioeconômicas. O artigo 61º, nº 1, da CRP expõe claramente também que a iniciativa econômica privada deve levar em consideração o interesse geral. Isto demonstra a inconteste opção do constituinte português no sentido de afirmar que a lei maior do país, inclusive ao tratar da iniciativa econômica privada, apresenta nítida opção pela busca da prevalência do interesse coletivo, em límpida demonstração de solidariedade social.

Desse modo, a Constituição portuguesa, ao assegurar o direito à propriedade privada em seu artigo 62º, nº 1, fá-lo tendo como premissa a busca por uma sociedade solidária, que visa promover o bem-estar e a qualidade de vida do povo, a prevalência do interesse coletivo, e, por isso, não tolera a visão da propriedade como um direito absoluto, mas como um direito que, em nome da solidariedade social, sofre limitações em seu exercício, as quais não permitem a existência de propriedades improdutivas nem o desrespeito às normas ambientais e relações de trabalho, obrigando, assim, que os proprietários desenvolvam a terra, cultivem-na de forma adequada e racional, cumprindo, ainda, as legislações trabalhistas.

Analogamente, o artigo 81º, "b", da CRP, ao definir como incumbência prioritária do Estado no âmbito social e econômico a promoção de justiça social, a fim de assegurar a igualdade de oportunidades e operar as necessárias correções das desigualdades na distribuição de riqueza e do rendimento, impõe ao poder público o dever de adotar medidas que combatam a inobservância da função social da propriedade, sobretudo quando se deparar com imóveis rurais improdutivos, os quais, longe de causar desenvolvimento, acentuam as desigualdades sociais, na medida em que impedem o acesso à terra de quem dela precisa para labutar. No mesmo sentido de demonstração da preocupação do constituinte português com a busca de justiça social, fim pretendido pela função social da propriedade, observam-se as previsões dos artigos 103º, nº 1 e 104º da CRP, referentes ao sistema fiscal, onde se constata a busca por um sistema fiscal justo, tudo em conformidade com a solidariedade social. Em face dessas premissas, ao tratar possibilidade de serem impostas limitações ao direito de propriedade no âmbito do direito português em razão do princípio da função social da propriedade, Ferreiro afirma:

> Também o Código Civil apresenta restrições ao direito de propriedade que devem ser entendidas como protecção de outros direitos. Para Menezes Cordeiro, a delimitação dos direitos reais ("permissão normativa" e "excepções a essa permissão") pode ser entendida à luz do princípio da sua *função social* mas apenas de forma indirecta a partir da figura do "abuso do direito" (artigo 334º do Código Civil). Trata-se de uma posição que não é consensual na doutrina dos direitos reais em Portugal. Esta ausência de consenso prende-se com o facto de a *função social* do direito de propriedade não ser explícita no normativo jurídico português relativo à propriedade, diversamente do que sucede noutros países.
> No Código Civil as restrições ao direito de propriedade privada envolvem a regulação das relações de vizinhança, o acesso aos imóveis e o ordenamento agrícola (v.g. "fraccionamento" e "emparcelamento"). O tema do abandono dos imóveis é abordado no artigo 1345º ("coisas imóveis sem dono conhecido") e descreve uma situação que pode fundamentar a extinção do direito, em consonância com o tratamento constitucional relativo ao abandono dos meios de produção. (FERREIRO, 2009, p. 27).

Corroborando essa asserção, o artigo 88, nº 2, da CRP estabelece que os meios de produção em abandono injustificado podem ser objeto de arrendamento ou de concessão de exploração compulsivos, o que ratifica o posicionamento de que, mesmo implicitamente, o ordenamento jurídico português contempla a função social da propriedade. Dessa forma, sendo a terra um bem fruto da natureza não deve ser explorada sem qualquer limite ou visando apenas o interesse de alguém, mas deve servir ao bem comum, especialmente nos tempos como o presente quando a escassez de recursos mostra-se patente, tendo, por causa disso, a própria Constituição portuguesa, em seu artigo 62, nº 2, autorizado a requisição e expropriação por utilidade pública, com base na lei, mediante indenização.

Além disso, o artigo 93, nº 1, "b" da Constituição portuguesa prevê como um dos objetivos da política agrícola não apenas a promoção da melhoria da situação econômica, social e cultural dos trabalhadores rurais e agricultores, assim como o acesso à propriedade ou à posse da terra e demais meios de produção diretamente utilizados na sua exploração por parte daqueles que a trabalhem. Outra motivação fática demasiadamente importante a justificar a imprescindibilidade da observância da função social da propriedade em Portugal foi apresentada por Gomes (2018) em seu artigo denominado "Reflexões (a quente) sobre o princípio da função social da propriedade".

Como se sabe, no ano de 2017, Portugal foi vítima de devastadores incêndios que consumiram, entre 1º de janeiro de 2017 e 31 de outubro de 2017, um total de 442.418 hectares de espaços florestais, tragédia que ceifou a vida de mais de cem pessoas, ferindo mais de trezentas, além de ter destruído casas e inúmeras instalações industriais. Os incêndios florestais continuaram a ocorrer no ano de 2018, causando sérios prejuízos a todo país tendo sido uma das causas ou um dos motivos de maximização dos efeitos deletérios a existência de terras abandonadas, fato que acabou gerando inúmeros prejuízos materiais e imateriais ao país, Isto faz com que políticas de combate ao abandono de terra, ou seja, de cumprimento de função social da propriedade rural, sejam objetivos fundamentais do Estado português, seja para garantir a produção, seja também para garantir a segurança de seus cidadãos (GOMES, 2018, p. 16). Ao transcrever excerto de Relatório de Comissão Técnica Independente que tratou sobre a questão, referiu Gomes:

> O abandono rural, refletido nas propriedades sem dono conhecido ou sem a intenção de intervenção, e os grandes incêndios florestais como consequência, constituem os maiores entraves à valorização do espaço e à necessária compartimentalização da paisagem que podem contribuir de forma preponderante para a contenção dos GIF [Grandes Incêndios Florestais]. (GOMES, 2018, p. 16).

No referido relatório, a Comissão Técnica Independente recomendou a aprovação de um normativo que introduza a obrigação de todos os proprietários se corresponsabilizarem na gestão de suas terras, de modo que seja estabelecido pelo Estado português um regime sancionatório para aqueles proprietários que deixem de cumprir com as suas obrigações (GOMES, 2018, p. 17). Assim, como se vê, o cumprimento da função social da propriedade em Portugal, revela-se necessário não apenas para garantir a produção de bens e produtos, bem como, contemporaneamente, medida de segurança aos cidadãos portugueses que, diante de terras abandonadas, ficam mais vulneráveis a grandes incêndios florestais como os ocorridos nos referidos anos, ocasionando a perda de inúmeras vidas, além da destruição de casas e instalações industriais. Demonstrando, desse modo, a imprescindibilidade de observância da função social da propriedade nos imóveis rurais portugueses, explicita Gomes:

> Não basta, contudo, evitar que a propriedade cause danos a terceiros; essa era a lógica liberal, que leva à clássica proibição do abuso de direito e que fundamenta resposta afirmativa à questão de saber se se pode obrigar um ou dois proprietários a cumprir um plano de gestão florestal, através da limpeza dos seus terrenos – a sua inércia não pode comprometer o sucesso da actuação dos restantes proprietários vinculados ao plano. Hoje, sob a égide do princípio da função social da propriedade, é possível e necessário pedir mais: a terra não se basta com estar apenas limpa, deve ser produtiva, na medida de suas características e aptidões. Uma terra produtiva é uma terra habitada ou, pelo menos, habitualmente frequentada, o que gera inerente cumprimento das regras de cuidado que aproveitam à gestão do proprietário e à segurança de terceiros. (GOMES, 2018, p. 21).

Dessa feita, em casos de inobservância de função social da propriedade, que possam causar riscos de incêndio, deve ocorrer medidas de penalização fiscal e arrendamento forçado, este último é exatamente o objeto da presente pesquisa, a ser, mais adiante demonstrado, um significativo instrumento de cumprimento da função social da terra, pois a persistência de comportamentos de alheamento e abandono, sobretudo, em áreas de risco elevado de incêndio, causa severos riscos sociais, justificando-se a intervenção estatal, sendo o arrendamento compulsório uma medida proporcional e razoável, na medida em que permite manter o vínculo do proprietário à terra, não avançando para uma expropriação, que de resto não oferece, por si só, garantias de melhor gestão, além de promover a produtividade do bem e incrementar a segurança pública (GOMES, 2018, p. 23).

Em Portugal, a Lei nº 31/2014, lei de bases gerais da política pública de solos, de ordenamento do território e de urbanismo, define o estatuto do direito de propriedade dos solos urbano ou rústico (rural), ou seja, os direitos e deveres de seus proprietários. Traz em seu bojo as obrigações daí decorrentes, destacando-se, dentre elas, o dever de utilização do bem de forma sustentável e racional, com respeito aos recursos naturais, ao ambiente, ao patrimônio cultural e à paisagem (art. 7º, letras "a" e "b", da Lei nº 31/2014), bem como utilizá-lo em conformidade com sua natureza, traduzida na exploração de sua aptidão produtiva, sem prejuízo de zelar pela preservação ambiental, cultural e paisagística (art. 13, nº 2, da Lei nº 31/2014). Neste sentido, Oliveira explicita:

> Pretende-se, nesta parte, tornar claro, em termos legais – o que é feito pela primeira vez entre nós –, o conteúdo do direito de propriedade privada sobre os solos, isto é, a identificação dos *direitos* e dos *deveres* dos proprietários dos solos (ver, em especial, Secção II, arts. 13º e segs.), conteúdo esse que se encontra diretamente relacionado com a *classificação* e a *qualificação* dos solos que é definida pelos instrumentos de planeamento territorial.
>
> É isso, precisamente, que decorre do disposto no artigo 9º, ao determinar que "*O regime de uso do solo define a disciplina relativa à respetiva ocupação, utilização e transformação*" (nº 2) o qual é "*estabelecido pelos planos territoriais de âmbito intermunicipal ou municipal através da classificação e qualificação do solo*" (nº 3).
>
> Ainda que tal não resulte agora da lei com a clareza que devia resultar, pretende-se consagrar legalmente um conceito-quadro de direito de propriedade do solo que o perspetive como um direito *integrado por múltiplas posições jurídicas ativas e passivas* (um direito composto por outros direitos, faculdades, deveres), de *conteúdo aberto* e *progressivo* (suscetível de aquisição gradual de novos direitos ou faculdades na sequência do cumprimento de um conjunto de deveres). Esta consagração era mais clara no Anteprojeto deste diploma com a referência expressa, no artigo 4º, à "*função social da propriedade*"; com a afirmação clara de que uma coisa são os direitos subjetivos públicos conferidos pelo plano através da definição do conteúdo do aproveitamento urbanístico da propriedade e outra, distinta, os direitos subjetivos patrimoniais privados que deles podem resultar mediante a incorporação na esfera jurídica do proprietário das respetivas faculdades urbanísticas (art. 23º); e com previsão expressa de que a aquisição daquelas faculdades depende da concretização de ónus e deveres urbanísticos que, ademais, se encontravam devidamente

identificados (art. 24º do Anteprojeto). (OLIVEIRA 2014, p. 22, grifos do autor).

A lei de bases gerais da política pública de solos, Lei nº 31/2014, contempla ainda os diversos meios de intervenção administrativa no solo, os quais podem ser de caráter imperativo, a funcionar quando os respectivos proprietários não os utilizem de acordo com a sua função social. Esses meios de intervenção estão listados na norma em referência e são os seguintes: transação de bens do domínio privado, o direito de preferência, as servidões administrativas, expropriação por utilidade pública, a venda forçada e arrendamento forçado e a disponibilização na bolsa de terras. A previsão legal dessas formas de intervenção administrativa na propriedade privada tem também a vantagem de conferir aos respectivos proprietários maior segurança jurídica, à proporção que, apenas nos casos previstos na legislação, poderão vir a se sujeitar à intervenção estatal em sua propriedade.

Portanto, constata-se que a norma em questão, além de apresentar previsão acerca dos meios de intervenção administrativa no solo, a serem utilizados em caso de inobservância do cumprimento da função social, estabelece como direito e como dever dos proprietários de solo rural o de utilizá-lo de acordo com a sua natureza, o que se traduz na exploração da aptidão produtiva do solo, de forma direta ou por terceiros, preservando e valorizando os bens culturais, naturais, ambientais, paisagísticos e de biodiversidade, conforme preceitua o artigo 13, nº 2, da Lei nº 31/2014.

Os artigos 55.2 e 59 do Decreto-Lei nº 307/2009, relacionados ao regime jurídico da reabilitação urbana, apresentam a previsão de arrendamento forçado no âmbito do referido instituto, vindo a se caracterizar como um instrumento de ressarcimento da Administração Pública pelas obras que esta tenha realizado compulsoriamente em imóveis que tenham necessitado de reabilitação e tal providência não tenha sido implementada pelo proprietário. Nesses casos, o proprietário omisso com seu dever terá retirada administrativamente a posse do bem pelo poder público a fim de que este execute as obras necessárias, de modo que, após a conclusão destas, caso o proprietário não proceda o ressarcimento das despesas à Administração ou não arrende o bem de forma espontânea, afetando as rendas ao ressarcimento das despesas realizadas, poderá o Estado arrendá-lo de forma compulsória, mediante concurso público para ressarcir os gastos realizados.

Outra norma portuguesa relevante e que, neste caso, contempla expressamente a chamada função social da propriedade é a Lei nº 86/95, de 1º de setembro, conhecida como Lei de Bases do Desenvolvimento Agrário, cujo artigo 14, nº 1 preceitua:

> A terra, como suporte físico fundamental da comunidade, é valor eminentemente nacional, devendo respeitar a sua função social, no quadro dos condicionalismos ecológicos, sociais e económicos do país.

Há, em Portugal, norma jurídica que expressamente contempla a chamada função social da propriedade, o que ratifica a asserção de que esta integra e limita o direito à propriedade rural. No tocante à *Bolsa Nacional de Terras*, observa-se ter sido instituída por força da Lei nº 62/2012, sendo modalidade de intervenção direta do poder público na propriedade privada que ocorrerá mediante a apropriação por parte do Estado das terras sem proprietário conhecido e que estejam em situação de abandono, sem o desenvolvimento de atividades produtivas. Nesse viés, Lemos deslinda:

> Como melhor veremos *infra*, ao regime jurídico da bolsa nacional de terras encontra-se associada uma intervenção directa dos poderes públicos na propriedade privada. Tal acontecerá quando se concretize a apropriação, pelo Estado, das terras que não tenham dono conhecido e que não se encontrem a ser utilizadas para fins agrícolas, florestais ou silvopastrois, mediante um prévio processo de reconhecimento da situação de abandono.
> Será aquele específico procedimento administrativo – findo o qual sem que haja sido feita prova da propriedade serão os prédios objecto do procedimento considerados património do Estado – que, no regime da bolsa de terras, suscitará maiores reflexões constitucionais, à luz da Constituição Económica portuguesa, na qual a propriedade privada merece especial proteção. (LEMOS, 2014, p. 15)

Infere-se, pois, que em Portugal há diversas normas impondo, em nome da função social da propriedade, limitações ao exercício do direito do titular do bem. Ascenção (2000, p. 196), com clareza, retira quaisquer dúvidas acerca da impossibilidade de se negar à propriedade privada uma função social:

> Destes preceitos resulta que a exploração privada dos meios de produção deve servir as finalidades colectivas.

Isto implica necessariamente, embora o qualificativo nunca seja utilizado, uma visão funcional. E o artigo 61º/1 revela-nos até que essa visão ultrapassa o círculo dos direitos reais. Em termos técnicos, não podemos deixar de entender essas regras, que fixam uma destinação colectiva afastada quer do individualismo quer do colectivismo, como traduzindo a interferência de uma função social.
De facto, negar à propriedade privada uma função social significa continuar a considera-la uma anomalia do sistema constitucional, sobrepondo uma ideologia ao sistema de valorações vigentes. (ASCENÇÃO, 2000, p. 196, grifos nossos).

Portanto, nos dias atuais, tanto no Brasil, como em Portugal, não se pode mais conceber a propriedade como um direito ilimitado, pelo contrário, o conceito de função social integra a definição de propriedade. Só se pode falar em propriedade, à luz da Constituição, quando esta cumprir com a função social nos exatos moldes descritos por Léon Duguit (1996). Em ambos os países, o princípio da função social é parte integrante do direito de propriedade, verdadeiro elemento de sua estrutura, conformando-a, atuando de dentro para fora e não apenas como os limites, que são exteriores e, portanto, de fora para dentro. Embora se possa falar genericamente como um limite de atuação do proprietário, havendo, assim, nessa relação entre a propriedade e a função social poderes, limites e deveres (TORRES, 2010, p. 236). Diante dessas asserções, observa-se que a função social, nos dias atuais, integra o direito de propriedade, impondo ao titular desse direito algumas limitações das quais se destaca a obrigatoriedade de tornar produtiva sua propriedade, rompendo com o pensamento tipicamente liberal, passando a adotar como fundamento a solidariedade social.

Uma vez demonstrada que a função social consiste em um elemento imanente e limitador do direito de propriedade, cabe agora analisar a chamada reforma agrária, que, como visto, constitui-se em direito fundamental social do trabalhador rural, além do que, pode vir a ser, no arrendamento rural forçado, objeto do presente estudo, significativo instrumento para a implementação desse direito fundamental social. Apresenta, portanto, enorme importância na obtenção dos fins almejados tanto pelo Estado brasileiro, no sentido não só de garantir o desenvolvimento nacional, erradicar a pobreza e a marginalização e reduzir as desigualdades sociais e regionais, bem como de construir uma sociedade livre, justa e solidária, promovendo o bem-estar e a qualidade de vida do povo, na medida em que possibilita ao trabalhador rural o acesso à terra.

CAPÍTULO 4

O INSTITUTO DA REFORMA AGRÁRIA E SUA INCIDÊNCIA NO BRASIL E EM PORTUGAL

Nesta parte da obra, procurar-se-á tratar do instituto da reforma agrária, demonstrando como se deu em alguns países ao redor do mundo, e, em especial, como incidiu no Brasil e em Portugal, destacando-se a profunda importância do tema no âmbito do direito agrário, na medida em que, por intermédio dele, possibilita-se o acesso à terra a quem dela efetivamente precisa. Dessa forma, alcança-se, uma vida mais digna para os seres humanos, com a diminuição da pobreza, das desigualdades sociais, proporcionando, assim, sociedades mais justas e solidárias, fins almejados tanto pelo constituinte brasileiro como pelo português.

4.1 Definição de reforma agrária

A reforma agrária se caracteriza pela modificação da estrutura agrária por intermédio de instrumentos institucionais, ou seja, a partir da instauração de institutos jurídicos referentes à utilização da terra e relacionados à atividade agrária e à estrutura agrária (LIMA, 1977, p. 52). A reforma agrária consiste em um ato do poder público que visa modificar uma estrutura vigente, um *status quo*, procedendo verdadeira transformação nas relações de poder em uma determinada área. Desse modo, objetiva corrigir disparidades históricas entre grupos sociais, aliviar a pobreza, realocar terras a fim de que sejam usadas de maneira mais eficiente e produtiva, impulsionando o crescimento econômico do país onde se realiza (PHILIPS, 2020, p. 210). Vivanco conceitua reforma agrária nos seguintes termos:

La Reforma Agraria consiste en la modificación de la estructura agraria de una zona o país determinado, mediante la ejecución de cambios fundamentales en las intituciones jurídicas agrarias, en él régimen de tenencia de la tierra y en la división de la misma. Presupone además la construcción de obras y prestación de servicios de diversa índole tendientes a incrementar la producción y mejorar la forma de distribución de los beneficios obtenidos de ella, a fin de lograr mejores condiciones de vida y de trabajo, en beneficio de la comunidad rural. (VIVANCO, 1967a, p. 153).[40]

A reforma agrária, portanto, constitui-se em um conjunto de medidas administrativas e jurídicas implementado pelo poder público, cuja finalidade é a modificação de alguns institutos jurídicos e a revisão das diretrizes da administração ou a parcial reformulação das normas e medidas, com o objetivo precípuo de sanear os vícios intrínsecos e extrínsecos do imóvel rural e de sua exploração, sem que isso implique a derrogação dos princípios asseguradores da propriedade imóvel (STEFANINI, 1978, p. 52). É possível afirmar que a reforma agrária visa promover a melhor distribuição da terra, mediante modificações no regime de posse e uso, a fim de atender aos princípios de justiça social e ao aumento da produtividade (SODERO, 2006, p. 288).

Por intermédio de diversos processos de execução da reforma agrária se possibilita a revisão das relações jurídicas e econômicas dos que detêm e trabalham a propriedade rural, com o fito de modificar determinada situação atual do domínio e posse da terra e a distribuição da renda agrícola. Desse modo, consiste, pois, em revisão e novo regramento das normas, disciplinando a estrutura agrária de um determinado país, tendo em vista a valorização humana do trabalhador e o aumento da produção, mediante a utilização racional da propriedade agrícola e de técnica apropriada ao melhoramento da condição humana da população atual (MARQUES JÚNIOR, 2010, p. 91). Indubitavelmente, a reforma agrária corporifica uma política voltada à eliminação dos bolsões de pobreza e à incorporação da área rural ao processo de industrialização do país. A partir da reforma agrária se

---

[40] A Reforma Agrária consiste na modificação da estrutura agrária de uma região ou de um país determinado, mediante a execução de modificações fundamentais nas instituições jurídico agrárias, no regime de posse da terra e em seu parcelamento. Pressupõe, além disso, a construção de obras e prestações de serviços de diversas espécies, visando incrementar a produção e melhorar a forma de distribuição dos benefícios obtidos dessa produção, a fim de obterem-se melhores condições de vida e de trabalho, em benefício da comunidade rural. (Tradução nossa).

realizam os propósitos de aumentar o número de proprietários rurais, de ocorrer maior e melhor distribuição de renda, assim como aperfeiçoamento das relações emergentes da posse e uso da terra, do trabalho e da produção rural (TENÓRIO, 1978, p. 50).

A reforma agrária, portanto, não deve ser entendida como uma mera decisão tomada em decorrência de singela vontade política do Estado, eis que, na realidade, advém de uma exigência de cunho social, notadamente em países nos quais uma significativa quantidade de trabalhadores tenha dificuldade no acesso à terra, fato que torna necessária a intervenção estatal a fim de corrigir essa distorção, procedendo-se a essa reformulação do *status quo* então vigente. É fato que a reforma agrária coloca-se verdadeiramente como uma exigência social premente em países, ou regiões, onde existia uma grande massa de lavradores com dificuldade de ter acesso à propriedade da terra, quando, então, diante dessas circunstâncias, ganha força social a ideia de que a terra deve ser destinada a quem trabalha (VEIGA, 2007, p. 10).

Quando se utiliza a expressão *reforma agrária*, busca-se dar uma nova forma, melhorar, retificar, transformar as instituições jurídico-agrárias em um determinado local, a fim de que provocar o aumento de produção e a consequente melhoria na vida dos trabalhadores rurais e de toda a sociedade atingida pela medida. A reforma agrária deve ser entendida como o conjunto de medidas adotado pelo poder público com o fim de garantir para o meio rural viabilidade econômica, sustentabilidade ambiental, desenvolvimento territorial, por intermédio de instrumentos fundiários adaptados a cada público e região, razão de apresentar diferentes peculiaridades em cada país.

É, portanto, a reforma agrária uma forma de intervenção do Estado na propriedade privada, que possui peculiaridades inerentes a cada país (RAMUTSINDELA; HARTNACK, 2019, p. 200), ou seja, não há de se falar em um modelo padrão de reforma agrária, na medida em que cada país possui uma origem territorial distinta, sociedades distintas, não se pode, por isso, exigir que países, mesmo localizados em um mesmo continente, ou até mesmo vizinhos, possuam modelos comuns de reforma agrária (MARQUES, 2011, p. 131).

4.2 Principais características da reforma agrária

A reforma agrária possui como algumas características que lhe são inerentes, das quais é possível se destacar:

a) Trata-se de uma modalidade de intervenção do Estado na propriedade privada. Induvidosamente, a reforma agrária constitui-se em modalidade de intervenção do Estado na propriedade privada, uma vez que a fim de alcançar os intentos de propiciar acesso à terra a quem dela efetivamente precisa, buscando-se uma vida mais digna para os seres humanos, a diminuição da pobreza e das desigualdades sociais, necessitará incursionar no âmbito da propriedade privada, seja por meio da desapropriação de imóveis, seja por meio de tributação ou, conforme defendido neste trabalho, por intermédio de um arrendamento rural forçado. Neste sentido, são as lições de Costa (2014, p. 98): "Não obstante cada país tenha uma concepção diferente, é fato que toda reforma agrária parte da restruturação da propriedade rural, ensejando a necessidade de intervenção do Estado, na propriedade privada".

b) A reforma agrária é peculiar em cada país.

Outra característica marcante da reforma agrária é ser peculiar em cada país, conforme mencionado, ou seja, como regra, o modelo de reforma agrária implementado no país A não servirá para o país B, uma vez que cada qual possui distinta formação territorial e sociedade, o que irá influenciar no modelo de reforma agrária a ser adotado. É nítido, pois, que a reforma agrária representa um fenômeno peculiar de cada país, está intrinsecamente ligada aos aspectos locais, que, a depender do momento histórico-político-econômico, cria normas específicas condizentes à situação e às necessidades para fazer com que a terra cumpra o seu fim. Em virtude disso, a reforma agrária pode assumir acepções diferentes, que podem ser mais amplas ou restritas, isto desembocará em normas legais peculiares voltadas a atender as especificidades do lugar e do momento histórico (COSTA, 2014, p. 97).

c) A reforma agrária é transitória.

Diante do exposto, cabe esclarecer que a reforma agrária deve ser tida como um fenômeno episódico, utilizado para corrigir distorções existentes em um dado momento histórico, conforme as condições vivenciadas por aquele determinado país. Uma vez solucionada a motivação fática que lhe deu causa, deverá cessar, ou seja, essa modalidade de intervenção estatal deve constituir-se em mero acidente, transitório, como transitórias foram todas as etapas de implantação de reforma agrária que o mundo conheceu até hoje (BORGES, 1996, p. 19).

d) A reforma agrária não se limita a ser mera distribuição de terras, pois depende de uma política agrícola eficiente.

Não menos importante que as características já apresentadas, esta, ao contrário, demonstra-se como peculiaridade de grande relevância para a reforma agrária, pois este instituto não pode ser tido como uma singela espécie de distribuição de terras, deve vir acompanhado de uma política agrícola eficiente, por intermédio da qual sejam fornecidas condições mínimas para que os trabalhadores rurais, de posse da terra, tenham condições efetivas de desenvolver as atividades produtivas.

Isto se dá porque a mera distribuição de terras, dissociada de outras medidas, não tem o lastro de contribuir com o desenvolvimento do trabalhador rural, gerando riquezas e renda. É preciso oferecer a este trabalhador assistência, a mais ampla possível, a fim de que possa explorar racional e economicamente a terra ocupada. Assim, sem a assistência ampla não há reforma agrária (LIMA, 1977, p. 54). Portanto, demonstra-se equivocado compreender que a reforma agrária pode ser efetivada destituída de uma política de assistência ao trabalhador rural, conferindo-se a este apenas um pedaço de terra para trabalhar, sendo imperiosa uma verdadeira reforma do sistema de posse da terra. Realizar a reforma agrária, portanto, significa alterar e reestruturar regras e processos visando tornar o sistema de posse da terra consonante com a necessidade geral de desenvolvimento (ESTRELA, 1978, p. 221). Assim, a singela distribuição terras, desacompanhada de uma política agrícola adequada, que propicie ao trabalhador rural condições de realizar adequadamente suas atividades, não pode ser considerada reforma agrária, mas mera distribuição de terras.

A política agrícola, indispensável para a implementação da reforma agrária, consiste em toda ação governamental dirigida ao campo, com o fito de trazer o bem-estar ao meio rural e à sociedade em geral. Trata-se de providências de amparo à propriedade da terra, a englobar não só produtores e trabalhadores rurais, bem como os setores de comercialização, de armazenamento e de transportes, com o intento de implantar nos assentamentos e na comunidade rural a assistência social, técnica, de estímulo à produção, comercialização, beneficiamento e industrialização dos produtos agropecuários. Estão incluídos nestas ações: assistência técnica; financeira; creditícia e de seguros; programas de garantia de preços mínimos e demais subsídios; obras de eletrificação rural; irrigação e outras obras de infraestrutura; construção de moradias; incentivo à pesquisa e à tecnologia; cooperativismo etc. (COSTA, 2014, p. 98).

Observa-se, desse modo, que a reforma agrária não se limita simplesmente à partilha de terras oriunda da exacerbada concentração em poder de poucos, mas deve consistir também na implementação de políticas agrícolas e outras providências públicas ligadas ao setor, destinadas a fixar o trabalhador à terra, permitindo seu desenvolvimento e sustento, como, por exemplo, incentivos fiscais, créditos agrícolas, saneamento básico, transporte, escolas, postos de saúde etc. Assim, a distribuição de terras a trabalhadores rurais deve ser apenas a medida inicial da reforma agrária, pois, para que seja alcançada a finalidade de fixar o homem à terra, torna-se necessário um conjunto de ações governamentais que garanta as condições necessárias para tal, pode-se afirmar de maneira categórica que o conceito de reforma agrária deve ser de caráter amplo, nele abrangida distribuição da terra, bem como as demais medidas governamentais imprescindíveis ao êxito dessa empreitada.

Conclui-se, pois, que qualquer que seja a concepção adotada sobre reforma agrária, é forçoso reconhecer que deve ser realizada em plano conjunto, correlacionada não só à descentralização da propriedade, como, de outro lado, à emancipação do campesinato. Para se alcançar esse desiderato, devem ser adotadas diversas medidas como a educação do camponês, a aplicação das medidas do direito do trabalho aos trabalhadores rurais, a formação de ligas campesinas ou sindicatos rurais, a construção de estrada canalizando as riquezas do interior, a comercialização dos produtos, o crédito rural, a diminuição dos impostos, a agricultura científica, a mecanização do trabalho, a proteção ao campo e às lavouras (FERREIRA, 1998, p. 1.623).

Isto se deve, pois, não obstante ao se falar em reforma agrária imagine-se, em primeiro plano, a modificação da estrutura fundiária e a sua redistribuição, não se pode abstrair de sua finalidade precípua, qual seja, a de atender aos princípios da justiça social e ao aumento da produtividade (MARQUES; MARQUES, 2017, p. 128). Vivanco, com firmeza, defende a imprescindibilidade de outras medidas que não a mera distribuição de terras para a consecução de uma efetiva reforma agrária:

> Los cambios provocados por la reforma deben ser tanto en el orden económico, como social y jurídico. Se requiere uma reforma legislativa, nuevos sistemas de producción y de distribución de los beneficios de la producción, y un tratamiento especial a la comunidade rural abierta y

con posibilidades para una movilidad vertical permanente. (VIVANCO, 1967a, p. 158).[41]

Portanto, a partir dessa característica, é induvidoso que a reforma agrária não se faz apenas com a distribuição de terras aos trabalhadores rurais, mas com uma eficiente política agrícola capaz de proporcionar aos camponeses condições de trabalharem na terra.

4.3 Métodos

Quanto aos métodos de implantação da reforma agrária, a doutrina sustenta que há dois sistemas, a saber: o coletivista e o privatista, este último também chamado de individualista ou liberal. O primeiro apregoa a imprescindibilidade da nacionalização da terra, independente de indenização, a qual passa a se tornar propriedade estatal, tendo como fundamento a doutrina socialista, ao asseverar que os meios de produção devem ser de propriedade do Estado, cabendo ao trabalhador rural o direito de uso (MARQUES, 2011, p, 130). Trata-se do método marxista-leninista de confisco de propriedade, sem indenização, de acordo com a fórmula marxista de que os expropriadores são expropriados (FERREIRA, 1998, p. 162). Chau-Tsi, ao se referir a esse método, explica:

> A reforma agrária consiste em confiscar as terras dos grandes proprietários de terras para distribuí-las entre os camponeses sem terra mal aquinhoados. Assim, os grandes proprietários territoriais são suprimidos da sociedade como classe e o sistema da grande propriedade baseado na exploração feudal é substituído pelo sistema da propriedade camponesa. (CHAU-TSI, 1950, p. 30).

Este sistema foi observado em países que adotaram o sistema socialista como a antiga União Soviética, a China e alguns países do leste europeu. Por sua vez, no sistema privatista ou individualista admite-se a propriedade privada, de modo que a terra será de titularidade de quem trabalha, seja o pequeno, médio ou grande produtor. Fundamenta-se

---

[41] As mudanças trazidas pela reforma devem estar na ordem econômica, social e legal. É necessária uma reforma legislativa, novos sistemas de produção e distribuição dos benefícios da produção e um tratamento especial para a comunidade rural, aberta e com possibilidades de mobilidade vertical permanente. (Tradução nossa).

na doutrina de Aristóteles e pregada pela Igreja Católica, sustenta-se no argumento de que os bens existem para a satisfação do homem, que deve, por isso, apropriar-se deles, não pode, todavia, figurar como direito absoluto, devendo estar condicionado à busca do bem comum (MARQUES, 2011, p. 131). Por meio desse método de reforma agrária, não se admite a supressão das terras dos proprietários originais sem a devida indenização, ao contrário do que acontece no sistema coletivista (FERREIRA, 1998, p. 162).

4.4 A reforma agrária ao redor do mundo: breve análise

Conforme referido anteriormente, não há a possibilidade de se estabelecer um padrão de reforma agrária visto que este instituto abarca diversas questões como os aspectos políticos, econômicos, sociais e históricos de cada país, pelo que, conforme será observado a seguir, cada país possui, em relação à reforma agrária, a aplicação de normas específicas à sua situação e às suas necessidades. Assim, procurar-se-á realizar uma sucinta referência às diversas maneiras de implantação de reforma agrária ao redor do mundo, ordenando-se em conformidade com os continentes em que se realizaram, desde a Europa, passando pela Ásia e encerrando pela América.

4.4.1 Reforma agrária em alguns países da Europa

A reforma agrária constitui-se em um enorme e complexo processo de transformação econômica e social, tendo alguns países da Europa tentado, por intermédio dessa política pública, eliminar resquícios de alguns privilégios feudais, passaram a adotar ações que buscavam, simultaneamente, aumentar a produtividade da agricultura e remover grandes faixas da população da pobreza e da miséria (DOMENECH; HERREROS, 2017, p. 83).

4.4.1.1 Reforma agrária na Itália

Na Itália, não houve uma lei de reforma agrária de cunho geral a atingir todas as regiões do país, pelo contrário, implementou-se um plano de desenvolvimento regional, zona por zona, objetivando conceber a terra na sua essencial qualidade produtiva. Desse modo, houve uma distribuição da propriedade da terra, acompanhada de assistência do Estado, sem ocorrer uma modificação total da estrutura agrária do país (COSTA, 2014, p. 76). Isto porque apenas uma parte do país, localizada na zona central, possuía a necessidade de enfrentar o problema fundiário ali existente, com a necessidade de combater o monopólio de terras, por intermédio da transformação e do fracionamento do latifúndio (MARCIAL, 1961, p. 307).

No início do século XX era comum, na Itália, a existência de algumas concentrações de terras nas grandes propriedades, de modo que aos camponeses restava o trabalho, como assalariados, naqueles locais, a provocar, por isso, significativas desigualdades sociais, as quais acabaram pressionando o governo a editar normas jurídicas que acabavam por compelir os proprietários de terra a praticarem medidas para tornarem esses imóveis produtivos, sob pena de desapropriação. A partir da Constituição Italiana de 1948, que reconheceu que a propriedade privada deveria cumprir com a função social, foram adotadas outras medidas como o estabelecimento de limites de extensão à propriedade privada de acordo com a região e as zonas agrárias a fim de que fossem diminuídos os latifúndios.

Além disso, foram promulgadas leis regionais, responsáveis por darem a conotação de cunho regional à reforma agrária, mediante medidas de descentralização administrativa. Com efeito, a reforma agrária italiana foi tipicamente regional, tendo também sido desenvolvida de forma pacífica, com duração de longo prazo, visando consolidar a pequena propriedade rural e transformar os empregados das grandes propriedades em pequenos proprietários rurais, buscando-se oferecer oportunidades de condições para que produzissem adequadamente na terra (CASANOVA, 1967, p. 105). Consigne-se que os proprietários desapropriados recebiam por parte do Estado a devida indenização em face da expropriação dos imóveis, paga através de títulos estatais, resgatáveis em até cinco anos (MARCIAL, 1951, p. 321).

4.4.1.2 Reforma agrária na Espanha

No que pertine à reforma agrária espanhola, observa-se que o país sofreu com o latifúndio, o qual, ali teve sua origem na época da reconquista, quando os reis espanhóis concediam as terras arrebatadas aos mouros e aos nobres, fez com que a propriedade ficasse concentrada nas mãos de poucos (LIMA, 1994, p. 270). Havia, então, a necessidade de uma reforma agrária, uma vez que era clara a existência, no que concerne à agricultura, de uma realidade de mero regime de posse indireta, improdutividade e indisponibilidade para quem, de fato, necessitava desta para produzir (SANZ JARQUE, 1975, p. 391).

A fim de modificar a enrijecida concentração fundiária, foi realizada uma série de medidas normativas com o propósito de desenvolvimento econômico, mesclado com um fim social, no qual não poderia faltar uma direção especificamente agrária. Em virtude disso, a reforma agrária espanhola teve como principais características o aumento dos tributos sobre os imóveis rurais, a adoção de medidas fiscais punitivas e estimulantes, a expropriação de imóveis mal explorados ou inexplorados, a cessão de terras públicas para assentamentos de agricultores, além do que as normas fiscais direcionavam suas diretrizes para a reforma agrária naquele país. (LIMA, 1994, p. 271).

Portanto, na Espanha, diante da existência de uma estrutura fundiária baseada no latifúndio, foi promulgada, em 1932, a Lei da Reforma Agrária designada a assentar os campesinos na terra, dividindo, redistribuindo e expropriando as grandes propriedades. Além de ter adotado providências em face de terras utilizadas para renda, ao racionalizar o cultivo da propriedade. Destaque-se que, na reforma agrária espanhola, as terras consideradas produtivas foram afastadas da expropriação pela legislação (COSTA, 2014, p. 77). A Lei da Reforma Agrária de 1932 previa a possibilidade de desapropriação de imóveis independentemente de indenização. Todavia, em 1935, por intermédio da Lei de Reforma Agrária de 7 de agosto, foi realizada uma completa modificação na norma então vigente, a qual foi derrogada em diversos aspectos, dentre os quais aquele que autorizava a possibilidade de desapropriação independente de indenização (LIMA, 1994, p. 272).

4.4.1.3 Reforma agrária na França

Na França, antes da Revolução de 1789, as terras pertenciam a um pequeno número de pessoas da nobreza, de modo que a citada Revolução teve por fim, em grande parte, combater a então vigente questão agrária, na medida em que o latifúndio correspondia a um grave vício social naquele país. As terras do território francês estavam concentradas nas mãos de uma oligarquia dominante, ou seja, o processo revolucionário teve como um de seus fins a questão agrária, defendendo a ideia de ser o latifúndio um vício social, prejudicial aos interesses da maioria. Desse modo, após os atos revolucionários de 1789, as propriedades foram confiscadas do clero e da nobreza, sendo ulteriormente vendidas, aumentando-se o número de proprietários rurais (ALMEIDA; SARDAGNA, 2002, p. 232) e, por isso, 1.220.000 proprietários novos sucederam aos 30.000 antigos (LIMA, 1994, p. 269).

Após a Primeira Guerra Mundial (1914-1918), foram promulgadas na França diversas normas jurídicas para manter a equitativa distribuição da terra, tendo, por meio destas normas sido autorizados os departamentos e as comunas a adquirirem terras para vendê-las a trabalhadores e familiares pouco afortunados, constituindo-se, assim, pequenas propriedades rurais. Desse modo, em 1919, uma lei, inspirada na *homestead* foi aprovada e através dela os departamentos e comunas poderiam adquirir terras destinadas aos trabalhadores e famílias carentes, tendo como limite territorial a dimensão de dez hectares, sendo a área inegociável pelo período de dez anos, além do que, obrigatoriamente, deveria ser trabalhada pelo agricultor e família (SPINEDI; VALLS, 1951, p. 57). Assim, na França, com a reforma agrária, buscou-se combater o latifúndio e estabelecer as pequenas propriedades rurais, onde o agricultor poderia labutar com sua família, visando, assim, a subsistência e o aumento da produção.

4.4.1.4 Reforma agrária na Rússia

Na Rússia, antes da Revolução de 1917, a população era dividida em duas classes, a nobreza e os camponeses, de forma que a esmagadora maioria das terras com potencialidade agrícola eram possuídas pela Coroa, pelos príncipes e pela nobreza. De fato, as terras eram divididas em extensos domínios, os quais apenas eram cultivados pelos camponeses submetidos a condições de trabalho degradante. Esses fatos causaram profundas tensões sociais naquele país e, por consequência, a realização da reforma agrária (LIMA, 1994, p. 276). Desse modo, infere-se que a realidade posta era extremamente irregular e injusta, o que tornou a situação socialmente insustentável, sobretudo porque, além de trabalharem em terras das quais não eram os titulares, os camponeses ainda tinham de suportar condições de trabalho sub-humanas (CASANOVA, 1967, p. 111).

Em 1819, o Czar Alexandre I decretou a liberação dos camponeses que estavam vinculados ou escravizados à terra por força do nascimento, sem, todavia, dar-lhes o direito à terra em que viviam. Em 1861, o Czar Alexandre II libertou os camponeses escravos da Coroa e os escravos particulares, oferecendo-lhes terras, algumas em propriedades individuais e outras em propriedades comunais, mediante a obrigação de pagarem o preço das terras no prazo de quarenta e nove anos. Todavia, essa reforma agrária não atendeu ao problema agrário russo, uma vez que onerou demasiadamente os agricultores que adquiriram terras do Estado, pois além de terem de pagar ao poder público, ainda tinham de pagar uma indenização à nobreza que havia perdido suas terras, ou seja, os camponeses tinham de pagar duas vezes pelo mesmo direito, fato que gerou nos trabalhadores rurais profunda hostilidade em relação à propriedade privada, fazendo com que crescesse no país a ideia de nacionalizar todas as terras e de dividi-las equitativamente (LIMA, 1994, p. 277). A situação, portanto, demonstrava-se extremamente injusta, na medida em que os antigos servos continuavam compelidos a dispor de significativa parcela de seus rendimentos para pagar impostos e ressarcir pelas terras recebidas. Gerou-se, pois, um clima de revolta, uma vez que os camponeses consideravam que pagavam indevidamente por terras que já eram deles (SILVA, 2012, p. 112).

Em 1917, com a revolução bolchevista, extinguiu-se a propriedade privada e todas as terras foram nacionalizadas, a fim de serem repartidas entre os trabalhadores do campo. Ficou proibida a transmissão da posse da terra, respeitando-se, todavia, as posses daqueles que cultivavam as terras que possuíam. Portanto, com a Revolução de 1917, os bolcheviques levaram ao poder Lênin que colocou fim à propriedade privada com a redistribuição de terras aos camponeses. Em 1922, foi criada a União das Repúblicas Socialistas Soviéticas (URSS) e implantado o regime comunista. Naquele mesmo ano, o Código Agrário implementou uma mudança profunda nas bases econômicas do país, passando a propriedade a figurar como fundamento da produção mediante o trabalho (PASSOS, 2004, p. 150). O novo regime de propriedade agrária tinha por fito o bem-estar coletivo dos camponeses, que trabalhavam as terras com a socialização dos bens de produção, algumas vezes ocorrendo a participação comunal também sobre a produção.

Na prática, com a Revolução, foi realizada uma reforma que não consistia em apenas entregar a terra ao trabalhador camponês, mas em estabelecer a propriedade coletiva da terra, ou seja, ocorreu verdadeira nacionalização de toda a terra, animais e meios de produção, passando a serem formados os *soviets* e a subdivisão das terras agrícolas, proibindo-se a transmissão da terra, uma vez que figurava como propriedade estatal, permitindo-se, para fins de apropriação privada, apenas o seu uso (SPINEDI; VALLS, 1951, p. 56).

É possível afirmar que no pós-revolução de 1917, a propriedade no estado soviético era exclusiva, universal e absoluta. Isto porque ali não poderia haver outro proprietário que não fosse o Estado. Além disso, as terras encontravam-se retiradas da circulação comercial, de modo que sua alienação não se encontrava prevista no ordenamento jurídico. Por essa razão, não poderiam deixar de pertencer ao Estado, de modo que os produtores e as associações de produtores que as utilizavam sempre as recebiam a título de usufruto (CASANOVA, 1967, p. 112). Em 1922, como citado, foi promulgado o Código Agrário, cujo objetivo era estimular a produção agrária e fornecer uma nova estrutura agrária ao país. Por força dessa norma, só quem trabalhava na terra teria o direito de possuí-la. Além disso, esse Código previu o crédito rural e a assistência à mecanização agrícola. Portanto, naquele momento histórico prevaleceu o entendimento de que todo direito à propriedade se justificava pelo trabalho sobre a terra, em clara adoção da teoria marxista, pelo que à medida que a propriedade gerasse frutos, estes deveriam ser vistos como produtos em benefício da comunidade (LIMA, 1994, p. 277). Percebe-se, de forma nítida, que o modelo de reforma agrária russo foi o chamado modelo coletivista, caracterizado pela nacionalização da terra, a qual passou a ficar sob a propriedade estatal.

4.4.2 Reforma agrária em alguns países da Ásia

4.4.2.1 Reforma agrária na China

Na China, a reforma agrária realizou-se a partir das disposições do artigo 8º da Constituição de 1954. De acordo com a referida norma constitucional, o Estado deveria proteger o direito de propriedade dos camponeses sobre a terra e outros meios de produção, além do que deveria praticar atividades de fomento à produção e ao agrupamento voluntário dos camponeses em cooperativas de produção e de abastecimento. Além disso, na reforma agrária chinesa havia a possibilidade de desapropriação da terra, de acordo com a lei, em benefício do interesse público, com a respectiva indenização, havendo, de igual modo, a possibilidade da terra ser tomada em usufruto ou ocorrer, ainda, a nacionalização desta.

Como se vê, na China, havia a previsão legal de situações distintas, ou seja, a terra poderia, conforme o caso, ser desapropriada mediante indenização, poderia ser nacionalizada, sem indenização, ou ainda se poderia respeitar a propriedade privada sem que sofresse qualquer restrição, como se deu com as propriedades dos camponeses sobre a terra e os meios de produção. Na realidade, quando houve a reforma agrária chinesa, foram especialmente confiscadas, sem indenização, as terras de propriedade dos latifundiários, dos templos, dos mosteiros e das igrejas, terras pertencentes a industriais e comerciantes, bem como as terras de pessoas que, não empregando mão de obra, davam em arrendamento lotes que ultrapassavam em superfície ao dobro do que cabia em média a cada habitante na respectiva localidade. Com exceção desses casos, a terra e os demais bens dos camponeses ricos permaneciam invioláveis (FERREIRA, 1998, p. 83).

Na reforma agrária chinesa, há certa distinção em relação à reforma ocorrida na antiga União Soviética, pois, no caso chinês, não ocorreu a integral nacionalização da terra para transferi-la ao Estado, ao contrário, tendo sido assegurada a propriedade dos camponeses, Houve, porém, ação estatal em relação aos latifúndios improdutivos, os quais foram objeto de confisco, uma vez que o artigo 5º da Lei de Reforma Agrária Chinesa expressamente garantia que a terra pertencente aos camponeses ricos e por eles cultivada estariam salvaguardadas da intervenção estatal. Desse modo, aquele que não cultivasse sua terra, tê-la-ia confiscada, além de ter confiscados os animais de trabalho, o maquinário agrícola, as plantações e os prédios ali existentes. Entretanto, as terras pertencentes aos camponeses ricos, cultivadas por eles próprios, mesmo com a ajuda de mão de obra assalariada, receberia a proteção estatal, a exemplo do sucedido com as terras e os meios de produção dos camponeses médios (CASANOVA, 1967, p. 118).

Infere-se, pois, que na reforma agrária chinesa, o instituto jurídico da desapropriação levava em conta o fato de as propriedades agrárias se destinarem ou não aos camponeses, os quais, uma vez recebendo a terra, tinham como obrigação cumprir a meta do Estado de aumento da produção. A reforma agrária ali se implantou de maneira paulatina, tendo sido desapropriadas, primeiramente, as propriedades que excediam os limites impostos em lei, as quais foram entregues de forma individual aos trabalhadores do campo. Em seguida, essas terras foram reorganizadas e transformadas em cooperativas, até surgirem as comunas que não conseguiram ser independentes economicamente (LISITA, 2004, p. 148).

4.4.2.2 Reforma agrária no Japão

No Japão, a reforma agrária se efetivou após a Segunda Guerra Mundial, da qual o país saiu derrotado, tendo sido uma medida imposta pelos Estados Unidos. Ao fim daquele conflito, portanto, a reforma agrária foi necessária para a reconstrução do país, eis que a maior parte das terras agricultáveis era explorada por meio de arrendamento, cujo preço era demasiadamente elevado, impedindo qualquer chance de progresso socioeconômico aos arrendatários (LIMA, 1994, p. 280). Assim, a reforma agrária japonesa procurou proceder a divisão de terras agrícolas, passando, pois, a haver a possibilidade de existirem terras cultivadas pelos próprios donos e terras cultivadas por rendeiros. Além disso, o governo foi autorizado a adquirir por compra todas as terras agrícolas arrendadas que excedessem a um hectare, a fim de que fossem revendidas aos rendeiros. Outra característica da reforma agrária japonesa foi a obrigatoriedade de compra das terras de fazendeiros com mais de quatro hectares, salvo quando comprovado que o proprietário possuía de mão de obra familiar suficiente para cultivar maior área ou que a subdivisão resultasse em diminuição da produção.

Dessa feita, a reforma agrária no Japão fez com que as propriedades agrícolas fossem divididas em terras de fazendeiros-proprietários, o que significava as terras cultivadas pelo dono; e as terras de agricultores-rendeiros. Todavia, o Japão manteve, de igual modo, a propriedade privada. As terras passaram, então, a serem cultivadas pelas famílias, em muitos casos, em tempo parcial, pois os japoneses também se dedicavam a outras atividades, como o trabalho em indústrias (LISITA, 2004, p. 154). Convém salientar que o sucesso da reforma agrária japonesa em 1947 se deveu ao pagamento de indenizações irrisórias aos ex-proprietários, aspecto fundamental para a desapropriação de um terço da área agrícola do Japão em apenas vinte e um meses, beneficiando, desse modo, quatro milhões de famílias. Assim, os novos proprietários, em sua maioria ex-arrendatários, tiveram estímulos para investirem nas suas terras (LEITE; ÁVILA, 2007b, p. 786).

4.4.3 Reforma agrária em alguns países da América

4.4.3.1 Reforma agrária nos Estados Unidos

Nos Estados Unidos, é possível afirmar que a política fundiária teve duas fases distintas. De 1776 a 1862 ocorreu a chamada política de terras com ênfase na receita pública, cujas características basilares eram a institucionalização da propriedade privada plena da terra e a utilização do mercado como instrumento de política de disponibilização das terras públicas. Em 1862, teve início a segunda fase, inaugurada pelo *Homestead Act*, lei que se caracterizou pela cessão gratuita de terras públicas a quem nelas desejasse cultivar (REZENDE; GUEDES, 2008, p. 283). Desde a fundação do país, objetivou-se a organização deste sobre a pequena propriedade. Embora na parte norte este objetivo tenha sido alcançado, no Sul, em face da escravidão dos negros, desenvolveu-se o latifúndio. Todavia, depois da guerra separatista, uma vez abolida a escravidão, o país ficou em paz, pois a divisão equitativa da propriedade, já ocorrida no Norte, ampliou-se para o Sul (CERRILLO; MENDIETA, 1952, p. 157).

Em suma, com o sistema agrário estadunidense e a reforma agrária ocorrida naquele país, é possível afirmar que aquele sistema se encontra lastreado em dois princípios básicos, de que a terra seja possuída por aqueles que nela trabalham e que os trabalhadores do campo adquiram toda a terra que lhes permitam sua habilidade e seus recursos (CASANOVA, 1967, p. 100).

4.4.3.2 Reforma agrária no México

A reforma agrária mexicana teve como razão determinante o fato de existir uma profunda concentração de imóveis rurais nas mãos de um ínfimo número de pessoas, tendo a referida reforma agrária sido caracterizada pela desapropriação de grandes propriedades. No México, não ocorreu uma reforma agrária, mas sim uma verdadeira *revolução agrária*, uma vez que ali se deu uma acentuada transformação das relações de produção, acarretando a destruição de um tipo de Estado, de uma classe dominante (COSTA, 2014, p. 79). A revolução agrária mexicana ocorreu entre 1910 e 1917, tendo sido a resistência camponesa a responsável pelo movimento de insurreição, na medida em que, por mais de setenta anos, os diversos governos republicanos não conseguiram conter a insatisfação, que teve sua origem quando o México ainda era nova Espanha. A insatisfação dos trabalhadores do campo decorria da exploração de sua mão de obra pela classe dominante, à proporção que os colonizadores introduziram na América Central o sistema das grandes propriedades (*haciendas*), sendo a propriedade da terra no

México constituída por grandes propriedades advindas de concessões feitas aos espanhóis (BENNEWITZ, 2017, p. 1.794).

Para se ter uma ideia, no período pré-revolução agrária mexicana, aproximadamente onze mil propriedades controlavam em torno de 57% do território nacional, enquanto que quinze milhões de camponeses, cerca de 95% das famílias rurais, não possuíam um pedaço de terra para cultivar (BENNEWITZ, 2017, p. 1.795). Assim, os líderes da revolução, Emiliano Zapata (no sul) e Pancho Villa (no norte), apropriaram-se das terras e as distribuíram, tendo Zapata entregue as propriedades ao Estado, enquanto que Villa dividiu as terras, entregando-as aos camponeses sem terra (COSTA, 2014, p. 80). A expressão *"La Tierra para el que la trabaja"* foi o lema que impulsionou a reforma agrária mexicana (ACOSTA, 2010, p. 49).

Ao fim da revolução mexicana, reconheceu-se a necessidade de criar *ejidos*, que figuravam como terras comunais características do campo mexicano. Ressalta-se que o México pós-revolucionário surgiu sem realizar uma redistribuição geral das terras, permitindo, desse modo, que as comunidades indígenas permanecessem nas terras que haviam adquirido pelo uso da força (LIMA, 1994, p. 274). Casanova, ao esclarecer no que consistiam os *ejidos*, pondera:

> Y si interesantes son el origen y la incidencia, no lo es menos su estructura, que reune tierras, bosques, y aguas para beneficiar a los poblados, rancheiras, congregaciones y comunidades. Por su intermedio se instituye una propiedad colectiva, titulada por el núcleo campesino y dividida en tierras urbanas y tierras propiamente comunales. (...) Persona jurídica o moral, su dirección se confia a la asamblea general, de ejidatarios, un consejo de vigilancia y los comissários, quienes administran el capital o fondo social. La máxima autoridad reside en la asamblea, la cual sufraga por consejos y comissários, con um régimen electoal singular en que los comisarios representan la mayoría y los consejos la minoria. (CASANOVA, 1967, p. 142).[42]

---

[42] E se interessantes são a origem e a incidência, sua estrutura não é menor, que reúne terras, florestas e águas para beneficiar as aldeias, rancheiras, congregações e comunidades. Através dela, uma propriedade coletiva é estabelecida, titulada pelo núcleo camponês e dividida em terras urbanas e terras propriamente comunais. (...) Pessoa jurídica ou moral, sua administração é confiada à assembleia geral, de ejidatários, a um conselho de vigilância e aos comissários, que administram o capital ou o fundo social. A mais alta autoridade reside na assembleia, que apoia conselhos e comissários, com um regime eleitoral singular em que os comissários representam a maioria e os conselhos a minoria. (Tradução nossa).

Observa-se que os *ejidos* não eram tratados como bens públicos, mas como bens cujo domínio pertencia aos povos. Por essa razão, as comunidades rurais passaram a se constituir como um sujeito coletivo de direito agrário, de modo que o terreno *ejidal* era tido como propriedade do núcleo da população, administrado pelo próprio povo (BAITENMANN, 2001, p. 106). A Constituição mexicana de 1917 definiu e limitou os direitos da propriedade privada, tendo, pois, instituído o *ejido* como uma solução diante do problema agrário mexicano. Dessa forma, o artigo 27 da Carta Política de 1917 estabeleceu o princípio de que cabia à nação, no passado e naquele momento, a propriedade no território nacional, pelo que a propriedade referente à água ou ao subsolo seria do Estado, não podendo ser do domínio privado, ou seja, esses bens só poderiam ser utilizados mediante concessão e desde que utilizados regularmente. Além disso, a Constituição mexicana limitava a extensão da propriedade privada e admitia a expropriação dos latifúndios (ITA, 2019, p. 95). Ainda de acordo com a Constituição mexicana de 1917, apenas a superfície da terra ou as benfeitorias nela existentes poderiam tornar-se propriedades privadas. A nação é que teria o poder de criar a propriedade ao outorgar a uma pessoa o título referente a determinada porção de terra, que antes lhe pertencia e sobre a qual continua a manter poderes e direitos, inclusive após transformada em propriedade privada (LIMA, 1994, p. 275).

A Constituição mexicana de 1917 recuperou e reafirmou definitivamente sua propriedade originária, não somente como um direito, como também uma obrigação de conservar e regular o adequado uso de seus recursos naturais, diminuindo, com isso, a existência de terras improdutivas. Além de ter tornado possível uma redistribuição de terras no país, permitindo que estivessem nas mãos de muitos, em pequenas parcelas, sendo cultivadas pessoalmente. Ademais, a afetação das terras por causa de utilidade social se fundamentou e estas começaram a ser distribuídas gratuitamente aos centros populacionais carentes que não possuíam terras ou não as possuíam em quantidade suficiente (PADRON, 1980, p. 283).

Em relação ao processo de reforma agrária mexicano, é possível afirmar que o critério ali utilizado foi baseado no *ejido*, espécie de terreno comunitário e sem domínio definido, situado na entrada dos povoados e destinado ao uso comum de todos os habitantes daquela localidade. Portanto, as terras distribuídas no processo de reforma agrária foram doadas para as comunidades, pois o *ejido* era passado à coletividade e não a uma ou algumas pessoas, com o que se buscou evitar a profunda concentração de imóveis rurais nas mãos de um diminuto número de pessoas (ALMEIDA; SARDAGNA, 2002, p. 233).

4.4.3.3 Reforma agrária em Cuba

Em Cuba, com a Revolução de 1959, estabeleceu-se um Estado socialista, tendo sido promulgada em 17 de maio de 1959 a Primeira Lei de Reforma Agrária Cubana, que, em seu artigo 1º extinguiu o latifúndio, que, à época predominava no país (FERREIRA, 1998, p. 95). A situação fática vivenciada mostrava que, aproximadamente, 1,5% dos proprietários possuía mais de 46% da área nacional em fazendas de grande magnitude (DEL REAL, 1960, p. 58), de modo que, em contraste com estes, havia 111.000 fazendas com menos de duas cavalarias e 62.000 outras, menores em área a ¾ de cavalaria. Daí surgiu uma relação segundo a qual 70% das fazendas dispunham apenas de 12% das terras do país, o que demonstra profunda desigualdade social (CASANOVA, 1967, p. 146).

Essa realidade vivida pela sociedade cubana no período prévio à Revolução Cubana contribuiu bastante para a sua implantação, pois a dominação latifundiária não se caracterizava apenas pela alta concentração de terras nas mãos de poucos proprietários ou ocupantes, mas, além disso, era nítida a ocorrência de exploração, subordinação e exclusão. Dessa forma, nos anos 50, a estrutura de posse da terra em Cuba era caracterizada pela excessiva concentração de propriedades, quando 57% dessas áreas se encontravam nas mãos de apenas 3% dos proprietários, enquanto 78,5% (cerca de 126 mil ocupantes com menos de cinco hectares de terra) possuíam só 15%; e 40% deles se caracterizavam com a condição de arrendatários, subarrendatários, parceiros ou precaristas. Sobre essa estrutura, sustentava-se uma sociedade rural de assalariados, camponeses e desempregados agrícolas, tão explorados como precários (PAZ, 2011, p. 74).

Diante desse contexto social, a Primeira Lei de Reforma Agrária Cubana dispôs que as terras semeadas por colonos, parceiros e arrendatários deveriam ser adjudicadas gratuitamente aos seus trabalhadores, em extensão não maior que o mínimo vital, de modo que, salvo casos excepcionalmente elencados, o máximo que uma pessoa física ou jurídica poderia se apropriar seria de aproximadamente quatrocentos hectares. Esse mínimo vital fixava para uma família de até cinco pessoas, aproximadamente vinte e seis hectares de terra. Com a primeira Lei de Reforma Agrária Cubana, as terras cortadas dos latifúndios e as terras do Estado foram redistribuídas em áreas de propriedade, coletivamente, para cooperativas, ou em lotes para particulares. Nessa situação, a propriedade territorial subsistia com uma estrutura dupla: a da pequena e média propriedade, com trabalho e benefícios individuais, e a das cooperativas, com meios de produção e exploração social. Cabe lembrar que para a pequena propriedade manter sua forma, foi declarada inembargável e inalienável (CASANOVA, 1967, p. 147).

A nova sistemática do regime de terras em Cuba com a primeira lei da reforma agrária passou a prever, em seu artigo primeiro, a proibição do latifúndio, indicando que a extensão máxima de terra que poderia vir a ter uma pessoa física ou jurídica seria de trinta *caballerias*. A lei previa algumas exceções na aplicação desta disposição, que dependiam do rendimento da terra ou da intensidade da operação pecuária, como, por exemplo, em algumas unidades de alta produtividade, que não poderiam ultrapassar a cem *caballerias* (VASCONCELOS, 2015, p. 241).

O artigo 6º da referida norma também se demonstrou importante, pois, estabelecia que as terras de domínio privado, dentro de trinta *caballerias*, estariam sujeitas à expropriação quando fossem afetadas por contratos com colonos, subcolonos, inquilinos, subinquilinos, meeiros ou ocupadas por posseiros. Além disso, as terras expropriadas seriam concedidas a indivíduos para fins de exploração individual em áreas não maiores que duas *caballerias* (consideradas as "mínimas vitais") ou indivisas para as cooperativas agrícolas (BERUFF, 1970, p. 216). A Primeira Lei de Reforma Agrária Cubana erradicou o latifúndio, assim como a propriedade estrangeira sobre bens rústicos (BENNEWITZ, 2017, p. 1.795), tendo suprimido as formas de posse não proprietárias, tendo a propriedade da terra sido entregue a quem trabalhava, fator que acabou por beneficiar mais de cem mil camponeses (PAZ, 2011, p. 75).

No entanto, o Estado cubano, em 1963, apresentou a Segunda Lei da Reforma Agrária Cubana, a qual continha normas mais drásticas que a primeira ao nacionalizar áreas com extensão superior a cinco *caballerias*, vindo também a extinguir as garantias reais e hipotecárias que gravavam as fazendas afetadas e as obrigações que lhes haviam originado (CASANOVA, 1967, p. 149). Essa nova reforma acabou fazendo com que as terras desapropriadas fossem integradas ao setor estatal. Deste modo, 460.000 *caballerias* permaneceram nas mãos do setor estatal (cerca de 70% da área total em fazendas) e apenas 180.000

caballerias (30%) nas mãos do setor privado constituído por pequenos agricultores (BERUFF, 1970, p. 229). Desse modo, com a Segunda Lei de Reforma Agrária Cubana, ficaram automaticamente nacionalizadas todas as propriedades ou prédios com mais de 67 hectares, passando o setor estatal da agricultura a possuir 66% das terras, ocasião em que se converteu na base do desenvolvimento socialista da agricultura do país (PAZ, 2011, 75).

A partir dos anos 60 até o final da década de 80, passou a ocorrer uma transferência gradual das terras ainda privadas ao setor estatal, seja por motivo de venda voluntária ou por compra decorrente de utilidade pública em apoio aos planos estatais de desenvolvimento, o que fez com que a posse do setor estatal chegasse a cerca de 82% das áreas (PAZ, 2011, p. 75). Diante da crise agrária cubana, ocorrida nos anos 90, em virtude do desabastecimento, descapitalização, ou defasagem do modelo tecnológico utilizado, adotou-se a redistribuição de terras nacionalizadas em favor de formas cooperativas e do setor camponês, o que gerou significativa desestatização da estrutura de posse que se reduziu de cerca de 80% para 40%, sendo essa fase conhecida como a terceira reforma agrária cubana (PAZ, 2011, p. 75).

A chamada quarta reforma agrária, iniciada em 2008, decorreu das difíceis condições de recuperação da agricultura cubana em terras estatais ou recentemente desestatizadas (terceira reforma agrária), isto gerou grande quantidade de terras ociosas, tornando-se necessária sua redistribuição em condições de usufruto para novos camponeses, camponeses tradicionais e cooperativas com disponibilidade de força de trabalho. A partir da quarta reforma agrária cubana, diminuiu-se a posse de terras estatais para cerca de 25%, elevando-se o número de ocupantes individuais, proprietários de seus fundos ou usufrutuários de terras nacionais (PAZ, 2011, p. 75). A evolução da estrutura de posse em Cuba caracterizou-se pela condição histórica da nacionalização da propriedade rústica para a sua ulterior redistribuição como posse privada, camponesa ou cooperativa.

4.4.3.4 Reforma agrária no Peru

No Peru, a reforma agrária foi disciplinada pelo Decreto-Lei nº 17.716, de 1968 que objetivava transformar a estrutura agrária do país, destinada a substituir os regimes de latifúndio e minifúndio por um sistema justo de propriedade, posse e exploração da terra, que contribuísse para o desenvolvimento social e econômico da nação, por meio de uma organização agrária que assegurasse a justiça social no campo e aumentasse a produção e produtividade do setor agropecuário. Desse modo, fazia com que a terra constituísse a base de estabilidade econômica para o homem que nela trabalhasse, o fundamento de seu bem-estar e a garantia de sua dignidade e liberdade.

Após a colonização espanhola, as propriedades privadas, fundadas em latifúndios, eram uma realidade no país e os camponeses representavam a mão de obra escrava ou assalariada a preço vil, o que perdurou por muitos anos. O sistema político conservador pelo qual o Peru se regia nas décadas de 30 e 40 acarretou um golpe militar em 1946 e outro em 1962, na tentativa de impedir as reformas. Em 1962, camponeses da província de La Convención, situada no Departamento de Cuzco, realizaram uma greve histórica, liderada por Hugo Blanco, ocasião em que, inicialmente, reivindicaram melhores condições de trabalho. Contudo, diante da resistência dos patrões, declararam que passariam a ocupar as terras, movimento ao qual denominaram de *recuperação de terras*, uma expressão que procurava dar uma sensação de legitimidade aos atos de ocupação (RIBEIRO, 2017, p. 273). As crises econômicas e sociais se intensificaram até que, em 1968, Juan Velasco Alvarado colocou em prática a reforma agrária, na qual 375 mil famílias camponesas foram contempladas com terras (LISITA, 2004, p. 141).

Por intermédio do Decreto-Lei nº 17.716, estabeleceu-se um limite máximo de cento e cinquenta hectares de terra, ou menos, a depender da localização, sendo expropriadas terras, bens de produção e animais das áreas que ultrapassassem o limite legal. A redistribuição das terras expropriadas era feita normalmente em favor de cooperativas formadas por antigos trabalhadores das áreas objeto de intervenção, tendo havido também a distribuição de terras a comunidades indígenas que viviam às proximidades dos locais expropriados (ALBERTUS, 2020, p. 259)

A exemplo do que ocorrera com outros países da América Latina, o momento histórico anterior que culminou com a imprescindibilidade de realização de reforma agrária no Peru teve como ator importante o movimento camponês, que reivindicou o acesso à terra que, em muitos casos, havia sido subtraído ao longo da história para estabelecer grandes propriedades. Essa demanda não fora apenas um ato de justiça, como também uma saída para uma pobreza secular e formas anacrônicas e insustentáveis de opressão. O movimento camponês exigia, então, não só a terra, bem como melhores condições de trabalho, livre acesso aos mercados incipientes, intermediados pelos latifundiários, e o reconhecimento como cidadãos (EGUREN, 2009, p. 65).

Assim, no Peru, para se alcançar os fins pretendidos pela reforma agrária, intentou-se realizar política nacional de desenvolvimento relacionada com ações planejadas do Estado, tais como a criação de escolas rurais, a concessão de assistência técnica geral, mecanismos de crédito, fomento de pesquisas agropecuárias, dentre outras. Lima assinala que a reforma agrária peruana objetivava:

> a) regulamentar o direito de propriedade da terra, para que a use em harmonia com o interesse social e definir as limitações a que está sujeita a propriedade rural.
> b) difundir e consolidar as pequenas e médias propriedades, exploradas diretamente por seus donos;
> c) garantir a integridade do direito comunitário de propriedade das comunidades camponesas sobre suas terras, e adjudicar-lhes as extensões que necessitam para suprir as necessidades de suas populações;
> d) fomentar a organização cooperativa, organizar os sistemas comunitários de exploração de terra;
> e) assegurar a adequada conservação, uso e recuperação dos recursos naturais;
> f) regulamentar os contratos agrários e eliminar as formas indiretas de exploração a fim de que a terra seja de quem a trabalhe;
> g) definir o regime de trabalho rural e de segurança social, tendo em consideração as peculiaridades dos trabalhos agrícolas e abolir toda relação que, de fato ou de direito, vincule a concessão do uso da terra à prestação de serviços pessoais;
> h) promover o desenvolvimento agrícola e pecuário, com a finalidade de aumentar a produção, a produtividade e assegurar sua comercialização; e conseguir uma justa distribuição da renda no setor agropecuário;
> i) regulamentar o crédito rural para pô-lo ao alcance do homem do campo;
> j) estabelecer o seguro agropecuário para coibir os riscos de seca, geadas e outras calamidades. (LIMA, 1994, p. 283).

O Decreto-Lei nº 17.716 considerava uma gama demasiadamente ampla de situações que permitia definir um prédio rústico como suscetível de ser objeto de desapropriação para fins de reforma agrária, destacando que poderiam ser objeto dessa intervenção as terras abandonadas pelos seus proprietários. Nesse particular, a legislação previa que a terra abandonada era considerada quando seu proprietário a havia deixado intocada por três anos consecutivos. Além disso, as terras desocupadas e as que não fossem usadas em harmonia com o interesse social poderiam ser submetidas à desapropriação (EGUREN, 2009, p. 75).

Em relação às indenizações advindas das desapropriações, o governo realizou a emissão de bônus da dívida agrária a fim de garantir o respeito à propriedade privada daqueles cujos imóveis fossem alcançados pelas medidas impositivas (EGUREM, 2009, p. 76). A reforma agrária peruana teve por fito combater o latifúndio para que os imóveis rurais fossem entregues a quem, de fato, explorava a terra, buscando ainda instalar medidas estatais voltadas para que esses trabalhadores tivessem condições de desenvolver atividades para garantir índices satisfatórios de produção.

4.4.3.5 Reforma agrária no Chile

No Chile, a reforma agrária visou o acesso à propriedade da terra e à capacitação dos trabalhadores rurais, procurando seguir uma política de integração do campesinato na comunidade nacional e o aumento da produção agrícola. A reforma agrária chilena dirigiu-se principalmente para a expropriação de terras, uma vez que aquele país, após a Segunda Guerra Mundial, possuía enorme concentração fundiária, onde quase noventa por cento das terras estava sob o domínio de apenas dez por cento dos proprietários, com baixo nível de exploração (COSTA, 2014, p. 78). A exemplo de outros países da América Latina, o Chile antes da reforma agrária era caracterizado por significativa quantidade de propriedades extensivas, mal aproveitadas, nas quais os produtores viviam e trabalham isoladamente, sem organização alguma. É possível dizer que muitas delas mantinham a estrutura colonial, porque a terra, monopolizada por poucos, ainda continuava sem ser subdividida (CERRILLO; MENDIETA, 1952, p. 165).

Em conclusão, durante a primeira metade do século XX, a situação do campo chileno, quanto à estrutura de propriedade e formas de vida dos trabalhadores nas fazendas e propriedades não era diferente do que aconteceu no século anterior. A partir dos anos 50, os cenários internacionais e locais se alinharam para colocar em análise a situação do campo, o rol da agricultura na dinâmica econômica, sua compatibilidade com o processo de industrialização e da estrutura de propriedade então vigente como freio à produtividade. Além disso, a estrutura das relações socioeconômicas da grande propriedade foi questionada, passando a ser encarada como um freio à democratização e à cidadania de seus trabalhadores (VARGAS 2017, p. 74).

Em 1958, o campesinato passou a ter acesso ao voto, uma vez que naquele ano possibilitou-se a participação no processo eleitoral de mulheres e de analfabetos, de modo que com este contingente eleitoral, Salvador Allende chegou muito próximo de vencer as eleições (RIBEIRO, 2017, p. 274). No governo de Jorge Alessandri, que havia derrotado Salvador Allende nas eleições de 1958, iniciou-se o processo de reforma agrária no Chile, de modo que, em 1962, foi aprovada no Parlamento Chileno a lei que permitia a reforma agrária no país, promulgando-se, em 1963, uma Emenda Constitucional que autorizou o pagamento, em bônus resgatáveis, das propriedades expropriadas (RIBEIRO, 2017, p. 275). Por intermédio de sua reforma agrária, o Chile estabeleceu que propriedades maiores que oitenta hectares de terras estavam sujeitas à expropriação, permitindo-se ao proprietário originário reservar até quarenta hectares para si. Com essa medida, em meados de 70, já eram mais de trinta mil famílias beneficiadas com a reforma agrária e mais de quatro milhões de hectares expropriados, fazendo com que, em 1972, os latifúndios estivessem praticamente liquidados (RIBEIRO, 2017, p. 276). Convém ressaltar que a reforma agrária foi aprofundada no governo de Salvador Allende, de modo que, de 1971 até 1973, quatro mil propriedades foram adquiridas para fins de reforma agrária, tendo esse período de reforma representado cerca de dois quintos das terras cultiváveis no país (BENNEWITZ, 2017, p. 1.796).

4.4.3.6 Reforma agrária na Colômbia

Na Colômbia, seguindo o exemplo do sucedido em diversos países latino-americanos, a reforma agrária tornou-se necessária ante a excessiva concentração de terras nas mãos de poucos proprietários, causando profundas desigualdades sociais, que levou o Estado a adotar providências a fim de minimizar esses problemas. A realidade do campo colombiano apresentava semelhanças com o regime de escravidão, oficialmente abolido no país em 1851, caracterizando-se pela existência de grandes propriedades nas quais os pobres eram obrigados a trabalhar em péssimas condições (CERRILLO; MENDIETA, 1952, p. 164).

O início da reforma agrária colombiana se estabeleceu com a Lei nº 200/1936, chamada Lei de Terras, a qual pretendeu corrigir a problemática de domínio e concentração da propriedade rural, por meio do estabelecimento da figura da extinção de domínio dos terrenos baldios, buscando-se, assim, legalizar terras sobre as quais não era clara a propriedade, ao mesmo tempo em que facilitou a aquisição de parcelas de terras por parte dos arrendatários e a legalização da posse dos colonos (FRANCO-CAÑAS; DE LOS RIOS-CARMENADO, 2011, p. 102.)

No entanto, os problemas no campo ainda persistiam, surgindo, nesse contexto, a Lei nº 135, de 1961, com substancial destaque no que diz respeito à reforma agrária, apontou diversas finalidades do instituto na Colômbia, dos quais sobressaíam: reformar a estrutura social agrária por meio de procedimentos próprios, visando eliminar e prevenir a injusta concentração da propriedade rústica ou seu fracionamento antieconômico; reconstruir adequadas unidades de exploração nas zonas de minifúndios e adotar de terras aqueles que não as possuem, como preferência os que as exploram diretamente com o seu trabalho; fomentar a adequada exploração econômica de terras incultas ou deficientemente utilizadas, de acordo com programas que prevejam a sua distribuição ordenada e aproveitamento racional; aumentar a produção agrária; oferecer mais garantias aos arrendatários e parceiros e aos assalariados; elevar o nível de vida da população camponesa; assegurar a conservação, defesa, melhora e adequada utilização dos recursos naturais renováveis; promover, apoiar e coordenar organizações que tenham por objeto a melhora econômica, social e cultural da população camponesa (LIMA, 1994, p. 288).

A referida lei pretendia reformar, principalmente, a estrutura social agrária, aplicando medidas técnicas de redistribuição e eliminando a concentração desigual da propriedade, bem como o seu fracionamento não econômico. Na Lei nº 135 de 1961, o conceito de reforma agrária chamou atenção para a prioridade do fator social na estrutura agrária (FRANCO-CAÑAS; DE LOS RIOS-CARMENADO, 2011, p. 104). Em 1968, a Lei nº 135 foi modificada com o fim de que o Estado pudesse intensificar os procedimentos para afetar a posse da terra, vindo, então, a possibilitar a extinção do domínio pela via administrativa das terras inadequadamente exploradas, entregando-se aos parceiros que ali se encontrassem trabalhando. Ocorre que a finalidade da norma acabou não sendo alcançada em virtude de diversos fatores como os conflitos com os proprietários das terras, bem como a ação violenta de guerrilhas e grupos paramilitares (FRANCO-CAÑAS; DE LOS RIOS-CARMENADO, 2011, p. 104).

Em 1994, com a Lei nº 160, conhecida como Lei da Reforma Agrária assistida pelo mercado, realizou uma significativa mudança no processo de reforma agrária na Colômbia, na medida em que o Estado, ao invés de manter o tradicional processo de desapropriação de terras para, ulteriormente, promover a entrega das mesmas aos trabalhadores rurais, passou a adotar uma nova sistemática, consistente na aquisição da propriedade por intermédio de compra por parte dos camponeses, os quais deveriam arcar com 70% do valor da terra, enquanto que os 30% restantes poderiam advir de uma linha de crédito especial da Caixa Agrária e, posteriormente, do Banco Agrário (VARGAS, 2016, p. 33)

O objetivo da norma residia em promover a reforma da estrutura social agrária e dotar de terras a população carente desse meio de produção. Assim, os camponeses seriam beneficiados por essa política pública mediante os mecanismos de negociação voluntária da terra com os proprietários. Nota-se que, até esse período, as leis de reforma agrária na Colômbia enfatizavam a expropriação de terras vazias e doações gratuitas para os camponeses sem terra. No entanto, com a Lei nº 160 de 1994, uma nova postura foi adotada pelo Estado, consistente na aquisição direta da terra por parte dos camponeses, com a possibilidade de parte do valor advir de uma linha de crédito especial de intermediários financeiros, com a exigência de ser apresentado um projeto produtivo (FRANCO-CAÑAS; DE LOS RIOS-CARMENADO, 2011, p. 107).

Por meio dessa norma, o Estado colombiano, por intermédio do Instituto Colombiano de Reforma Agrária, passou a se colocar como um mediador no processo de negociação da terra entre os proprietários e os camponeses, vindo também a coordenar as ações dos organismos que integram o Sistema Nacional de Reforma Agrária e Desenvolvimento Rural Camponês, que havia sido criado como mecanismo de planejamento, coordenação, execução e evolução das atividades atinentes a prestação dos serviços de desenvolvimento da economia camponesa e da promoção do acesso dos trabalhadores rurais à propriedade da terra (FRANCO-CAÑAS; DE LOS RIOS-CARMENADO, 2011, p. 108).

Com o Decreto nº 1.300/2003, o Instituto Colombiano de Reforma Agrária foi substituído pelo Instituto Colombiano para o Desenvolvimento Rural, cujos objetivos eram os de executar a política agropecuária e de desenvolvimento rural, facilitar o acesso aos fatores de produção, fortalecer as entidades territoriais e suas comunidades para melhorar a qualidade de vida dos trabalhadores rurais, propiciando o desenvolvimento socioeconômico do país. Esse Decreto foi consolidado com a Lei nº 1.152/2007, manteve a sistemática do mercado de terras para fins da reforma agrária, porém veio a estabelecer um subsídio integral para a sua aquisição, figurando como beneficiários da política pública os trabalhadores agrários tradicionais, que estejam em situação de pobreza ou marginalidade, realizem atividades agropecuária pesqueira ou florestal e careçam de terra própria ou ainda em condição de minifundiários, necessitando ampliar o tamanho de sua produção. Nesse caso, o subsídio poderia vir a custear até cem porcento do valor da terra, o que representou significativo avanço em relação ao sistema anterior (FRANCO-CAÑAS; DE LOS RIOS-CARMENADO, 2011, p. 108). Diante do exposto, a reforma agrária colombiana procurou asseverar uma vida mais digna aos trabalhadores rurais, almejando conceder-lhes áreas onde pudessem produzir e estrutura para a obtenção dessa produção.

4.4.3.7 Reforma agrária na Bolívia

Na Bolívia, como em outros países latino-americanos, o latifúndio no período anterior à reforma agrária, era uma realidade dominante e ocasionava a concentração de terras nas mãos de pouquíssimas pessoas, gerando, desse modo, tensões sociais. A estrutura econômica e social dos camponeses era de mera sobrevivência, devido a essa concentração, o que fazia com que a condição servil, o atraso cultural e a opressão política da maioria nacional fossem uma realidade da maior parte da população rural (CASANOVA, 1967, p. 151).

A Bolívia, pois, poderia ser vista como um exemplo clássico do sistema latifundiário latino-americano, no qual as maiores e melhores porções de terra eram controladas por proprietários que obtinham mão-de-obra indígena barata mediante um sistema de câmbios, no qual os camponeses recebiam pequenas parcelas de terra para trabalharem em troca de serviços aos latifundiários, sem contratos trabalhistas ou pagamentos. Os camponeses não tinham as mínimas condições de se rebelar, encontravam-se colocados em posição marginal em relação a outros setores obreiros do país, e sem estabelecer levas migratórias significativas para os grandes centros urbanos (que na época pré-revolucionária não tinham capacidade de comportar números expressivos de contingentes humanos chegados do campo), os indígenas camponeses bolivianos viram-se praticamente obrigados a resignar-se ao papel que lhes havia sido estabelecido.

O sistema agrícola não se desenvolveu, já que era predominante a tendência abstencionista, explicitada na atitude do fazendeiro que vivia na metrópole, exercia profissões urbanas e "cuidava" de sua propriedade de longe. Em face disso, a propriedade rural havia sido relegada ao papel de latifúndio, de baixa produção de alimentos, cultivados com sementes de má qualidade e equipamentos rudimentares, sempre nas mãos do campesinato, que, além de todos os seus encargos, via-se forçado a trabalhar como serviçal da família do proprietário, mesmo que este residisse em algum centro urbano longe de suas terras (PERICÁS, 1997, p. 115).

Antes do processo revolucionário ocorrido no país em 1952, dois terços da população boliviana era composta por pessoas que viviam no campo, em fazendas tradicionais, de modo que a esmagadora maioria das terras agrícolas era dividida em unidades de mais de mil hectares. Além disso, aproximadamente 82% dos proprietários de terra controlavam apenas 1% das terras nacionais, ao passo que cerca de 0,72% do número de proprietários controlavam quase metade do território. Por sua vez, 60% das propriedades de menos de cinco hectares representavam apenas 0,23% das terras do país. Assim, o latifúndio era uma realidade que gerava muita desigualdade social (BENNEWITZ, 2017, p. 1.795).

Essa distribuição desigual de riquezas e a exploração predatória dos recursos naturais acabaram por levar o país ao colapso, gerando pobreza e convulsão social, surgindo, desse modo, o movimento revolucionário, que chegou ao poder em 1952, vindo a elaborar uma nova Constituição, assim como a Lei de Reforma Agrária. Assim, em 2 de agosto de 1953, a Revolução Nacional iniciava a reforma agrária boliviana, cujo lema era "A terra é de quem trabalha". No ocidente do país buscou-se desestruturar o poder dos grandes latifúndios, impulsionando a modernidade econômica ao expandir a pequena propriedade rural, ao passo que, na parte oriental, buscou-se fazer com que grandes empresas agrícolas assumissem as terras mais propícias para a agricultora e menos povoadas para ali desenvolverem suas atividades (FORNILLO, 2012, p. 154). De acordo com o novo ordenamento jurídico boliviano, o Estado passou a ter a propriedade originária da terra, com condições de fornecer a esta a melhor destinação, conforme o interesse público. Ademais, ficou determinado que a propriedade privada da terra somente poderia se fundamentar em razão da função social, colocando-se o trabalho como fonte básica da propriedade rural (CASANOVA, 1967, p. 151).

A Lei nº 3.464, de 1953, tinha por finalidade principal aumentar a produção no país e distribuir as terras não cultivadas, tendo seu resultado sido o estabelecimento de pequenas propriedades rurais, autorizando-se a permanência de famílias camponesas em terras não cultivadas, cedendo-lhes o direito de propriedade (KWON MUN, 2012, p. 215). Quanto ao pagamento pela expropriação dos imóveis a serem utilizadas na reforma agrária, este foi feito pelo Estado boliviano, de modo que os expropriados recebiam títulos da dívida agrária, resgatáveis em até vinte e cinco anos. Por sua vez, os camponeses deveriam pagar ao poder público o valor das terras no mesmo prazo de vinte e cinco anos, em que a garantia do pagamento era a própria terra, assim como os equipamentos e as culturas nela existentes (CASANOVA, 1967, p. 153).

Em 1996, uma nova política de reforma agrária se efetivou na Bolívia estabelecida pela Lei nº 1.715, quando se autorizou a possibilidade de confisco das terras que não cumprissem com a função social, dando-se prioridade aos camponeses locais e às populações indígenas na nova distribuição da terra. Assim, através dos artigos 51 e 59 da referida lei, foi aberta a possibilidade de confiscar terras, caso descumprissem a função econômico-social. Os artigos 42 e 43 estipulavam que os povos, as comunidades indígenas e os camponeses locais tinham prioridade na nova distribuição da terra. Além do que as pequenas propriedades e as terras indígenas da comunidade foram constituídas como áreas inatingíveis pela referida norma jurídica.

Por fim, em 2006, foi promulgada a Lei nº 3.545, que concedeu maior poder ao governo boliviano para conceder aos indígenas com territórios, assim como para retirar das mãos de latifundiários terras não produtivas, a fim de que estas passassem a ter uso em conformidade com a função social, sendo entregues às comunidades indígenas e camponesas que passariam a recebê-las, independente de indenização, tudo com o fundamento no chamado domínio originário da terra, o qual seria do Estado boliviano (FORNILLO, 2011, p. 157).

4.5 A reforma agrária em Portugal

Para começar a tratar acerca da reforma agrária em Portugal, convém destacar que esta teve maior incidência na região do Alentejo.

Por essa razão, neste tópico, dar-se-á especial atenção a essa região portuguesa, a qual, verdadeiramente, sentiu os efeitos da reforma agrária havida no país. No final do século XIX e início do século XX, a economia na região do Alentejo era marcada por demasiada pobreza e escassez de alimentos, uma vez que aquilo que era produzido pela agricultura era insuficiente para satisfazer as necessidades básicas de alimentação das populações (ESPERANÇA, 2016, p. 7).

Ao final do século XIX e início do século XX, o setor predominante na economia do Alentejo era o primário e ocupava 68% da população ativa, sendo seguido pelo setor secundário. A produção agrícola alentejana caracterizava-se por se desenvolver em latifúndios, sem ter conseguido chegar ao fim do século XIX com uma economia mais desenvolvida como havia acontecido em outras áreas da Europa, fato que pode ser justificado graças à industrialização tardia como um todo em Portugal (FONSECA, 1996, p. 26).

Naquela época, Portugal, apesar de reunir um potencial agrícola invejável, com boas terras, bom clima e bons recursos hídricos, realizava uma atividade agrícola limitada, em extensão e diversificação, com técnicas e tecnologia atrasadas em relação ao restante da Europa. O Alentejo, por sua vez, embora dispusesse de um dos melhores potenciais agrícolas do país, era uma das regiões onde aquele atraso mais impressionava e onde algumas das condições que lhe estavam associadas melhor se evidenciavam. O uso da terra era escasso e deficiente, com tecnologia antiga e uma massa pecuária muito abaixo das possibilidades regionais (FONSECA, 1996, p. 97). Um dos grandes problemas locais era a fraca densidade demográfica, de modo que, para promover o povoamento e agricultura local, procurou-se adotar como solução a colonização interna, por intermédio do arrendamento de terras, o que fez com que as elites mantivessem forte influência social e econômica ao longo de várias décadas na região (ESPERANÇA, 2016, p. 8).

No século XX essa realidade pouco mudou, visto que a agricultura de subsistência e a sociedade rural respaldada em considerável parte no autoconsumo continuaram a preponderar, de modo que no início dos anos 50, a população agrícola atingia ainda aproximadamente 52% e eram raras as indústrias modernas (BARRETO, 1987, p. 17). Outro sério problema enfrentado por Portugal dizia respeito à demasiada concentração de terras nas mãos de um pequeno grupo de pessoas. Um inquérito concernente às explorações agrícolas portuguesas, realizado no ano de 1968, concluiu que um reduzidíssimo número de famílias controlava sozinho mais da metade da área agrícola do país, enquanto a maioria dos agricultores não dispunha de terra suficiente para labutar. Esta era uma situação típica das áreas europeias subdesenvolvidas, como Turquia, Grécia, Sul da Itália, Espanha e Portugal, onde uma camada de latifundiários exploradores mantinha, em benefício próprio, uma estrutura retrógrada, de estilo feudal, descapitalizadora da terra, e destruidora dos valores humanos, que gerava forças sociais centrífugas e levavam à emigração para os países industrializados da Europa. Essa peculiaridade acabava por colocar essas regiões na degradante condição de meros fornecedores de mão-de-obra a baixo preço e sem consciência de classe aos grandes monopólios da indústria europeia (BICA, 1975, p. 9).

Muito embora ocorresse significativo retrocesso em Portugal em relação aos outros países europeus, o capitalismo se impôs no país desde o início do século XX como a mais dinâmica forma de produção, e, em 1910, Lisboa cresceu de forma acelerada, chegando a colher 70% da população urbana, com taxas de crescimento duas vezes maiores que as do resto do país. Apesar disso, a agricultura ainda ocupava mais de 60% da população ativa, ao passo que a indústria empregava apenas 21% (BARRETO, 1987, p. 17). Em Portugal, os latifúndios não eram espalhados por todo o país, concentravam-se na parte sul, entre o Rio Tejo e o Algarve. Dois tipos de propriedades e dois tipos de agricultura são característicos do país: o minifúndio intensivo ao norte e o latifúndio extensivo ao sul. Assim, ao norte do Tejo, predominava, em regra, a pequena e a média propriedade, bem como no Algarve. Por sua vez, no Ribatejo e no Alentejo, preponderava a grande propriedade (BICA, 1975, p. 41). Com o decorrer do tempo, percebeu-se a acumulação de riqueza dos latifundiários de geração a geração, aliada ao fato de que grande parte das terras dessas pessoas se encontrarem sem utilização, o que mostrou com clareza não serem necessárias para a sobrevivência delas (ESTRELA, 1978, p. 229).

Entre os anos de 1953 e 1972, em Portugal, houve uma profunda estagnação do ponto de vista agrícola, registrando-se, a título de exemplo, que, no período referido, a preços constantes de 1963, o produto agrícola bruto teve aumento de apenas 0,5%. Essa taxa de crescimento praticamente mínima era consequência da baixa produtividade da terra e da mão de obra, gerando aumento das importações de produtos agrícolas e um déficit na balança de transações agrícolas (ESTRELA, 1978, p. 222). Merece menção também o fato do comércio externo ter sinais de estagnação agrícola. Até 1973, o valor das importações alimentares e agrícolas cresceu mais depressa do que o das exportações. Em 1973, as importações representam já 88% das exportações, enquanto em 1968 eram só 70%. Em 1974 inverteu-se o coeficiente: as exportações já eram apenas 83% das importações. Desde então, Portugal passou a ser um importador líquido de produtos agroalimentares (BARRETO, 1987, p. 51).

Além disso, entre 1950 e 1970, mais de meio milhão de camponeses e assalariados rurais e suas respectivas famílias deixaram Portugal, enquanto outros trabalhadores simplesmente abandonaram o setor primário, fato que contribuiu para essa estagnação do setor agrícola. Apenas para se ter uma ideia, em 1950, cerca de 51% da população ativa labutava na agricultura, enquanto que em 1970, esse patamar não chegava a 32%. Ao mesmo tempo, naquele período, as regiões litorais à volta de Lisboa e do Porto encontravam-se em franco crescimento. Em 1960, os dois distritos concentravam 31% da população total, 46% do produto interno e 56% do produto industrial (BARRETO, 1987, p. 26).

Houve, assim, um significativo crescimento do setor urbano em detrimento do setor rural, ou seja, fora das grandes aglomerações uma espécie de deserto demográfico avançava sem que ali houvesse melhora nas condições de vida. Podem ser apontados como os principais responsáveis por estes acontecimentos o crescimento industrial nos grandes centros urbanos e a emigração. Assim, nota-se que no terceiro quarto do século XX, o crescimento industrial não foi acompanhado pelo desenvolvimento agrícola, nem por uma reforma agrária ou transformação das estruturas agrárias (BARRETO, 1987, p. 28). Na região do Alentejo, por volta de 1970, a percentagem de trabalhadores rurais era muito elevada em comparação com o restante do país, sendo ainda profundamente pequena a percentagem de trabalhadores com emprego permanente. Além disso, outros problemas, como a existência de latifúndios, muitos deles improdutivos contribuíram com a necessidade de implementação da reforma agrária em Portugal (BARRETO, 1987, p. 28). Não há a menor dúvida de que os latifúndios constituem-se em severa injustiça, pois impedem o melhor uso da capacidade dos solos, quer por explorarem trabalhadores rurais, quer por incorporarem o valor dos investimentos públicos feitos à custa de todo o país no domínio da irrigação, correção dos solos e das vias de comunicação (BICA, 1975, p. 43).

Outro problema prévio à reforma agrária portuguesa havida na região sul do país e que representou um dos fatores a efetivá-la, dizia respeito às formas exploratórias de arrendamento, tendo em vista o fato de que onde as terras eram mais ricas e irrigáveis, os grandes proprietários faziam arrendamentos de pequenas parcelas e por períodos curtos a pequenos cultivadores de tomate, de melão ou de arroz. Estes arrendamentos eram feitos por rendas muito elevadas e, em regra, não ultrapassam um ano de prazo (BICA, 1975, p. 42). No norte e no sul de Portugal, o arrendamento acontecia de modo distinto. No Sul, o dono da terra a arrendava ou a dava de meias devido ao pequeno tamanho da propriedade e, desse modo, conseguia obter um rendimento elevado sem correr riscos. No Norte, pelo contrário, o proprietário arrendava porque migrava e o rendimento obtido da terra correspondia apenas uma fonte de provento adicional (CARDOSO, 1976, p. 27). Para demonstrar a realidade fática vivida à época e as dificuldades enfrentadas pelos arrendatários, Cautela expõe:

> Se tomarmos a herdade da Apariça como exemplo deste tipo de exploração, temos que para as terras de barro (consideradas mais ricas) o seareiro recebe 50 por cento do total e para as terras mais fracas 40 por cento, mas as palhas são para o senhorio. E o negócio de palhas – assinale-se – é hoje dos mais rendosos.
> Com aqueles preços, vão sendo poucos e cada vez mais raros os que podem arrendar terras (umas leiras de terra) para cultivo. A maioria dos anos, os lucros não foram nenhuns, frequentemente houve prejuízos. Daí a queixa que ouvimos, com muita insistência aos seareiros do Baixo Alentejo: "As dívidas são para nós e os lucros para eles" (CAUTELA, 1975, p. 95).

A relação agrícola de produção com acesso desigual à posse da terra consistia em um grave obstáculo ao aumento de produtividade rural no sul de Portugal, região caracterizada por profundas desigualdades sociais refletidas no tocante à posse da terra, onde a produção agrícola baseava-se no latifúndio de cultura extensiva e no grande número de trabalhadores sem-terra (ESTRELA, 1978, p. 229). Havia, pois, na região do Alentejo no período pré-reforma agrária certa estagnação ou uma evolução excessivamente lenta, não tendo se efetuado a necessária reconversão agrária. As causas eram diversas, desde o clima desfavorável, a pobreza de recursos e de meios de investimentos, as estruturas sociais e agrárias, o sistema político, a ausência de conhecimentos técnicos e de investigação, a deficiente formação do empresário e dos técnicos até as políticas agrícolas e econômicas. Na conjugação destes fatores se encontravam as causas da situação socioeconômica vivida no Alentejo de 1974 (BARRETO, 1987, p. 63). Neste sentido, Bica sintetizou a situação portuguesa no período pré-reforma agrária, conforme se segue:

> Pelo que se verifica em 1968, e hoje a situação pouco difere, as condições em que vivia a agricultura portuguesa eram as seguintes:
> a) Distribuição desequilibrada do direito de propriedade sobre a terra;
> b) Infraestruturas económicas reduzidíssimas ou inexistentes;
> c) Baixo nível de instrução cultural e profissional;
> d) Baixo nível de rendimentos distribuídos ao trabalho;
> e) Excessiva carga humana sobre a agricultura. (BICA, 1975, p. 25).

As dificuldades relatadas propiciaram criar o espaço necessário ao surgimento de ideias reformistas no campo agrário no sul de Portugal, de modo que o movimento de 1974-1975, que parecia ter surgido como uma surpresa, na realidade tinha raízes bastante profundas nas tensões sociais reforçadas tanto pela guerra colonial quanto pela incapacidade da velha oligarquia, após a queda de Salazar, para efetuar reformas. (VESTER, 1986, p. 493).

Em 25 de abril de 1974, o regime que governava Portugal durante quase meio século foi derrubado por alguns oficiais das forças armadas, cujo grupo ficou conhecido como Movimento das Forças Armadas (MFA). O programa do MFA asseverava ser necessária a condução do país para um Estado Democrático e indicava a necessidade de transformações sociais e econômicas. Todavia, esse programa assegurava que as reformas de fundo somente ocorreriam com a futura Assembleia Nacional Constituinte. Desse modo, as reformas que deveriam ter contemplado o setor rural sofreram adiamento (ESTRELA, 1978, p. 237).

Naquele período, conforme destacado alhures, na região do Alentejo, o latifúndio, o desemprego, os baixos salários e a ausência de segurança social eram uma clara realidade. Assim, os sindicatos agrícolas que começaram a se organizar após abril de 1974 começaram a reivindicar direitos como salário mínimo, férias e garantia de pleno emprego (ESTRELA, 1978, p. 237). Naquele momento histórico, os latifundiários, não só monopolizavam as condições sociais de existência da comunidade, como também estendiam o seu poder a mais amplas esferas, na medida em que controlavam as instituições político-administrativas locais e regionais, integrando-se no bloco no poder e dispondo da intervenção econômica do Estado, a demonstrar que os grandes proprietários de terra convertiam o seu poderio econômico em manifesta dominação política. Essa dominação afastava de todos os centros de decisão política, social e econômica a classe trabalhadora, o que contribuiu para que esta, inconformada com essa situação, iniciasse um conflito social (REIS; NAVE, 1988, p. 122).

Os assalariados rurais, ante essa realidade fática, a partir de junho de 1974, constituíram sindicatos de âmbito distrital, tendo aprovado cadernos reivindicativos nos quais constava a exigência de aumentos salariais e garantia de emprego. Iniciava-se ali um processo negocial com os proprietários agrícolas que se encontravam organizados por intermédio da Associação Livre de Agricultores (ALA). A partir dessas negociações, foram assinadas as primeiras convenções de trabalho rural, as quais passariam a vigorar a partir do verão de 1974 (VARELA; PIÇARRA, 2016, p. 1.191).

Em que pese os acordos, um ponto gerava profunda discórdia entre os grupos de trabalhadores e os proprietários agrícolas relacionado à solução do desemprego dos trabalhadores agrícolas, uma vez que os sindicatos almejavam ver resolvida essa questão. No entanto, obtinham como resposta dos proprietários, que o desemprego era algo que lhes transcendia, pois deveria ser solucionado pelo governo e, sob esse argumento, não aceitavam negociar qualquer cláusula que os obrigasse a enfrentar o problema do desemprego dos assalariados rurais temporários (VARELA; PIÇARRA, 2016, p. 1.192).

Apesar de sustentarem ser atribuição governamental a questão atinente à solução do desemprego, os proprietários agrícolas, juntamente com o sindicato agrícola de Beja, assinaram, em 29 de outubro de 1974, para vigorar até 30 de setembro de 1975, uma convenção pela qual os proprietários agrícolas aceitaram ficar sujeitos à colocação de mão de obra nos casos em que as terras se encontrassem em estado de subaproveitamento. Portanto, foram criadas duas comissões, uma de âmbito concelhio, formada por proprietários e trabalhadores para fiscalizar a questão do subaproveitamento das explorações agrícolas e colocar trabalhadores, e outra de recurso, de âmbito distrital, composta, também, por representantes do governo (VARELA; PIÇARRA, 2016, p. 1.192).

Desse modo, durante os meses de novembro e dezembro de 1974, devido à grande pressão de trabalhadores temporários, desejosos de verem suas situações de desemprego solucionadas, foram distribuídos no distrito de Beja, com fundamento na Convenção assinada em 29 de outubro de 1974, mais de mil assalariados rurais. Essa distribuição havia sido veementemente contestada pelos proprietários agrícolas que passaram a não pagar os salários a esses trabalhadores e, até mesmo, proceder de sabotagem econômica na área, eis que se recusavam, inclusive, a implementar tarefas agrícolas básicas, fato que culminou com a ocorrência das primeiras ocupações de terra na região (VARELA; PIÇARRA, 2016, p. 1.192).

A primeira ocupação de terras ocorreu ao término de 1974, mas só a partir de abril e maio de 1975, o processo se acelerou e se transformou em movimento de massas dos trabalhadores. Destaque-se que as primeiras ocupações foram efetuadas não por trabalhadores agrícolas, mas por alugadores de máquinas agrícolas, porque os proprietários estavam a boicotar a admissão de pessoal, não preparavam as terras para as sementeiras de inverno e, por isso, aquele grupo ficava completamente desempregado (ESTRELA, 1978, p. 239).

No contexto de pressões dos trabalhadores, nesta fase inicial da reforma agrária portuguesa, o Decreto-Lei nº 653/74, de 22 de novembro, atribuiu ao Instituto da Reorganização Agrária (IRA) o direito de tomar de arrendamento as terras incultas ou subaproveitadas, quando o proprietário declarasse, após ser instado a fazê-lo, que não pretendia proceder ao seu aproveitamento adequado. O arrendamento compulsório acontecia também quando o proprietário que não explorava diretamente a terra não observasse ao seu aproveitamento em um determinado prazo uma vez notificado para esse fim pelo IRA. Essa norma ainda contemplava, no que concerne às terras arrendadas, a possibilidade do IRA cessar o arrendamento, quando estivessem incultas ou subaproveitadas, hipótese em que competia ao proprietário cultivar diretamente a terra ou procurar novo arrendatário, sob pena de, em caso de inércia, o IRA tomar a terra para fins de arrendamento compulsório (LEMOS, 2014, p. 8). Essa tentativa de organização, todavia, não se efetivou em face das ocupações de terras nos meses de janeiro de fevereiro de 1975 (BARRETO, 1987, p. 103).

Em 2 de fevereiro de 1975, o governo português aprovou um plano econômico que ficou conhecido como Plano Melo Antunes voltado para a adoção de medidas como a expropriação de terras improdutivas ou pouco exploradas, além de ter apontado para a necessidade de uma lei de arrendamento rural e outras atitudes. Esse plano, todavia, não foi executado, fato que, diante do aumento do desemprego, levou ao início da segunda fase do processo de reforma agrária lusitana, denominada como fase de *conquistas à margem da lei* (ESTRELA, 1978, p. 239). Nessa fase, sucederam-se iniciativas de ocupação desencadeadas pelos trabalhadores agrícolas temporários, sobre os quais pendia forte ameaça de desemprego, por assalariados rurais que já se encontram há muito tempo sem receber qualquer salário, de que é exemplo o distrito de Beja (VARELA; PIÇARRA, 2016, p. 1.199).

Pressionado por essas ocupações, em 15 de abril de 1975, o Conselho da Revolução aprovou o Decreto-Lei nº 203-C, o qual previa a possibilidade de expropriação de todas as propriedades agrícolas com mais de cinquenta hectares de terras irrigadas de qualidade média ou mais de quinhentos hectares de terras de sequeiro de qualidade média (BARRETO, 1987, p. 104). Contudo, o decreto omitia as medidas concretas a serem adotadas para esse fim, o que levou os trabalhadores rurais, com o apoio dos sindicatos, e diante do quadro de desemprego havido no país, a ocuparem ainda mais as propriedades sem que houvesse qualquer tipo de controle, iniciando uma gestão coletiva nas áreas ocupadas, culminando, em junho de 1975 com cerca de 132 propriedades agrícolas completamente ocupadas sem qualquer controle formal no distrito de Évora (ESTRELA, 1978, p. 239).

Em face disso, o Ministério da Agricultura chamou para si a responsabilidade de concretizar a reforma agrária, tendo atuado em duas frentes, quais sejam, a de apoiar os pequenos e médios agricultores e intervir nas relações de propriedade com o fim de liquidar os latifúndios, tendo, neste particular, sido anunciadas, para breve, medidas legislativas visando a nacionalização dos prédios rústicos nos perímetros de rega e expropriação das áreas de sequeiro (VARELA; PIÇARRA, 2016, p. 1.195). Somente a partir dos Decretos nº 406-A e 407-A, de 30 de julho de 1975, foram reguladas as expropriações de algumas propriedades agrícolas e houve a nacionalização de terras irrigadas durante a década de 60 com recursos estatais. Pela regulamentação, autorizava-se a exploração das terras de indivíduos e sociedades que totalizassem mais de cinquenta mil pontos[43] ou que ultrapassassem setecentos hectares. Com esse sustentáculo, os Centros Regionais de Reforma Agrária tornaram-se instrumentalizados para implantar de maneira correta o processo de reforma agrária que já havia começado (ESTRELA, 1978, p. 240).

---

[43] Os pontos referidos na norma variavam de região para região e eram baseados no rendimento potencial das terras, levando em conta o tipo de cultura e o recurso à irrigação.

Assim, sob pressão do movimento social dos assalariados rurais, traduzido na tomada de herdades, no dia 4 de julho de 1975, em uma reunião do Conselho de Ministros do IV Governo Provisório, foram aprovadas as leis da reforma agrária: o DL nº 406-A/75, fixou as normas a que deveriam obedecer a expropriação dos prédios rústicos; o DL nº 407-A/75, nacionalizou as terras beneficiadas pelos aproveitamentos hidroagrícolas; o DL nº 406-B/75, estabeleceu os requisitos precisos para que o Estado reconhecesse as novas unidades de produção da reforma agrária, condição para acederem a apoio técnico e a crédito; o DL nº 407-C/75, pôs fim às coutadas, com exceção das turísticas; e, finalmente, o DL nº 407-B/75, colocou sob o controle do Estado toda a produção de cortiça amadia extraída ou a extrair na campanha de 1975 (VARELA; PIÇARRA, 2016, p. 1.200). Ante a relevância da norma, importante transcrever excerto do Decreto-Lei nº 406-A/75:

> Artigo 1º – Ficam sujeitos à expropriação, nos termos previstos no presente diploma, os prédios rústicos que se encontrem nalguma das seguintes situações:
> a) Pertençam a pessoas singulares, sociedades ou pessoas colectivas de direito privado, ainda que de utilidade pública, que sejam proprietárias, no território nacional, de prédios rústicos que, no seu conjunto, mediante aplicação da tabela anexa a este diploma, se verifique corresponderem a mais de 50.000 pontos ou, independentemente desse requisito, ultrapassem a área de 700 ha;
> b) Pertençam a pessoas singulares, sociedades ou pessoas colectivas de direito privado, ainda que de utilidade pública, que tenham incorrido em qualquer das situações previstas, como fundamento de intervenção, no Decreto-Lei 660/74, de 25 de novembro, e legislação complementar;
> c) Estejam incultos ou não alcancem os níveis mínimos de aproveitamento estabelecidos e a estabelecer por portaria do Ministro da Agricultura e Pescas.
> Art. 2º – 1. Aos proprietários atingidos pela expropriação que não se encontrem abrangidos pelas alíneas b) ou c) do artigo anterior é garantido o direito de reservar a propriedade de uma área de terra, a demarcar em função do ordenamento global das explorações a estabelecer, até ao limite equivalente a 50.000 pontos, de harmonia com a tabela anexa a este diploma, desde que preencham, cumulativamente, os requisitos seguintes:
> a) Explorem directamente a terra de que são proprietários;
> b) Retirem exclusiva ou predominantemente da exploração agrícola directa os seus meios de subsistência e de sua família;

c) Não tenham já exercido o direito de reserva previsto em qualquer outro diploma legal.

Válido destacar, no tocante às expropriações, que o artigo 5º, do Decreto-Lei nº 406-A/75, previa, de maneira expressa, a fixação de indenização[44] a ser atribuída aos proprietários ou titulares de direitos ou ônus reais atingidos pelas medidas de expropriação. Diante das referidas normas, o processo de ocupação ficou fora dos controles dos Centros Regionais de Reforma Agrária. Esta situação gerou sérias distorções, como, por exemplo, a ocupação de muitas propriedades de pequenos e médios agricultores, registrando-se que, em face da desorganização havida, muitos trabalhadores não respeitaram as reservas que, por força da norma em vigor, eram atribuídas aos proprietários, havendo, assim, desvio do processo reformista. Tal cenário perdurou até março de 1976, quando teve início a nova fase da reforma agrária (ESTRELA, 1978, p. 241).

Em 5 de abril de 1976 foram promulgados os Decretos-Leis nº 236-A e 236-B que também objetivavam legalizar a reforma agrária, além de evitar futuras ocupações e acelerar os procedimentos de expropriações legais, bem como completavam a definição do critério dos cinquenta mil pontos acima dos quais a propriedade era expropriável. Pretendia, dessa forma, corrigir distorções, evitando que proprietários de dez a quinze hectares fossem alcançados pela expropriação pelo fato de terem investido em suas terras, tendo sido estabelecido que trinta hectares correspondiam à área mínima expropriável, independente dos pontos. (ESTRELA, 1978, p. 242). Sobre o tema, Esperança disserta:

> No início de 1976, OS, PSD e PCP, que estiveram juntos no VI governo provisório, definiram novas medidas para a Reforma Agrária através do Decreto-Lei nº 236-A. Este decreto defendia a institucionalização

---

[44] Com relação às indenizações, é válido destacar que em diversas situações o Estado português deixou de realizar o pagamento em prazo razoável, tendo, então, sido demandado junto ao Tribunal Europeu dos Direitos do Homem, que, em vários acórdãos, sedimentou posicionamento de que a longa demora na fixação e pagamento da indenização viola o art. 1º do Protocolo nº 1 da Convenção Europeia dos Direitos do Homem, uma vez que caracteriza ofensa ao direito do postulante a respeito dos seus bens. Nesses casos, diante da mora do Estado português em realizar o pagamento das indenizações, reconheceu o Tribunal Europeu dos Direitos do Homem que os postulantes suportaram a encargo exorbitante que violou o justo equilíbrio que deve prevalecer entre as exigências do interesse geral e a garantia do direito ao respeito dos bens, reconhecendo-se, então, a violação do artigo 1º do Protocolo nº 1 da Convenção Europeia dos Direitos do Homem.

das transformações ocorridas pelas ocupações de terras, impedia novas transformações nas estruturas fundiárias e limitava os prejuízos dos agentes sociais mais atingidos pela Reforma Agrária. Para alcançar esses objetivos, reduziu-se a área de aplicação da Reforma Agrária e alargou-se o número de proprietários com direitos a reservas de exploração expressa no Decreto-Lei nº 406. (ESPERANÇA, 2016, p. 12-13).

Ainda de acordo com as aludidas normas, foram definidas as regiões de Portugal que poderiam ser objeto de expropriação. Esta medida foi necessária, à época, uma vez que os pequenos agricultores do norte tinham receio de expropriação em suas áreas, tendo esse fato trazido mais segurança jurídica aos mesmos (ESTRELA, 1978, p. 242). Saliente-se, quanto às expropriações, que o Decreto-Lei nº 236-A/76 manteve a imprescindibilidade da fixação de indenização a ser atribuída aos proprietários ou titulares de direitos ou ônus reais atingidos pelas medidas de expropriação, ordenando que fosse promulgada no prazo máximo de sessenta dias a legislação regulamentando esse direito, o qual, portanto, era inconteste.

Nesta fase, ocorreu substancial avanço da reforma agrária em Portugal, tendo sido expropriadas, até 5 de abril de 1976, aproximadamente novecentos e vinte mil hectares, havendo ainda a total legalização das expropriações ocorridas entre 1975 e 1976. Todavia, não fora observada a devolução das propriedades ilegalmente ocupadas e, por essa razão, o Conselho de Ministros, reunido em 21 de setembro de 1976, decidiu que todas as terras ilegalmente ocupadas deveriam ser devolvidas aos legítimos donos, terminando, então, esta fase, vindo a se iniciar uma nova etapa da reforma agrária portuguesa, por intermédio da qual se buscava a devolução das terras ilegalmente ocupadas (ESTRELA, 1978, p. 242). Esta etapa da reforma agrária portuguesa, caracterizada pela busca da devolução de terras ilegalmente ocupadas, iniciou-se em outubro de 1976 e se intensificou em dezembro, às vezes com o uso da força, pois, em muitos casos, os trabalhadores, orientados pelos sindicatos, opunham-se à entrega das áreas. Ao se manifestarem de forma contrária à devolução, os sindicatos contestam a legalidade de tais atos, além de demonstrarem receio quanto ao modelo alternativo ao coletivismo (BARRETO, 1987, 115).

Esta resistência fez com o governo português adotasse medidas de coerção como a suspensão de concessão de créditos às unidades de produção que não tivessem devolvido as reservas por elas ilegalmente ocupadas. Assim, esta fase da reforma agrária portuguesa apresentou como principais medidas: a determinação de que todos os conflitos e ilegalidades tinham de ser resolvidos entre 8 de dezembro de 1976 e 15 de fevereiro de 1977; a expropriação de mais duzentos mil hectares entre 15 de fevereiro de 1976 e 30 de março de 1976; a continuação das expropriações e alteração nas leis de arrendamento e reforma agrária em vigor. No entanto, foram poucas as expropriações realizadas nesta fase, que se ultimou com a aprovação, em 1977, pela Assembleia da República, da lei que estabeleceu as bases gerais da reforma agrária, Lei nº 77/77, de 29 de setembro, a qual, em seu artigo 4º, tratou do regime imperativo do uso da terra, estabelecendo o uso desta como obrigação em relação aos prédios expropriados, nacionalizados ou que, a qualquer título, fizessem parte do patrimônio de pessoa coletiva pública, ficando autorizado ao Estado, independente da obrigação de indenizar, resolver unilateralmente o contrato pelo qual tenha entregue a exploração de um prédio em caso de infringência ao regime imperativo do uso da terra. À guisa de exemplo das normas anteriores, a Lei nº 77/77 estipulava, de maneira expressa, o direito à indenização a ser atribuída aos proprietários atingidos pelas medidas de expropriação, conforme previsão do artigo 61º, nº 1.

4.6 A reforma agrária no Brasil

Para tratar da reforma agrária no Brasil, é importante situar o referido instituto dentro de um esboço histórico, cujo ciclo pode ser dividido em dois grandes períodos, sendo eles o período antigo e o período moderno. O período antigo tem início com o Tratado de Tordesilhas, pelo qual o mundo foi dividido em dois imensos latifúndios, sendo um deles o dos reis de Castela e Aragão e o outro, no qual foi incluído o Brasil, pertencente ao rei de Portugal. Já o período moderno tem início a partir de 1964, seja por intermédio da Emenda Constitucional nº 10, de 9 de novembro de 1964, que conferiu autonomia legislativa ao direito agrário, inserindo o referido ramo do direito no rol de matérias cuja competência legislativa é exclusiva da União, seja também pela promulgação da Lei nº 4.504/64, conhecida como Estatuto da Terra (DEMETRIO, 1998, p. 27).

As terras do Brasil, que foram objeto de conquista e posse por Pedro Álvares Cabral, foram, então, entregues ao rei de Portugal, tornando-se uma fazenda do rei, ficando sujeitas ao domínio real português (RIZZARDO, 2013, p. 36). O ato do rei de Portugal, Dom João III, que dividiu a chamada Terra de Santa Cruz em treze grandes áreas, chamadas de Capitanias Hereditárias, cortadas por linhas imaginárias no sentido Leste-Oeste, deu início à formação dos latifúndios no Brasil, de modo que a colonização brasileira se concretizou por meios feudais, os quais se demonstravam, à época, mais adequados para colonizar locais pouco habitados como era a colônia portuguesa (DEMETRIO, 1998, p. 27). Assim, historicamente se observa que a formação da propriedade rural no Brasil começou com a colonização portuguesa ao distribuir o território em capitanias hereditárias com enormes extensões. Desse modo, acabou-se por criar uma sociedade de latifundiários (DEMETRIO, 1998, p. 27).

As Capitanias Hereditárias, por serem áreas demasiadamente grandes, eram divididas em porções menores, mas, ainda assim, significativas do ponto de vista da extensão territorial, chamadas sesmarias, que foram estabelecidas como forma de ocupação no território brasileiro, as quais, por sua vez, poderiam ser doadas pelos governadores gerais ou pelos donatários das Capitanias Hereditárias.

A implementação da política sesmarial no Brasil deveu-se pelo menos a três fatores: a Coroa visou usufruir mais as riquezas econômicas coloniais não se restringindo à exploração extrativista do pau-brasil; buscava-se assegurar para a metrópole a conquista da nova terra, protegendo-a contra os piratas franceses, espanhóis, holandeses, que transitavam pela costa atlântica brasileira; e as dificuldades financeiras por que continuava a passar o reino português (MATTOS NETO, 2010, p. 16). Como se percebe, no período antigo da reforma agrária brasileira, o governo português resolveu conceder à iniciativa particular as terras brasileiras como forma não só de promover a colonização, bem como garantir a exploração econômica e o policiamento do litoral, tendo sido contemplados com as chamadas sesmarias parte da nobreza portuguesa e plebeus que haviam enriquecido com as atividades mercantis, os quais, pelas suas condições particulares, foram contemplados com significativas porções de terra (MATTOS NETO, 2010, p. 17)

Dentre as principais obrigações impostas aos sesmeiros, sublinham-se as de colonizar a terra, ter nela moradia habitual e cultura permanente, demarcar os limites e pagar tributos. Caso verificado o descumprimento, caíam os sesmeiros em comisso, isto é, as terras voltavam ao patrimônio da Coroa, que as redistribuía (RIZZARDO, 2013, p. 36). Inicialmente, as terras serviram para a exploração de cana de açúcar. Assim, os engenhos de açúcar, representados pela casa grande e senzala, fizeram com que a economia brasileira fosse caracterizada pela monocultura, formando ainda uma sociedade escravocrata (MATTOS NETO, 2010, p. 18). Posteriormente, nos engenhos passou-se a criar o gado, que não servia apenas para o transporte da cana, como também era utilizado para o abastecimento da população, ou seja, o gado passou a se constituir como um novo produto da economia colonial a contribuir de maneira decisiva para a expansão das fronteiras interiores do país, formando, assim, o segundo latifúndio brasileiro (MATTOS NETO, 2010, p. 18).

Desse modo, no tocante à relação entre a concessão das sesmarias e a formação dos latifúndios no Brasil, os historiadores sustentam que as concessões de terras eram feitas a pessoas privilegiadas que, muitas vezes, não reuniam condições para explorar toda uma gleba de extensa área, e, com frequência, descumpriam as obrigações assumidas, restringindo-se apenas ao pagamento dos impostos. É induvidoso que essa prática clientelista influenciou o processo de latifundização até hoje a distorcer o sistema fundiário brasileiro (MARQUES, 2011, p. 24). Como enfatizado, as sesmarias eram concedidas apenas a nobres ou a plebeus com recursos financeiros, ou seja, as pessoas menos favorecidas não tinham acesso a essas terras, as quais acabavam por se apoderar fisicamente de terras situadas em locais remotos, distantes dos núcleos de povoamento e das zonas populosas (MATTOS NETO, 2010, p. 20).

A partir da suspensão da concessão das sesmarias, promovida pela Resolução Imperial de 17 de julho de 1822, ofereceu-se uma oportunidade ao pequeno colono, ao lavrador menos favorecido economicamente ter acesso à terra por meio da posse. Do período compreendido entre a suspensão do regime das sesmarias, julho de 1822, até a edição da Lei nº 601, de 1850, o acesso às terras no Brasil se deu por meio da posse, motivo pelo qual esse período histórico ficou conhecido como *período das posses*, caracterizado por uma ocupação desenfreada e desordenada do território brasileiro (MARQUES, 2011, p. 24). Indubitavelmente, compreendeu um período anárquico, em que permaneceram titulares de grandes extensões pessoas que haviam recebido as sesmarias, embora sem o cumprimento das condições impostas. Além disso, ocorreu um fenômeno de ocupações sem nenhum título, ao mesmo tempo em que o governo ficou sendo titular das terras não ocupadas e que simplesmente foram abandonadas ou devolvidas pelos sesmeiros (RIZZARDO, 2013, p. 37).

A Lei nº 601/1850 pode ser considerada como o marco inicial da reforma agrária no Brasil visto que beneficiou alguns posseiros que não tinham qualquer segurança jurídica quanto ao local onde desenvolviam suas atividades. Essa norma encerra o regime jurídico das posses no Brasil, ao estabelecer regramento para a aquisição da propriedade, pela posse com culturas efetivas, vedando os excessos anteriormente tolerados, além de proibir e cercear a ocupação ambiciosa da terra. Por intermédio da aludida norma, coibiu-se a devastação de matas e as queimadas. Não há dúvidas, portanto, de que a Lei nº 601/1850, possui importância histórica na reforma agrária brasileira, no histórico da propriedade rural, pois, de um lado, reconhecia a legitimidade dos títulos de domínio existentes na época e, cuja origem, remontava às Capitanias Hereditárias e às sesmarias. Por outro lado, dispunha "que ficam proibidas as aquisições de terras devolutas por outro título que não seja o de compra e venda". Assim, o Brasil passava a adotar meios jurídicos para regularizar o domínio fundiário, valendo a norma como instrumento hábil a proceder a regularização da propriedade rural no país (DEMETRIO, 1998, p. 30).

A Lei nº 601/1850 teve por objetivos básicos: proibir a investidura de qualquer súdito ou estrangeiro no domínio de terras devolutas, salvo nos casos de compra e venda; outorgar títulos de domínio aos detentores de sesmarias não confirmadas; outorgar títulos de domínio a portadores de quaisquer outros tipos de concessões de terras feitas na forma da lei então vigente, condicionado ao cumprimento comprovado das obrigações assumidas nos respectivos instrumentos; e assegurar a aquisição do domínio de terras devolutas através do instituto da legitimação de posse, desde que fosse mansa e pacífica, anterior e até a vigência da lei (MARQUES, 2011, p. 25).

Assim, a Lei nº 601/1850 trouxe certas melhorias quanto ao sistema de aquisição de terras no Brasil, pois propiciou o reconhecimento, no âmbito jurídico, de situações já consolidadas na seara fática, como, por exemplo, a aquisição de domínio de terras devolutas através do instituto da legitimação de posse. Todavia, não pode ser desconsiderado que, ainda assim, a norma em comento dificultou o acesso à terra a quem, no momento de sua entrada em vigor, ainda não a possuía, visto ter adotado, a partir daquele momento, como único meio de aquisição da terra, a compra e venda, aspecto que, praticamente, inviabilizava o acesso à terra ao pequeno colono, contribuindo, assim, para o aumento do latifúndio.

Desse modo, pode-se afirmar que a Lei nº 601/1850 inspirou-se em um modelo não democrático de acesso à propriedade fundiária ao incorporar como único meio de obtenção da terra a compra e venda, pois seu artigo 1º enunciava a proibição de aquisições de terras devolutas por outro título que não fosse a compra, ou seja, isto acabava por manter um círculo vicioso pelo qual o direito de propriedade agrária permanecia nas mãos de poucos, alimentando um sistema econômico de produção puramente capitalista, desprovido de qualquer preocupação de cunho social (MATTOS NETO, 2010, p. 21).

Ao se estabelecer que as terras devolutas, a partir daquele momento, só poderiam ser adquiridas através de compra com o pagamento em dinheiro, não há a menor dúvida de que essa regra teria o lastro de dificultar o acesso à agricultura por colonos e escravos, e, por outro lado, beneficiava a quem tivesse dinheiro para comprá-la. Sob essa ótica, o trabalhador primeiro deveria submeter-se ao trabalho em favor dos grandes proprietários para depois adquirir a terra, o que era praticamente impossível. Dessa forma, não obstante os avanços da lei, acabou por banir o trabalhador da terra, contribuindo com o latifúndio no Brasil (RIZZARDO, 2013, p. 37).

Já o período moderno da história da reforma agrária brasileira, tem início a partir de 1964. O fato histórico de maior significado foi a Emenda Constitucional nº 10, de 9 de novembro de 1964, publicada no dia seguinte, que conferiu autonomia legislativa ao direito agrário. Inseriu-se o direito agrário no rol das matérias cuja competência para legislar era exclusiva da União. Essa competência atualmente está prevista no artigo 22, inciso I, da Constituição Federal brasileira. Por isso, pode-se afirmar que a EC nº 10/64 institucionalizou o direito agrário no Brasil. Dias depois, ou seja, a 30 de novembro de 1964, foi promulgado o Estatuto da Terra, Lei nº 4.504/64 (MARQUES, 2011, p. 27).

A Lei nº 4.504/64, conhecida como Estatuto da Terra, trata da reforma agrária e da política agrícola, sendo considerada como a lei agrária fundamental, à medida que fixa os rumos básicos do relacionamento entre a terra e o homem, procurando proteger a ambos, uma vez que a proteção do homem é necessária, na medida em que se trata do sujeito da relação jurídica e o destinatário das vantagens objetivadas pela lei, enquanto que a proteção da terra decorre do fato de ser a mesma a matriz e nutriz não só no presente, como também no futuro (BORGES, 1996, p. 13).

O Estatuto da Terra apresenta como princípio fundamental o cumprimento da função social da propriedade, segundo o qual à propriedade agrária deve ser realizada exploração econômica racional e adequada, sem depredação dos recursos naturais, com respeito aos direitos trabalhistas e previdenciários, gerando, assim, bem-estar social ao proprietário, aos trabalhadores e à sociedade. Além disso, a Lei nº 4.504/64 visa não apenas a produtividade econômica, mas, principalmente, a estabilidade das relações sociais entre proprietários e não proprietários, assim como a sustentabilidade ambiental e o maior acesso à propriedade rural. O artigo 4º do Estatuto da Terra classificou os imóveis rurais da seguinte forma:

> I – "Imóvel Rural", o prédio rústico, de área contínua qualquer que seja a sua localização que se destina à exploração extrativa agrícola, pecuária ou agroindustrial, quer através de planos públicos de valorização, quer através de iniciativa privada;
> II – "Propriedade Familiar", o imóvel rural que, direta e pessoalmente explorado pelo agricultor e sua família, lhes absorva toda a força de trabalho, garantindo-lhes a subsistência e o progresso social e econômico, com área máxima fixada para cada região e tipo de exploração, e eventualmente trabalho com a ajuda de terceiros;
> III – "Módulo Rural", a área fixada nos termos do inciso anterior;
> IV – "Minifúndio", o imóvel rural de área e possibilidades inferiores às da propriedade familiar;
> V – "Latifúndio", o imóvel rural que:
> a) exceda a dimensão máxima fixada na forma do artigo 46, §1º, alínea b, desta Lei, tendo-se em vista as condições ecológicas, sistemas agrícolas regionais e o fim a que se destine;
> b) não excedendo o limite referido na alínea anterior, e tendo área igual ou superior à dimensão do módulo de propriedade rural, seja mantido inexplorado em relação às possibilidades físicas, econômicas e sociais do meio, com fins especulativos, ou seja, deficiente ou inadequadamente explorado, de modo a vedar-lhe a inclusão no conceito de empresa rural; (...).

A reforma agrária constitui-se na como a principal finalidade do Estatuto da Terra, o qual destacou logo em seu artigo 1º: "Esta Lei regula os direitos e obrigações concernentes aos bens imóveis rurais, para os fins de execução da reforma agrária e promoção da Política Agrícola". O artigo 1º, §1º do Estatuto da Terra define esse instituto no direito brasileiro ao preceituar:

Considera-se Reforma Agrária o conjunto de medidas que visem a promover melhor distribuição da terra, mediante modificações no regime de sua posse e uso, a fim de atender aos princípios de justiça social e aumento de produtividade.

Essa definição legal pode ser fracionada nos seguintes termos (SODERO, 1982, p. 54):

a) O *conjunto de medidas* significa que a reforma agrária não se limita apenas à distribuição de terras, mas todo um processo que implica a seleção de área para a mudança de estrutura, o tipo de propriedade a ser formada, a seleção dos beneficiários, a forma de pagamento da terra até a formação de uma infraestrutura necessária ao desenvolvimento do projeto, constante de assistência técnica creditícia, revenda de sementes ou de mudas, escolas, serviços de saúde, estradas, armazéns e silos, se for o caso – e as demais formas que preencham o referido processo de mudança de estrutura agrária e de acesso do homem qualificado à terra rural.

b) A *melhor distribuição da terra* implica o equilíbrio da estrutura fundiária, através da substituição do latifúndio e minifúndio por um sistema mais justo de distribuição de propriedade onde haja o predomínio da propriedade familiar e da média.

c) A expressão *Mediante modificações no seu regime de posse* significa a modificação no conceito de direito de propriedade, considerando a terra como um bem de produção e, não simplesmente, um bem patrimonial.

d) Por sua vez, quando a norma refere que a reforma agrária deve se dar *Mediante modificação no seu regime de uso*, quer dizer que o solo deve ser explorado corretamente, sem atividade predatória.

e) Quando a norma refere que a reforma agrária deve *atender aos princípios da justiça social*, afirma que a justiça social deve significar o atendimento ao pequeno camponês, ao trabalhador sem-terra, ao posseiro, ao trabalhador rural, ao parceiro, ao arrendatário.

f) Por fim, quando a lei menciona que a reforma agrária deve *atender ao aumento da produtividade,* deve ser compreendido que a produtividade em economia agrícola significa a maior produção possível dentro da mesma área.

Diante desse conceito legal, infere-se que a reforma agrária brasileira visa promover a justiça social e o aumento da produtividade. O próprio artigo 16 do Estatuto da Terra estabeleceu esses objetivos ao asseverar:

> A Reforma Agrária visa a estabelecer um sistema de relações entre o homem, a propriedade rural e o uso da terra, capaz de promover a justiça social, o progresso e o bem-estar do trabalhador rural e o desenvolvimento econômico do País, com a gradual extinção do minifúndio e do latifúndio.

Assim, a reforma agrária pretende rever e apresentar um novo regramento das normas que regem a estrutura agrária do país, tendo em vista a valorização do trabalho, o aumento da produção, valendo-se, para tanto, da utilização racional da propriedade agrícola e de técnica apropriada para garantir a dignidade humana da população rural. Importante salientar também que a reforma agrária possui atualmente no Brasil previsão de cunho constitucional, além do que excepciona a regra prevista no artigo 5º, XXIV, a qual assevera que a desapropriação tem como regra geral a indenização justa e prévia em dinheiro, na medida em que, tratando-se de desapropriação por interesse social para fins de reforma agrária, conforme prevê o artigo 184 da CF/88, a indenização deve ser justa e prévia em títulos da dívida agrária, com a preservação do valor real, resgatáveis em até vinte anos. Diante dessa característica, observa-se que o Constituinte considerou o não cumprimento da função social da propriedade um ato grave, o qual deve sofrer repreenda por parte do poder público, sendo a desapropriação por interesse social para fins de reforma agrária, o instrumento estatal para alcançar esse intento, tendo, pois, nítido caráter punitivo para o expropriado, o qual receberá sua indenização em títulos da dívida agrária, resgatáveis em até vinte anos, o que não ocorre com outras modalidades de desapropriação por necessidade ou utilidade pública.

Conforme mencionado, a Constituição Federal de 1988 consagra em seu artigo 184 a possibilidade de desapropriação dos imóveis rurais que não observem sua função social, sendo este um dos instrumentos de concretização da reforma agrária Brasil, o que caminha em conformidade com os preceitos já estabelecidos por ocasião da promulgação do Estatuto da Terra. Verifica-se, portanto, que o constituinte não ficou insensível aos apelos oriundos do campo, ao reafirmar a necessidade de mudanças estruturais na distribuição da malha fundiária. Daí a compatibilização do direito de propriedade com o exercício de sua função social, cuja finalidade é obter a justiça social no campo, através da instrumentalização do instituto da reforma agrária, conjuntamente com o desenvolvimento de uma política agrícola (ARAÚJO, 1998, p. 102). Além disso, a CF/88, em seu artigo 185, inovou quanto à tipologia da propriedade agrária antes contemplada no Estatuto da Terra, tendo trazido nova nomenclatura aos tipos de imóveis rurais, a saber: a pequena e a média propriedade rural e a propriedade produtiva. A Lei nº 8.629/93 definiu em seu artigo 4º que se considera pequena propriedade agrária o imóvel rural com área compreendida entre um e quatro módulos fiscais e como média propriedade o imóvel rural de dimensão superior a quatro até quinze módulos fiscais. Por sua vez, segundo o artigo 6º da norma em questão, a propriedade é considerada produtiva quando, explorada econômica e racionalmente e, atinge, simultaneamente, graus de utilização da terra e de eficiência na exploração segundo índices fixados pelo órgão federal competente.

Essas categorias imobiliárias, por força do artigo 185 da CF/88, são insuscetíveis de desapropriação por interesse social para fins de reforma agrária. Trata-se de clara opção do legislador constituinte em deixar de fora da possibilidade de desapropriação os imóveis rurais de dimensão entre um e quinze módulos rurais. Este tipo de imóvel, com essa dimensão, corresponde ao tamanho que normalmente no país é de propriedade do micro e do pequeno produtor rural e, por isso, tais áreas seriam um tamanho social de proteção aos economicamente mais fracos. Assim, por exemplo, um imóvel rural de dez módulos fiscais, ainda que não cumpra a função social da propriedade, está isento de desapropriação para fins de reforma agrária, por força da Constituição da República. Portanto, por essa regra constitucional, tão somente o tamanho do imóvel o isenta de desapropriação para fins de reforma agrária, independentemente de ser explorado adequada e racionalmente (MATTOS NETO, 2018, p. 79).

Consigne-se que, quanto à pequena e à média propriedade rural, de acordo com o texto constitucional, só serão insuscetíveis de desapropriação por interesse social para fins de reforma agrária desde que *seu proprietário não possua outra*. Esta imunidade constitucional diz respeito ao imóvel que seja explorado pelo seu proprietário, enfatizando, assim, o trabalho na terra pelo dono, o que representa medida extremamente salutar e em consonância com o preceito estabelecido desde o Estatuto da Terra, pelo qual "a terra deve ser de quem nela trabalha" (COSTA, 2014, p. 142). Por sua vez, a propriedade produtiva, exatamente por cumprir com a função social, é, também, insuscetível de desapropriação por interesse social para fins de reforma agrária.

Conforme já frisado, a reforma agrária e, sobretudo a desapropriação por interesse social para esse fim, não pode ser entendida tão somente como a singela distribuição de terras a trabalhadores rurais, pelo contrário, deve ser apenas a medida inicial. Para que seja alcançada a finalidade de fixar o homem à terra, torna-se necessário um conjunto de medidas governamentais que garanta as condições necessárias para tal, motivo pelo qual deve ser afirmado de maneira categórica que o conceito de reforma agrária deve ser de caráter amplo, nele abrangida distribuição da terra e as demais medidas governamentais imprescindíveis à fixação do trabalhador à terra. Não se pode, ao se tratar de reforma agrária, apenas limitá-la a modificação da estrutura fundiária ou como diz o texto legal, a "modificação do seu regime de posse e uso", bem como a sua redistribuição, porque, se assim não fosse, não seria reforma. É fundamental que se compreenda a sua finalidade precípua, estabelecida pelo legislador, que é a de atender aos princípios da justiça social e ao aumento da produtividade, o que só poderá se efetivar com uma política governamental capaz de fixar o trabalhador à terra (MARQUES, 2011, p. 130).

A possibilidade de desapropriação de terras pela União para fins de reforma agrária foi possível no direito brasileiro a partir da Emenda Constitucional nº 10/64 que alterou a CF/1946 para, em seu artigo 147 §1º, permitir a implementação desse instituto. Com o advento da CF/88, o critério para áreas passíveis de reforma agrária passou a ser, como regra geral, toda área que não venha a cumprir a função social, nos moldes previstos no artigo 184. Como mencionado anteriormente, o artigo 185 da CF/88 dispõe acerca das terras que não podem ser objeto de desapropriação por interesse social para fins de reforma agrária, sendo elas a pequena e a média propriedade rural, assim definida em lei, desde que o proprietário não possua outra e a propriedade seja produtiva. Além deste dispositivo, o artigo 7º, da Lei nº 8.629/93 assevera que os imóveis objeto de implantação de projeto técnico não se sujeitam à desapropriação por interesse social para fins de reforma agrária desde que o projeto seja elaborado por profissional legalmente habilitado e identificado, esteja cumprindo o cronograma físico-financeiro originalmente previsto, sem prorrogações, preveja que pelo menos 80% da área aproveitável do imóvel seja efetivamente utilizada em até três anos para as culturas anuais e cinco anos para as culturas permanentes e que haja sido aprovado pelo órgão federal competente na forma estabelecida em regulamento (RIZZARDO, 2013, p. 140).

Como afirmado por Rizzardo (2013, p. 141): "De modo que se a propriedade rural, é, em última análise, desnecessária ao seu dono, não desenvolvendo a ele o aproveitamento, se sujeita à desapropriação para fins de reforma agrária". A partir dessas premissas, constata-se que, no Brasil, a reforma agrária objetiva, pois, estabelecer um sistema de relações entre o homem, a propriedade rural e o uso da terra, sistema este que seja capaz de promover justiça social, progresso e o bem-estar do trabalhador rural e o desenvolvimento econômico do país, com a gradual extinção do minifúndio e do latifúndio (ARAÚJO JÚNIOR, 2002, p. 99).

Os principais elementos da reforma agrária são a terra, a política agrícola e o homem, este entendido como aquele fadado aos trabalhos da agricultura e sem condições de obter a terra em face da pobreza. Desse modo, o homem deve ser o centro de toda a reforma agrária, sendo-lhe concedida a terra mediante distribuição e aproveitamento produtivo, demonstrando-se claramente a influência da posse agrária na modificação do direito de propriedade, que não mais figura como um direito absoluto, pois a terra deve cumprir uma função social, sob pena de não ser considerada um bem de produção (ARAÚJO JÚNIOR, 2002, p. 99). Costa descreve com propriedade como a legislação brasileira encara a reforma agrária, destacando sua íntima ligação com a função social propriedade ao referir:

> Nas definições de nossos doutrinadores observa-se que a noção de reforma agrária não se resume à mera alteração dos *fundi*, das herdades deficitárias, mas está jungida ao regime dominial e de posse, pois, no Brasil, a reforma agrária é assente à doutrina da função social da propriedade, que enseja o decreto expropriatório, e não se limita apenas à reestruturação fundiária.
> Portanto, adotou-se a concepção da reforma agrária fundada no cumprimento da funcionalidade da terra, que não se limita apenas a medidas de natureza fundiária, mas à modificação no sistema de posse e uso da terra acompanhado de todas as facilidades econômicas (assistência técnica, creditícia e [sic] etc.), lançando as bases da política agrícola.
> A reforma agrária implica, portanto, em um novo conceito de propriedade, fundamentado na doutrina da função social, que vê a terra como

um bem de produção, trazendo profundas implicações socioeconômicas. (COSTA, 2014, p. 91).

O principal instrumento utilizado para a reforma agrária no Brasil é a desapropriação agrária, de competência exclusiva da União, conforme preceitua o artigo 184 da CF/88, tendo como característica relevante o caráter punitivo, eis que a indenização da terra nua é paga com títulos da dívida agrária em face da inobservância do cumprimento da função social da propriedade (ARAÚJO JÚNIOR, 2002, p. 101). Nessa toada são as lições de Almeida:

> O descumprimento da função social do imóvel rural foi tido pelo constituinte como tão grave, que sua ocorrência enseja uma sanção severa. De fato, é característica da reforma agrária que seu instrumento, a desapropriação por interesse social, assuma caráter punitivo para o expropriado, com a agravante representada pela forma de se pagar a indenização correspondente. (...) O pagamento em títulos representa, como já se afirmou, uma punição ao proprietário que abusou de seu direito. (ALMEIDA 1990, p. 72).

Nota-se, pois, no dispositivo constitucional clara sanção ao proprietário que não atenda ao apelo da produção e uso racional na exploração da terra, o que leva à expropriação, sendo a propriedade destinada a um fim que a atenda, como se dá no assentamento de famílias de trabalhadores rurais, fato que corrobora a importância da exploração do imóvel diretamente e não apenas sua propriedade despida de produção. Desse modo, coloca-se a alta finalidade da função social da propriedade, que deve resultar algum benefício econômico para a coletividade, fator que não pode ser conduzido ao extremo, justamente para evitar o devastamento e a dizimação da natureza, pelo que, ao mesmo tempo, são impostas limitações de cunho ambiental (RIZZARDO, 2013, p. 144). Parte-se da premissa que o imóvel rural é um bem de produção e visa produzir outros bens, devendo ocorrer a correta utilização, a desestimular abusos como a mera especulação imobiliária ou sua pura destruição (ALMEIDA, 1990, p. 63). Diante do exposto, cabe destacar a substancial definição proposta por Albuquerque para a desapropriação por interesse social para fins de reforma agrária:

> (...) é a atuação da vontade do Estado, mediante indenização, consistente na retirada de bem de um patrimônio, em atendimento à composição,

apaziguamento, previdência e prevenção impostos por circunstâncias que exigem o cumprimento de um conjunto de medidas que visem a melhor distribuição da terra, capaz de promover a justiça social, o progresso e o bem-estar do trabalhador rural e o desenvolvimento econômico do país, com a gradual extinção do minifúndio e do latifúndio. (ALBUQUERQUE, 2006, p. 166).

Desse modo, uma vez sendo inobservado pelo proprietário o cumprimento da função social da propriedade, estará o mesmo sujeito a ter seu imóvel rural alcançado pela desapropriação por interesse social para fins de reforma agrária, nos termos do artigo 184 da CF/88. A desapropriação pode se dar mediante acordo entre as partes, que pode ocorrer processual ou extraprocessualmente. A desapropriação extrajudicial acontecerá quando o Instituto Nacional de Colonização e Reforma Agrária (Incra) e o particular chegarem a um consenso em relação ao valor do bem e as condições do negócio, que se efetiva como se fosse um contrato de compra e venda, não sendo necessária a homologação judicial (MARQUES JÚNIOR, 2010, p. 126). Não havendo acordo prévio, deverá ser ajuizada a respectiva ação judicial.

Quanto ao procedimento para a desapropriação pela via judicial, encontra-se regulado na Lei Complementar, nº 76/93, sendo um rito célere, sumário. Infere-se que a Constituição em vigor inovou nessa matéria, prevendo, no seu artigo 184, §3º, que o processo judicial da desapropriação para fins de reforma agrária observará, resguardado o contraditório e a ampla defesa, procedimento sumário estabelecido em lei complementar (NOBRE JÚNIOR, 1998, p. 157). A competência para a desapropriação por interesse social para fins de reforma agrária, conforme já mencionado anteriormente, nos termos do artigo 184 da CF/88 é da União, tendo sido delegada por meio do artigo 2º do Decreto-Lei nº 1.110/70 ao Incra, uma autarquia federal, cuja missão prioritária reside em executar a reforma agrária e realizar o ordenamento fundiário nacional. É importante destacar que essa modalidade de desapropriação deve ser precedida de decreto que declare o imóvel como sendo de interesse social para fins de reforma agrária, ou seja, para que se considere um bem dessa natureza apto a ser desapropriado sob esse fundamento, devem ser tomadas algumas providências administrativas prévias que demonstrem que o bem não cumpre a função social, o que se efetua mediante a realização de vistoria (MARQUES JÚNIOR, 2010, p. 122).

O início da desapropriação agrária acontece por meio de decreto expropriatório, ato pelo qual o poder público declara determinado imóvel rural de interesse social para os referidos fins e manifesta a intenção de adquiri-lo, compulsoriamente, para fins de reforma agrária. Previamente à declaração de interesse social, para fins de reforma agrária, devem ser precedidas algumas providências de cunho administrativo para identificar imóveis rurais descumpridores de sua função social e que, ao mesmo tempo, não se encaixam naquelas situações reputadas pelo Constituinte e pelo legislador como inadmissíveis à supressão do domínio (NOBRE JÚNIOR, 1998, p. 117).

Portanto, realizada a vistoria e observado que o imóvel não cumpre uma função social, declarar-se-á este como de interesse social para fins de reforma agrária, por ato do Presidente da República, sendo ali descrito o bem, os dispositivos normativos que autorizam o ato e o fim a que se destina, esclarecendo-se que essa declaração, por si só, não tem o lastro de gerar a desapropriação, embora garanta ao expropriante o direito subjetivo de, no prazo de dois anos, promover a desapropriação (MARQUES JÚNIOR, 2010, p. 122).

Oportuno salientar que uma vez declarado o imóvel como de interesse social para fins de reforma agrária, ficam os agentes do Incra autorizados a ingressar neste a fim de avaliá-lo, tanto para calcular o valor da indenização como verificar suas condições e seus limites (MARQUES JÚNIOR, 2012, p. 123). Infere-se, pois, que a declaração de interesse social para fins de reforma agrária tem o lastro de autorizar ao Incra a prática de diversas medidas necessárias ao cumprimento dos atos de desapropriação, em especial promover a vistoria e a avaliação do imóvel, podendo até mesmo valer-se de força policial, com autorização do juiz, em caso de resistência do proprietário (MARQUES, 2011, p. 146). A competência para processar e julgar o pedido de desapropriação por interesse social para fins de reforma agrária é da Justiça Federal, mais precisamente do foro de localização do imóvel (RIZZARDO, 2013, p. 171).

O artigo 5º da LC nº 76/93 elenca os requisitos da petição inicial, comuns aos já previstos no artigo 319 do Código de Processo Civil, além da oferta do preço e os seguintes documentos: texto do decreto declaratório de interesse social para fins de reforma agrária, publicado no *Diário Oficial da União*; certidões atualizadas de domínio e de ônus real do imóvel, documento cadastral do imóvel; laudo de vistoria e avaliação administrativa; comprovante de lançamentos dos Títulos da

Dívida Agrária correspondente ao valor ofertado para pagamento da terra nua; comprovante de depósito em banco oficial ou outro estabelecimento no caso de inexistência de agência na localidade, à disposição do juízo, correspondente ao valor ofertado para pagamento das benfeitorias úteis e necessárias.

O artigo 6º da referida norma aduz que o juiz deverá despachar a inicial de plano ou em até quarenta e oito horas mandando imitir o autor na posse, ordenando a citação do expropriado para que, querendo, conteste a ação e indique, se quiser, assistente técnico. Registre-se que, conforme o artigo 6º, item III da norma em questão, uma vez determinada a imissão na posse, será expedido mandado ordenando a averbação do ajuizamento da ação no registro de imóveis, para conhecimento de terceiros.

De acordo com o artigo 9º da LC nº 76/93, a contestação deve ser apresentada no prazo de quinze dias e deve dizer respeito à matéria de interesse da defesa, vedada a discussão acerca do interesse social declarado pois o interesse público, uma vez declarado, é pressuposto ante a presunção de legitimidade e veracidade dos atos administrativos. Por isso, a contestação deve se limitar a discutir o preço, sendo incabível discussões pertinentes a outros aspectos. Poderá, pois, a peça defensiva impugnar o laudo de vistoria e avaliação apresentado pelo expropriante, já que a perícia, se designada, restringir-se-á aos pontos impugnados, conforme preceitua o artigo 9º, §1º, da LC 76/93 (RIZZARDO, 2013, p. 173).

Recebida a contestação, o juiz, se for o caso, determinará a realização de prova pericial, adstrita a pontos impugnados do laudo de vistoria administrativa a que se refere o artigo 5º, IV, ocasião em que designará perito do juízo, formulará quesitos, intimará o perito para prestar compromisso e intimará as partes para apresentarem quesitos (art. 9º, §1º, LC nº 76/93). Havendo acordo sobre o preço, este será homologado por sentença, conforme dispõe o artigo 10, da LC nº 76/93.

Não havendo avença, será realizada audiência de instrução e julgamento em prazo não superior a quinze dias a contar da conclusão da perícia, quando o juiz proferirá sentença ou o fará no prazo de trinta dias, sempre indicando os fatos motivadores de seu convencimento. Deve, ao fixar o valor da indenização, considerar, além do laudo pericial, outros meios de convencimento, inclusive pesquisa de mercado, individualizando o valor do imóvel, suas benfeitorias e dos demais componentes do valor da indenização (arts. 11 e 12 LC nº 76/93). Ao decidir, deve, pois o magistrado especificar os motivos que formaram o seu convencimento, podendo servir-se, além dos laudos periciais, de outros meios objetivos de convicção, inclusive pesquisa mercadológica, tendo em vista que a indenização deve ser justa, refletindo, ao máximo, a realidade fática do bem (NOBRE JÚNIOR, 1998, p. 182). Dessa forma, ao decidir o valor da indenização, o juiz deve se valer de critérios como a localização do imóvel, vocação agrícola, dimensão, área ocupada, tempo de uso, estado de conservação das benfeitorias, discriminando o valor da terra nua, benfeitorias e demais valores que devam integrar a indenização (MARQUES JÚNIOR, 2010, p. 131).

Outra possibilidade de realização de reforma agrária adveio com a Carta Política de 1988 ao estabelecer nítida distinção entre o lícito e o ilícito quando, em seu artigo 243, determinou que sejam imediatamente expropriadas, sem qualquer indenização, as glebas onde forem localizadas culturas ilegais de plantas psicotrópicas (BORGES, 1996, p. 144). Desse modo, referidas terras, retiradas do proprietário tido como criminoso, servirão para assentamento de colonos a fim de que ali sejam cultivadas culturas lícitas como de produtos alimentícios e medicamentosos. Mais recentemente, com a Emenda Constitucional nº 81, de 2014, foi inserido no referido dispositivo constitucional outra causa de expropriação, sem direito a qualquer indenização, sendo ela a exploração de trabalho escravo, outro gravíssimo mal que, infelizmente, até hoje, é comum em diversos estados brasileiros.

A desapropriação por interesse social para fins de reforma agrária distingue-se das expropriações decorrentes de culturas ilegais de plantas psicotrópicas e do trabalho escravo, na medida em que estas últimas decorrem de atos ilícitos, criminosos, não gerando ao proprietário do bem direito a qualquer indenização (MARQUES JÚNIOR, 2010, p. 96). Apenas a título de esclarecimento, as hipóteses constitucionalmente previstas de expropriação dizem respeito às terras onde forem localizadas culturas ilegais de plantas psicotrópicas e onde haja trabalho escravo, situações nas quais atuou com profundo acerto o legislador constitucional, em face dos enormes prejuízos morais e materiais que as drogas causam nas famílias e na sociedade em geral, assim como a prática de trabalho escravo constitui severa violação ao fundamento constitucional da dignidade da pessoa humana.

Uma vez encerrado o procedimento desapropriatório, que culmina com o registro do imóvel em nome da União, inicia-se a fase de distribuição das terras desapropriadas, quer dizer, a reforma agrária propriamente dita. Esta ocorre mediante programas de assentamentos, tendo a Lei nº 8.629/93, em seu artigo 16, fixado o prazo de três anos, contados da data do registro do título translativo do domínio, para que o Incra, órgão responsável pela reforma agrária, destine a terra aos beneficiários, observando a ordem prevista no artigo 19 daquele diploma legal. Oportuno assinalar que, ultrapassado o prazo de três anos sem que haja a transferência da propriedade aos beneficiários, considerar-se-á que a ação da União foi incompleta, não se consumando o ato desapropriatório, que, sendo complexo, exige também a transferência do bem aos beneficiários. Nessa hipótese, admite-se que o proprietário, judicial ou administrativamente, procure a anulação do ato. Assim, como ato administrativo nulo não produz efeito, conforme a Súmula nº 473 do STF e porque a eficácia da sentença desapropriatória necessitava dessa condição para fazer coisa julgada absoluta, existe a possibilidade do manejamento de ação de nulidade de desapropriação para fins de reforma agrária, registrando-se que não se trata de ação rescisória, pois só se rescinde o que é válido, o que não é o caso ante a inocorrência da complementação de um ato administrativo complexo (BARROS, 1998a, p. 63).

O artigo 19, da Lei nº 8.629/93,[45] apresenta a ordem legal dos beneficiários da propriedade desapropriada, estabelecendo a importância da vinculação com a atividade agrária, o que mostra a importância da posse trabalho com vistas à consecução do benefício. Ao passo que o artigo 20, da Lei nº 8.629/93, afasta de maneira expressa da condição de beneficiário da reforma agrária aquele que for ocupante de cargo, emprego ou função pública remunerada; aquele que tiver sido excluído ou se afastado do programa de reforma agrária, de regularização fundiária ou de crédito fundiário sem o consentimento do órgão executor;

---

[45] I – ao desapropriado, ficando-lhe assegurada a preferência para a parcela na qual se situe a sede do imóvel, hipótese em que esta será excluída da indenização devida pela desapropriação;
II – aos que trabalham no imóvel desapropriado como posseiros, assalariados, parceiros ou arrendatários, identificados na vistoria;
III – aos trabalhadores rurais desintrusados de outras áreas, em virtude de demarcação de terra indígena, criação de unidades de conservação, titulação de comunidades quilombola ou de outras ações de interesse público;
IV – ao trabalhador rural em situação de vulnerabilidade social que não se enquadre nas hipóteses previstas nos incisos I, II e III deste artigo;
V – ao trabalhador rural vítima de trabalho em condição análoga à de escravo;
VI – aos que trabalham como posseiros, assalariados, parceiros ou arrendatários em outros imóveis rurais;
VII – aos ocupantes de áreas inferiores à fração mínima de parcelamento.

o proprietário rural, salvo o desapropriado do imóvel e o agricultor cuja propriedade seja insuficiente para o sustento próprio e de sua família; aquele que seja proprietário, cotista ou acionista de sociedade empresária em atividade; o menor de dezoito anos não emancipado, bem como aquele que auferir renda familiar proveniente de atividade não agrária superior a três salários mínimos mensais ou superior a um salário mínimo *per capita*.

Por fim, observa-se que, a partir do título de domínio, da concessão de uso ou da concessão de direito real de uso, adquire-se a propriedade expropriada ou se efetua a transferência de posse aos beneficiários da reforma agrária, demonstrando-se o claro fim do legislador em transferir a terra gratuitamente. Há ainda o compromisso daquele que recebe a terra de cultivá-la direta e pessoalmente e não cedê-la ou negociá-la pelo prazo de dez anos, sob pena de rescisão do contrato e retorno do imóvel ao domínio público, o que mostra a inequívoca importância da posse trabalho no instituto (BARROS, 1998a, p. 65).

Percebe-se, desse modo, que a desapropriação por interesse social para fins de reforma agrária se caracteriza como o principal instrumento para a realização da reforma agrária no Brasil, o qual, porém, implica o dispêndio de recursos públicos ante a imprescindibilidade da respectiva indenização. Desse modo, como, em regra, o Brasil, para instaurar a reforma agrária, necessita dispor de recursos financeiros para custear a respectiva indenização aos proprietários das terras, propor-se-á, a seguir, um novo instrumento de reforma agrária, de acesso à terra, qual seja, o arrendamento rural forçado, que terá o lastro de figurar como meio eficaz e não custoso aos cofres públicos de busca da função social da terra, notadamente nos tempos de escassez de recursos.

CAPÍTULO 5

ARRENDAMENTO RURAL FORÇADO: ALTERNATIVA DE ACESSO À TERRA EM TEMPOS DE ESCASSEZ

Nesta parte do presente trabalho, tratar-se-á, inicialmente, do instituto do arrendamento rural da forma como atualmente se encontra previsto tanto no direito português como no direito brasileiro, ou seja, como um instituto de característica eminentemente contratual, pelo qual as partes, de comum acordo, resolvem celebrar avença, por intermédio da qual se dá o arrendamento do imóvel rústico. Neste sentido, destacar-se-á sua definição, características, natureza jurídica e finalidade do referido contrato. Após isto se analisará as peculiaridades da avença no direito nos referidos países. Ulteriormente, tratar-se-á do chamado arrendamento rural forçado, objeto propriamente dito da presente obra, por intermédio do qual se torna possível a imposição, pelo poder público, do arrendamento de imóveis rurais que não cumpram com sua função social, a fim de que, uma vez arrendados a trabalhadores rurais que necessitem de imóveis para trabalhar, passem a exercer uma função social, garantindo, desse modo, produtividade à terra, assim como a percepção de vantagem financeira tanto ao arrendador como ao arrendatário.

5.1 O arrendamento rural

Contrato é uma palavra de origem latina, *contractus*, do verbo *contrahe*, sendo empregada com o sentido de ajuste, convenção, pacto, transação. Em sentido amplo, constitui-se em um acordo de vontades entre pessoas capazes, cujo fim é estabelecer condições para produzir, alterar ou extinguir direitos. Venosa, ao definir contrato, fá-lo da seguinte forma:

> A palavra *contractus* significa unir, contrair. Não era o único termo utilizado em Direito Romano para finalidades semelhantes. Convenção, de *conventio,* provém de *cum venire,* vir junto. E pacto provém de *pacis si,* estar de acordo. O contrato, a convenção e o pacto foram conhecidos no Direito Romano. Como linguagem figurativa, modernamente podemos usar as expressões como sinônimos, embora só contrato tenha sentido técnico. Convenção é termo mais genérico, aplicável a toda espécie de ato ou negócio bilateral. O termo pacto fica reservado para cláusulas acessórias que aderem a uma convenção ou contrato, modificando seus efeitos naturais, como o pacto de melhor comprador na compra e venda e o pacto antenupcial no casamento. Pacto, usado singelamente, não tem a mesma noção de contrato. Utiliza-se para denominar um acordo de vontades sem força cogente. (VENOSA, 2007, p. 334).

Por sua vez, o contrato agrário, do qual é espécie o arrendamento rural, trata-se de um negócio jurídico bilateral que visa adquirir, resguardar, modificar ou extinguir direitos vinculados à atividade agrária (MATTOS NETO, 2018, p. 318), ou seja, por contrato agrário devem ser entendidas todas as formas de acordo de vontade que se celebrem, segundo a lei, para o fim de adquirir, resguardar, modificar ou extinguir direitos vinculados à produtividade da terra (ALVARENGA, 1982, p. 9).

O contrato agrário de arrendamento rural trata-se de um instrumento primordial para o desenvolvimento econômico de países como Portugal e o Brasil, na medida em que estes possuem excelente potencial para a produção agrícola, configurando, desse modo, como instrumento de acesso à terra a pessoas que, mesmo sem possuir propriedades rurais, têm aptidão e capacidade para produzir no meio agrícola. Observa-se, pois, que como a terra não é propriedade de todos e porque não são tantos os proprietários, mas muitos são aqueles que nada têm, porém conhecem e querem dirigir a sua atividade para a terra, para a produção de bens agrícolas, justifica-se o arrendamento rural como instrumento jurídico, assim como regime que ajuda a aprovação e a celebração de acordos pelos quais a terra deixa de estar abandonada, improdutiva e passa a constar como instrumento de produção (COSTA, 2013, p. 14). Ao definir o arrendamento rural, Vivanco exprime:

> El contrato de arrendamiento es la relación jurídica agraria convencional en virtud de la cual, una das partes cede a la otra el disfrute de un bien

inmueble o mueble agrario por un plazo dado y la otra se compromete a pagar por ese uso y disfrute un precio en dinero o su equivalente en espécie, para destinarlo ao aprovechamiento agropecuário en cualesquiera de sus especializaciones, y de conformidad a las normas que al efecto estatuya la ley agraria positiva. (VIVANCO, 1967b, p. 427).[46]

O arrendamento rural, pois, constitui-se em uma locação de prédios rústicos para fins de exploração agrícola, pecuária ou florestal, nas condições de uma regular utilização (CARVALHO, 1984, p. 14), isto é, ocorre quando uma pessoa se obriga a ceder, por tempo determinado ou não, o uso e gozo de imóvel rural para que outra pessoa exerça atividade de exploração agrícola, pecuária, agroindustrial, extrativista ou mista, mediante o pagamento de aluguel em dinheiro ou em espécie (NOBRE, 2016, p. 22). Em Portugal, o arrendamento rural trata-se de contrato típico atualmente regulado pelo Decreto-Lei nº 294/2009, de 13 de outubro, pelo qual é procedida a locação, total ou parcial, de prédios rústicos para fins agrícolas, florestais, ou outras atividades de produção de bens ou serviços associados à agricultura, à pecuária ou à floresta (CARVALHO; AZEVEDO; CUNHA, 2013, p. 35). Desse modo, é possível asseverar que o arrendamento rural tradicional possui como características principais seu caráter bilateral, comutativo e oneroso e consensual (VIEIRA, 2013, p. 15).

Pode-se dizer que o arrendamento rural compreende um contrato bilateral, porque tem o lastro de criar deveres para ambos os contratantes. Assim, o arrendador tem a obrigação de ceder a posse do imóvel ao arrendatário e garantir a este o exercício dessa posse. Por sua vez, o arrendatário deve pagar o preço do aluguel, conforme estabelecido na avença. Assim, o proprietário ou possuidor permanente arrenda o imóvel e transfere durante o prazo contratual o uso e o gozo que detinha sobre o bem, sendo-lhe defeso interferir no exercício desses direitos cedidos. Se, de alguma forma, impede esse exercício, possibilita o uso pelo arrendatário dos interditos possessórios (BARROS, 1998b, p. 45). Durante o contrato, o arrendador é obrigado a garantir ao arrendatário o uso e o gozo do imóvel arrendado durante todo o prazo do contrato,

---

[46] O contrato de arrendamento é a relação jurídica agrária convencional em virtude da qual um oferece ao outro o gozo de um imóvel ou mobiliário agrícola por um determinado período e o outro concorda em pagar por esse uso e desfrute um preço em dinheiro ou seu equivalente em espécie, para alocá-lo ao uso agrícola em qualquer uma das suas especializações, e de acordo com as regras que para este efeito a lei agrária positiva preveja. (Tradução nossa).

sob pena de rescisão. Deve ainda fazer no imóvel, durante a vigência do contrato, as obras e os reparos necessários, salvo disposição em contrário. Incumbe ainda ao proprietário pagar as taxas, impostos, foros e toda e qualquer contribuição que incida ou venha a incidir sobre o imóvel rural arrendado, se de outro modo não se houver convencionado (OPITZ; OPITZ, 1983a, p. 36).

No tocante às obrigações do arrendatário, este deve pagar o preço do arrendamento pelo modo convencionado e nos prazos e locais ajustados. Isto significa que a pontualidade é a razão maior da continuidade da vigência da relação jurídica contratual. Além disso, deve usar o imóvel rural, conforme o convencionado ou presumido, e tratá-lo com o mesmo cuidado como se fosse seu, não podendo mudar a destinação constante do contrato (BORGES, 2013, p. 24). Além disso, deve o arrendatário devolver o imóvel ao termo do contrato, tal como o recebeu, com seus acessórios, salvo as deteriorações naturais ao uso regular, sendo ele responsável por qualquer prejuízo resultante do uso predatório, culposo ou doloso, quer em relação à área cultivada, quer em relação às benfeitorias, aos equipamentos, máquinas, aos instrumentos de trabalho e a quaisquer outros bens cedidos a ele pelo arrendador (OPITZ; OPITZ, 1983a, p. 36). Pela bilateralidade do contrato de arrendamento rural, constata-se que se trata um instrumento realizado entre arrendador e arrendatário, em que ao primeiro cabe perceber o preço e transferir o uso e gozo do imóvel rural. Já quanto ao arrendatário cabe o uso e gozo da terra e responsabilidade pelos riscos e conservação da propriedade, bem como o pagamento do preço pela vantagem que retira do imóvel rural (COELHO, 2003, p. 44).

Afirma-se que o contrato de arrendamento rural é comutativo em razão da existência de equivalência presumida das prestações dos contratantes, ou seja, as partes envolvidas podem antever o que receberão em troca das prestações realizadas. No arrendamento rural, a comutatividade existe na medida em que o preço da renda deve equivaler à cessão do uso do imóvel, isto é, as partes, quando celebram a avença, já possuem condições de saber previamente o que irão obter diante das prestações que venham a realizar (RAMOS, 2013, p. 55). A comutatividade se caracteriza pela existência de relação entre a vantagem e o sacrifício, os quais serão subjetivamente equivalentes, havendo para os contratantes certeza quanto às prestações e vantagens (CABELEIRA, 1985, p. 27).

O arrendamento rural também pode ser rotulado como um contrato oneroso, uma vez que as partes transferem certas obrigações, serviços e vantagens uma à outra em troca de determinada compensação, ou seja, as duas partes devem prestações e obterão lucro, pois o arrendador autoriza o uso da terra e o arrendatário paga uma prestação pela exploração da mesma. Dessa feita, o arrendador autoriza o uso da terra e o arrendatário paga uma prestação fixa, a despeito da quantidade de produtos retirados desta. Ambos têm vantagens com o contrato; não é mera liberalidade de uma das partes, como ocorre com o contrato gratuito, que importa em aumento de patrimônio de um e redução no patrimônio do outro (RAMOS, 2013, p. 55).

Em síntese, as principais características do contrato de arrendamento rural são: a) trata-se de um contrato regido globalmente pelo direito agrário; b) trata-se de uma cessão de uso e gozo de imóvel rural no todo ou em parte podendo estender-se a bens e benfeitorias rurais, seja no todo, seja em parte do imóvel, por tempo determinado e indeterminado; c) o objeto do arrendamento rural é o uso e gozo do imóvel rural aplicado na atividade de exploração agrícola; d) há sempre, um *preço*, que é o valor do arrendamento (TENÓRIO, 1978, p. 153).

Quanto à natureza jurídica, é possível afirmar que o contrato de arrendamento rural compreende uma avença de direito privado com limitações precisas pelo direito público, sem que isso, todavia, tenha o lastro de transformá-lo em contrato de direito público, o qual possui características próprias, inerentes ao direito administrativo.

Dada a sua importância para o Estado e em face da imprescindibilidade de proteção do trabalhador rural e da observância da função social da propriedade, sofre o contrato de arrendamento rural limitações de direito público, limitações essas caracterizadas como *dirigismo contratual*. Significa dizer que há a imposição de medidas restritivas estatais que invocam a supremacia dos interesses coletivos sobre os meros interesses individuais dos contraentes, com o fim de garantir a execução de políticas estatais de coordenar os vários setores da vida socioeconômica. Protege, assim, a coletividade e grupos vulneráveis, a exemplo do que se dá com o artigo 8º, letra "c" do Decreto-Lei nº 294/2009, pertinente ao arrendamento rural em Portugal, que declara nula a cláusula pela qual o arrendatário renuncie ao direito de renovação do contrato ou se obrigue antecipadamente à sua denúncia. Ou ainda com o artigo 93, da Lei nº 4.504/64, Estatuto da Terra, que proíbe, no âmbito do arrendamento rural no Brasil que o proprietário exija do arrendatário a prestação de serviços gratuitos, a exclusividade da venda da colheita, a obrigatoriedade do beneficiamento da produção em seu estabelecimento ou ainda a obrigatoriedade de aquisições de gêneros e utilidades em seus armazéns ou barracões.

Há, portanto, no âmbito dos contratos de arrendamento rural, diversas normas que nada mais são do que o efeito de haver uma supremacia do direito público, onde prevalece o interesse social em detrimento do interesse particular, como, por exemplo, aquela que obriga que sejam conservados recursos naturais da terra, bem como a proteção social e econômica do arrendatário ou do parceiro-outorgado, sendo, portanto, irrenunciáveis os direitos e vantagens definidos em lei ao arrendatário (COELHO, 2003, p. 43). Ocorre, pois, verdadeira substituição da plena autonomia de vontade pelo dirigismo estatal. Com efeito, o Estado passou a dirigir as vontades das partes nos contratos que tivessem por objeto o uso ou posse temporária do imóvel rural. A ideia implantada pelo legislador residiu na admissão de que o proprietário rural impunha sua vontade ao homem que utilizasse suas terras de forma remunerada. Essa imposição sub-reptícia retirava deste último a liberdade de contratação, pois ele apenas aderia à vontade maior do proprietário (BARROS, 1998a, p. 104).

Muito embora sejam celebrados de acordo com a imperiosa vontade dos contratantes, alguns contratos agrários sofrem uma intervenção controladora, através de cláusulas legais obrigatórias, que resguardam aspectos humanos, sociais e de proteção dos recursos naturais, cujos direitos e vantagens deles decorrentes não podem ser renunciados sob pena de nulidade, como prazos mínimos dos contratos, indenização por benfeitorias, não pagamento em formas substitutivas de moeda, proibição de exclusividade de venda da colheita etc. (LARANJEIRA, 2002, p. 10). Com o objetivo de evitar que o proprietário do imóvel rural acabe por se utilizar do fato de possuir a terra como instrumento de sobreposição sobre aquele que não a tem, urge a necessidade da figura interventora do Estado no arrendamento rural, por meio da imposição de regras voltadas a proteger o menos favorecido financeiramente (arrendatário) quanto a possíveis imposições do titular da terra (arrendante), sem que, todavia, tais regras façam com que o contrato deixe de ter natureza privada. A esse respeito, Barros afirma:

> É possível concluir do estudo que se faça do tema, que os contratos agrários surgiram com uma conotação visível de justiça social e que na

análise integrada de seus dispositivos nitidamente se observa a proteção contratual da maioria desprivilegiada, a detentora do trabalho e que vem a possuir temporariamente a terra de forma onerosa, em detrimento da minoria privilegiada, os proprietários ou possuidores rurais permanentes. (BARROS, 1998a, p. 104).

Conclui-se que, quanto à natureza jurídica, o contrato de arrendamento rural se configura em um contrato privado a sofrer restrições de direito público com vistas não só a buscar um equilíbrio entre as partes envolvidas, assim como garantir a supremacia dos interesses coletivos sobre os meros interesses individuais dos contraentes e garantir a execução de políticas estatais de coordenar os vários setores da vida socioeconômica. Portanto, o contrato de arrendamento rural consiste, antes de qualquer coisa, num contrato de natureza privada que, em razão de sua importância para o Estado, do protecionismo ao homem do campo, à função social da propriedade e ao meio ambiente, sofre algumas limitações de direito público (RAMOS, 2013, p. 53).

Quanto à finalidade, observa-se que o contrato de arrendamento rural visa a exploração da terra como atividade agrícola ou de criação de animais de modo a alcançar desenvolvimento econômico, social, geração de emprego, renda e, por conseguinte, aumento de qualidade de vida da população. Assim, trata-se de um contrato com o propósito de facultar, por um lado, ao arrendatário a exploração de um dado prédio rural, mediante o pagamento de um preço e, por outro, permitir ao senhorio manter a propriedade do prédio e receber o preço estabelecido, garantindo, assim, a manutenção, para si e descendentes de ligações à sua origem, quando, por exemplo, não tenham condições ou disponibilidade para prover do bom aproveitamento do potencial agrícola de sua terra, evitando a degradação e o abandono, observando, desse modo, a função social da terra (CARVALHO; AZEVEDO; CUNHA, 2013, p. 35).

A partir do arrendamento rural, é possível a obtenção de acesso à terra a pessoas que não a possuam, aumentando-se a dimensão física e econômica das explorações agrícolas, assegurando sustentabilidade econômica, social e ambiental. Infere-se, portanto, que o arrendamento rural desempenha um papel importante em áreas como a economia, o ordenamento do território, a exploração da terra, a produtividade agrícola, a gestão e comercialização de produtos agrícolas, a utilização, manutenção e conservação das terras, o povoamento e a demografia, a política agrícola e o desenvolvimento agrícola, na medida em que possibilita o acesso à terra a pessoas que, não fosse esse instituto, não teriam condições de labutar e contribuir para o desenvolvimento econômico do país (COSTA, 2013, p. 13). Desse modo, uma vez apresentadas a definição, características, natureza jurídica e finalidade do arrendamento rural, analisar-se-á o contrato de arrendamento rural no âmbito das legislações portuguesa e brasileira.

5.2 O arrendamento rural nas legislações brasileira e portuguesa

O contrato de arrendamento rural encontra-se atualmente contemplado na legislação brasileira por meio da Lei nº 4.504/64, denominada Estatuto da Terra, assim como no Decreto nº 59.566/66. Em que pese o contrato de arrendamento rural não se encontrar expressamente previsto na Constituição Federal, até mesmo porque, não seria o papel do constituinte disciplinar o instituto, infere-se que a política agrícola e fundiária foi expressamente contemplada no texto constitucional, demonstrando-se, desse modo, que o constituinte dedicou importância ao tema e, por conseguinte, ao arrendamento rural.

A referida Carta Constitucional tratou da política agrícola e fundiária com extremo zelo, tendo, em seu artigo 1º, item III referido que a dignidade da pessoa humana constitui um de seus fundamentos. Além disso, em seu artigo 3º, itens II e III, asseverou que constituem objetivos da República Federativa do Brasil garantir o desenvolvimento nacional e erradicar a pobreza e a marginalização e reduzir as desigualdades sociais e regionais. Diante dessas previsões constitucionais, constata-se, com clareza, que o arrendamento rural trata-se de atividade da mais alta relevância e é protegida pela Constituição Federal, na medida em que figura como instrumento hábil a se obter dignidade para a pessoa humana. Por meio do trabalho na terra, é possível garantir-se o desenvolvimento nacional, erradicar a pobreza e a marginalização, assim como reduzir desigualdades sociais e regionais, sem esquecer que ultrapassa os limites das partes envolvidas no contrato e acaba por alcançar a todos os cidadãos que, por intermédio da exploração da terra, consomem os produtos ali produzidos.

É, portanto, induvidoso que os contratos agrários surgem como instrumentos fundamentais para o desenvolvimento agrícola no país, tendo em vista ser por meio das relações contratuais, escritas ou verbais, estabelecidas nas atividades agrárias que se materializam as relações privadas onde devem estar presentes os princípios constitucionais compreendidos principalmente na função social da propriedade, bem como no princípio máximo da dignidade da pessoa humana. Renova-se, sobremaneira, a concepção de propriedade do imóvel rural, da atividade que ali será exercida e das pessoas envolvidas nas atividades agrárias (ASSIS, 2012, p. 93). Tal fato pode ser corroborado pelo artigo 187 da CF/88, que possui a seguinte redação:

> Art. 187: A política agrícola será planejada e executada na forma da lei, com a participação efetiva do setor de produção, envolvendo produtores e trabalhadores rurais, bem como os setores de comercialização, de armazenamento e de transportes, levando em conta especialmente:
> I – os instrumentos creditícios e fiscais;
> II – os preços compatíveis com os custos de produção e a garantia da comercialização;
> III – o incentivo à pesquisa e à economia;
> IV – a assistência técnica e extensão rural;
> V – o seguro agrícola;
> VI – o cooperativismo;
> VII – a eletrificação rural e a irrigação;
> VIII – a habitação para o trabalhador rural;
> §1º: Incluem-se no planejamento agrícola as atividades agroindustriais, agropecuárias, pesqueiras e florestais;
> §2º: Serão compatibilizadas as ações de política agrícola e de reforma agrária; (...).

A Constituição Federal Brasileira de 1988, pelas próprias características do Brasil, com profunda aptidão para a produção agrícola, demonstrou acentuada preocupação com o aumento da produtividade agrária, a qual deve ser dotada de infraestrutura, de instrumentos creditícios, fiscais, pesquisa, dentre outros elementos adequados com o fim de aumentar a competitividade, buscando-se a qualidade dos produtos, sua comercialização, o melhoramento do abastecimento do país e, ainda, o incremento da exportação. Sob essa premissa do Constituinte de 1988, demonstra-se, nos dias atuais, extremamente válido o instituto de arrendamento rural, à proporção que, ao permitir e garantir a produção adequada da terra, consegue contribuir em demasia para alcançar os fins previstos na Constituição.

Por essa razão, o arrendamento rural, mesmo previsto em normas da década de 60, ainda hoje, possui lastro na Constituição brasileira, que, de forma muito clara, caminha no sentido de buscar garantir o desenvolvimento nacional, erradicar a pobreza e a marginalização e reduzir as desigualdades sociais e regionais, com o que o arrendamento rural, conforme já demonstrado, contribui de maneira decisiva. A Constituição brasileira de 1988 apresenta as diretrizes gerais da política agrícola, de modo que cabem às normas infraconstitucionais, em conformidade com os parâmetros constitucionais, regulamentarem os institutos agrários e, dentre eles, o arrendamento rural, hoje previsto na Lei nº 4.504/64, o Estatuto da Terra, e no Decreto nº 59.566/66, ambos recepcionados pela Carta Política atualmente vigente, uma vez que, apesar de anteriores a esta, guardam com a mesma pertinência, não violando seus preceitos.

Por sua vez, em Portugal, o arrendamento rural, atualmente previsto no Decreto-Lei nº 294/2009, de 13 de outubro, encontra-se contemplado originalmente na Constituição da República portuguesa, visto que, a referida Carta Constitucional tratou da agricultura em seu bojo, tendo, em seu artigo 9º, asseverado ser tarefa fundamental do Estado criar condições econômicas que promovam a independência nacional, não apenas do ponto de vista político, mas também econômico. Ora, como o arrendamento rural constitui-se em atividade econômica, possui economicidade relevante a ultrapassar as partes presentes no contrato, chegando a alcançar todos os cidadãos que, por intermédio da exploração da terra, consomem sua produção. Não há, portanto, a menor dúvida de que o contrato de arrendamento rural transcende às partes diretamente nele envolvidas, ao alcançar aqueles que, de forma indireta, retiram da exploração da terra a satisfação das suas necessidades, nomeadamente os produtos agrícolas que constituem a dieta normal do cidadão (COSTA, 2013, p. 17). O artigo 93º, nº 1 da CRP, corroborando essa asserção, possui a seguinte redação:

> 1. São objetivos da política agrícola:
> a) Aumentar a produção e a produtividade da agricultura, dotando-a das infraestruturas e dos meios humanos, técnicos e financeiros adequados, tendentes ao reforço da competitividade e a assegurar a qualidade dos produtos, a sua eficaz comercialização, o melhor abastecimento do país e o incremento da exportação;
> b) Promover a melhoria da situação económica, social e cultural dos trabalhadores rurais e dos agricultores, o desenvolvimento do mundo rural, a racionalização das estruturas fundiárias, a modernização do tecido empresarial e o acesso à propriedade ou à posse da terra e demais

meios de produção diretamente utilizados na sua exploração por parte daqueles que a trabalham;
c) Criar as condições necessárias para atingir a igualdade efetiva dos que trabalham na agricultura com os demais trabalhadores e evitar que o sector agrícola seja desfavorecido nas relações de troca com os outros sectores;
d) Assegurar o uso e a gestão racionais dos solos e dos restantes recursos naturais, bem como a manutenção da sua capacidade de regeneração;
e) Incentivar o associativismo dos agricultores e a exploração direta da terra.

Há nítida preocupação da Carta Política portuguesa com o aumento da produtividade da agricultura, a qual deve ser dotada de infraestrutura e recursos humanos, técnicos e financeiros adequados com o fim de aumentar a competitividade, buscando-se a qualidade dos produtos, sua comercialização, o melhoramento do abastecimento do país e, ainda, o incremento da exportação. Diante disso, demonstra-se relevante a figura jurídica do arrendamento rural, que, ao assegurar a produção da terra, consegue contribuir de forma decisiva para alcançar os fins previstos na Constituição.

Em relação aos trabalhadores rurais, de igual forma, a Constituição portuguesa defendeu que seus direitos fossem observados, com manifesta demonstração de que é objetivo do Estado promover a melhoria da situação econômica dos trabalhadores rurais e dos agricultores, o desenvolvimento do mundo rural, a racionalização das estruturas fundiárias, a modernização do tecido empresarial e o acesso à propriedade ou à posse da terra e demais meios de produção diretamente utilizados na sua exploração por parte daqueles que a trabalham. Registre-se que o Estado tem ainda como objetivo, por um lado, assegurar o uso e a gestão dos solos e dos restantes recursos naturais, bem como a manutenção da sua capacidade e regeneração, incentivando a exploração direta da terra (COSTA, 2013, p. 17). Especificamente com relação ao Arrendamento Rural, o artigo 96º, nº 1 da CRP, assim preceitua:

> Os regimes de arrendamento e de outras formas de exploração de terra alheia serão regulados por lei de modo a garantir a estabilidade e os legítimos interesses do cultivador.

Desse dispositivo, duas importantes conclusões podem ser extraídas. A primeira delas é que competirá à lei regulamentar o regime jurídico do arrendamento rural, e a segunda, profundamente relevante, é que deverá garantir a estabilidade e os legítimos interesses daquele que irá cultivar a terra, o que se demonstra profundamente razoável, uma vez ser o arrendatário que, com o seu labor, dará produtividade à terra, gerará renda, recursos, bens e serviços (COSTA, 2013, p. 18).

Conforme visto, a Constituição portuguesa apresenta em seu bojo as diretrizes basilares do arrendamento rural, tendo conferido ao legislador ordinário a regulamentação do referido instituto, o que, atualmente é disciplinado pelo Decreto-Lei nº 294/2009, de 13 de outubro.

No direito brasileiro, o arrendamento rural está tipificado no artigo 95 do Estatuto da Terra, bem como no artigo 3º do Decreto nº 59.566/66, sendo por definição o contrato agrário pelo qual uma pessoa se obriga a ceder à outra, por tempo determinado ou não, o uso e o gozo de imóvel rural, parte ou partes do mesmo, incluindo ou não, outros bens, benfeitorias e/ou facilidades, com o objetivo de nele ser exercida atividade de exploração agrícola, pecuária, agroindustrial, extrativa ou mista, mediante certa retribuição ou aluguel, observados os limites percentuais da lei (ZANETTE, 2019, p. 55). Refere-se, pois, a um verdadeiro contrato de locação rural, pelo qual uma das partes se obriga a ceder a outra, por prazo e fins certos, com renda e forma de pagamento convencionados, o uso e o gozo do imóvel rural, de parte ou partes deles, ou ainda, de bens que o integrem (SODERO, 2006, p. 14).

Em Portugal, o arrendamento rural é atualmente regulado pelo Decreto-Lei nº 294/2009, de 13 de outubro. Trata-se de um contrato típico por meio do qual é feita "A locação total ou parcial de prédios rústicos para fins agrícolas, florestais, ou outras atividades de produção de bens ou serviços associados à agricultura, à pecuária ou à floresta" (art. 2º, nº 1 do Decreto-Lei nº 294/2009, de 13 de outubro). Consiste em um contrato que se destina a facultar, por um lado, ao arrendatário a exploração de um dado prédio rural, pelo pagamento de um dado preço; por outro, permite ao senhorio manter a propriedade do prédio e receber o preço estabelecido (CARVALHO; AZEVEDO; CUNHA, 2013, p. 35).

Quanto à nomenclatura das partes envolvidas, no direito brasileiro, é o artigo 3º, §2º do Decreto nº 59.566/66 que define os nomes dos envolvidos no contrato de arrendamento rural, asseverando que arrendador é aquele que cede o imóvel ou o aluga, enquanto que arrendatário é a pessoa ou conjunto familiar que recebe o imóvel ou o toma por aluguel. Como se vê, demonstra-se cristalino que, para figurar como arrendante, não há necessidade que o agente seja proprietário do imóvel rústico, basta ter, a qualquer título, a posse do mesmo e, assim, possa destiná-lo aos fins do contrato. Quanto ao arrendatário, trata-se daquele que recebe a terra e passa a ter a posse sobre esta, com o fim de ali produzir, tendo, todavia, a consciência de que não lhe pertence, mas sim a *outrem* com quem celebrou pacto de arrendamento rural.

Já em Portugal, a exposição de motivos do Decreto-Lei nº 294/2009 expressamente menciona que a referida norma tem por finalidade agregar a regulamentação relativa ao arrendamento de prédios rústicos dispersa por diversos diplomas e adaptá-la à nova realidade econômica, social e ambiental, ocasião em que sustenta também que visa privilegiar o estabelecimento de acordos contratuais entre o *senhorio* e o *arrendatário*, pelo que, constata-se haver semelhança entre as nomenclaturas dos sujeitos do contrato no Brasil e em Portugal, ou seja, aquele que oferece a terra é o arrendador ou senhorio, enquanto que aquele que a recebe é o arrendatário.

No que pertine ao objeto do contrato de arrendamento rural, observa-se que tanto no Brasil como em Portugal o mesmo se constitui do imóvel rural arrendado, total ou parcialmente, assim como as construções, infraestruturas e bens nele existentes e que sejam cedidos temporariamente pelo arrendante ao arrendatário. Assim, é objeto do arrendamento rural o aluguel do todo ou de parte dele, incluindo, ou não, aquilo que exista sobre ele, como construções e infraestruturas, ou que lhe facilite o uso e gozo, como arados, trator, colheitadeira. Integra o contrato de arrendamento rural, por exemplo, o uso e gozo da área rural, incluindo o da casa, da fazenda, do armazém e da barragem (BARROS, 1998b, p. 45). De acordo com o conceito do instituto, o objeto do arrendamento rural constitui-se, em regra, nos dois países, das terras, águas e vegetações existentes no imóvel rústico. Quanto aos demais elementos, como construções e infraestruturas, deverão ficar devidamente estabelecidos no pacto, pois, como se infere do conceito normativo, o arrendamento poderá ser total ou parcial da área, alcançando-a, no todo ou em parte, assim como o que exista sobre esta que poderá ser incluído na avença (RAMOS, 2013, p. 70).

Especificamente em Portugal, é interessante destacar que as partes poderão incluir no contrato de arrendamento outras atividades que estejam ligadas à agricultura e à floresta, como, por exemplo, os serviços prestados por empreendimentos de turismo no espaço rural, as atividades de animação turística, as atividades de transformação ou ainda de comercialização de produtos da produção própria, obtidos exclusivamente das atividades agrícolas ou florestais realizadas nos bens objeto do contrato, a atividade apícola e cinegética, quando desenvolvidas nos prédios objeto da avença, como também as atividades de conservação dos recursos naturais e paisagem que não sejam orientadas para a produção de bens mercantis (COSTA, 2013, p. 25).

Em relação à finalidade, o arrendamento rural visa explorar o imóvel a fim de se alcançar determinada atividade produtiva, ou seja, almeja o contrato de arrendamento rural explorar a terra como atividade agrícola ou de criação de animais, e este é o objetivo principal do mesmo, pelo que a ele devem ser aplicados os princípios de ordem social, econômica e relacionados ao meio ambiente para ser executado de forma escorreita (RAMOS, 2013, p. 53). Em Portugal, é válido destacar que, de acordo com o artigo 3º do Decreto-Lei nº 294/2009, três podem ser os tipos de arrendamento rural, quais sejam, o arrendamento agrícola, florestal e de campanha. Considera-se atividade agrícola, para fins do contrato de arrendamento rural, toda a produção, o cultivo e a colheita de produtos agrícolas, a criação de animais e a produção de bens de origem animal, assim como a manutenção das terras em boas condições agrícolas e ambientais. A atividade florestal a ser objeto de contrato de arrendamento rural é aquela que se caracteriza pela instalação, condução e exploração de povoamentos florestais em terrenos novos ou cobertos de vegetação espontânea, a condução e exploração de povoamentos florestais já existentes, a instalação e exploração de viveiros florestais, a constituição ou a ampliação de zonas de conservação e todas as atividades associadas ao desenvolvimento e à manutenção e exploração dos povoamentos e dos viveiros florestais (COSTA, 2013, p. 27). Finalmente, o contrato de arrendamento rural de campanha é aquele pelo qual se verifica a locação total o parcial de prédios rústicos para efeitos de exploração de uma ou mais cultura de natureza sazonal (COSTA, 2013, p. 24).

Há ainda quem sustente a existência, com base na liberdade de contratar, do chamado contrato de arrendamento rural agroflorestal, cuja atividade engloba ações agrícolas e florestais, sendo desenvolvidas no mesmo imóvel rústico e sob uma única gestão, a exemplo do que se dá com a exploração silvoflorestal e o desenvolvimento de culturas anuais sob coberto florestal. Deve ficar consignado que, nestes casos, deverá a vontade das partes estar prevista de forma expressa no texto do contrato de arrendamento, ou seja, ainda que, de fato, haja um contrato de arrendamento agroflorestal, se o contrato nada disser a este respeito, será este tido como de arrendamento agrícola, conforme preceitua o artigo 3º, nº 3 do Decreto-Lei nº 294/2009 (COSTA, 2013, p. 24). Assim, caso a atividade não guarde essa pertinência, não estará sujeita ao regime do arrendamento rural. Neste sentido é a jurisprudência portuguesa:

> Os arrendamentos de prédios rústicos para fins não rurais ou florestais (v.g. desportivos) não são sujeitos a regime especial e podem ser denunciados para o fim do contrato ou sua renovação. (Acórdão da Relação de Coimbra de 10/12/1996, Col. Jur. XXI, 5, 40).

No que pertine à forma, no Brasil, nos termos do artigo 11 do Decreto nº 59.566/66, os contratos de arrendamento rural podem ser escritos ou verbais. No caso deste último, há de se presumir como nele inseridas as regras previstas no artigo 13 da referida norma, que são as chamadas cláusulas obrigatórias, cuja finalidade é assegurar a conservação dos recursos naturais, além da proteção socioeconômica dos arrendatários. Não é da essência do contrato de arrendamento o instrumento por escrito, nem o escrito particular nem o público. Assim, como se vê, a legislação brasileira contempla, no que concerne ao arrendamento rural, tanto a forma escrita, como a forma verbal. Infere-se que a palavra dos envolvidos, notadamente nos contratos verbais, tem importância substancial, tanto que, nos termos do artigo 14 do Decreto nº 59.566/66, os contratos agrários, independentes do valor e forma, podem ser provados por testemunhas. Essa previsão tem por fundamento a própria realidade rural onde a cultura é subsumida pelo trabalho e o *fio de bigode* ou o *apalavrado*, pelo documento, e se apenas se permitisse a forma escrita para os contratos agrários, poder-se-ia dificultar ou até mesmo impedir a demonstração de direitos de quem se buscou proteger (BARROS, 1998b, p. 50).

Convém realçar que, apesar de ser admitida a forma verbal do contrato, qualquer das partes contratantes poderá exigir da outra a celebração do ajuste por escrito, correndo as despesas pelo modo que convencionarem, conforme disciplina o artigo 11 do Decreto nº 59.566/66. No tocante à forma, em Portugal, nos termos do artigo 6º do Decreto-Lei nº 294/2009, os contratos de arrendamento rural deverão ser escritos, de modo que a não redução a escrito da avença acarreta na nulidade desta. Além disso, outras formalidades devem ser observadas por ocasião da celebração ou renovação dos contratos de arrendamento rural (CARVALHO; AZEVEDO; CUNHA, 2013, p. 37).

Induvidosamente essas exigências de cunho formais decorrem do entendimento do legislador português quanto à imprescindibilidade de se garantir maior segurança jurídica aos envolvidos no acordo, notadamente porque se trata de contrato, via de regra, de prazo longínquo e de substância econômica. Essa previsão tem o lastro de contribuir para garantir a escorreita execução da avença. Registre-se que quanto à exigência de forma escrita do contrato de arrendamento rural, a jurisprudência portuguesa é firme em reconhecer sua imprescindibilidade.

> A redução a escritos dos contratos de arrendamento, mesmo dos já existentes, é manifestamente uma medida legislativa que se destina a proteger os interesses do contraente mais fraco, no caso o rendeiro e cultivador da terra. Com efeito, a exigência legal de reduzir à forma prescrita todos os contratos de arrendamento rural tem certamente na sua base – como, em regra geral, a adopção de quaisquer formalidades solenes –, a obtenção de uma maior clareza do respectivo conteúdo e a consecução de uma maior facilidade de prova em juízo, para além da melhor ponderação do acto que celebram.
> Estas razões, em contratos em que uma das partes é claramente mais desfavorecida do que a outra, não pode deixar de ser entendida como um reforço da finalidade constitucional de garantir a maior estabilidade ao contrato pela estratificação das respectivas cláusulas em documento escrito. (Ac. do Tribunal Constitucional nº 386/98, de 19/5/1998, DR II Série, de 30/11/98
> E mais:
> 1. O contrato verbal de arrendamento rural que tenha nascido após a entrada em vigor da LAR é (na sugestiva expressão do saudoso Conselheiro Aragão Seia) um nado-morto. (...) (Acórdão do STJ, de 08.03.2007, Proc.: 07B308, Relator: Pires da Rosa).

Há, pois, em relação à forma, significativa distinção entre as legislações brasileira e portuguesa. Quanto aos elementos do contrato de arrendamento rural no Brasil, infere-se que o artigo 12 do Decreto nº 59.566/66 estabelece o que deve constar nas avenças escritas, enquanto que o artigo 13 da referida norma é inerente tanto aos ajustes escritos como aos verbais, tratando das chamadas cláusulas obrigatórias do arrendamento rural, que asseguram a conservação dos recursos naturais como dito alhures, assim como a proteção social e econômica dos arrendatários. Assim, são elementos dos contratos de arrendamento rural quando celebrados de forma escrita:

> Art 12. Os contratos escritos deverão conter as seguintes indicações:
> I – Lugar e data da assinatura do contrato;
> II – Nome completo e endereço dos contratantes;
> III – Características do arrendador ou do parceiro-outorgante (espécie, capital registrado e data da constituição, se pessoa jurídica, e, tipo e número de registro do documento de identidade, nacionalidade e estado civil, se pessoa física e sua qualidade (proprietário, usufrutuário, usuário ou possuidor);
> IV – característica do arrendatário ou do parceiro-outorgado (pessoa física ou conjunto família);
> V – objeto do contrato (arrendamento ou parceria), tipo de atividade de exploração e destinação do imóvel ou dos bens;
> VI – Identificação do imóvel e número do seu registro no Cadastro de imóveis rurais do IBRA (constante do Recibo de Entrega da Declaração, do Certificado de Cadastro e do Recibo do Imposto Territorial Rural).
> VII – Descrição da gleba (localização no imóvel, limites e confrontações e área em hectares e fração), enumeração das benfeitorias (inclusive edificações e instalações), dos equipamentos especiais, dos veículos, máquinas, implementos e animais de trabalho e, ainda, dos demais bens e ou facilidades com que concorre o arrendador ou o parceiro-outorgante;
> VIII – Prazo de duração, preço do arrendamento ou condições de partilha dos frutos, produtos ou lucros havidos, com expressa menção dos modos, formas e épocas dêsse [sic] pagamento ou partilha;
> IX – Cláusulas obrigatórias com as condições enumeradas no artigo 13 do presente Regulamento, nos arts. 93 a 96 do Estatuto da Terra e no art. 13 da Lei 4.947-66;
> X – fôro [sic] do contrato;
> XI – assinatura dos contratantes ou de pessoa a seu rôgo[sic] e de 4 (quatro) testemunhas idôneas, se analfabetos ou não poderem [sic] assinar.

Esses são, portanto, os elementos que devem constar do contrato de arrendamento rural quando celebrado de forma escrita. Por sua vez, o artigo 13 do Decreto nº 59.566/66 apresenta os elementos indispensáveis em qualquer contrato de arrendamento rural, que dizem respeito à imprescindibilidade de conservação dos recursos naturais e à proteção socioeconômica dos arrendatários e estão, assim, previstos:

> Art 13. Nos contratos agrários, qualquer que seja a sua forma, contarão obrigatoriamente, cláusulas que assegurem a conservação dos

recursos naturais e a proteção social e econômica dos arrendatários e dos parceiros-outorgados a saber (art. 13, incisos III e V da Lei nº 4.947-66);
I – Proibição de renúncia dos direitos ou vantagens estabelecidas em Leis ou Regulamentos, por parte dos arredentários e parceiros-outorgados (art.13, inciso IV da Lei nº 4.947-66);
II – Observância das seguintes normas, visando a conservação dos recursos naturais:
a) prazos mínimos, na forma da alínea "b", do inciso XI, do artigo 95 e da alínea "b", do inciso V, do artigo 96 do Estatuto da Terra:
– de 3 (três), anos nos casos de arrendamento em que ocorra atividade de exploração de lavoura temporária e ou de pecuária de pequeno e médio porte; ou em todos os casos de parceria;
– de 5 (cinco), anos nos casos de arrendamento em que ocorra atividade de exploração de lavoura permanente e ou de pecuária de grande porte para cria, recria, engorda ou extração de matérias primas de origem animal;
– de 7 (sete), anos nos casos em que ocorra atividade de exploração florestal;
b) observância, quando couberem, das normas estabelecidas pela Lei nº 4.771, de 15 de setembro de 1965, Código Florestal, e de seu Regulamento constante do Decreto 58.016 de 18 de março de 1966;
c) observância de práticas agrícolas admitidas para os vários tipos de exportação intensiva e extensiva para as diversas zonas típicas do país, fixados nos Decretos nº 55.891, de 31 de março de 1965 e 56.792 de 26 de agosto de 1965.
III – Fixação, em quantia certa, do preço do arrendamento, a ser pago em dinheiro ou no seu equivalente em frutos ou produtos, na forma do art. 95, inciso XII, do Estatuto da Terra e do artigo 17 deste Regulamento, e das condições de partilha dos frutos, produtos ou lucros havidos na parceria, conforme preceitua o art. 96 do Estatuto da Terra e o artigo 39 deste Regulamento.
IV – Bases para as renovações convencionadas seguido o disposto no artigo 95, incisos IV e V do Estatuto da Terra e artigo 22 deste Regulamento.
V – Causas de extinção e rescisão, de acordo com o determinado nos artigos 26 a 34 deste Regulamento;
VI – Direito e formas de indenização quanto às benfeitorias realizadas, ajustadas no contrato de arrendamento; e, direitos e obrigações quanto às benfeitorias realizadas, com consentimento do parceiro-outorgante, e quanto aos danos substanciais causados pelo parceiro-outorgado por práticas predatórias na área de exploração ou nas benfeitorias, instalações e equipamentos especiais, veículos, máquinas, implementos ou ferramentas a ele cedidos (art. 95, inciso XI, letra "c" e art. 96, inciso V, letra "e" do Estatuto da Terra);

VII – observância das seguintes normas, visando à proteção social e econômica dos arrendatários e parceiros-outorgados (art. 13, inciso V, da Lei nº 4.974-66):
a) concordância do arrendador ou do parceiro-outorgante, à solicitação de crédito rural feita pelos arrendatários ou parceiros-outorgados (art. 13, inciso V da Lei nº 4.947-66);
b) cumprimento das proibições fixadas no art. 93 do Estatuto da Terra, a saber:
– prestação do serviço gratuito pelo arrendatário ou parceiro-outorgado;
– exclusividade da venda dos frutos ou produtos ao arrendador ou ao parceiro-outorgante;
– obrigatoriedade do beneficiamento da produção em estabelecimento determinado pelo arrendador ou pelo parceiro-outorgante:
– obrigatoriedade da aquisição de gêneros e utilidades em armazéns ou barrações [sic] determinados pelo arrendador ou pelo parceiro-outorgante;
– aceitação pelo parceiro-outorgado, do pagamento de sua parte em ordens, vales, borós, ou qualquer outra forma regional substitutiva da moeda; (...).

Como se vê, uma das cláusulas obrigatórias do arrendamento rural refere-se ao estabelecimento de prazo mínimo para a vigência do contrato, fator imprescindível para se garantir a segurança em favor do arrendatário, a fim de que este tenha condições de saber que permanecerá explorando a área por um período mínimo para, assim, dispor de recursos a fim de explorar o imóvel rural, gerando, por conseguinte, riquezas e dividendos. Oportuno lembrar que o estabelecimento de prazos, nos contratos agrários, tem uma substancial importância para quem pretende firmá-los, pois é justamente com o lapso de tempo que os contratantes poderão fazer planejamento de acordo com suas conveniências. Imagine-se o caso sob o ângulo do arrendatário ou parceiro-outorgado, que tem interesse no maior período de permanência na terra, pois isto possibilitará um cuidado todo especial com esta, sobretudo por poder despovoá-la de pragas, hoje, para tê-la despovoada das mesmas pragas no futuro, em seu próprio benefício, bem como conservará sua fertilidade para tê-la mais fértil amanhã (CABELEIRA, 1985, p. 31).

Outro elemento indispensável no arrendamento rural no Brasil consiste no estabelecimento do preço do arrendamento, que, sem dúvida, deve constar do pacto, como forma de garantia para ambas as partes, que saberão previamente o *quantum* a ser pago pela locação da área. Além desses elementos, devem estar presentes em todo arrendamento rural na legislação brasileira as condições de sua renovação, suas causas de extinção e rescisão, bem como o regramento acerca das benfeitorias realizadas no imóvel, que serão adiante analisadas. Constata-se claramente que as cláusulas relacionadas à proteção econômico-social dos arrendatários têm por finalidade a prevenção de situações em que uma das partes acabe por ser colocada em posição de vulnerabilidade em relação à outra quando da celebração do contrato, razão pela qual a norma jurídica, em manifesto *dirigismo contratual,* impõe limites à liberdade de contratar com o objetivo de garantir o equilíbrio das relações jurídicas. Isto em um contrato agrário é de grande valia, sobretudo, diante da fragilidade material daquele que não possui terra para trabalhar em relação a quem a tenha disponível. Assim, estas cláusulas são tidas como obrigatórias e irrenunciáveis no arrendamento rural, de modo que sua inobservância tem o fulcro de macular o pacto celebrado. Ratifique-se que a finalidade das referidas cláusulas cogentes é buscar a preservação dos recursos naturais e a proteção da parte mais frágil da relação contratual que vem a ser o arrendatário, evitando, assim, a ocorrência de desequilíbrio na relação contratual. Trata-se, pois, de nítida situação de dirigismo estatal, a reduzir substancialmente a autonomia das vontades em nome de bens jurídicos considerados de maior relevância, quais sejam o meio ambiente e o equilíbrio das relações contratuais agrárias, onde o fator social possui inequívoca importância.

Essas cláusulas, portanto, possuem evidente caráter interventivo do Estado, por meio do qual o legislador insere, em matéria agrária, cláusulas obrigatórias nos contratos agrários escritos, sendo presumidas na hipótese de contrato verbal (art. 11, *caput,* do Decreto nº 59.566/66). A conduta vale tanto para os nominados/típicos, quanto inominados/atípicos. A não observância do previsto eivará de nulidade os acordos de vontade realizados entre os contratantes. Essas cláusulas têm caráter irrenunciável, o que significa dizer que as partes não podem dispor em relação ao seu conteúdo, haja vista as limitações impostas à liberdade de contratar, objetivando, precipuamente, a conservação dos recursos naturais e a proteção social e econômica dos arrendatários (BARROSO, 2001, p. 34).

É importante destacar, pois, que, o contrato de arrendamento se regula pelos princípios gerais que norteiam os contratos ordinariamente. No entanto, deverá observar os preceitos de direito agrário atinentes às cláusulas obrigatórias, irrevogáveis e irrenunciáveis pela vontade das partes. São regras obrigatórias para os contratos agrários, cuja inobservância tornará nulo, de pleno direito, o contrato (RAMOS, 2013, p. 105). Essas normas limitadoras são justificadas nas ideias da busca de proteção ao homem que só dispõe de seu trabalho como fator de contraprestação contratual, pois, entendendo a norma que essa vontade se subsumia na vontade do arrendador ou parceiro-arrendante e que poderia procurar retirar alguns direitos e vantagens estatuídos na lei, o legislador chamou a si essa proteção com o claro intuito de fazer justiça social e impôs como sanção a renúncia de direito e vantagens a nulidade absoluta de tal cláusula. É, pois, indiscutível, o caráter protetivo da norma, no intuito de proteger bens jurídicos tidos como relevantes para o direito agrário, *in casu*, o meio ambiente e a justiça social (BARROS, 1998b, p. 103).

Quanto aos elementos em Portugal, o artigo 7º do Decreto-Lei nº 294/2009 ratifica a exigência da forma escrita do contrato que, de forma obrigatória, contenha a identificação completa das partes e do bem objeto de arrendamento, o fim ao qual se destina, o valor estipulado para a renda e a indicação da data de celebração. Além disso, caso haja bens móveis que façam parte integrante do contrato, deve a sua descrição detalhada constar anexa, notadamente quanto ao seu estado de conservação e funcionalidade. Esse dispositivo é detalhado por Metello ao sustentar:

> 1. Preceito absolutamente inovador.
> 2. As alíneas a) a e) do nº 2 do artigo em apreço, constituem todo um conjunto de *elementos* absolutamente *obrigatórios* na elaboração de qualquer arrendamento rural.
> 3. Refere o nº 3 do artigo em consideração, a necessidade, duma descrição detalhada do "estado de conservação e funcionalidade" dos bens móveis, objecto do arrendamento rural. (METELLO, 2010, p. 38, grifos do autor).

Observa-se, a exemplo do que já referido quando se tratou acerca da forma do contrato, que o objetivo do legislador ao prever esses elementos obrigatórios é garantir segurança jurídica aos envolvidos no acordo, além de assegurar a normal e regular conservação dos bens envolvidos, assim como afastar possíveis conflitos entre as partes. Em Portugal, nesse particular, deve ser ressaltado que o arrendamento rural, como um contrato que é, tem, como regra geral, o postulado pelo qual as partes têm liberdade para estabelecer as regras e o conteúdo. Todavia, previu ainda o legislador, no artigo 8º do Decreto-Lei nº 294/2009, cláusulas que, por mais que constem no contrato, devem ser tidas como nulas. São elas:

> Art. 8º: São nulas as cláusulas contratuais em que:
> a) O arrendatário se obrigue ao pagamento de prêmio de seguro contra incêndios de edifícios ou instalações e infraestruturas não compreendidas no contrato, bem como de impostos, contribuições ou taxas incidentes sobre os imóveis objecto do contrato e que sejam devidos pelo senhorio;
> b) Qualquer dos contraentes renuncie ao direito de pedir denúncia ou resolução do contrato e às indemnizações que sejam devidas nos casos de violação de obrigações legais ou contratuais;
> c) O arrendatário renuncie ao direito de renovação do contrato ou se obrigue antecipadamente à sua denúncia;
> d) O arrendatário se obrigue, por qualquer título, a serviços que não revertam em benefício directo do prédio ou se sujeite a encargos extraordinários.

A grande finalidade desta norma, a exemplo do que ocorre no Brasil, é evitar que uma das partes seja colocada em posição de vulnerabilidade em relação à outra quando da celebração do contrato, motivo pelo qual a norma jurídica, em atitude de verdadeiro *dirigismo contratual*, estabelece limites à liberdade de contratar para garantir o equilíbrio das relações jurídicas, situação extremamente salutar em contratos dessa natureza. Assim, a previsão legal de nulidade de certas cláusulas estabelecidas no artigo 8º decorre da situação de vulnerabilidade de uma das partes, o que a coloca em situação de grande fragilidade, afetando, pois, o equilíbrio do contrato. É certo que, em regra, nos contratos presuma-se, em princípio, a igualdade das partes, mas raramente ocorre no mundo real, em especial quando se trata de contratos rurais, nos quais circunstâncias como o desconhecimento da lei e assimetrias na capacidade econômica são comuns entre muitos dos contratantes, por isso se torna necessária a intervenção legislativa a fim de impedir as partes que o arrendatário, por exemplo, renuncie ao direito de renovação do contrato ou se obrigue antecipadamente à sua denúncia (CARVALHO; AZEVEDO; CUNHA, 2013, p. 38). Convém enfatizar que a jurisprudência portuguesa, ante cláusulas dessa natureza, tem reconhecido a ocorrência de nulidade, sem, todavia, declarar nulo o contrato na sua totalidade, ou seja, é retirada da avença a cláusula nula, mantendo-se as demais disposições contratuais que estejam em conformidade com o ordenamento jurídico.

I – É nula a cláusula, inserida em contrato de arrendamento, segundo a qual o arrendatário deverá restituir o prédio ao senhorio logo que este necessite dele.
II – O contrato deve permanecer válido e eficaz sem cláusula nula, sempre que esta se reporte à violação de uma norma destinada a proteger uma parte contra a outra.
III – A nulidade dessa cláusula não importa nulidade de todo o negócio, mesmo que se prove que ele não teria sido concluído sem a dita cláusula.
(Acórdão da Relação do Porto, de 25/1/1990, Col. Jur, XV, 1, 232).

No mesmo rumo são os ensinamentos de Seia, Calvão e Seia:

Por razões de interesse e ordem pública não podem ser afastadas por vontade das partes as cláusulas referidas nas diversas alíneas.
Não obstante o vício de qualquer cláusula, prevalece o arrendamento rural, já que a nulidade de qualquer delas não determina a invalidade de todo o contrato. Cfr. o artigo 292 do C. C. Consagra-se a redução do negócio jurídico e afasta-se a aplicação da segunda parte deste preceito. (SEIA; CALVÃO; SEIA, 2003, p. 40).

Em face do princípio da conservação dos contratos, reconhece-se a nulidade das cláusulas que estejam em desconformidade com a lei, mantendo-se, contudo, as demais disposições deste.

Quanto à duração dos contratos de arrendamento rural no direito brasileiro, estes podem ser celebrados por prazo determinado ou indeterminado e, independentemente do tipo de pacto celebrado, este só se encerrará após ultimada a colheita, conforme prevê o artigo 95, I, da Lei nº 4.504/64. Assim, ainda que se encerre o prazo contratualmente estabelecido, caso não tenha sido ultimada a colheita, deve ser considerado o pacto como prorrogado até que isso ocorra. Desse modo, como forma de garantia em favor da parte mais vulnerável da avença, ou seja, o arrendatário, a regra geral a ser aplicada é que os prazos terminarão sempre após ultimada a colheita. Por conseguinte, tem o arrendatário, nos contratos, mesmo a prazo fixo, o direito legal de permanecer no imóvel, prorrogando-se o prazo o necessário quanto baste, ao ultimar a colheita, como está estabelecido no artigo 21 §1º do regulamento (DEMÉTRIO, 1998, p. 183), ou seja, caso ocorra retardamento da colheita por motivo de força maior, considerar-se-ão esses prazos prorrogados nas mesmas condições, até a sua ultimação (BORGES, 2013, p. 39). Interessante salientar que esta possibilidade de prorrogação do contrato de arrendamento se dá quando o retardamento da colheita ocorrer por motivo de força maior, não estando, pois contemplada a hipótese em que o arrendatário, de má-fé, realize plantações sabendo que não terá tempo suficiente para realizar a colheita ou quando não o faça por desleixo ou negligência (DEMÉTRIO, 1998, p. 183).

Quando as partes convencionarem que o contrato de arrendamento rural será estabelecido com prazo determinado, independentemente de ser escrito ou verbal, este deverá ter um período mínimo de tempo, o qual variará de acordo com a atividade a ser desenvolvida no imóvel rústico, conforme estabelece o artigo 95, inciso XI, alínea "b" da Lei nº 4.504/64. Qualquer que seja a forma do contrato, deverá ter o mesmo um prazo mínimo de vigência, que não pode ser objeto de modificação pelas partes. Assim, o artigo 13, inciso II, alínea "a" do Decreto nº 59.566/66 estabeleceu quais são esses prazos mínimos, que, como dito, irão variar conforme o tipo de atividade rural desenvolvida.

Qualquer que seja a forma de contrato de arrendamento, escrita ou verbal, seus prazos mínimos de duração serão de três, cinco, ou sete anos, a depender do tipo de atividade executada no imóvel rústico, considerando-se como não escrita eventual cláusula contratual que venha a contrariar o dispositivo normativo estabelecendo prazo menor do que ali contemplado, havendo, obviamente, liberdade das partes celebrarem acordo por prazo superior ao mínimo legal. Assim, por exemplo, caso conste em um contrato de arrendamento rural, em que se explore atividade florestal, cláusula que estabeleça como prazo de duração do contrato seis anos, esta será tida como não escrita, hipótese em que prevalecerá o prazo de sete anos, previsto na norma jurídica e irrenunciável.

Cabe destacar que a norma que estabelece prazo mínimo de vigência do contrato de arrendamento rural, além de figurar como uma garantia ao arrendatário, que, assim, terá condições de melhor se programar e ter conhecimento do tempo em que ficará na área, visa proteger o meio ambiente. Desse modo, representa verdadeiro instrumento de fraternidade intergeracional, pois, ao se permitir o estabelecimento de prazos muito curtos para a exploração da terra, o arrendatário não a usaria de maneira adequada, pelo contrário, poderia buscar tirar todo o proveito desta de forma imediata, não tendo preocupação em utilizá-la com parcimônia, uma vez que em breve não a teria mais a sua disposição.

Não há dúvida de que a fixação de prazo mínimo é também estabelecida para evitar o mau uso da terra. Quem toma a mesma, em arrendamento ou parceria, por um ano só, poderá querer tirar todo o proveito imediato. Muitos não se importarão de fazer uso predatório, porque uma vez, arruinada, amanhã não estará mais em suas mãos. Se o usuário do imóvel, porém, o tem por um tempo mais alongado, com possibilidade legal de renovar o contrato, é evidente que pensará no proveito imediato e no proveito mediato. A conservação da capacidade produtiva da terra interessa ao presente e ao futuro, para ambos os tempos estão voltadas as regras protetivas da lei (BORGES, 1996, p. 80).

A intenção do legislador brasileiro se concentrou em garantir a estabilidade das relações contratuais, fazendo com que o arrendatário tivesse condições de investir adequadamente na terra, estabelecendo na norma períodos mínimos de tempo que assegurassem maior segurança aos contratantes, em especial ao arrendatário. Por sua vez, este poderá, então, com maior tranquilidade, investir na terra e, desse modo, obter maior produção e a consequente geração de riquezas, rendas e empregos, além de figurar como instrumento de proteção ao meio ambiente. Em Portugal, os prazos dos contratos de arrendamento rural são previstos no artigo 9º do Decreto-Lei nº 294/2009, variando conforme a natureza do contrato celebrado.

> Art. 9º, Decreto-Lei nº 294/2009:
> 1 – Os contratos relativos a arrendamentos agrícolas são celebrados por um prazo mínimo de sete anos.
> 2 – Quando, nos contratos referidos no número anterior, não tenha sido fixado prazo ou o prazo fixado seja inferior a sete anos, considera-se que os mesmos são celebrados de acordo com o disposto no número anterior.
> 3 – Os arrendamentos agrícolas são renováveis automaticamente por sucessivos períodos de, pelo menos, sete anos, enquanto o mesmo não seja denunciado nos termos do presente decreto-lei.
> 4 – Os arrendamentos florestais não podem ser celebrados por prazo inferior a 7 nem superior a 70 anos, considerando-se modificados para estes limites os prazos divergentes que hajam sido fixados.
> 5 – Os arrendamentos de campanha não podem celebrar-se por prazos superiores a seis anos, considerando-se reduzido a este limite o prazo superior que haja sido fixado, e presumem-se de um ano caso não tenha sido estabelecido prazo.
> 6 – Salvo cláusula contratual ou acordo expresso dos contraentes, os contratos de arrendamento florestal e de campanha não se renovam automaticamente no termo do prazo do contrato.
> 7 – Pode ser convencionada, por iniciativa do arrendatário e reduzida a escrito, a alteração da data da cessação do contrato, nas seguintes circunstâncias:

a) Quando o arrendatário realizar, com autorização do senhorio, investimentos de desenvolvimento, melhoria ou reconversão cultural ou obras de beneficiação no prédio;
b) Quando no decurso de um contrato de arrendamento agrícola ou florestal, ocorram circunstâncias imprevistas e anormais, alheias a qualquer das partes, que causem a perda de mais de um terço das plantações das culturas permanentes ou da plantação florestal exploradas e ponham seriamente em causa o retorno económico dessa exploração.

O legislador português, sensível à realidade agrária e atento às peculiaridades das atividades rurais estabeleceu na legislação prazos mínimos para o arrendamento rural, objetivando, assim, evitar a celebração de contratos demasiadamente curtos e que, por isso, tivessem o lastro de dificultar o estabelecimento do trabalhador à terra, prejudicando, assim, o desenvolvimento produtivo, tendo em vista que a ausência de segurança acabava por impedir ao trabalhador rural investir adequadamente na área, pois não lhe era assegurado um mínimo prazo de permanência. A experiência nesse tipo de transação mostra que o arrendatário tem de fazer uma exploração estável do prédio, a qual não se obtém com um ou dois anos de exploração da terra, pois as terras locais, em regra, são áreas onde a instabilidade das condições climáticas influencia muito a exploração da terra. Resulta daí que a lei consagra o costume, direito consuetudinário, consistente em celebrarem-se esses contratos por períodos longos de cinco, seis, dez, doze ou mais anos (VIEIRA, 2013, p. 27).

Outra questão relevante e, neste particular, assemelha-se com o Brasil é que permitir prazos mais curtos colocaria não só o arrendatário numa situação negocial precária na hora de renovar o contrato, especialmente se não tivesse tido tempo para retirar qualquer rendimento do trabalho desenvolvido, como também o senhorio numa situação delicada, caso não tenha ele capacidade de fazer uma colheita. Prazos mais dilatados criam mais previsibilidade no contexto de um setor dominado por uma grande imprevisibilidade (COSTA, 2013, p. 39).

No que concerne à renovação do contrato de arrendamento rural, sua previsão, no direito brasileiro, encontra-se no artigo 95, item IV do Estatuto da Terra e no artigo 22 do Decreto nº 59.566/66. De acordo com as referidas normas, o arrendatário tem o direito de preferência à renovação do contrato quando esteja em igualdade de condições com estranhos. Assim, nos casos em que as partes não tenham convencionado a renovação do contrato findo o seu prazo, caberá ao proprietário, caso haja propostas de pessoas estranhas, proceder a notificação extrajudicial do arrendatário, em até seis meses antes do vencimento do contrato, a fim de lhe dar ciência para que, caso o arrendatário se coloque em igualdade de condições, tenha a preferência de ver renovado o contrato. Quando o arrendante der ciência ao arrendatário acerca da proposta que possui, caso este manifeste que aceita as condições, terá direito à renovação naqueles termos. No entanto, caso não aceite ou venha a se quedar inerte, o arrendador fica autorizado a firmar o contrato com o terceiro de acordo com a proposta oferecida (RIZZARDO, 2013, p. 437).

Infere-se, portanto, que pretendendo continuar arrendando o imóvel rural e tendo recebido proposta de terceiro superior ao aluguel vigente, deve o arrendador notificar o arrendatário desse fato para que este possa ofertar valor igual e exercer o seu direito de renovar o arrendamento rural (BARROS, 1998b, p. 85). Caso não ocorra a notificação extrajudicial por parte do proprietário, considerar-se-á automaticamente renovado o contrato pelo prazo previsto no artigo 13 do Decreto nº 59.566/66 (prazos mínimos do arrendamento rural), salvo se o arrendatário, nos trinta dias seguintes ao final do contrato anterior, manifestar desistência ou formular nova proposta.

Dessa forma, são duas situações distintas de renovação contratual, uma na qual há um ou mais estranhos interessados no arrendamento do bem. Nessa situação, é o arrendatário notificado a fim de que possa, querendo, exercer seu direito de preferência e outra na qual o proprietário não notifica o arrendatário de outras propostas, seja porque não há propostas ou porque, ainda que haja, queda-se inerte, quando, então o contrato se considera automaticamente renovado, exceto se o arrendatário, nos trinta dias seguintes ao final do contrato anterior, manifestar desistência ou formular nova proposta. Opitz e Opitz esclarecem no que consistem essas modalidades de renovação do contrato de arrendamento rural:

> O artigo 95, II, do ET, criou duas hipóteses de renovação: uma, quando há um estranho interessado no arrendamento do imóvel, com proposta concreta e autêntica, estabelecendo as condições do contrato; outra, quando não haja terceiro interessado e o proprietário não tenha notificado o arrendatário, na forma legal, caso em que se renova automaticamente o contrato, pelo prazo previsto no artigo 13 do Regulamento, salvo se o arrendatário desistir dentro de trinta dias, a contar do dia em que se finda o contrato anterior. (OPITZ; OPITZ, 1983c, p. 51).

Por força de previsão normativa, propicia-se ao arrendatário continuar a exercer suas atividades, minimizando-se possível degradação ambiental na área, ante a manutenção do arrendatário, que continuará a atividade já desenvolvida. Evita-se, assim, que se recomece uma nova atividade na área, quando, geralmente, há a necessidade de alterações no meio ambiente. Foi previsto o direito de preferência ao arrendatário no âmbito da renovação do contrato de arrendamento rural, o que, indubitavelmente, caminha para garantir a conservação da capacidade produtiva da terra. Trata-se de mais uma atitude normativa de dirigismo contratual, como garantia do equilíbrio das relações no âmbito agrário.

Desse modo, pensou-se de maneira a dar igualdade, conforme reza o *caput* do artigo 5º da Constituição Federal, no sentido de que todos são iguais perante a lei. Em face dos estranhos que não façam parte do contrato, o arrendatário terá direito de preferência no imóvel com o intuito de arrendar novamente a terra, devendo, então, o arrendador notificar o arrendatário, em até seis meses antes do prazo estipulado para finalizar o contrato, inserindo então as propostas existentes, para que não possa ver a sua confiança frustrada no futuro (ZANETTE, 2019, p. 60). Conveniente ressaltar que, nos termos do artigo 95, V, da Lei nº 4.504/64, o direito de preferência não prevalecerá quando o proprietário, no prazo de seis meses antes do vencimento do contrato, notificar o arrendatário, dando-lhe ciência de que deseja retomar o imóvel para explorá-lo pessoalmente ou por intermédio de descendente. Trata-se, pois, de uma exceção à regra geral que garante ao arrendatário a renovação do contrato de arrendamento (RIZZARDO, 2013, p. 434).

Salienta-se ainda que o artigo 22, §4º do Decreto nº 59.566/66 previu que a falta de sinceridade do proprietário nas questões atinentes à renovação do contrato pode ser provada por qualquer meio em direito admitido, além do que deve o mesmo responder por perdas e danos eventualmente causados neste caso ao arrendatário. Assim, sem prejuízo da possibilidade de reintegração de posse do arrendatário no bem, responderá o arrendante por perdas e danos que forem causados ao locatário, quando faltar com a verdade afirmando que deseja explorar pessoalmente a área, mas, na realidade, venha a arrendá-la para terceira pessoa (BARROS, 1998b, p. 90). Na hipótese de não ser o arrendatário notificado da existência de propostas de estranhos, caso não desista do contrato, poderá ainda formular nova proposta ao arrendante, hipótese em que, então, não ocorrerá renovação automática da avença, havendo a necessidade de concordância do arrendador, uma vez que a renovação de cunho automático somente se daria se fossem inalteradas as disposições do contrato anterior.

O sistema de renovação dos contratos de arrendamento rural se constitui como verdadeira garantia ao arrendatário, permitindo-lhe a renovação do pacto de arrendamento, assim como ao meio ambiente, na medida em que se busca a continuidade da atividade desenvolvida na área, evitando o início de uma nova atividade no local, quando, via de regra, há a necessidade de alterações na esfera ambiental, ocasionando danos ao meio ambiente. Em Portugal, no que concerne à renovação do contrato de arrendamento rural agrícola, o artigo 9º, nº 3 do Decreto-Lei nº 294/2009 estabelece ser renovável automaticamente por sucessivos períodos de, pelo menos, sete anos, enquanto não for objeto de denúncia. Com relação aos arrendamentos florestal e de campanha, não se sujeitam à renovação automática, salvo se essa condição for expressamente pactuada pelas partes. Procurou o legislador português a fim de garantir a estabilidade das relações contratuais, bem como que o arrendatário tivesse condições de melhor investir na terra, estabelecer na norma períodos de tempo que assegurassem o mínimo de segurança aos contratantes, em especial ao arrendatário, que, com isso, poderá, com maior tranquilidade, investir na terra.

No tocante à renda do contrato de arrendamento rural no Brasil, constata-se que esta é anual e, de acordo com o artigo 95, item XII da Lei nº 4.504/64, não pode ser superior a 15% do valor de cadastro do imóvel, aí incluídas também as benfeitorias que adentrarem na composição do contrato. Estas não poderão ultrapassar esse *quantum*, salvo quando o pacto for parcial e recair apenas em glebas selecionadas para fins de exploração intensiva de alta rentabilidade, quando, então, o limite do valor da renda não pode ultrapassar a 30% do valor de cadastro do imóvel.

Por sua vez, o artigo 16 do Decreto nº 59.566/66, preceitua que as partes têm liberdade para estabelecer o valor da renda anual do contrato, a qual deverá observar os limites do artigo 95, item XII da Lei nº 4.504/64, sendo autorizada uma correção monetária anual, de acordo com os índices aprovados pelo Conselho Nacional de Economia, hoje Conselho Monetário Nacional. Deve ser registrado ainda que o reajuste anual é facultativo, deve, pois, constar do contrato, e caso não venha a ser previsto, só poderá ser implementado se houver a vontade de ambas as partes. Assim, por exemplo, se o contrato for estipulado por três anos com preço único, para vigorar durante todo o tempo do contrato, não haverá nenhum reajuste, a não ser que o arrendador o queira e o arrendatário consinta em fazê-lo (RAMOS, 2013, p. 93).

Uma vez compreendidos os limites máximos do preço do contrato de arrendamento rural, este deve ser ajustado em quantia fixa em dinheiro, podendo, todavia, o pagamento se dar em dinheiro e em frutos, cujo preço corrente no mercado local, nunca inferior ao preço mínimo oficial, seja equivalente ao do arrendamento, à época da liquidação. Embora obrigatório que o preço do arrendamento seja estabelecido em quantia fixa em dinheiro, podem, portanto, as partes convencionar que o pagamento, além de ser feito dinheiro, possa ser efetivado em frutos, sendo causa de nulidade absoluta o ajuste do preço do arrendamento quando realizado em frutos ou produtos (BARROS, 1998b, p. 60). Portanto, quanto ao modo de pagamento, é possível o recebimento em frutos ou produtos, cujo preço corrente no mercado não será inferior ao teto mínimo da cotação oficial (RIZZARDO, 2013, p. 450). Portanto, é imprescindível que o valor do arrendamento seja estabelecido em dinheiro a fim de que seja exequível o *quantum* da locação, que, nos termos do Decreto nº 59.566/66, poderá, por vontade das partes, ser pago em produtos, quando, então, como garantia ao arrendatário, não poderá ser inferior ao teto mínimo da cotação oficial.

Já em Portugal, em relação à renda do contrato de arrendamento rural, nos termos do artigo 11º do Decreto-Lei nº 294/2009, será anual, previamente estipulada, além de corresponder a uma prestação pecuniária, que, salvo disposição em contrário, deverá ser efetuada até o último dia do ano no domicílio ou sede social do senhorio, sob pena de mora. Há nesse dispositivo evidente manifestação do princípio da liberdade de contratual, pela qual as partes, livremente, estabelecem o valor das rendas, bem como têm a possibilidade de atualizar as rendas (art. 11º, nº 5, primeira parte do Decreto-Lei nº 294/2009). A esse respeito, Vieira discorre:

> Estamos perante mais uma concretização do princípio legal da liberdade contratual, consignado no artigo 405º do Código Civil, concedendo o legislador aos contraentes, a faculdade de fixarem livremente o valor das rendas e suas actualizações. É de facto o mínimo que se pode dar ao proprietário da terra que como seu dono, ainda não tem a faculdade de contratar com o arrendatário, as cláusulas que lhe aprouver. (VIEIRA, 2013, p. 33).

Ainda de acordo com a legislação vigente, a renda poderá vir a ser alterada, desde que esta seja lastreada em dispositivo estabelecido no Decreto-Lei nº 294/2009. Nesse particular, o artigo 12º do Decreto-Lei nº 294/2009 prevê a possibilidade de alteração do valor da renda quando ocorram circunstâncias imprevistas e anormais que justifiquem a modificação. Essa flexibilidade de modificação decorre da situação inerente à longa duração do contrato, que pode colocar o arrendatário em situação de fragilidade quando circunstâncias imprevisíveis e anormais afetem de forma acentuada a capacidade produtiva do prédio rústico. Nestes casos, autoriza-se, por iniciativa de quaisquer das partes, uma alteração temporária ou definitiva da renda, sem prejuízo do preço acertado originalmente (CARVALHO; AZEVEDO; CUNHA, 2013, p. 43). Infere-se, pois, que essas causas imprevisíveis e anormais a justificar a redução da renda não podem ser acidentais ou ocasionais, nem resultar de práticas inadequadas de exploração. Podem revestir a natureza de inundações, acidentes geológicos e ecológicos, pragas de natureza excepcional e outras causas semelhantes (SEIA; CALVÃO; SEIA, 2003, p. 69).

Além disso, nos casos de arrendamento florestal e das culturas agrícolas permanentes presume-se como ocorrência de circunstâncias imprevisíveis e anormais sempre que esses acontecimentos causem a perda de, pelo menos, um terço das plantações das culturas permanentes ou da plantação florestal explorada no prédio. Há, pois, nesses casos, uma situação de presunção legal a ser analisada em função do momento em que ocorre e de sua influência no objeto do contrato, sempre com um pendor externo, ou seja, a partir de circunstâncias alheias à vontade dos contratantes (COSTA, 2013, p. 34). Registre-se que nesses casos, não havendo consenso entre as partes, a questão deverá ser dirimida pelos tribunais (METELLO, 2010, p. 54).

Nos contratos de arrendamento florestal, poderão as partes transigir no sentido de fixar uma parte da renda de forma variável em função da produtividade do prédio. Em relação à atualização, estabelece a norma que, salvo disposição em contrário, o coeficiente de atualização anual das rendas resultará da totalidade da variação do índice de preços do consumidor, sem habitação, correspondente aos últimos doze meses e para os quais existem valores disponíveis à data de 31 de agosto, apurado pelo Instituto Nacional de Estatística e publicado no Diário da República até 30 de outubro de cada ano (COSTA, 2013, p. 33).

Por fim, de acordo com o artigo 11º, nº 6, do Decreto-Lei nº 294/2009, quando o senhorio realizar no prédio arrendado, durante o contrato, com a expressa autorização do arrendatário, obras de beneficiação, exceto ações de recuperação do prédio, poderá ser convencionada, por iniciativa do locador, uma alteração na renda, a qual necessitará da concordância do arrendatário. Há, neste particular, três requisitos essenciais para que a alteração da renda se verifique: o senhorio realize obras de beneficiação do prédio com autorização expressa do inquilino; as obras não sejam de recuperação; o inquilino concorde expressamente com a alteração. Portanto, o acordo expresso do inquilino é sempre exigível para a alteração da renda quando o senhorio realize obras de beneficiação, pois, mesmo para estas, é necessário o acordo, senão mesmo o consentimento do inquilino. A razão de ser para este requisito é porque, se assim não fosse, o senhorio, com vista à alteração da renda, realizaria obras de beneficiação sempre que o entendesse, fato que traria ao inquilino dificuldades de controle relativamente ao montante da renda (COSTA, 2013, p. 33).

Assim, diversamente do que ocorrem nas circunstâncias imprevisíveis e anormais, onde a recusa de uma das partes pode levar os tribunais a determinarem a modificação do valor da renda, na hipótese do artigo 11º, nº 6, do Decreto-Lei nº 294/2009, não havendo o aceite do arrendatário, por expressa disposição legal, não se admite a alteração da renda.

A extinção do contrato de arrendamento rural no Brasil é estabelecida no artigo 26 do Decreto nº 59.566/66, nos seguintes termos:

Art 26. O arrendamento se extingue:
I – Pelo término do prazo do contrato e do de sua renovação;
II – Pela retomada;
III – Pela aquisição da gleba arrendada, pelo arrendatário;
IV – Pelo distrato ou rescisão do contrato;
V – Pela resolução ou extinção do direito do arrendador;
VI – Por motivo de força maior, que impossibilite a execução do contrato;
VII – Por sentença judicial irrecorrível;
VIII – Pela perda do imóvel rural;
IX – Pela desapropriação, parcial ou total, do imóvel rural;
X – por qualquer outra causa prevista em lei.
Parágrafo único. Nos casos em que o arrendatário é o conjunto familiar, a morte do seu chefe não é causa de extinção do contrato, havendo naquele conjunto outra pessoa devidamente qualificada que prossiga na execução do mesmo.

A primeira forma de extinção do contrato de arrendamento rural se caracteriza por meio do término do prazo do contrato e do de sua renovação. Trata-se da modalidade de extinção ordinária do contrato de arrendamento por prazo determinado, ou seja, expirado o tempo do contrato ou ultimada a colheita do contrato prorrogado, cessará a avença pelo decurso do tempo, independente de aviso ou notificação, ficando o arrendatário obrigado a restituir o imóvel. Trata-se da extinção ordinária do contrato agrário, aquela que se efetua dentro das situações de normalidade da avença, ou seja, atinge-se o termo final e transcorre a execução do pacto sem incidentes, de modo que ambos os contratantes terão obtido, em tese, todas as vantagens que esperavam do contrato e que os levaram a buscar a celebração (COELHO, 2003, p. 93).

Poderá ainda ser extinto o contrato de arrendamento por retomada, hipótese em que o arrendante busca reaver o imóvel para uso próprio ou de seu dependente, estando contemplada no artigo 95, IV da Lei nº 4.504/64 e artigo 22 §2º do Decreto nº 59.566/66. Nesse caso, o direito de retomada cabe ao proprietário do imóvel para reaver o bem para uso próprio ou do descendente. A retomada do imóvel arrendado pelo arrendador é mais um caso de extinção deste contrato e de forma anormal. O arrendador pode retomar o imóvel arrendado para si ou para descendente seu, visando à exploração direta ou pessoal (RAMOS, 2013, p. 150).

Outra modalidade de extinção do contrato consiste na aquisição da gleba arrendada pelo arrendatário, ou seja, o arrendatário vem a adquirir, por qualquer forma, a área objeto do contrato, ou seja, passa o locatário a ser o proprietário da coisa, havendo, *in casu*, a ocorrência do instituto jurídico conhecido como *confusão*, previsto no artigo 381 do Código Civil Brasileiro, por meio do qual a obrigação se extingue, pois, na mesma pessoa, confundem-se as qualidades de credor e devedor.

O distrato ou resilição bilateral constitui-se como a modalidade de extinção do arrendamento rural quando entre as partes ocorre um acordo de vontades pelo qual resolvem pôr termo ao pacto celebrado. Assim, se para o contrato, exige-se consentimento, o consentimento não é menos necessário para o distrato. Não havendo, por consequência, distrato sem consentimento (CABELEIRA, 1985, p. 48).

Já a rescisão contratual não se efetiva por meio de acordo entre as partes, ocorrendo, ao contrário, a ruptura do contrato quando houver lesão a uma de suas cláusulas por quaisquer das partes. Trata-se, pois, de descumprimento de cláusula contratual que leva a uma das partes pugnar pela extinção do contrato. Exemplo disso, pode se dar quando, mesmo vedado no contrato o subarrendamento, o arrendatário, sem o consentimento do arrendador, resolve subarrendar a área, hipótese em que, surgirá ao arrendante, o direito de pugnar pela extinção da avença pela via da rescisão contratual. A rescisão ocorre nos casos previstos em lei. O artigo 92, §6º do Estatuto da Terra e o artigo 27 do regulamento aludem a duas causas de rescisão do contrato de arrendamento: quando houver inadimplemento das obrigações assumidas por qualquer das partes; quando houver a inobservância de cláusula asseguradora dos recursos naturais previstas no artigo 13, II, "c" do regulamento. Ressalte-se que a rescisão ocorre, geralmente, em face da inexecução contratual por culpa de uma das partes. Portanto, haverá rescisão do contrato de arrendamento quando o arrendatário ou o proprietário infringirem obrigação legal ou cometerem infração grave de obrigação contratual. Seja exemplo, a falta de pagamento da renda. Neste caso, sempre haverá culpa de uma das partes. Há, pois, nítida distinção entre o distrato e a rescisão, eis que no primeiro há um acordo que encerra o contrato, enquanto que no segundo este é extinto por causa de falta atribuída a uma das partes.

    Por conseguinte, o fim do contrato pela resolução ou extinção do direito do arrendador, apesar de gerar término do pacto, acontece sem a existência de qualquer violação à norma legal ou contratual, ou seja, sem que tenha havido culpa de nenhum dos contratantes. Ocorre, geralmente, quando a propriedade ou a posse permanente do bem arrendado deixa de ser do arrendador, hipótese em que a saída do arrendatário só ocorrerá após o término da colheita iniciada no tempo da vigência do contrato. Exemplo dessa situação se dá quando o arrendador perde os direitos sobre o imóvel arrendado, como no caso da extinção do usufruto, com relação ao usufrutuário-arrendador, e da ação reivindicatória proposta contra o arrendador, em que este perde o imóvel cedido em arrendamento ou parceria. A saída do imóvel, no entanto, ainda nesses casos, somente ocorrerá após o término da colheita iniciada ao tempo da vigência do contrato (RIZZARDO, 2013, p. 458).

    Outra causa extintiva do contrato de arrendamento rural é por motivo de força maior, que impossibilite a execução do contrato. Trata-se aqui da ocorrência de fatos, cujos efeitos não eram possíveis de serem impedidos ou evitados. Situação típica de motivo de força maior é a ocorrência de inundação do imóvel por forte chuva que impeça a utilização do bem por longo período. Nesse caso, dá-se a extinção do contrato, não havendo de se falar em perdas e danos ante a ocorrência de situação de força maior. Todavia, caso haja culpa de uma das partes, como, por exemplo, no caso da ocorrência de um incêndio integral da área por falta de zelo do arrendatário, não há de se falar em motivo de força maior, devendo a questão ser resolvida em perdas e danos (RAMOS, 2013, p. 155).

A sentença judicial irrecorrível é também causa de extinção do contrato de arrendamento e se concretiza quando uma das partes busca o Poder Judiciário a fim de que seja reconhecida a existência de vícios que tenham o lastro de nulificar o contrato ou ainda sua resolução, gerando, por conseguinte, a sua extinção. Nesses casos, o Poder Judiciário proferirá sentença que, quando irrecorrível, tem o fulcro de extinguir o contrato. Como exemplo dessa hipótese de extinção do contrato, pode ser destacada a situação na qual uma das partes realizou a avença mediante coação, quando, então, por força da sentença da sentença, será reconhecido o contrato como nulo, sendo, pois, extinto.

A perda do imóvel rural arrendado encontra-se contemplada como outra causa extintiva do contrato e se assemelha bastante com a ocorrência de motivo de força maior, na medida em que, via de regra, é consequência deste, e acarreta no perecimento físico do imóvel. Há, pois, um acontecimento fático que gera o desaparecimento da coisa e, por conseguinte, gera a extinção do contrato, como, por exemplo, uma avalanche que destrua integralmente a área. Não se confunde essa situação fática com, por exemplo, a realização de um negócio jurídico celebrado pelo arrendador, pelo qual este venda o bem e, por isso, alegue a *perda* a propriedade do mesmo, pois nessa hipótese este teve a voluntariedade de alienar a coisa, quando, então deverão ser observadas outras regras, inclusive se respeitando o direito de preferência do arrendatário (COELHO, 2003, p. 99).

Outra causa extintiva do contrato de arrendamento é a desapropriação da área. Não poderia ser diferente, pois, com a desapropriação, modalidade de intervenção do Estado na propriedade privada, o proprietário, em nome da supremacia do interesse público sobre o interesse particular, deixa de ser dono da coisa, que passa para o domínio público para ser utilizada em uma determinada finalidade pública. Assim, como o arrendatário perde o domínio e a disponibilidade da coisa, não será possível subsistir o contrato, que, por isso, será extinto (BARROS, 1998b, p. 106).

Válido sublinhar que, na eventualidade da desapropriação ser parcial, o arrendamento será extinto apenas no que tange à parte alcançada pela medida de império do Estado, desde que a área restante continue sendo hábil à exploração para os fins pactuados. Nesse caso, conforme o artigo 30 do Decreto nº 59.566/66, o arrendatário fará jus a diminuição proporcional da renda ou, caso entenda pertinente, a rescisão do contrato, ou seja, trata-se de decisão que caberá exclusivamente ao arrendatário (BARROS, 1998b, p. 108). Impende destacar ainda que, ordinariamente, a morte do arrendatário tem o fulcro de gerar a extinção do contrato, salvo quando este for chefe de um conjunto familiar, hipótese em que, havendo naquele conjunto outra pessoa devidamente qualificada a prosseguir na execução do mesmo, este prosseguirá, conforme assevera o artigo 26, parágrafo único do Decreto nº 59.566/66. A finalidade da norma é impedir aos familiares ficarem vinculados à terra, sem condições de cumprirem o contrato, quer seja por prazo certo ou não (OPITZ; OPITZ, 1983c, p. 73).

Essas, portanto, são as causas que geram a extinção do contrato de arrendamento rural no Brasil e podem variar desde a mais ordinária de todas, que é a extinção pelo término do prazo, até mesmo por situações atípicas como a ocorrência de calamidades capazes de provocarem a perda física do imóvel. Já em Portugal, o artigo 15 do Decreto-Lei nº 294/2009 contempla as hipóteses de cessação do contrato de arrendamento rural, nos seguintes termos:

> 1 – O arrendamento rural cessa por acordo entre as partes, por resolução, por caducidade, por oposição à renovação, por denúncia ou por qualquer outra forma prevista na lei.
> 2 – Nos casos da cessação do contrato previstos no presente decreto-lei, a restituição do prédio só pode ser exigida no fim do ano agrícola em curso em que se tenham verificado os factos que determinaram a cessação do contrato, com excepção dos prédios arrendados para fins de exploração florestal.
> 3 – No caso do arrendamento florestal, os procedimentos a adoptar relativamente ao material lenhoso e frutos pendentes em virtude de qualquer das formas de cessação do contrato previstas no presente decreto-lei devem ser acordadas entre as partes no contrato de arrendamento.

A cessação do contrato de arrendamento poderá ocorrer por acordo entre as partes a qualquer tempo, o qual deverá ser por escrito sempre que não for imediatamente executado ou ainda quando tenha cláusulas compensatórias ou outras cláusulas acessórias, consoante à disciplina do artigo 16º do Decreto-Lei nº 294/2009. Assim, o contrato de arrendamento cessa por acordo das partes quando estas, de forma expressa, acordam em pôr termo aos seus efeitos, existindo ou não fundamentos para a cessação. Aqui, vale apenas a vontade e a declaração expressa e livre das partes no contrato para que este cesse seus efeitos (COSTA, 2013, p. 36).

Poderá ainda ser cessado o contrato de arrendamento por resolução, hipótese que pode ser invocada por quaisquer das partes, tendo como fundamento o descumprimento do contrato pela outra, quando essa atitude, pela sua gravidade ou consequências, torne inexigível à outra parte a manutenção do arrendamento ou alteração significativa da natureza e/ou da capacidade produtiva do prédio. É a hipótese contemplada no artigo 17º do Decreto-Lei nº 294/2009. Destarte, a resolução constitui uma causa de extinção do contrato, requerida por um dos *contraentes* contra o *outro*, com base num fato superveniente à data da celebração do contrato. Nesta linha legislativa, os nº 2 e 3 do artigo 17, enumeram as causas de *resolução* do contrato de arrendamento rural atinentes ao *proprietário/senhorio;* enquanto que o nº 4 respeita às causas de resolução por iniciativa do *arrendatário* (METELLO, 2010, p. 71).

Dentre as hipóteses que justificam o senhorio pugnar pela cessação do contrato por resolução, encontram-se o fato do arrendatário não pagar a renda no tempo e no lugar próprio, faltar ao cumprimento de uma obrigação legal ou contratual, com prejuízo à produtividade, substância ou função econômica e social do prédio, subarrendar ou ceder por comodato, total ou parcialmente, os prédios arrendados, ou ceder a sua posição contratual, sem o cumprimento das obrigações legais. Ao tratar de uma dessas hipóteses, decidiu a justiça portuguesa nos seguintes termos:

> I – Com o arrendamento estabelece-se uma relação pessoal entre o senhorio e o arrendatário, por virtude da qual este se obriga a cultivar ele próprio, ou sob sua direcção, as terras arrendadas.
> II – Assim, justifica-se a resolução do contrato, quando esse dever é quebrado, como acontece no caso de o arrendatário dar a coisa arrendada em comodato.
> III – Deve entender-se que há comodato, quando o arrendatário cede um terreno a outrem, para o explorar directamente sob a sua direcção e responsabilidade e lho restituir no termo da exploração para que foi cedido. (AC. da Relação do Porto de 20.12.1979, Col. Jur. IV, 1513).

Por sua vez, poderá o arrendatário pugnar pela cessação do contrato por resolução quando ocorrer a redução ou alteração da capacidade produtiva do prédio por causas improváveis e anormais, não suscetíveis de serem cobertas pelo seguro, exceto nos casos dos povoamentos florestais e plantações de culturas permanentes. Além disso, poderá o arrendatário requerer a cessação do contrato por resolução diante da ocorrência de circunstâncias imprevistas e anormais que causem a perda de mais de um terço das plantações das culturas permanentes ou da plantação florestal e ponham seriamente em causa o retorno econômico da exploração, no caso de arrendamentos agrícolas ou florestais, bem como diante da não realização, pelo senhorio, de obras que lhe caibam, quando tal omissão comprometa o normal e regular uso e fruição do prédio arrendado (COSTA, 2013, p. 37). Assim, sempre que houver descumprimento do contrato, seja pelo arrendatário, seja pelo proprietário, que, pela sua gravidade ou consequências, venha a tornar inexigível à outra parte a manutenção da avença, autorizar-se-á a cessação contratual por resolução.

A cessação do arrendamento rural por caducidade (art. 18º do Decreto-Lei nº 294/2009) se efetiva quando encerrado o prazo do contrato não ocorra sua renovação; quando cesse o direito ou findem os poderes legais de administração com base nos quais o contrato tenha sido celebrado; quando ocorra a expropriação do imóvel, salvo quando esta for compatível com a subsistência do contrato. Diferente do que ocorre com a cessação do arrendamento rural por resolução, na caducidade não há de se falar na imputação de responsabilidade a quaisquer dos contratantes pelo termo do contrato, que se dá ou pelo decurso do tempo ou por uma determinada circunstância jurídica que acabe por gerar seu encerramento. Neste sentido é a jurisprudência portuguesa:

> Caducidade é a extinção automática do contrato como mera consequência de algum evento a que a lei atribui esse efeito. (Ac. do S.T.J. de 02.07.1987, Bol. 369.523).

Além das formas referidas, poderá o arrendamento rural cessar por oposição à renovação ou por denúncia de uma das partes. Estas hipóteses, estabelecidas no artigo 19 do Decreto-Lei nº 294/2009, ocorrem quando uma das partes realiza à outra comunicação no sentido de que deseja pôr termo ao contrato, o que deverá se concretizar com, pelo menos, um ano de antecedência. Como os arrendatários dependem tipicamente da exploração do prédio agrícola locado, o legislador procurou garantir que sejam avisados com suficiente antecedência caso ocorra oposição à renovação ou denúncia e, em alguns casos, permitiu aos arrendatários oporem-se à efetivação da oposição ou denúncia (CARVALHO; AZEVEDO; CUNHA, 2013, p. 41).

A oposição toma corpo quando uma das partes, com a antecedência de um ano do prazo de encerramento da avença ou de quaisquer de suas renovações, comunica à outra não ter interesse em prosseguir com o acordo quando este vier a concluir seu prazo. Percebe-se que não se trata de uma interrupção no contrato, mas de uma comunicação prévia no sentido de não haver interesse na renovação. Assim, nas hipóteses em que haja oposição à renovação do contrato por parte do proprietário, poderá o arrendatário, nos termos do artigo 19, nº 9, do Decreto-Lei nº 294/2009, opor-se à efetivação desde que comprove ter mais de 55 anos e resida ou utilize o prédio há mais de trinta anos, bem como que o rendimento obtido do prédio arrendado constitua a fonte principal ou exclusiva de seu agregado familiar. Havendo oposição à renovação do contrato por parte do senhorio, terá o arrendatário direito a ser ressarcido pelas benfeitorias que, nos termos do artigo 23, do Decreto-Lei nº 294/2009, autorizam a indenização, quais sejam aquelas realizadas para fins de recuperação do prédio quando o senhorio estiver em mora quanto a essa obrigação; as melhoras cuja urgência não consinta qualquer dilação; assim como as benfeitorias úteis, quando autorizadas pelo senhorio.

Quanto à denúncia, esta pode se dar na hipótese em que o senhorio emigrante procede tal ação, desde que o faça com a antecedência de um ano, a partir do terceiro ano do contrato de arrendamento ou de sua renovação, sem a possibilidade de oposição por parte do arrendatário, salvo no caso previsto no artigo 19, nº 9 (arrendatário comprovar ter mais de 55 anos e resida ou utilize o prédio há mais de trinta anos, bem como que o rendimento obtido do prédio arrendado constitua a fonte principal ou exclusiva de seu agregado familiar), desde que o senhorio preencha as seguintes condições: ter sido ele quem arrendou o prédio ou o tenha adquirido por sucessão; necessitar de regressar ou ter regressado definitivamente a Portugal há menos de um ano; querer explorar diretamente o prédio arrendado. No caso em que o emigrante utilize-se deste dispositivo legal, ficará obrigado, salvo motivo de força maior, a explorar diretamente, por si ou por membro de sua família o prédio objeto do contrato por, pelo menos, cinco anos, de modo que não ocorrendo isso, sujeitar-se-á o senhorio a sanções (CARVALHO; AZEVEDO; CUNHA, 2013, p. 41).

Ainda acerca dessa modalidade de denúncia do contrato de arrendamento rural e das possíveis sanções a serem impostas ao senhorio que inobserve as regras legais no que concerne à exploração direta, por si ou por membro de seu agregado familiar, durante um prazo mínimo de cinco anos, Costa (2013, p. 40) ensina:

> Nesta situação, o senhorio emigrante que denuncie o contrato de arrendamento fica obrigado e salvo caso de força maior, a explorar diretamente por si ou por membro de seu agregado familiar o prédio ou prédios que eram objeto do contrato durante um prazo mínimo de cinco anos. Quando assim não aconteça, isto é, quando o senhorio não cumpra com aquela exploração e pelo prazo referido, o inquilino que viu o contrato de arrendamento denunciado fica com o direito a receber uma indemnização igual ao quíntuplo das rendas relativas ao período de tempo em que esteve ausente, bem como o direito à reocupação do prédio se o desejar, e neste caso, reocupando o prédio, dá-se início a um outro contrato de arrendamento, gozando o inquilino do direito de preferência nos contratos de arrendamento celebrados nos cinco anos seguintes. Além disso tem o inquilino direito a uma indenização correspondente a 1/12 avos da renda anual por cada ano de contrato, não podendo esta indemnização ser de valor inferior a um ano de renda. (COSTA, 2013, p. 40).

Outra espécie de denúncia, esta facultada ao arrendatário, sem a possibilidade de oposição por parte do senhorio e que deve ser informada ao senhorio com antecedência de um ano, pode se dar nos casos de abandono da atividade agrícola ou floresta, ou quando o prédio ou prédios do arrendamento, por motivos alheios à sua vontade, não permitam o desenvolvimento das atividades agrícolas ou florestais de forma economicamente equilibrada e sustentável (COSTA, 2013, p. 41). Por fim, cabe pôr em relevo que, nos termos do artigo 15º, nº 2 do Decreto-Lei nº 294/2009, em qualquer dos casos de cessação do contrato previstos na referida norma, a restituição do prédio só poderá ser exigida no fim do ano agrícola em curso em que tenham verificado os fatos determinantes de cessação do contrato, salvo no caso de acordo entre as partes, ante a liberdade de contratar; e nos casos dos prédios arrendados para fins de exploração florestal, hipótese em que os procedimentos a serem adotados relativamente ao material lenhoso e frutos pendentes, devem ter sido acordados entre as partes no contrato de arrendamento, não obstando que o façam quando da cessação da avença (COSTA, 2013, p. 41)

Quanto à questão das benfeitorias no bem objeto do arrendamento rural, no Brasil, deve ser observada a regra do artigo 24 do Decreto nº 59.566/66 que buscou se utilizar dos conceitos do direito civil, art. 96 do Código Civil Brasileiro (CCB), a fim de implementar as regras atinentes à indenização por aquelas realizadas no imóvel rural na vigência do contrato de arrendamento.

> Art 24. As benfeitorias que forem realizadas no imóvel rural objeto de arrendamento, podem ser voluptuárias úteis e necessárias, assim conceituadas:
> I – voluptuárias, as de mero deleite ou recreio, que não aumentam o uso habitual do imóvel rural, ainda que o tornem mais agradável ou sejam de elevado valor;
> II – úteis, as que aumentam ou facilitam o uso do imóvel rural; e
> III – necessárias, as que têm por fim conservar o imóvel rural ou evitar que se deteriore e as que decorram do cumprimento das normas estabelecidas neste Regulamento para a conservação de recursos naturais.

Marques Júnior apresenta exemplos que facilitam a compreensão acerca dessas benfeitorias em se tratando de contrato de arrendamento rural:

> Ou seja, as benfeitorias voluptuárias têm por escopo tão somente dar comodidade àquele que as fez, não tendo qualquer utilidade por serem obras para embelezar a coisa; por exemplo, a construção de uma piscina em uma fazenda. As benfeitorias úteis, por sua vez, são as que visam aumentar ou facilitar o uso do bem, apesar de não serem necessárias; construção de um galpão para armazenamento de produtos agrícolas, por exemplo. As benfeitorias necessárias são obras indispensáveis à conservação do bem, para impedir a sua deterioração; exemplo, a colocação de uma cerca de arame farpado para proteger a agricultura (MARQUES JÚNIOR, 2010, p. 155).

Uma vez estabelecidos os tipos de benfeitorias possíveis de serem implementadas, cabe analisar qual será a consequência da realização de cada uma delas na vigência do arrendamento. Quando as benfeitorias realizadas pelo arrendatário forem do tipo necessárias ou úteis, fará este jus, ao término do contrato, à indenização pelas mesmas. Todavia, caso a benfeitoria seja do tipo voluptuária, o arrendatário só será indenizado se a construção tiver sido expressamente autorizada pelo arrendador (art. 25, *caput* do Decreto nº 59.566/66). Induvidosamente, trata-se de uma norma que busca fazer justiça, além de evitar a ocorrência de locupletamento indevido por parte do arrendador que autoriza a realização de benfeitoria voluptuária, ou mesmo que não autorize ou sequer seja consultado, nos casos em que se realizem benfeitorias necessárias ou úteis, pois estas têm o lastro de garantir a escorreita execução do contrato, que não vai ser prejudicada em razão da falta de implantação de aperfeiçoamento no imóvel que se demonstrava necessário ou útil.

Outra ação protetiva que o legislador estendeu ao arrendatário refere-se ao pagamento das benfeitorias úteis e necessárias ao término do contrato, inclusive sob pena de retenção do imóvel rural no caso de inadimplemento do arrendador. Já as benfeitorias voluptuárias serão indenizáveis caso haja convenção sobre as mesmas (ASSIS, 2012, p. 99). Cabe lembrar que, caso ao fim do contrato não seja o arrendatário indenizado pelas benfeitorias necessárias ou úteis, fará este jus ao chamado direito de retenção sobre o imóvel, que lhe garante manter o bem em seu poder, podendo usar e gozar das vantagens por ele oferecidas (RIZZARDO, 2013, p. 450). Por fim, caso as benfeitorias necessárias e úteis tenham sido realizadas às expensas do arrendador, terá este o direito de exigir uma elevação proporcional da renda, não havendo de se falar em qualquer indenização, salvo expressa estipulação em contrário, conforme preceitua o artigo 25, §2º do Decreto nº 59.566/66 (MARQUES JÚNIOR, 2010, p. 156).

Já em Portugal, no tocante à conservação e beneficiação dos prédios rústicos arrendados, o legislador estabeleceu como princípio geral, previsto no artigo 21 do Decreto-Lei nº 294/2009, que tanto o senhorio como o arrendatário são obrigados a permitir e a facilitar ações de conservação ou recuperação, assim como as benfeitorias que a outra parte pretenda ou deva fazer com o intuito de garantir a utilização do bem em conformidade com os fins do contrato e em uma perspectiva de melhorar as condições de produção e produtividade. Ainda neste particular, demonstrando o legislador sensibilidade e a constante busca pelo alcance dos maiores níveis possíveis de produtividade, determinou que as ações de conservação ou recuperação e as benfeitorias devem ser realizadas durante o período do ano em que menos inconvenientes causem ao arrendatário. Ao discorrer sobre esse preceito, Metello (2010, p. 88) ensina:

Preceito absolutamente inovador em sede de arrendamento rural. O artigo em anotação vem consagrar um *princípio* comum a todo e qualquer proprietário(s) e arrendatário(s).
Pretende-se, assim, assegurar todas e quaisquer acções que tenham como objectivo a conservação, recuperação, ou até mesmo, a beneficiação.
O legislador ordinário ao referir "devem ser realizadas, sempre que possível, durante o período do ano que menos inconvenientes cause ao arrendatário", pretende – essencialmente – "proteger" a figura do arrendatário. (METELLO, 2010, p. 88 grifos do autor).

Por fim, ainda no tocante ao momento das ações de recuperação e benfeitorias, deve ficar claro que, quando se tratarem de medidas inadiáveis, não se sujeitam à regra geral de que devem ser realizadas durante o período do ano em que menos inconvenientes causem ao arrendatário (COSTA, 2013, p. 43). Tem o arrendatário o dever de conservar e restituir o prédio no estado em que o recebeu, ressalvadas as alterações inerentes a uma adequada utilização deste, em conformidade com os fins do contrato, sob pena de indenização (SEIA; CALVÃO; SEIA, 2003, p. 121). Ao final do contrato, caso não haja cláusula em sentido contrário, é da responsabilidade do senhorio as ações de recuperação do prédio que se demonstrem necessárias e não sejam diretamente imputáveis ao arrendatário. Nesse particular, há a possibilidade de constar do contrato que serão da responsabilidade do arrendatário as ações de recuperação do prédio que se demonstrem necessárias, mesmo que não seja diretamente imputáveis a este, uma vez que inexiste essa vedação legal no artigo 8º do Decreto-Lei nº 294/2009, e, caso existisse, tornaria eventual cláusula neste sentido nula.

Quanto à questão das benfeitorias, o artigo 23 do Decreto-Lei nº 294/2009 apresenta as diretrizes acerca do tema. Assim, poderá o arrendatário realizar no prédio arrendado ações de recuperação sem o consentimento do senhorio nos casos em que este último esteja em mora quanto à sua obrigação de fazer reparações que, pela sua urgência, não se compadeçam com a demora do respectivo procedimento judicial. Além disso, poderá o arrendatário realizar ações de recuperação sem consentimento do senhorio quando a urgência da obra não permita qualquer dilação, hipótese em que deverá avisar ao senhorio ao mesmo tempo. Em ambos os casos, dada a urgência, inclusive se a obra ou serviço tiver sido realizada sem a anuência do senhorio, tem o arrendatário direito ao reembolso. Caso a benfeitoria seja do tipo útil, em regra, o arrendatário necessita de autorização do senhorio para fazê-lo, salvo previsão contratual em contrário. Nesses casos, as benfeitorias realizadas pelo arrendatário sem autorização do senhorio não têm o lastro de justificar a revisão do montante da renda, tampouco dão direito à indenização quando da cessação do contrato. Todavia, sendo as benfeitorias úteis realizadas com o assentimento do senhorio, apesar de não justificarem a revisão do montante da renda, ensejam direito à indenização para o arrendatário ao término do contrato quando se revertam ao proprietário. Acerca do tema, são precisas as lições de Metello (2010, p. 93):

> O artigo em consideração tem como fonte inspiradora o artigo 14º (Benfeitorias) do revogado "LAR" – Lei do Arrendamento Rural (Decreto-Lei nº 385/88, de 25 de outubro).
> O nº 2 deste artigo estabelece um princípio geral: o consentimento do senhorio na realização de quaisquer *benfeitorias úteis* realizadas pelo arrendatário.
> Por outro lado, as alíneas a) e b) do nº 1, descrevem acções de recuperação no prédio arrendado, sem qualquer consentimento do senhorio. Reportam-se, basicamente, a circunstâncias de urgência por motivos de força maior e, completamente, alheias à própria vontade do arrendatário (METELLO, 2010, p. 93).

Em se tratando de arrendamento florestal, a alteração da composição, do regime e da estrutura dos povoamentos só pode ser realizada com o consentimento do senhorio, além do que essas modificações devem estar em conformidade com a legislação aplicável ao assunto. Finalmente, quanto às benfeitorias realizadas pelo arrendatário, salvo cláusula contratual em contrário, findo o contrato de arrendamento por qualquer causa, serão revertidas em favor do senhorio. Uma vez analisados os principais pontos acerca do regime jurídico dos arrendamentos rurais português e brasileiro, cabe, agora, analisar a proposta de um novo tipo de arrendamento rural, a ser implantado de forma compulsória, quando constatado que o imóvel rural não cumpre com a função social, a fim de que, dessa maneira, obtenha-se melhoria da vida no campo, o aumento da produção de bens e riquezas, tudo em conformidade com os fins almejados pelas Cartas Políticas de Portugal e do Brasil.

5.3 O arrendamento rural forçado por descumprimento da função social da propriedade e a necessidade de sua implantação no direito brasileiro

5.3.1 Contextualização

Para se cogitar sobre a existência de um instituto jurídico com o *nomen iuris* arrendamento rural forçado é imperioso que se parta do pressuposto, já demonstrado na presente obra, de que a reforma agrária constitui-se num direito fundamental social dos trabalhadores rurais. Dessa feita, constitui-se dever do Estado buscar adotar medidas voltadas para o exercício desse direito, pois, configura-se um direito fundamental social, que advém, como asseverado na primeira parte deste trabalho, da dignidade da pessoa humana, que, em Estados Democráticos de Direito, como Portugal e Brasil, possui valor constitucional insofismável, tanto que ambos tratam o referido princípio como base de suas Repúblicas, conforme se observa do artigo 1º das respectivas Cartas Constitucionais.

A dignidade da pessoa humana compreende um princípio que dá unidade de sentido ao sistema de direitos fundamentais, ou seja, constitui-se fundamento e finalidade da sociedade e do Estado, que, por isso, deve buscar servir ao homem e não o contrário. Isto, sem sombra de dúvidas, diante de terríveis acontecimentos históricos já experimentados em nossa humanidade, como, por exemplo, a escravidão e os regimes totalitários já vivenciados ao redor do planeta, trata-se de significativo avanço da sociedade, com característica puramente humanista, eis que lastreado na valorização da pessoa e comprometido com a garantia de seus direitos básicos. Induvidosamente, sendo a reforma agrária um direito fundamental social, deve ser observada por todos, sobretudo, pelo Estado, cuja obrigação constitucional é adotar providências no sentido de buscar sua implantação. Embora já demonstrado anteriormente, cabe rememorar quais os principais fundamentos que sustentam ser a reforma agrária um direito fundamental social.

Como se sabe, a reforma agrária objetiva promover a modificação da estrutura fundiária de um país, de modo que os trabalhadores rurais almejam, por intermédio dela, o acesso a uma justa distribuição de terras. Assim, conforme já demonstrado, tanto em Portugal como no Brasil, os direitos fundamentais não possuem previsão em rol taxativo, sendo clara a possibilidade de outros dispositivos, inclusive previstos fora da Constituição, terem características materiais de direitos fundamentais. É o que se conhece por *consagração de direitos fundamentais em cláusula aberta*. Impende assinalar que o núcleo estrutural da matéria dos direitos fundamentais se forma por posições jurídicas subjetivas tidas como fundamentais e conferidas a todos os indivíduos ou a categorias abertas de indivíduos, procurando proteger bens jurídicos essenciais ou primários, explicitando a ideia de *homem*, formada pela consciência universal ao longo dos tempos e consubstanciada no princípio da dignidade da pessoa humana (ANDRADE, 2012, p. 79).

Nesses termos, evidentemente a reforma agrária constitui-se em direito fundamental de cunho social dos trabalhadores rurais, pois, ao buscar um procedimento de ocupação de terra, lastreada na função social, visa atender as aspirações sociais e colaborar para o desenvolvimento nacional, a diminuição da pobreza e de desigualdades sociais, importando em modificações sociais cujo conteúdo é constitutivo das estruturas básicas do Estado e da sociedade. Ora, se é dever do Estado firmar políticas públicas com o fito de melhorar a vida da população, com a distribuição equitativa dos resultados obtidos em sua economia, procurando, assim, minimizar e, porque não dizer, erradicar a miséria e a fome, deve estabelecer normas neste sentido, em que a reforma agrária figura como importante instrumento para tal. Na medida em que esta consegue implantar modificações na propriedade privada, tendo como fundamento a função social, contempla a terra como meio de produção, busca gerar diversas modificações socioeconômicas e melhoria de vida para a sociedade em geral, além de zelar pela adequada utilização dos recursos naturais e bem-estar dos que labutam no campo.

A reforma agrária possibilita a propulsão da dignidade da pessoa humana do trabalhador rural, pois consegue materializar direitos subjetivos inerentes à condição humana desse grupo de pessoas, à proporção que o trabalhador rural só pode vir a adquirir uma condição digna de vida quando tiver à sua disposição os meios necessários à sua sobrevivência, sendo, neste particular, a terra um instrumento imprescindível para esse fim. Esta garante ao trabalhador, simultaneamente, alimentação, trabalho e moradia, inocorrendo, pois, dúvida de que a reforma agrária se constitui como um direito fundamental social dos trabalhadores rurais. Vários são os instrumentos de reforma agrária já previstos e implementados no Brasil, conforme analisado na quarta parte da presente obra. Entretanto, é indiscutível que ainda existe substancial concentração de terras nas mãos de poucos, muitas delas abandonadas, improdutivas, sem função social, enquanto que uma esmagadora maioria necessita de terras para labutar e não as tem.

Institutos típicos de reforma agrária, como a desapropriação, nos dias atuais, acabam por se tornar demasiadamente onerosos ao poder público, que, mesmo tendo a obrigação de custear os direitos sociais, desenvolve suas atividades com recursos orçamentários escassos, como visto, que, via de regra, não consegue custear todos esses direitos prestacionais, dentre os quais a reforma agrária. Fala-se, então, na chamada reserva do possível, pela qual, para a realização de determinados direitos, devem existir recursos para a sua efetivação, disponibilidade jurídica para gastar esses recursos e razoabilidade do direito pleiteado. Há, portanto, um limite fático e jurídico que impede o legislador de instaurar de imediato todos os direitos fundamentais sociais, consubstanciado nos recursos orçamentários escassos. Em relação a esses direitos sociais prestacionais, não obstante a existência dessa reserva do possível, o poder público encontra-se obrigado a adotar políticas públicas no sentido de buscar a garantia destes, como medidas de cunho legislativo e de outra natureza a fim de alcançar referidos direitos no âmbito particular.

Há, pois, verdadeiras imposições legiferantes, devendo o legislador atuar de maneira proativa para criar condições materiais e institucionais para o exercício desses direitos, além de buscar fornecer prestações aos cidadãos, devendo identificar as pessoas que deles necessitam para terem garantido o acesso ao direito (MURRA, 2017, p. 155) Não há, portanto, uma faculdade do legislador atuar neste sentido, mas sim uma natural obrigação já que se trata de norma de cunho fundamental social (GOMES CANOTILHO; MOREIRA, 2003, p. 476). Portanto, medidas típicas de reforma agrária, como a desapropriação de imóveis rurais para garantir o acesso à terra do trabalhador rural, como direito social que é, apresentam custos, pois nesses casos o Estado necessita de recursos financeiros para indenizar os proprietários dos imóveis rurais a fim de que nestes possam os trabalhadores exercerem suas atividades produtivas. Oportuno destacar que o mundo inteiro passa atualmente por uma grave crise sanitária com a pandemia da Covid-19, que já repercute nas economias globais, o que poderá vir a fundamentar políticas de redução de investimentos em reforma agrária, havendo a necessidade de surgirem medidas que contribuam para reduzir os impactos nos cofres públicos.

No contexto de escassez de recursos e da imprescindibilidade do Estado em adotar medidas legiferantes para garantir a reforma agrária, devem ser implementadas ações estatais, por meio de políticas públicas, que visem encontrar alternativas de se realizar reforma agrária de forma menos onerosa ao poder público e que, ao mesmo tempo, assegurem que o direito de propriedade de terras seja respeitado, porém seja exercido de maneira racional, em conformidade com a Constituição, com a observância de função social. Nesses termos, como demonstrado, a função social constitui-se elemento imanente e limitador do direito à propriedade em diversos países, como o Brasil. Portanto, este direito não pode ser considerado de caráter absoluto, contra o qual não possam ocorrer atuações do Estado no sentido de, por exemplo, determinar ao proprietário de imóvel rural que o torne produtivo, ou não o fazendo, que haja a possibilidade legal de que este se sujeite a uma nova modalidade de intervenção do Estado na propriedade, objeto desta pesquisa, o chamado arrendamento rural forçado. Isto porque a nova doutrina constitucional que se construiu em torno do direito agrário transformou a propriedade rural em um bem de produção e, acima de tudo, de justiça social, obrigando o seu possuidor ou proprietário a fazer com que esse imóvel rural produza respeitando as questões socioeconômicas e ambientais, utilizando-se, inclusive, dos recursos disponibilizados pelo poder público, que também exerce um importante papel no cumprimento da função social da propriedade (ASSIS, 2012, p. 92).

Portanto, defender a existência de um arrendamento rural forçado nada mais é do sustentar a criação de um instituto jurídico pelo qual o Estado, diante da constatação de que dada área rural não cumpre com uma função social, ordene, por meio de seu poder de império, que seja esta arrendada compulsoriamente, nos termos da lei, para ser dada essa função por trabalhadores rurais sem acesso à propriedade da terra, mas com interesse em torná-la produtiva, em conformidade com a função social, garantindo-lhes o direito fundamental social à reforma agrária sem que, para isso, tenha o Estado de dispor de recursos para indenizar o proprietário da terra, que, ao ser compelido ao arrendamento, receberá o valor correspondente a essa modalidade interventiva na forma de renda, assegurando, também a este, o seu direito de propriedade, que, todavia, sofrerá uma intervenção estatal ante a inobservância da função social da propriedade, a qual, pela ordem constitucional, estava obrigado.

O arrendamento rural constitui um instituto já previsto em algumas legislações como na portuguesa e brasileira, porém, atualmente, da forma como posto, possui característica eminentemente consensual entre as partes, ou seja, só há a possibilidade de se realizar arrendamento rural se esta for a vontade tanto do arrendador como do arrendatário, independente da área cumprir com sua função social. Por intermédio da boa execução de um arrendamento rural, o Estado busca atingir a função social da propriedade, uma vez, que quando celebrado o instrumento, este não permite que suas cláusulas fiquem sujeitas ao mero alvedrio das partes, impondo normas de cunho eminentemente solidarista, típicas da função social da propriedade. Assim, são estabelecidas, como visto regras de proteção à parte vulnerável da relação, ao arrendatário e à proteção ambiental (MARQUES JÚNIOR, 2010, p. 142).

Se houver meramente a previsão legislativa do arrendamento rural voluntário, o proprietário de um imóvel rural, por mais que não cumpra com a função social da terra, sujeitar-se-á às limitações impostas pelo direito agrário em decorrência do arrendamento de seu imóvel, apenas se quiser, ante a inexistência de qualquer norma que faça com que este seja compelido a arrendar seu bem, o que, repita-se em sistemas constitucionais como o do Brasil, que visa diminuir desigualdades e pobreza, gerar riquezas e renda, é demasiadamente tímido e intolerável, mormente em face de seu potencial agrícola, do fato de que a função social constitui-se elemento imanente e limitador do direito à propriedade rural, além de se tratar de um país com elevadíssimo nível de pobreza, desigualdades sociais e concentração de riqueza e renda.

Mostra-se imperioso que se avance a legislação brasileira, propiciando que as políticas agrárias, verdadeiramente, dirijam-se à terra, à produção de bens agrícolas, às pessoas que, efetivamente, almejam produzir, tendo em vista que não adianta que a terra tenha nela mesma recursos passíveis de exploração rentável sem utilização, sendo imprescindível que a política da terra se dirija com verdade a mesma e aos sujeitos que a possuem ou a detêm, para nela se fixarem e nela aplicarem conhecimentos e esforço de trabalho para o desenvolvimento e crescimento tanto pessoal quanto coletivo (COSTA, 2013, p. 14). Em um país como o Brasil, com tanta pobreza e desigualdades, a improdutividade ou o mau aproveitamento constituir-se-á em grave atentado contra a primeira necessidade humana: alimentar-se (ALVARENGA, 1982, p. 20).

Não há, pois, previsão expressa na legislação brasileira de compulsoriedade de arrendamento rural ante o descumprimento da função social da propriedade, que, limita e integra o direito à propriedade rural nesse país, havendo, portanto, em nome do direito fundamental social da reforma agrária, a necessidade de criação de norma neste sentido. Deve ser referido que em Portugal, o artigo 88º da CRP autoriza que os meios de produção em abandono possam ser objeto de expropriação, arrendamento ou de concessão de exploração compulsivos, na forma da lei. Tal dispositivo da norma portuguesa, embora importante e tenha o potencial de servir de inspiração para o Brasil, ainda é demasiadamente acanhado, pois não contempla, em sua inteireza, os requisitos da função social da propriedade em relação aos imóveis rurais, que ultrapassam a situação de mero abandono da área.

O fato de um cidadão ser proprietário de uma imensa área rural e ali, de forma injustificada, não realizar qualquer atividade produtiva, apesar de não abandoná-la, buscando apenas lucrar com a especulação fundiária, caminha na contramão da função social da propriedade, merecendo, assim intervenção por parte do poder público, hipótese que, todavia, não se encontra consagrada no referido dispositivo constitucional português, que, por essa razão, ainda tem a potencialidade de evoluir para tornar mais efetiva a busca pelo cumprimento da função social da propriedade. Ao se referir ao dispositivo do artigo 88º da CRP, Miranda e Medeiros exortam:

> O artigo 88º admite que, sem prejuízo das modalidades de extinção de direitos reais previstos na lei geral, o não uso de um meio de produção possa justificar sua expropriação. O acto extintivo constitui, neste sentido, o acto de expropriação (e não, em coerência com a distinção adoptada na anotação ao artigo 83º, uma nacionalização), estando sujeito, nos termos gerais, ao princípio da justa indemnização. (...). A segunda revisão constitucional, ao mesmo tempo [em] que afastou a regra da expropriação sem indemnização, admitiu que, em relação aos meios de produção em abandono injustificado, os poderes públicos pudessem, em alternativa à expropriação, e em condições a fixar por lei, impor ao proprietário o arrendamento ou a concessão de exploração compulsivos. (MIRANDA; MEDEIROS 2006, p. 122).

Gomes Canotilho e Moreira quando tratam do referido dispositivo constitucional, assim, lecionam:

(...) Aparentemente, são duas as situações aqui previstas, com regimes bem distintos: por um lado, nas situações de abandono em geral (com ou sem justificativa adequada), a medida a aplicar pode ser a da expropriação (nº 1); por outro lado, nas situações em que o abandono é injustificado, permite-se ainda o arrendamento e a exploração compulsivos, além da expropriação (nº 2). (GOMES CANOTILHO; MOREIRA, 2007, p. 1.027).

A norma constitucional em questão trata apenas da hipótese de *abandono injustificado* do meio de produção, ou seja, fica demasiadamente aquém da proteção a ser dada por um arrendamento rural compulsório aplicado ao proprietário que não cumpra a função social da propriedade, pois, neste caso, além de não ter de abandonar injustificadamente a terra, deve o proprietário, exercer ou fazer com que ali se exerçam atividades produtivas, utilizar adequadamente os recursos naturais, além de observar em sua inteireza as regras reguladoras das relações de trabalho, tornando o ambiente rural favorecedor do bem-estar de empregados e empregadores. Por isso, induvidosa é a falta de norma constitucional que autorize o arrendamento rural forçado nos casos de descumprimento da função social da terra no Brasil e em Portugal, que, cotidianamente, serve de inspiração ao direito brasileiro na elaboração de normas jurídicas.

Tendo em vista o fato da terra ser um bem com condições de gerar mais riquezas, empregos e renda para a sociedade, legitima-se que o legislador confira a esta mais limitações, que, repita-se, não devem se restringir à singela hipótese de abandono desta, mas devem obrigar seu proprietário a ali realizar atividades produtivas, levando o bem a ser tido como elemento de produção de alimentos e matérias-primas, não sendo justificável a existência de propriedades improdutivas, devendo, portanto, o proprietário não apenas se limitar a não abandonar a terra, mas sim também adotar medidas no sentido de ali desenvolver atividades, como, por exemplo, por meio de plantações de produtos vegetais, de desenvolvimento de atividade pecuária etc., sob pena de, em caso de inobservância dessa regra, a propriedade sofrer consequências previstas pelo ordenamento jurídico, dentre elas o arrendamento rural forçado. Além disso, como referido, para cumprir com a função social da propriedade, que decorre do princípio da solidariedade social, como visto quando da análise desse instituto, além do desenvolvimento de atividades produtivas, deve haver a exploração racional dos recursos naturais, bem como a observância das disposições que regulem as relações de trabalho, propiciando, assim, o bem-estar de proprietários e trabalhadores, situações que guardam perfeita conformidade com uma sociedade solidária, pelo que, caso tais condições não sejam observadas pelo proprietário da terra, este se sujeitará à intervenção estatal.

Em face disso, o Brasil imprescinde de norma jurídica que figure como instrumento de garantia de cumprimento da função social da propriedade em tempos de recursos escassos, nos quais a desapropriação de imóveis rurais para fins de reforma agrária, por esse motivo, é tarefa árdua e cada vez mais rara, motivo pelo qual, para que se consiga cumprir os ditames do artigo 3º da Constituição Federal de 1988, que diz que se constituem em objetivos fundamentais desse país garantir o desenvolvimento social, erradicar a pobreza, a marginalização e reduzir as desigualdades sociais, assim como o artigo 187 da Carta Política, que assevera que a política agrícola deve ser planejada e executada com a participação efetiva de trabalhadores rurais, torna-se necessária a previsão de norma jurídica que autorize a possibilidade de *arrendamento compulsório de imóveis rurais que inobservem a função social da propriedade*.

A previsão do arrendamento rural forçado para imóveis rurais que não cumpram com a função social da propriedade surgiria, então, como instrumento hábil a compatibilizar o exercício do direito de propriedade com um dever universal de solidariedade. Desse modo, o proprietário do imóvel rural que não observe a função social da terra, ainda que não queira fazê-lo de forma espontânea, sujeitar-se-ia ao império do Estado no sentido de se submeter a essa modalidade de intervenção na propriedade privada. Assim, o Estado, para implantar o direito fundamental social da reforma agrária, por meio do acesso à terra, não necessitaria adquirir onerosamente o imóvel rural, pois que este seria objeto de arrendamento forçado, cujo valor da renda será pago pelo arrendatário ao proprietário do bem.

É esse novel instituto que a presente obra doutrinária apresenta como instrumento de cumprimento da função social da propriedade em tempos de escassez, pelo que, a seguir, discorrer-se-á sobre suas mais diversas características, como forma de ingresso no ordenamento jurídico, natureza jurídica, fundamentos fáticos, fundamentos jurídicos e requisitos legais, direitos e deveres dos particulares envolvidos, preço, duração, causas de exclusão, compatibilidade com o direito à propriedade privada, assim como a possibilidade de controle judicial da inclusão do imóvel rural como objeto de arrendamento rural forçado.

5.3.2 Da forma de ingresso do arrendamento rural forçado por descumprimento da função social da propriedade nas legislações, em especial no ordenamento jurídico brasileiro

O arrendamento rural forçado compreende um instituto que, uma vez instaurado, tem o fulcro de intervir na propriedade privada, que, conforme demonstrado na presente obra, constitui-se em direito fundamental em diversos países, em especial no Brasil, na medida em que serve de acesso e conservação dos bens necessários ao desenvolvimento de vida digna, encontrando-se inteiramente a serviço do seu objetivo fundamental, qual seja, o pleno desenvolvimento da pessoa humana. Não é por outro motivo que o artigo 5º, XXII da CF/88 garante esse direito tanto em relação ao Estado como em relação a terceiros, ou seja, ao ter garantido o direito de propriedade, quer dizer que o titular do bem deve, em regra, ser mantido com ele, salvo se deliberadamente dele quiser se desfazer ou ainda caso o poder público tenha a necessidade, para fins de interesse público, de tomar para si o mesmo, hipótese em que o titular do direito deve ser indenizado.

É certo que, apesar de gozar desse atributo de direito fundamental, a propriedade possui limites determinados pelo interesse social ao seu exercício, quer dizer, seus fundamentos em cada ordenamento jurídico originam-se de fatores sociais, filosóficos, políticos, jurídicos e econômicos de cada país. Portanto, sendo a propriedade um direito fundamental, só há de se falar na possibilidade de intervenção do Estado nesta nas hipóteses devidamente contempladas no ordenamento jurídico, ou seja, a própria Constituição Federal pode prever as intervenções ou ainda autorizar que as leis assim o façam. A esse respeito, a doutrina se manifesta nos seguintes termos:

> Somente numa quimérica Constituição liberal radical se pretenderia que a propriedade não pudesse ser restringida senão nos casos nela directa e expressamente contemplados e se entenderiam proibidas quaisquer normas legais restritivas que lhes não correspondessem. Pelo contrário, qualquer Constituição positiva, ainda que imbuída de respeito pela propriedade, tem de admitir que a lei declare outras restrições – até por não poder prevê-las ou inseri-las todas no texto constitucional. (MIRANDA; MEDEIROS, 2005, p. 628).

Em virtude da propriedade ser um direito constitucionalmente previsto, para sofrer intervenção de forma legítima, esta deve ser prevista ou autorizada pelo texto constitucional, não sendo possível cogitar-se de restrição ao direito, fundamental que é, sem a existência de lastro de cunho constitucional, que pode ser diretamente constitucional ou pode ser imposta por lei infraconstitucional devidamente autorizada, expressa ou tacitamente pela Constituição, sendo denominada de restrição indiretamente constitucional (LEAL, 2012, p. 57). No Brasil, a Constituição, mesmo quando prevê que a propriedade se trata de um direito fundamental, afirma que esta se encontra sujeita a limitações, isto é, apesar de ser um direito fundamental, não pode ser sustentada em termos absolutos. Neste aspecto, Gomes Canotilho e Moreira lecionam:

> O direito de propriedade é garantido "nos termos da Constituição" (nº 1, *in fine*). A fórmula parece supérflua, mas não o é: trata-se de sublinhar que o direito de propriedade não é garantido em termos absolutos, mas sim dentro dos limites e com as restrições previstas e definidas noutros lugares da Constituição (e na lei, quando a Constituição possa ela remeter ou quando se trate de revelar limitações constitucionalmente implícitas) por razões ambientais, de ordenamento territorial e urbanístico, económicas, de segurança, de defesa nacional (GOMES CANOTILHO; MOREIRA, 2007, p. 801).

A Carta Política brasileira de 1988, ao prever o direito de propriedade em seu artigo 5º, XXII, imediatamente no inciso seguinte, no artigo 5º, XXIII, deixou claro que deverá atender a uma função social, portanto, autoriza a imposição de limites ao exercício desse direito, quando inobserve essa função. O ordenamento jurídico brasileiro oferece suporte à intervenção do Estado na propriedade, pois, não obstante garanta o direito de propriedade (art. 5º, XXII), ao mesmo tempo, condiciona-o à observância de sua função social (art. 5º XIII). Aqui se encontra o primeiro embasamento constitucional. Se a propriedade precisa estar condicionada à função social, segue-se que, se não estiver atendida essa condição, poderá o Estado intervir para vê-la atendida (CARVALHO FILHO, 2010, p. 842).

Indubitável, portanto, a possibilidade de previsão de limitações estatais ao direito de propriedade, desde que contempladas ou autorizadas pela Constituição Federal, conforme ensina a doutrina em relação às normas restritivas de direitos, aí inserido o direito de propriedade, as quais devem observar requisitos fundamentais como a autorização expressa na Constituição e a existência de lei formal (GOMES CANOTILHO; MOREIRA, 2003, p. 451). Para que o arrendamento rural forçado por descumprimento da função social da propriedade adentre em qualquer ordenamento jurídico que contemple a propriedade como direito fundamental, como é o caso do Brasil, é necessária a existência de autorização expressa na Constituição, bem como de lei formal que o discipline. Desse modo, na Carta Magna brasileira, a previsão para o arrendamento rural forçado por descumprimento da função social da propriedade deveria passar a constar no artigo 5º, inciso XXIV, que passaria a ter a seguinte redação:

> A lei estabelecerá o procedimento para desapropriação por necessidade ou utilidade pública, ou por interesse social, mediante justa e prévia indenização em dinheiro, *assim como para o arrendamento rural forçado por descumprimento da função social da propriedade, com a obrigatoriedade do pagamento da respectiva renda ao senhorio.*

Tendo sido autorizada a previsão do arrendamento rural forçado por descumprimento da função social da propriedade na respectiva Constituição, caberia à lei disciplinar os regramentos do instituto em conformidade com os ditames constitucionais. Em face da previsão constitucional, à lei ordinária caberia estabelecer os devidos parâmetros do arrendamento rural forçado, tais como: procedimento, beneficiários, requisitos, valor da indenização etc.

5.3.3 Natureza jurídica do arrendamento rural forçado por descumprimento da função social da propriedade

Quanto à natureza jurídica do arrendamento rural forçado por descumprimento da função social da propriedade, não há a menor dúvida de que se trata de uma modalidade de intervenção do Estado da propriedade, ou seja, uma ação estatal, prevista no ordenamento jurídico, que assegure uma finalidade pública, *in casu*, garantir o cumprimento da função social da propriedade de imóveis rurais que não observem essa qualidade ínsita ao direito e que, ao mesmo tempo, limita-o. A intervenção do Estado na propriedade consiste em toda e qualquer atividade estatal que, amparada no ordenamento jurídico, tenha por fim ajustá-la aos fatores exigidos pela função social a que está condicionada. Extrai-se dessa noção que qualquer violação à propriedade, desprovida desse objetivo, estará contaminada de ilegalidade. Trata-se, pois, de pressuposto do qual não se pode afastar a Administração, qual seja, o interesse público (CARVALHO FILHO, 2010, p. 841). Sob esse pressuposto, Meirelles argumenta:

> Para o uso e gozo dos bens e riquezas particulares o poder público impõe normas e limites e, quando o interesse público o exige, intervém na propriedade privada e na ordem econômica, através de atos de império tendentes a satisfazer as exigências coletivas e a reprimir a conduta antissocial da iniciativa particular. (MEIRELLES, 1992, p. 501).

Portanto, é o interesse público, *in casu*, consubstanciado na finalidade de garantir o cumprimento da função social da propriedade e a implantação da reforma agrária, direito fundamental social dos trabalhadores rurais, que faz com que seja previsto o instituto do arrendamento rural forçado por descumprimento da função social da propriedade como modalidade de intervenção do Estado da propriedade particular. Essa ideia de utilidade pública serve de fundamento e possibilita à Administração Pública a apropriação forçada de bens de consumo permanente, extinguir os direitos de propriedade privada sobre os bens de capital que interesse após afetar a fins administrativos ou exercer direitos sobre bens que permaneçam no patrimônio de particulares (CAETANO, 1989, p. 447). Diante do exposto, induvidosa a natureza jurídica do arrendamento rural forçado por descumprimento da função social da propriedade como modalidade de intervenção do Estado na propriedade privada.

5.3.4 Dos fundamentos fáticos do arrendamento rural forçado por descumprimento da função social da propriedade

Como o próprio *nomen iuris* do instituto em questão revela, o fundamento fático que legitima a ação estatal é a inobservância, pelo titular do imóvel, da chamada função social da propriedade em quaisquer de seus requisitos, conforme demonstrado na terceira parte deste livro, a ser reconhecida, no caso concreto, pelo órgão estatal que, por força de lei, tenha atribuição para fazê-lo. Assim, para que o proprietário não tenha seu imóvel rural sujeito à medida constritiva do arrendamento rural forçado, deverá cumprir com a função social da propriedade sob seus três principais prismas, quais sejam, o exercício de atividades produtivas, a adequada utilização dos recursos naturais e a observância das disposições que regulam as relações de trabalho, de modo que a exploração da terra favoreça ao bem-estar dos proprietários e trabalhadores. Devido ao fato da imposição de arrendamento rural forçado decorrer exatamente da inobservância do cumprimento dos requisitos da chamada função social da propriedade, infere-se que aquele proprietário que dê ao seu imóvel rural essa função não estará sujeito a essa medida constritiva em seu direito de propriedade.

Como primeira característica que deve ter o imóvel rural para que não esteja sujeito ao arrendamento rural forçado por descumprimento da função social deve ser destacada a imprescindibilidade do exercício de atividades produtivas o que, induvidosamente tem o fulcro de contribuir para o desenvolvimento social e impedir a existência ou manutenção de propriedades improdutivas, meramente especulativas. Não há dúvida de que este requisito é o de maior destaque por vir da essência do princípio da solidariedade social pelo qual não se admite a existência de imóveis rurais improdutivos, pois estes, por sua própria natureza, são bens destinados à produção, devem, por isso, exercer essa função como forma de contribuir para o desenvolvimento da coletividade.

A obrigação do imóvel rural produzir decorre do fato de que, pela função social, existe um interesse social de aumento da produção e das riquezas, protegendo-se, pois, aquele que utiliza do imóvel rural de forma produtiva, ao mesmo tempo em que impõe sanções a quem atua de maneira contrária. Não há, pois, conforme exaustivamente demonstrado neste trabalho, um direito absoluto à propriedade, pois esse direito deve ser exercido também em prol da sociedade, estando adstrito a regras decorrentes do interesse público, especialmente aquela referente à exploração a terra. Cultivar de modo eficiente e com correição a terra consiste no primeiro e no mais importante dos princípios do direito agrário, pelo qual se exige da propriedade que cumpra uma função social. O proprietário deve ter a titularidade garantida, os direitos assegurados, mas, jamais poderá deixar de cumprir, em nome da solidariedade social, com os deveres sociais, justa e exatamente pelo fato de ser proprietário. Induvidosamente, o proprietário precisa trabalhar a terra ou fazê-la trabalhada (BORGES, 1996, p. 8).

Assim, como dos imóveis rurais, predominantemente, são obtidos os alimentos e bens para a satisfação das necessidades alimentares humanas, à luz da solidariedade social, não se justifica a existência de propriedade ociosa e improdutiva ou para fins de especulação imobiliária, em detrimento do interesse social. Admite-se, nesse caso, uma intervenção Estado na propriedade por intermédio do arrendamento rural forçado, que deverá observar, em sua inteireza, os ditames legais, em especial no que concerne aos elementos fáticos que têm o lastro de demonstrar se a propriedade é produtiva. Contudo, não basta que a área seja produtiva para que esteja imune ao arrendamento rural forçado, uma vez que a utilização adequada dos recursos naturais compreende outro requisito imprescindível para o reconhecimento da função social da propriedade.

Deve, pois, o proprietário respeitar o aspecto ecológico da propriedade, almejando a preservação do meio ambiente, que deve estar ecologicamente equilibrado, evitando-se sua destruição ou degradação. Trata-se, pois, de clara medida, a visar garantir a manutenção não só do potencial produtivo do imóvel rural, a qualidade dos seus recursos, bem como das características próprias do meio natural e da qualidade dos recursos ambientais. Objetiva, desse modo, o equilíbrio ecológico da propriedade e a saúde e a qualidade de vida das gerações atuais e vindouras, uma medida de solidariedade intergeracional.

Portanto, descumpre a função social e encontra-se sujeito a arrendamento rural forçado o imóvel rural que, por mais que seja profundamente produtivo, utilize técnicas prejudiciais ao meio ambiente e voltado tão somente o aumento da produtividade a qualquer custo, pouco se importando com a preservação dos recursos naturais. Trata-se nesse particular de uma proteção estatal de cunho ambiental, com o propósito de garantir a preservação da terra para as gerações futuras, pois é absolutamente descabido tratar o imóvel rural de forma a gerar o seu aniquilamento, que poderia vir a ocorrer caso não houvesse essa previsão normativa. Em nome da solidariedade social, deve o direito de propriedade de imóvel rural ser exercido com vistas ao interesse social, pelo que não há interesse social mais relevante do que o direito a um meio ambiente sadio e equilibrado para ser gozado por esta e pelas gerações do futuro.

O reconhecimento do descumprimento da função social devido à violação das normas ambientais não pode jamais ficar sujeito ao mero alvedrio do intérprete. Cabe, portanto, à legislação infraconstitucional determinar os parâmetros pelos quais se possa aferir se uma determinada propriedade rural cumpre com as normas relacionadas ao meio ambiente, de forma que, uma vez descumpridas, após a análise do caso concreto, sujeitar-se-á o bem ao arrendamento rural forçado.

Além da imprescindibilidade de tornar o imóvel produtivo e de garantir a preservação do meio ambiente, para que o imóvel rural cumpra com a função social da propriedade e, assim, não se sujeite ao arrendamento rural forçado, deve observar não somente as disposições que regulam as relações de trabalho, assim como a exploração das atividades deve favorecer o bem-estar dos proprietários e dos trabalhadores. O controle desse efetivo cumprimento, para os fins do arrendamento rural forçado, deve ser feito, em cada caso concreto, pelo ente público responsável pela implantação do arrendamento rural forçado.

Acrescentem-se, outros entes estatais, como, por exemplo, no Brasil, a Secretaria do Trabalho, vinculada ao Ministério da Economia, a quem compete fiscalizar as condições do trabalho no país, estabelecer diretrizes para o apoio ao trabalhador e impor sanções a quem descumpra com as normas trabalhistas que podem contribuir na aferição deste requisito. Desse modo, uma vez constatada por este ente público a existência de violação às normas trabalhistas, deve tal fato ser registrado pela autoridade competente a fim de que, também, seja informado ao ente público que terá legitimidade para, nos termos da lei, realizar o arrendamento rural forçado, a quem competirá aferir se tal violação constitui fundamento para a aplicação do instituto.

Trata-se, induvidosamente, de mais uma manifestação do princípio da solidariedade social, visto que não se pode admitir que a propriedade rural sirva unicamente aos interesses particulares de seu titular, mas deve servir aos interesses da coletividade como um todo. Portanto, deve a propriedade rural observar, em relação aos seus empregados, as regras trabalhistas, assim como sua exploração deve favorecer o bem-estar tanto do dono da terra como de seus trabalhadores. É, pois, o aspecto social da função social da propriedade, de modo a garantir os direitos daqueles que efetivamente fazem com que a terra produza seus frutos, que é levado em conta nesta previsão normativa. Isto porque o cumprimento dessa norma tem o fulcro de gerar mais riquezas para a sociedade, pois, na condição de elementos-chave da exploração rural, os trabalhadores devem gozar de condições que lhes permitam uma existência digna, considerando-se não apenas as necessidades básicas, como também as comodidades propiciadas pelos recursos técnico-científicos nos tempos atuais (MARQUESI, 2012, p. 117).

Tal previsão significa, também, uma nítida decorrência do dever de solidariedade social, pois o patrão, por ostentar essa posição, tem, de igual modo, deveres sociais a cumprir, em especial, o de respeitar os direitos daqueles que, com sua mão de obra, contribuem para o desenvolvimento de seu empreendimento. Assim, a exemplo do que referido, no que concerne à observância das normas ambientais, não poderá ser tido como cumpridor da função social da propriedade imóvel que, por mais que seja produtivo, inobserve determinadas normas trabalhistas tidas como ensejadoras de arrendamento rural forçado, nos termos da lei. Assim, não basta, porém, ser produtiva a terra para ser classificada como cumpridora do princípio. Se produz, mas de modo irracional, inadequado, a descumprir a legislação trabalhista em relação aos seus trabalhadores, evidentemente está longe de atender a uma função social (SILVA, 2005, p. 747).

Insta salientar que não será qualquer violação às normas ambientais e trabalhistas que possuirão o lastro de possibilitar o arrendamento rural forçado, mas, apenas e tão somente, aquelas que, uma vez observadas, sejam tidas, no caso concreto, como graves o bastante para ensejar essa drástica medida, sempre se garantindo ao prejudicado o contraditório e a ampla defesa. Tais situações, é certo, precisam ser ponderadas pelo aplicador do direito a fim de que não ocorram situações desproporcionais, devendo, pois, ser sancionadas com o arrendamento rural forçado, efetivamente, aquelas situações em que reste demonstrado, por parte do proprietário, completo descaso, escárnio às normas ambientais e trabalhistas e não situações que, por intermédio de medidas mais brandas, possam ser solucionadas. Exemplificativamente, não seria razoável sancionar um proprietário de um imóvel rural com arrendamento rural forçado quando, por exemplo, descumprisse uma mera formalidade à legislação ambiental, como a não emissão de um documento, cuja consequência não resultasse em substancial dano ao meio ambiente ou ainda que não assinasse a carteira de trabalho de um de seus trabalhadores, hipótese em que a aplicação de uma multa, acompanhada da obrigação de assinar a carteira, resolveria o problema. Todavia, aquele proprietário que se revela um contumaz degradador do meio ambiente, não honra com os compromissos financeiros de todos os seus trabalhadores, submetendo-os também a condições de trabalho inapropriadas, poderia ser sancionado com o arrendamento rural forçado. Consigne-se que deve ser feita distinção entre essa possibilidade de intervenção estatal e a prevista na Constituição brasileira em seu artigo 243, tendo em vista que ali há a previsão de expropriação, sem indenização, quando ocorrer a exploração de trabalho escravo, na forma da lei.

Em face dessas considerações, constata-se que não estarão sujeitos ao arrendamento rural forçado aqueles imóveis rurais que exerçam atividades produtivas e respeitem os recursos naturais, promovendo exploração racional e adequada, assim como observem as relações trabalhistas, propiciando que a exploração favoreça ao bem-estar do proprietário e dos trabalhadores, pois, assim, cumprirão com a função social da propriedade. Registre-se que esses requisitos são de caráter cumulativo, pelo que o descumprimento de um deles já faz com que seja considerada inobservada a função social da propriedade, sujeitando-se, então, o bem ao arrendamento rural forçado. Só se reconhece como cumprida a função social quando presentes todos os seus elementos, nos termos da lei, pois não se cumpre com a função social com a observação de apenas um ou dois requisitos, na medida em que todos aqueles previstos nos preceitos legais de regência devem ser observados simultaneamente.

5.3.5 Dos fundamentos jurídicos e requisitos legais (identificação do imóvel sujeito ao arrendamento, potenciais arrendatários, preço, duração e renovação) do arrendamento rural forçado por descumprimento da função social da propriedade

Conforme visto no item dois deste capítulo, para a inserção do instituto do arrendamento rural forçado por descumprimento da função social no ordenamento jurídico brasileiro, deve se proceder a modificação no texto constitucional do país nos seguintes termos:

> Art. 5º, inciso XXIV CF/88: A lei estabelecerá o procedimento para desapropriação por necessidade ou utilidade pública, ou por interesse social, mediante justa e prévia indenização em dinheiro, assim como para o arrendamento rural forçado por descumprimento da função social da propriedade, com a obrigatoriedade do pagamento da respectiva renda.

Portanto, havendo previsão constitucional, caberá à lei ordinária disciplinar os regramentos do instituto em conformidade com os ditames constitucionais, estabelecendo assim seus requisitos, em especial no que se refere à identificação do imóvel sujeito ao arrendamento, aos potenciais arrendatários, ao preço, à duração e à renovação. Assim, tais elementos devem ser disciplinados pelas normas infraconstitucionais em conformidade com as peculiaridades do país, sem, todavia, deixar de se levar em conta que essa intervenção do Estado na propriedade figura também como verdadeira sanção em razão da inobservância do cumprimento da função social da propriedade. Nesse particular, distinguir-se-á do arrendamento rural convencional, este marcado por seu caráter consensual, sem a existência de motivação de cunho sancionadora.

Quanto à identificação do imóvel sujeito ao arrendamento rural forçado, a lei ordinária estabelecerá qual órgão do Estado terá a atribuição para avaliar se o bem cumpre com a função social da propriedade e para estabelecer os dados objetivos a fim de que sejam aferidos os elementos inerentes à função social da propriedade, a saber: o exercício de atividades produtivas, o respeito à conservação dos recursos naturais e a observância das relações trabalhistas. Nesse caso, essa atribuição poderia ser conferida pela lei brasileira ao Incra, o qual, então, teria de avaliar, por intermédio das diligências adequadas, de acordo com o caso concreto, o cumprimento da função social e a consequente possibilidade de sujeição do imóvel rural ao instituto do arrendamento rural forçado.

A previsão em norma jurídica do órgão responsável pela análise do bem e dos dados objetivos para que sejam aferidos os elementos inerentes à função social da propriedade, constitui verdadeira garantia aos proprietários dos imóveis rurais. Estes terão previamente estabelecidos na legislação o ente público responsável pela aferição do imóvel rural no tocante ao cumprimento da função social da propriedade, assim como os critérios a serem observados, quando dessa aferição, os quais deverão estar expressamente previstos em lei, evitando-se, pois, abusos por parte do poder público quando houver a realização da intervenção na propriedade particular.

Quanto aos potenciais arrendatários, de modo similar, devem ter sua indicação disciplinada pela lei ordinária e constar em cadastro a ser gerido pelo referido órgão, o qual avaliará se determinada pessoa preenche os requisitos a fim de ser contemplada como arrendatária de imóvel sujeito a arrendamento rural forçado, hipótese em que será incluída no cadastro, passando a ter a possibilidade de se habilitar para figurar como arrendatária de imóvel rural alcançado pelo instituto em apreço. Dentre esses requisitos legais, devem constar, obrigatoriamente, os seguintes elementos, os quais se demonstram imprescindíveis para que o instituto alcance sua principal finalidade, que é o cumprimento da função social do imóvel rural: comprovação de que o interessado é trabalhador rural; demonstração de que o interessado não é proprietário ou possuidor de outro imóvel rural; prova de que o interessado não tenha abandonado, injustificadamente, imóvel rural que tenha recebido por qualquer instrumento de reforma agrária nos últimos dez anos; comprovação de que o interessado não tenha realizado ocupação ilícita de imóvel urbano ou rural sob qualquer pretexto.

Esses elementos se caracterizam como essenciais, pois não se pode cogitar que alguém, sem qualquer vinculação com atividade rural, venha a receber uma área rural de terceiro para ali trabalhar sem conhecimento da atividade a ser desenvolvida. Analogamente, não se justifica a concessão de área rural sujeita a arrendamento forçado a pessoa que já seja titular de uma, pois o instituto objetiva contemplar aquelas pessoas que, efetivamente, não possuam área para trabalhar. Além disso, não pode o arrendatário, contemplado por instituto de reforma agrária, como o arrendamento rural forçado ou a desapropriação, abandonar de maneira injustificada a área, pois esse tipo de comportamento, além de nocivo à função social da propriedade, tem o fulcro de inviabilizar e desacreditar o instituto da reforma agrária, dificultando a sua aplicação.

Por fim, não pode ser contemplado com o arrendamento rural aquele cidadão que tenha realizado ocupações ilícitas de imóveis urbanos ou rurais, uma vez que esse tipo de comportamento, além de ilegal, gera conflitos sociais, causando instabilidade nos meios urbano e rural, o que caminha na contramão da solidariedade social, justificando-se a restrição legislativa. É importante salientar que essa restrição não colide com o que dispõe o artigo 5º, item XLVII, alínea "b" da Constituição brasileira de 1988, que veda a existência de penas de caráter perpétuo, pois, no caso em questão, não está a se tratar da aplicação de uma pena, mas sim do preenchimento de pressupostos para a aquisição de um direito, qual seja, o de ser beneficiários do arrendamento rural forçado. Estes são apenas os principais requisitos a serem observados para a inclusão dos interessados em constar como arrendatários de áreas sujeitas ao arrendamento rural forçado, sem prejuízo da inclusão de outros elementos na norma, conforme a peculiaridade de cada país, desde que não violem o texto constitucional e tenham por fim garantir o cumprimento da função social da terra.

No tocante ao preço, deve ficar consignado, desde logo, que será inteiramente revertido ao arrendador, não havendo qualquer justificativa jurídica para que qualquer parte dele seja dirigida ao Estado, sob pena de violação à finalidade do instituto, que é garantir o cumprimento da função social da propriedade de imóvel rural que não observe essa função, sem, todavia, deixar de observar e respeitar o direito de propriedade do arrendador que será privado temporariamente do uso de seu imóvel.

Outro ponto relevante é que, diferente do que ocorre no arrendamento rural convencional, onde as partes, espontaneamente, resolvem celebrar um contrato, e, por isso, possuem liberdade para estabelecer o valor da renda, no arrendamento rural forçado, há uma imposição estatal decorrente da inobservância da função social da propriedade. A medida tem caráter sancionador e visa fazer com que seja cumprida a função social da propriedade, não observada pelo proprietário, pelo que, por este motivo, deve haver distinção entre os preços fixados no arrendamento voluntário e no arrendamento forçado.

Assim, no caso do arrendamento rural forçado, caberá ao poder público estabelecer os limites do valor da renda anual, tendo como base o caráter sancionador do instituto, as peculiaridades de cada região, ou seja, os gêneros agrícolas ali produzidos, a natureza do solo, formas de aproveitamento, entre outras características a serem definidas por lei. Baseado nesses parâmetros, mediante a realização de estudo próprio, estabelecer-se-á o valor da renda em cada caso concreto, que deve ser menor do que aquele que seria pago em caso arrendamento rural convencional, porém não pode ser tão ínfimo a ponto de se tornar uma espécie de expropriação camuflada, pelo que deverá o legislador estabelecer esse *quantum* de modo proporcional a fim de alcançar o intento previsto na norma.

No Brasil, ressalvadas as peculiaridades mencionadas, é plenamente possível inspirar-se no regramento do arrendamento rural convencional para as demais disposições referentes ao estabelecimento da renda. Assim, como nesse país, a renda anual, no arrendamento convencional, não pode ser superior a 15% do valor de cadastro do imóvel ou 30% quando o pacto for parcial e recair apenas em glebas selecionadas para fins de exploração intensiva de alta rentabilidade, momento em que, então, o limite do valor da renda não pode ultrapassar a 30% do valor de cadastro do imóvel, no arrendamento rural forçado o teto do valor da renda deverá ser menor que estes limites, sem que, contudo, essa diminuição seja tão substancial que venha a caracterizar uma expropriação escamoteada.

Desse modo, no Brasil, desde que observados os ditames referidos, é plenamente possível inspirar-se no regramento do arrendamento rural convencional para as demais disposições referentes ao estabelecimento da renda. Quanto à duração do arrendamento rural forçado, observa-se que, a exemplo do que se dá no arrendamento rural convencional, deve ser levado em conta, para esse fim, a natureza da atividade desenvolvida, pelo que, de igual modo, devem ser estabelecidos prazos razoáveis e que possibilitem o estabelecimento do trabalhador à terra. Isto, induvidosamente contribui para o desenvolvimento produtivo, uma vez que lapsos temporais reduzidos impedem o trabalhador rural de ter condições de se estabelecer adequadamente na área, eis que não teria segurança quanto a um prazo razoável de permanência.

Ao tratar dos prazos do arrendamento rural forçado deverá o legislador estabelecer na norma períodos de tempo para garantir o mínimo de segurança arrendatário, que, dessa maneira, poderá, com maior tranquilidade, investir na terra, possibilitando sua maior produção e a consequente geração de riquezas, rendas e empregos, o que caminha no rumo pretendido pela função social da propriedade. Assim, plenamente possível, quando a esse prazo mínimo, valer-se o legislador dos preceitos já existentes e tipificados em relação ao arrendamento rural consensual. No que pertine à renovação do arrendamento rural forçado, deve o legislador criar mecanismos jurídicos que garantam ao arrendatário gozar do direito de preferência à renovação do arrendamento, sem, todavia, perder-se de vista que o bem é de propriedade privada do arrendador e, por isso, não poderá ficar eternamente despojado do uso deste.

Assim, poderá, por exemplo, a norma contemplar a possibilidade de uma renovação automática do arrendamento rural forçado por um período de tempo mínimo e, após este, autorizar que o arrendador, em prazo estabelecido por lei, informe e apresente elementos concretos de que passará a cumprir com a função social da propriedade ao final do prazo da prorrogação, quando, então, finda a mesma, poderá readquirir o uso da área. Nessa hipótese, ficará sujeito à fiscalização do poder público com relação ao cumprimento da função social da propriedade e, por conseguinte, a imposição de novo arrendamento rural forçado em caso de constatação de inobservância da função social. Todavia, caso no momento em que seja facultado ao arrendador solicitar a retomada do bem, este venha a se quedar inerte no tocante a esse pleito, deverá ser prorrogado mais uma vez o arrendamento forçado, autorizando-se que, ao final, o arrendador apresente pedido para reassumir a utilização da terra.

Esclareça-se que findo o período estabelecido e não havendo interesse do arrendatário em renovar o arrendamento, tampouco haja requerimento de retomada pelo proprietário, o imóvel rural permanecerá sujeito a arrendamento rural forçado, ocasião em que o poder público selecionará outro interessado em assumir a posição de arrendatário. Deve, pois, a norma jurídica contemplar dispositivo que compatibilize, no tocante à possibilidade de renovação do arrendamento forçado, o direito de preferência do arrendatário com o reconhecimento do direito de propriedade do arrendador.

5.3.6 Dos direitos e deveres dos particulares envolvidos no arrendamento rural forçado por descumprimento da função social da propriedade

Concernente aos direitos e deveres dos particulares envolvidos no arrendamento rural forçado, observa-se que devem estar em plena consonância com a finalidade essencial do instituto, qual seja, a de garantir o cumprimento da função social da propriedade do imóvel objeto do arrendamento. Contudo, cabe sublinhar que, diferentemente, do que se efetua no arrendamento rural convencional, no arrendamento rural forçado há clara intervenção do Estado na propriedade privada, o que, sem sombra de dúvida, gera aos envolvidos mais obrigações, uma vez que a medida possui caráter impositivo e não consensual, notadamente ao arrendador, que, diante do descumprimento da função social, é compelido a ter o imóvel rural submetido ao instituto. Com relação ao arrendador, o seu principal direito é receber a renda referente ao imóvel arrendado, nos termos estabelecidos no ato administrativo que destinar o bem a arrendamento.

Ademais, deve ter o arrendador o direito de, nos termos da lei, pleitear, após o prazo legal, conforme mencionado, a retomada do imóvel para fins de exploração, hipótese em que deverá comprovar que possui condições de dar ao bem destinação compatível com a função social da propriedade, e, caso viole novamente o princípio, sujeitar-se-á a novo arrendamento forçado. Cabe esclarecer que, diante da não observância do cumprimento da função social da propriedade pelo arrendatário, é possível que o arrendante comunique o fato ao poder público. No entanto, tal situação não lhe garante a retomada do imóvel, pois caberá ao poder público avaliar, junto ao cadastro respectivo, a pessoa que se encontra em condições de assumir a posição de arrendatária do imóvel em substituição ao arrendatário em mora.

O principal dever do arrendador compreende respeitar o exercício da atividade do arrendatário, não pode, pois, praticar qualquer ato inclinado a embaraçar o exercício da atividade produtiva na área.

No que diz respeito ao arrendatário, o seu principal direito é poder explorar livremente a área arrendada, sem qualquer interferência do arrendador, observados os requisitos legais. Além desse direito, deve ter o arrendatário direito de preferência tanto na eventual alienação do bem, quanto na renovação do arrendamento. Vale ressaltar que, a fim de compatibilizar o caráter sancionatório do instituto em relação ao direito de propriedade do arrendatário, buscou-se estabelecer a possibilidade de renovação automática do primeiro prazo do arrendamento forçado, motivo pelo qual, ao final do segundo período, deve ser garantida a possibilidade do arrendador reassumir a utilização da terra, desde que demonstre condições de cumprir com a função social.

Quanto aos deveres do arrendatário, infere-se que o principal diz respeito à imprescindibilidade de realizar pontualmente o pagamento do preço do arrendamento. Outra obrigação do arrendatário é utilizar o imóvel, conforme estabelecido no ato administrativo de estabelecimento do arrendamento forçado, como se fosse seu, não podendo modificar a destinação ali estabelecida. Analogamente, deve o arrendatário, devolver o bem da forma que o recebeu, salvo em relação às deteriorações normais de uso regular. Estes constituem os principais direitos e obrigações de arrendadores e arrendatários sujeitos ao arrendamento rural forçado, salientando-se que a lei pode, todavia, estabelecer outros desde que compatíveis com a finalidade do instituto conforme a realidade fática de cada país ou região.

5.3.7 Das causas de exclusão do arrendamento rural forçado por descumprimento da função social da propriedade

Em relação às causas de exclusão do arrendamento rural forçado, observa-se que a mais comum decorrerá do término do prazo concedido para a exploração da área. Portanto, encerrado o período estabelecido para o arrendamento rural ou sua renovação, havendo pedido do arrendador para reassumir a utilização da terra, deve cessar a intervenção estatal na propriedade privada, hipótese em que o titular deve receber o bem e passar a adotar as providências para garantir o cumprimento da função social da propriedade. Pode, de igual modo, ser extinto o arrendamento rural forçado quando o arrendatário venha, mediante autorização do poder público, a adquirir a área arrendada, hipótese em que passará a ser o proprietário da coisa, não se justificando, pois, a continuidade do arrendamento. Neste caso, como o bem se encontra sujeito à intervenção do Estado na propriedade, não é possível a alienação da coisa, mesmo que seja ao arrendatário, sem que haja prévia autorização do poder público. Este, por sua vez, avaliará, no caso concreto, a conveniência e a oportunidade da transação, devendo sempre tomar por base para a sua decisão o cumprimento da função social da propriedade e a supremacia do interesse público sobre o interesse privado.

Válido registrar que o não pagamento do preço pelo arrendatário não tem, por si só, o lastro de extinguir o arrendamento rural forçado, visto que, se isso ocorrer, o poder público poderá proceder a substituição desse arrendatário por outro que conste em seu cadastro de pessoas habilitadas para tal. Nesse caso, terá o arrendador a possibilidade de demandar judicialmente o arrendatário-devedor a fim de receber os valores que lhe são devidos, não havendo, todavia, a possibilidade de demandar o poder público, uma vez que a responsabilidade pelo adimplemento é total de quem recebe a terra, já que a intervenção estatal na propriedade decorreu da falha do arrendador em não cumprir com a função social, tendo o Estado, com relação aos potenciais arrendatários, a função de gerir o cadastro, a fim de que essas pessoas tenham acesso aos imóveis rurais sujeitos ao arrendamento rural forçado, não pode, desse modo, ser responsabilizado por eventual inadimplemento.

É possível ainda que haja outras causas de exclusão do arrendamento rural forçado, como a ocorrência de motivo de força maior, que gere o desaparecimento da coisa, fato que inviabiliza a manutenção da medida interventiva, como, por exemplo, a ocorrência de uma avalanche capaz de destruir a área, de um incêndio responsável por inutilizar o bem para atividades agrícolas. Nesses casos, dá-se a exclusão do arrendamento por absoluta impossibilidade fática de sua continuação, hipótese em que não haverá de se falar em perdas e danos, diante da absoluta ausência de responsabilidade de quaisquer dos envolvidos.

Caso haja a morte do arrendatário, tal fato não se caracteriza como motivo para o término do arrendamento rural forçado, na medida em que, em caso de grupo familiar, a atividade poderá continuar a ser executada por outros integrantes da família ou ainda poderá o Estado realizar a substituição do arrendatário falecido por outro constante no cadastro e em condições de assumir essa função.

5.3.8 Da compatibilidade do arrendamento rural forçado por descumprimento da função social da propriedade com o direito à propriedade

Uma questão que poderia vir a ser objeto de indagação seria a compatibilidade do arrendamento rural forçado por descumprimento da função social da propriedade com o direito à propriedade. Contudo, tomando-se como base o explanado neste estudo, observar-se-á que mesmo sendo o direito de propriedade o direito real mais amplo, com maior extensão, tal fato não significa que seja ilimitado, isto é, apesar de ser o mais abrangente dos direitos reais, não poderá ser tratado como um direito sem limites, uma vez que uma "propriedade ilimitada não existe" (VIEIRA, 2008, p. 667), já que esta se encontra sujeita às limitações previstas no ordenamento jurídico, que advêm da necessidade de sua conciliação com as exigências de vida em comunidade, em evidente demonstração da existência do dever de solidariedade social. Assim, deve ser compreendido que direito de propriedade, mesmo sendo um direito amplo, não é absoluto, alheio aos interesses da coletividade, ao contrário, encontra-se sujeito, como qualquer outro, a limites ao seu exercício, que devem ser previstos ou autorizados pela Constituição com o fim de alcançar finalidades coletivas ali pretendidas (MIRANDA, 2000, p. 307).

Portanto, quando o Estado, utilizando-se de seu poder de império, devidamente autorizado pela Constituição, pratica ato de intervenção no direito de propriedade, visando alcançar um interesse coletivo, está a praticar ação plenamente legítima, que não viola o direito de propriedade, à proporção que este se sujeita a limitações previstas na própria Carta Política. Nada tem de ilegítima a conduta estatal que, zelando pelo interesse público, realiza intervenção na propriedade privada através de atos de império com o fim de satisfazer exigências coletivas e reprimir condutas antissociais de iniciativa particular, como acontece quando o particular deixa de cumprir com a função social da propriedade sob qualquer um de seus enfoques.

Assim, inexiste qualquer violação ao direito de propriedade quando a Carta Política prevê ou autoriza a imposição de limitações ao referido direito, fato que decorre do princípio supremacia do interesse público sobre o interesse particular, também conhecido como princípio da prossecução do interesse público, pelo qual, nas atividades administrativas desenvolvidas pelo Estado para benefício da coletividade, o interesse público deve prevalecer. Infere-se ser plenamente compatível o arrendamento rural forçado por descumprimento da função social da propriedade com o direito à propriedade, pois, diante de um comportamento antissocial do titular do direito, que não cumpre com a função social da propriedade, sujeitar-se-á ao arrendamento forçado. Isto consistirá em uma espécie de intervenção restritiva na propriedade particular por impor limitações ao exercício do direito, sem, contudo, sair da esfera jurídica do arrendador.

Se o instituto da desapropriação, no qual o particular, nos termos da lei, perde o direito à propriedade, guarda compatibilidade com esse direito, com muito mais razão, o arrendamento rural forçado encontra-se nessa situação, já que neste, o direito de propriedade é preservado, é mantido com o arrendador, o qual apenas terá de ceder, temporariamente, sua área, que não cumpria com a função social a outrem, para que este nela trabalhe, oferecendo-lhe, assim, o fim social almejado pela Constituição. Gomes Canotilho e Moreira corroboram essa asserção ao referirem:

> Por outro lado, se o Estado pode o mais (até expropriar), seguramente pode adoptar outras medidas menos severas para prevenir o abandono ou puni-lo, caso se verifique. É o caso, por exemplo, do *agravamento fiscal* dos prédios abandonados. (GOMES CANOTILHO; MOREIRA, 2007, p. 1.028).

Desse modo, é certo que o instituto do arrendamento rural forçado encontra-se em conformidade plena com o direito fundamental de propriedade, consistindo em verdadeira modalidade de intervenção do Estado na propriedade particular.

5.3.9 Do controle judicial da inclusão de imóvel rural como objeto de arrendamento rural forçado por descumprimento da função social da propriedade

Como modalidade de intervenção do Estado na propriedade privada que é, o arrendamento rural forçado será implantado por meio de ato de império do poder público, o qual, ao reconhecer que um determinado imóvel não cumpre com sua função social, tornará o mesmo sujeito ao referido instituto. No entanto, ao reconhecer que determinada área encontra-se sujeita ao arrendamento rural forçado, deve o Estado observar, em sua inteireza, as normas jurídicas pertinentes ao tema. Deve avaliar se estão presentes todos os requisitos legais para a inclusão do imóvel rural no instituto, pois, caso não estejam presentes, poderá o titular do bem provocar o Poder Judiciário a fim de que seja reconhecida a ilegalidade do ato estatal, o qual, por esse motivo, deve ser objeto de invalidade. Isto porque a Constituição Federal brasileira, em seu artigo 5º, inciso XXXV, contempla o princípio da *inafastabilidade do controle jurisdicional*, por intermédio do qual, é vedada a exclusão da apreciação, pelo Poder Judiciário, de lesão ou ameaça a direito.

O arrendamento rural forçado é estabelecido por meio de ato administrativo do poder público e se sujeita, em caso de ilegalidade, a controle pelo Poder Judiciário, o qual, diante do reconhecimento de ilegitimidade na inclusão do bem como objeto de arrendamento rural forçado, declarará a nulidade do ato respectivo, fazendo, por conseguinte, com que este retorne ao controle de seu titular, sem prejuízo de eventual ressarcimento de prejuízo causado ao titular do bem. Assim, observa-se que o ato administrativo de sujeição de imóvel rural ao regime de arrendamento rural forçado não pode ficar ao mero alvedrio do poder público, o qual deve agir nos limites estritos da legalidade, sob pena de intervenção do Poder Judiciário a quem cabe dizer o direito no caso concreto sempre que houver qualquer lesão ou ameaça a direito.

É, pois, fundamental, diante da garantia do direito à propriedade, que o poder público, ao sujeitar um bem ao arrendamento rural forçado, faça-o nos estritos termos da legislação de regência, pois, caso sua ação se dê em desconformidade com o ordenamento jurídico, poderá o prejudicado buscar o Poder Judiciário a fim de ver suprimida a atuação ilícita do poder público. Uma vez apresentadas as principais características do arrendamento rural forçado, apresentar-se-á, a seguir, a devida proposta de lei que viria a regulamentar a previsão constitucional do instituto no Brasil.

5.3.10 Uma lei para o arrendamento rural forçado

Conforme mencionado, mais precisamente no item 2, do tópico em apreciação, para que o instituto do arrendamento rural forçado tenha condições de adentrar no ordenamento jurídico brasileiro é necessária a existência de autorização expressa na Constituição, bem como de lei formal que o discipline. No tocante à previsão constitucional, esclareceu-se anteriormente que esta deveria ser inserida no artigo 5º, inciso XXIV, que passaria a ter a seguinte redação:

> A lei estabelecerá o procedimento para desapropriação por necessidade ou utilidade pública, ou por interesse social, mediante justa e prévia indenização em dinheiro, *assim como para o arrendamento rural forçado por descumprimento da função social da propriedade, com a obrigatoriedade do pagamento da respectiva renda ao senhorio.* (grifos nossos).

Uma vez existente a autorização constitucional para o arrendamento rural forçado, caberia à lei ordinária implantar os devidos parâmetros do instituto em questão, tais como: procedimento, beneficiários, requisitos, valor da indenização etc. Nestes termos, a seguir, em conformidade com as características do instituto apresentado, será apresentada a proposta de regulamentação do texto constitucional a fim de viabilizar a aplicação do arrendamento rural forçado no Brasil, consignando-se que, como se trata de um instrumento de aplicação de reforma agrária, por intermédio da qual o proprietário, compulsoriamente, arrenda seu imóvel rural a trabalhadores rurais, referida norma jurídica contemplará diversos dispositivos previstos na Lei nº 8.629/93, que disciplina a desapropriação por interesse social para fins de reforma agrária, bem como a Lei nº 4.504/64 (Estatuto da Terra) e o Decreto nº 59.566/66, que tratam o arrendamento rural no Brasil. Consigne-se, que como proposta de norma jurídica, encontra-se sujeita a modificações, uma vez que, no âmbito do Parlamento, é possível e plenamente provável que ocorram discussões que venham a aprimorar o texto legal.

Lei nº XXXXXX, de XX de XXXXX de XXXX.

Dispõe sobre a regulamentação do dispositivo constitucional relativo ao arrendamento rural forçado, previsto no artigo 5º, inciso XXIV da Constituição Federal.

O PRESIDENTE DA REPÚBLICA, faço saber que o Congresso Nacional decreta e eu sanciono a seguinte lei:

Art. 1º. Esta Lei regulamenta e disciplina disposições relativas ao arrendamento rural forçado, previsto no artigo 5º, inciso XXIV da Constituição Federal.

Art. 2º. A propriedade rural que não cumprir a função social prevista no artigo 9º é passível de arrendamento rural forçado, nos termos desta lei, respeitados os dispositivos constitucionais.

§1º Compete ao Incra – Instituto Nacional de Colonização e Reforma Agrária determinar o arrendamento rural forçado do imóvel que não esteja cumprindo sua função social.

§2º Para os fins deste artigo, fica o Incra autorizado a ingressar no imóvel de propriedade particular para levantamento de dados e informações, mediante prévia comunicação escrita ao proprietário, preposto ou seu representante.

§3º Na ausência do proprietário, preposto ou do representante, a comunicação será feita mediante edital, a ser publicado, por três vezes consecutivas, em jornal de grande circulação na capital do Estado de localização do imóvel.

§4º O imóvel rural objeto de esbulho possessório ou ocupação motivada por conflito agrário de caráter coletivo não será vistoriado, avaliado ou submetido a arrendamento rural forçado nos 02 (dois) anos seguintes à sua desocupação, ou no dobro, em caso de reincidência, devendo ser apurada a responsabilidade de quem concorra com qualquer ato omissivo ou comissivo que propicie o descumprimento dessas vedações.

Art. 3º. Na hipótese de fraude ou simulação de esbulho ou ocupação, por parte do proprietário ou de quem o represente, para os fins do §4º, do artigo 2º desta Lei, o Incra aplicará sanção administrativa de R$ 197.902,32 (cento e noventa e sete mil novecentos e dois reais e trinta e dois centavos) a R$ 1.925.049,84 (Um milhão novecentos e vinte e cinco mil e quarenta e nove reais e oitenta e quatro centavos), sem prejuízo das demais sanções civis e penais.

Parágrafo Único: Os valores a que se refere este artigo serão atualizados, a partir de janeiro de 2020, no dia 1º de janeiro de cada ano, com base na variação acumulada do Índice Geral de Preços – Disponibilidade Interna – IGP – DI, da Fundação Getúlio Vargas, no respectivo período.

Art. 4º. Para os efeitos desta lei, conceituam-se:

I – Imóvel Rural – o prédio rústico de área contínua, qualquer que seja sua localização, que se destine ou possa destinar, à exploração agrícola, pecuária, extrativa vegetal, florestal ou agroindustrial;

II – Pequena Propriedade – o imóvel rural de área de até 4 (quatro) módulos fiscais,[47] respeitada a fração mínima de parcelamento;[48]
III – Média Propriedade – o imóvel rural de área superior a 4 (quatro) e até 15 (quinze) módulos fiscais.
§1º São insuscetíveis de arrendamento rural forçado a pequena e a média propriedade rural, desde que seu proprietário não possua outra propriedade rural.[49]
Art. 5º. O arrendamento rural forçado, aplicável ao imóvel rural que não cumpra sua função social, importa no pagamento de renda, que será inteiramente revertida ao arrendador, conforme as especificidades do respectivo imóvel rural, a ser observada da forma prevista em regulamento, não podendo, todavia, ser superior a 15% (quinze por cento) do valor de cadastro do imóvel.
Parágrafo Único. A regulamentação de que trata este artigo necessariamente deverá levar em conta, sem prejuízo de outros critérios técnicos, a localização do imóvel, sua dimensão, aptidão agrícola, tipo de exploração predominante no local, a renda obtida no tipo de exploração predominante, outras modalidades de explorações existentes no município que, embora não predominantes, sejam expressivas em função da renda ou área utilizada, estado de conservação das benfeitorias.
Art. 6º. Considera-se propriedade produtiva aquela que, explorada econômica e racionalmente, atinge, simultaneamente, graus de utilização da terra e de eficiência na exploração, segundo índices fixados em lei.
§1º O grau de utilização da terra, para o efeito do *caput* deste artigo, deverá ser igual ou superior a 80% (oitenta por cento), calculado pela relação percentual entre a área efetivamente utilizada e a área aproveitável total do imóvel.

---

[47] Módulo fiscal é uma unidade de medida, em hectares, cujo valor é fixado pelo Incra para cada município levando-se em conta: (a) o tipo de exploração predominante no município (hortifrutigranjeira, cultura permanente, cultura temporária, pecuária ou florestal); (b) a renda obtida no tipo de exploração predominante; (c) outras explorações existentes no município que, embora não predominantes, sejam expressivas em função da renda ou da área utilizada; (d) o conceito de "propriedade familiar". A dimensão de um módulo fiscal varia de acordo com o município onde está localizada a propriedade. O valor do módulo fiscal no Brasil varia de 5 a 110 hectares.

[48] Consiste na menor área em que um imóvel rural, em um dado município, pode ser desmembrado, para garantir ao trabalhador rural uma condição mínima de vida e manter a função social do imóvel. Ao ser parcelado o imóvel rural, para fins de transmissão a qualquer título, a área remanescente não poderá ser inferior à fração mínima de parcelamento, sob pena de não garantir uma condição mínima de vida ao trabalhador rural e não manter a função social do imóvel.

[49] Essa norma visa conferir ao arrendamento rural forçado idêntico tratamento dado pela Constituição Federal de 1988 (art. 185, inciso I) à desapropriação por interesse social para fins de reforma agrária, outro instituto jurídico que busca implementar a reforma agrária e tem como fundamento a inobservância da função social da propriedade.

§2º O grau de eficiência na exploração da terra deverá ser igual ou superior a 100% (cem por cento), e será obtido de acordo com a seguinte sistemática:

I – para os produtos vegetais, divide-se a quantidade colhida de cada produto pelos respectivos índices de rendimentos estabelecidos pelo órgão competente do Poder Executivo, para cada Microrregião Homogênea;

II – para a exploração pecuária, divide-se o número total de Unidades Animais (UA) do rebanho, pelo índice de lotação estabelecido pelo órgão competente do Poder Executivo, para cada Microrregião Homogênea;

III – a soma dos resultados obtidos na forma dos incisos I e II, dividida pela área efetivamente utilizada e multiplicada por 100 (cem), determina o grau de eficiência na exploração.

§3º Considera-se efetivamente utilizadas:

I – as áreas plantadas com produtos vegetais;

II – as áreas de pastagens nativas e plantadas, observado o índice de lotação por zona de pecuária, fixado pelo Poder Executivo;

III – as áreas de exploração extrativa vegetal ou florestal, observados os índices de rendimento estabelecidos pelo órgão competente do Poder Executivo, para cada Microrregião Homogênea, e a legislação ambiental;

IV – as áreas de exploração de florestas nativas, de acordo com o plano de exploração e nas condições estabelecidas pelo órgão federal competente;

V – as áreas sobre processos técnicos de formação ou recuperação de pastagens ou de culturas permanentes, tecnicamente conduzidas e devidamente comprovadas, mediante documentação e Anotação de Responsabilidade Técnica.

§4º Para os produtos que não tenham índices de rendimentos fixados, adotar-se-á a área utilizada com esses produtos, com resultado do cálculo previsto no inciso I do §2º deste artigo.

§5º Não perderá a qualificação de propriedade produtiva o imóvel que, por razões de força maior, caso fortuito ou de renovação de pastagens tecnicamente conduzida, devidamente comprovados pelo órgão competente, deixar de apresentar, no ano respectivo, os graus de eficiência na exploração, exigidos para a espécie.

Art. 7º. Não será passível de arrendamento rural forçado o imóvel rural que comprove estar sendo objeto de implantação de projeto técnico que atenda os seguintes requisitos:

I – seja elaborado por profissional legalmente habilitado e identificado;

II – esteja cumprindo o cronograma físico-financeiro originalmente previsto, não admitidas prorrogações dos prazos;

III – preveja que, no mínimo, 80% (oitenta por cento) da área total aproveitável do imóvel seja efetivamente utilizada em, no máximo, 3 (três) anos para as culturas anuais e 5 (cinco) anos para as culturas permanentes;

Parágrafo único. Os prazos previstos no inciso III deste artigo poderão ser prorrogados em até 50% (cinquenta por cento), desde que o projeto receba, anualmente, a aprovação do órgão competente para a fiscalização e tenha sua implantação iniciada no prazo de 6 (seis) meses, contado de sua aprovação.

Art. 8º. Ter-se-á como racional e adequado o aproveitamento do imóvel rural, quando esteja oficialmente destinado à execução de atividades de pesquisa e experimentação que objetivem o avanço tecnológico da agricultura.

Parágrafo único. Para os fins deste artigo só serão consideradas as propriedades que tenham destinados às atividades de pesquisa, no mínimo, 80% (oitenta por cento) da área total aproveitável do imóvel, sendo consubstanciadas tais atividades em projeto:

I – adotado pelo poder público, se pertencente à entidade de administração direta ou indireta, ou a empresa sob seu controle;

II – aprovado pelo poder público, se particular o imóvel.

Art. 9º. A função social é cumprida quando a propriedade rural atende, simultaneamente, segundo graus e critérios estabelecidos nesta lei, aos seguintes requisitos:

I – aproveitamento racional e adequado;

II – utilização adequada dos recursos naturais disponíveis e preservação do meio ambiente;

III – observância das disposições que regulam as relações de trabalho;

IV – exploração que favoreça o bem-estar dos proprietários e dos trabalhadores.

§1º Considera-se racional e adequado o aproveitamento que atinja os graus de utilização da terra e de eficiência na exploração especificados nos §§1º a 5º do artigo 6º desta Lei.

§2º Considera-se adequada a utilização dos recursos naturais disponíveis quando a exploração se faz respeitando a vocação natural da terra, de modo a manter o potencial produtivo da propriedade, a ser aferida, no caso concreto, pelo Incra;

§3º Considera-se preservação do meio ambiente a manutenção das características próprias do meio natural e da qualidade dos recursos ambientais, na medida adequada à manutenção do equilíbrio ecológico da propriedade e da saúde e qualidade de vida das comunidades vizinhas, a ser aferida, no caso concreto, pelo Incra;

§4º A observância das disposições que regulam as relações de trabalho implica tanto o respeito às leis trabalhistas e aos contratos coletivos de trabalho, como às disposições que disciplinam os contratos de arrendamento e parcerias rurais.

§5º A aferição da observância das disposições que regulam as relações de trabalho, para os fins desta lei, será feita, em cada caso concreto, pelo Incra, conforme procedimento previsto em regulamento.

§6º Uma vez constatado, pela Secretaria do Trabalho, qualquer violação às normas trabalhistas no âmbito de imóvel rural, deve tal fato ser comunicado ao Incra, a quem competirá aferir se tal violação constitui fundamento para a aplicação do arrendamento rural forçado.

§7º A exploração que favorece o bem-estar dos proprietários e trabalhadores rurais é a que objetiva o atendimento das necessidades básicas dos que trabalham a terra, observa as normas de segurança do trabalho e não provoca conflitos e tensões sociais no imóvel.

§8º Em quaisquer das hipóteses de que trata este artigo, deve o Incra, ao decidir o caso concreto, observar os princípios da razoabilidade e proporcionalidade, assegurado, em todas as situações, o devido processo legal, o contraditório e a ampla defesa.

Art. 10. O Processo de seleção dos indivíduos e famílias candidatos a beneficiários do arrendamento rural forçado será realizado por projeto de assentamento, efetuado pelo Incra, observada a seguinte ordem de preferência:

I – ao arrendante, ficando-lhe assegurada a preferência para a parcela na qual se situe a sede do imóvel, hipótese em que esta será excluída do pagamento da renda;

II – aos que trabalham no imóvel arrendado como posseiros, assalariados, parceiros ou arrendatários, identificados na vistoria;

III – aos trabalhadores rurais desintrusados de outras áreas, em virtude de demarcação de terra indígena, criação de unidades de conservação, titulação de comunidade quilombola ou de outras ações de interesse público;

IV – ao trabalhador rural em situação de vulnerabilidade social que não se enquadre nas hipóteses previstas nos incisos I, II e III deste artigo;

V – ao trabalhador rural vítima de trabalho em condição análoga à de escravo;

VI – aos que trabalham como posseiros, assalariados, parceiros ou arrendatários em outros imóveis rurais;

VII – aos ocupantes de áreas inferiores à fração mínima de parcelamento.

§1º O processo de seleção de que trata o *caput* deste artigo será realizado pelo Incra com ampla divulgação do edital de convocação na internet e no Município em que será instalado o projeto de assentamento, bem como nos Municípios limítrofes, conforme previsto regulamento.

§2º Caso a capacidade do projeto de assentamento não atenda todos os candidatos selecionados, será elaborada lista dos candidatos excedentes, com prazo de validade de dois anos, a qual será observada de forma prioritária quando houver substituição dos beneficiários originários dos lotes, nas hipóteses de desistência, abandono ou reintegração de posse;

§3º Esgotada a lista dos candidatos excedentes de que trata o §2º deste artigo ou expirada sua validade, será instaurado novo processo de seleção específico para os lotes vagos no projeto de assentamento em decorrência de desistência, abandono ou reintegração de posse.

§4º A situação de vulnerabilidade social do candidato a que se refere o inciso IV do *caput* deste artigo será comprovada por meio da respectiva inscrição no Cadastro Único para Programas Sociais do Governo Federal (CadÚnico), ou em outro cadastro equivalente definido em regulamento.

Art. 11. Caberá ao Incra, observada a ordem de preferência a que se refere o artigo 10, classificar os candidatos a beneficiários do arrendamento rural forçado, segundo os seguintes critérios:

I – família mais numerosa cujos membros se proponham a exercer a atividade agrícola na área objeto do projeto de assentamento;

II – família ou indivíduo que resida há mais tempo no Município em que se localize a área objeto do projeto de assentamento para o qual se destine a seleção, ou nos Municípios limítrofes;

III – família ou indivíduo integrante de acampamento situado no Município em que se localize a área objeto do projeto de assentamento ou nos Municípios limítrofes;

IV – filhos que tenham entre dezoito e vinte e nove anos idade de pais assentados que residam na área objeto do mesmo projeto de assentamento;

V – famílias de trabalhadores rurais que residam em área objeto de projeto de assentamento na condição de agregados; e

VI – outros critérios sociais, econômicos e ambientais estabelecidos por regulamento, de acordo com as áreas de arrendamento rural forçado para as quais a seleção é realizada.

§1º O regulamento estabelecerá a pontuação a ser conferida aos candidatos de acordo com os critérios definidos por este artigo.

§2º Em caso de empate, terá preferência o candidato de maior idade.

Art. 12. Não poderá ser selecionado como beneficiário do arrendamento rural forçado, a que se refere esta Lei quem:

I – for ocupante de cargo, emprego ou função pública remunerada;

II – tiver sido excluído ou se afastado do programa de reforma agrária, de regularização fundiária ou de crédito fundiário sem consentimento de seu órgão executor;

III – for proprietário rural, exceto o desapropriado do imóvel e o agricultor cuja propriedade seja insuficiente para o sustento próprio e o de sua família;

IV – for proprietário, cotista ou acionista de sociedade empresária em atividade;

V – for menor de dezoito anos não emancipado na forma da lei civil;

VI – auferir renda familiar proveniente de atividade não agrária superior a três salários mínimos mensais ou superior a um salário mínimo per capita; ou

VII – aquele que, a qualquer tempo, comprovadamente, seja identificado como participante direito ou indireto em conflito coletivo, que se caracterize por ocupação ou esbulho de imóvel rural ou urbano de domínio público ou privado.

§1º As disposições constantes dos incisos I, II, III, IV e VI do *caput* deste artigo aplicam-se aos cônjuges e conviventes, inclusive em regime de união estável, exceto em relação ao cônjuge que, em caso de separação judicial ou de fato, não tenha sido beneficiado pelos programas de que trata o inciso II do *caput* deste artigo.

§2º A vedação de que trata o inciso I do *caput* deste artigo não se aplica ao candidato que preste serviços de interesse comunitário à comunidade rural ou à vizinhança da área objeto do projeto de assentamento, desde que o exercício do cargo, do emprego ou da função pública seja compatível com a exploração da parcela pelo indivíduo ou pelo núcleo familiar beneficiado.

§3º São considerados serviços de interesse comunitário, para os fins desta Lei, as atividades prestadas nas áreas de saúde, educação, transporte, assistência social e agrária.

§4º Não perderá a condição de beneficiário aquele que passe a se enquadrar nos incisos I, III, IV e VI do *caput* deste artigo, desde que a atividade assumida seja compatível com a exploração da parcela pelo indivíduo ou pelo núcleo familiar beneficiado.

Art. 13. O arrendamento rural forçado será concedido pelo prazo mínimo de:

I – 03 (três) anos, nos casos de arrendamento em que ocorra atividade de exploração de lavoura temporária ou de pecuária de pequeno e médio porte;

II – 05 (cinco) anos, nos casos de arrendamento em que ocorra atividade de exploração de lavoura permanente e ou de pecuária de grande porte para cria, recria, engorda, ou extração de matérias primas de origem animal;

III – 07 (sete) anos, nos casos em que ocorra atividade de exploração florestal.

§1º O arrendatário goza do direito de preferência à renovação do arrendamento rural forçado;

§2º É garantido ao arrendatário adimplente solicitar ao Incra, até 06 (seis) meses antes do término do prazo do arrendamento forçado, sua renovação por lapso de tempo que não poderá ultrapassar 50% (cinquenta por cento) do período originalmente concedido.

§3º Findo o prazo mencionado no parágrafo anterior ou caso o arrendatário não solicite a renovação ali referida, o arrendador, em até 90 (noventa) dias antes do término do arrendamento, deverá solicitar ao Incra, mediante comprovação, que deseja retomar a área para si e que possui condições de cumprir com a função social da propriedade.

§4º Uma vez deferida a pretensão do arrendante, este poderá readquirir o uso da área, hipótese em que se sujeitará à fiscalização do poder público com relação ao cumprimento da função social da propriedade, sob pena de imposição de novo arrendamento rural forçado.

§5º Não ocorrendo pedido de retomada da área pelo arrendante, deverá ser prorrogado por mais uma oportunidade o arrendamento forçado, conforme os prazos previstos nos incisos I, II e III do artigo 13 desta lei, autorizando-se que, ao final, o arrendador apresente pedido para reassumir a utilização da terra.

§6º Não havendo interesse do arrendatário em renovar o arrendamento, nem requerimento de retomada do imóvel pelo proprietário, o imóvel rural permanecerá sujeito a arrendamento rural forçado, cabendo ao Incra selecionar outro interessado em assumir a posição de arrendatário.

Art. 14. O arrendamento rural forçado se extingue:

I – Pelo término do prazo concedido para exploração da área;

II – Pela aquisição da área pelo arrendatário, mediante prévia autorização do poder público;

III – Pela ocorrência de motivo de força maior, que gere o desaparecimento da coisa;

IV – Por sentença judicial irrecorrível;

V – Pela perda do imóvel rural;

VI – Pela desapropriação do imóvel;

VII – por qualquer outra causa prevista em lei.

Art. 15. O procedimento para a execução desta lei deverá constar de seu respectivo regulamento.

Art. 16. Para a implementação desta Lei, caberá ao Incra regulamentá-la no prazo de noventa dias

Art. 17. Esta Lei entra em vigor na data de sua publicação.

Art. 18. Revogam-se as disposições em contrário.

Brasília, ____ de _____ de _____ .

CONSIDERAÇÕES FINAIS

Ao finalizar a presente pesquisa, foi possível constatar que a concentração de imóveis rurais nas mãos de uma mínima quantidade de pessoas, que pouco ou nada produzem, reside num sério problema social e necessita, urgentemente, ser objeto de ações concretas do poder público, especialmente em países como o Brasil, nos quais, além de ser nítida a concentração de terras, observa-se a existência de acentuada parcela da população, composta por uma massa de trabalhadores rurais a precisar de terras para produzir e não possui acesso a estas. Além disso, observou-se que esse grave problema de cunho social tem o lastro de contribuir de forma decisiva para o aumento do quadro de fome, pobreza e desigualdades sociais, pois, ante a falta de oportunidades para elevada quantidade de trabalhadores rurais, estes, assim como suas famílias, privados que são do acesso à terra, recurso altamente escasso, já que concentrado nas mãos de poucos, não têm oportunidade de trabalhar, produzir e, assim, obterem o mínimo para uma existência condigna. Essa situação, de ausência de dignidade para com esses trabalhadores e suas famílias, também acarreta conflitos sociais e violência no campo, na medida em que, sem acesso à terra, alguns grupos acabam por realizar ocupações desordenadas de imóveis rurais, o que gera conflitos com os proprietários desses imóveis, resultando em atos de violência, inclusive mortes.

Assim, a intervenção do Estado com o propósito de minimizar ou até mesmo, em uma análise mais otimista, solucionar tais questões, torna-se imperiosa, seja para garantir o acesso à terra dos trabalhadores rurais, conferindo-lhes dignidade enquanto seres humanos, seja para garantir que os proprietários de imóveis rurais que observam os regramentos legais não tenham seus direitos violados, seja, por fim, para assegurar a paz e a estabilidade social no meio rural. Por essa razão, em face desta realidade fática, tornam-se necessárias ações concretas por parte do poder público, que devem ir além do que até hoje já foi planejado e realizado, pois, induvidosamente, diante dos referidos conflitos atualmente existentes, é nítido que da forma como vêm sendo enfrentados tais problemas, a solução adequada não tem sido alcançada. Por isso, a presente obra procurou apresentar, com inedistimo, uma nova modalidade de intervenção do Estado na propriedade, denominada *arrendamento rural forçado*, que se destina a imóveis rurais que não cumpram com uma função social, os quais podem vir a ser *compulsoriamente arrendados* a trabalhadores rurais que não tenham acesso à propriedade de terras, mas com interesse em labutar nestas, tornando-as produtivas.

Portanto, inicialmente, tornou-se necessário discorrer sobre o princípio da dignidade da pessoa humana, que possui previsão em diversos ordenamentos jurídicos ao redor do mundo e fundamenta a vedação a práticas ilícitas ou arbitrárias, sejam elas praticadas por particulares ou mesmo poder público. Pela dignidade da pessoa humana, conforme demonstrado, o homem deve ser tido como o limite e fundamento do domínio político. Neste sentido, a dignidade deve ser observada por todos, notadamente pelo Estado, a quem compete não apenas respeitá-la, mas, acima de tudo, fomentá-la, implantando os direitos dela decorrentes por meio de prestações positivas, como também por meio de prestações negativas.

Desse modo, a dignidade da pessoa humana, conforme visto, constitui um verdadeiro *limite e tarefa* dos poderes do Estado, à proporção que o ser humano, por sua condição como tal, passa a fazer jus e a ter assegurado o direito de não sofrer qualquer ato degradante ou desumano, além do que tem o direito a possuir condições de existência minimamente condignas, surgindo, a partir dessas obrigações estatais e também sociais, os chamados direitos fundamentais, os quais servem para instrumentalizar a dignidade da pessoa humana, constituindo-se, em respostas político-jurídicas ante a necessidade de garantir aos seres humanos uma vida minimamente condigna.

Esses direitos fundamentais, como se buscou demonstrar, podem encontrar-se expressamente previstos em um catálogo apresentado pelo constituinte, como também podem se encontrar fora desse rol, hipótese em que, mesmo não figurando expressamente na relação definida pelo constituinte, por serem tidos como essenciais à proteção da pessoa humana enquanto tal, devem ser considerados como direitos fundamentais. Isto ocorre conforme se comprovou, com a chamada reforma agrária, a qual, induvidosamente, constitui-se em direito fundamental dos trabalhadores rurais, pois, como direito fundamental tem a capacidade de buscar um novo conceito de propriedade, fundamentado na chamada função social, que visa atender, verdadeiramente, aos anseios legítimos da sociedade, contribuindo, desse modo, para o desenvolvimento nacional, a diminuição da pobreza e das desigualdades sociais.

Essa busca por renovação do conceito de propriedade, tendo por alicerce a sua função social, que enxerga a terra como meio de produção, não de mera especulação fundiária e almeja, assim, implantar modificações socioeconômicas e melhoria de vida para a sociedade e os seres humanos, inquestionavelmente, propulsiona a dignidade da pessoa humana, na medida em que consegue materializar diversos direitos subjetivos essenciais e inerentes à condição humana, como, por exemplo, os direitos à alimentação, ao trabalho e à moradia. Demonstra, portanto, nítida vinculação entre a reforma agrária e a dignidade da pessoa humana, o que leva à induvidosa conclusão de que a reforma agrária constitui-se em direito fundamental social dos trabalhadores rurais, merecendo, a partir daí, a proteção inerente aos direitos dessa magnitude constitucional.

Ocorre que, mesmo como direito fundamental, as políticas de reforma agrária atualmente existentes não têm apresentado soluções adequadas aos diversos conflitos sociais existentes em países como o Brasil, justificando-se, então, por força de mandamento constitucional, fulcrado na dignidade da pessoa humana, que o poder público adote medidas eficazes para executar esse direito fundamental. Surge, nesse contexto, o instituto denominado arrendamento rural forçado como uma nova política de reforma agrária, que não necessita dispor de recursos para indenizar o titular da propriedade arrendada de maneira compulsória e, ao mesmo tempo, respeita o direito à propriedade privada.

Infere-se ainda ter restado comprovado que a propriedade privada, tanto no Brasil como no âmbito do direito internacional, constitui-se em um direito fundamental e, como tal, por decorrer da dignidade da pessoa humana, necessita ser protegida e garantida pelo Estado, não em termos absolutos, como não pode ocorrer com nenhum direito, mas sim dentro dos limites e com as restrições previstas e definidas na Constituição, decorrentes da supremacia do interesse público sobre o particular, que autorizam, as chamadas intervenções do Estado na propriedade privada, das quais o arrendamento rural forçado pretende se constituir em uma delas.

Insta salientar que o arrendamento rural forçado, como intervenção do Estado na propriedade privada, deve incidir apenas em imóveis rurais que não observem a chamada função social da propriedade, a qual decorre do chamado dever de solidariedade social que deve existir em toda sociedade, pelo qual, em razão da própria convivência social, cada um dos membros da coletividade, assim como o Estado, tem responsabilidades mútuas, funções a cumprir no intuito de cooperar com essa solidariedade, que não se satisfaz com o mero direito de deixar de fazer aquilo que não prejudique a outrem, mas, sobretudo, deve implementar a realização de ações que contribuam para uma harmônica e positiva convivência social.

É, pois, este dever de solidariedade social que embasa a imprescindibilidade do proprietário de um imóvel rural, bem tipicamente destinado à produção, a dar cumprimento à chamada função social da propriedade, em especial no seu viés de produtividade, na medida em que não se pode admitir que em países como o Brasil, em que a solidariedade seja prevista como um dos objetivos fundamentais da República, artigo 3º da CF/88, haja terras improdutivas quando, por outro lado, existem inúmeros trabalhadores rurais sem terra necessitando de um pedaço de chão para trabalhar e obter sua dignidade enquanto pessoa humana. Desse modo, constatou-se que o cumprimento da função social figura como elemento imanente e limitador do direito à propriedade privada no Brasil, além de um dever fundamental, o qual, uma vez inobservado pelo titular do direito, tem o lastro de autorizar a intervenção estatal, submetendo-o às consequências jurídicas, dentre elas, a de ter seu bem imóvel rural sujeito ao chamado arrendamento rural forçado, objeto deste estudo.

O arrendamento rural forçado, portanto, nada mais é do que um instituto jurídico pelo qual o Estado, diante da constatação de que uma área rural não cumpre com uma função social, determina, por intermédio de seu poder de império, que esta seja *compulsoriamente arrendada* a trabalhadores rurais sem acesso à propriedade da terra, mas que almejam torná-la produtiva, dando-lhe, assim, uma função social.

Nota-se, pois, que o instituto do arrendamento rural forçado faz com que seja garantido aos trabalhadores rurais o direito fundamental social à reforma agrária, além do que assegura ao proprietário o respeito ao seu constitucional direito fundamental à propriedade privada, sem que o Estado necessite dispor de recursos financeiros para indenizar o titular do bem, pois será o próprio arrendante quem pagará uma renda ao dono da área, que, obviamente, deverá levar em consideração o fato do não atendimento, pelo proprietário, da função social da propriedade, tudo nos termos da legislação própria.

Destarte, constata-se que o instituto do arrendamento rural forçado, uma vez implantado, caracteriza-se como um instrumento plenamente eficaz para a garantia do direito fundamental à reforma agrária dos trabalhadores rurais, propiciando-lhes não somente o acesso a terras improdutivas, a fim de que ali exerçam suas atividades, bem como condições de gerar riquezas à sociedade, além de garantir a própria subsistência e da família, sem que seja violado o direito à propriedade do titular do bem objeto da intervenção estatal. Isto, sem dúvida alguma, contribui para se garantir a paz social no meio rural, na medida em que colabora para obstar a ocorrência de invasões desordenadas de terras.

A previsão do instituto do arrendamento rural forçado contribui para representar uma mudança de postura na forma de se analisar o direito à propriedade rural, afetando as bases doutrinárias que sustentam esse direito, que não mais deve ser visto, como no liberalismo, como um direito absoluto, intocável, mas sim como um direito que, em nome da solidariedade social, especialmente quando se tratar de bens de produção, deve estar a serviço da sociedade como um todo, sendo, pois, incompatível com o ordenamento jurídico a existência de terras improdutivas, as quais, por isso, sujeitam-se a essa modalidade de intervenção estatal na propriedade privada.

Portanto, como as atuais políticas de reforma agrária, como a desapropriação, não apresentam resultados satisfatórios, notadamente ante a falta de recursos públicos disponíveis para tal, o que tende a se intensificar no momento pós-pandemia da Covid-19, e, dessa forma, não satisfazem os fins a que se destinam, sobretudo o de garantir uma vida digna aos trabalhadores rurais e de levar paz ao campo, a tendência deve caminhar no sentido de serem buscadas alternativas viáveis para tal, valorizando-se institutos como o arrendamento rural forçado, que, como já demonstrado, não onera os cofres públicos, o que, na sociedade contemporânea, onde a escassez de recursos públicos é uma realidade, demonstra-se como medida extremamente salutar. De imediato, o arrendamento rural forçado não figurará como a solução de todos os anseios sociais para os conflitos no meio rural, mas, induvidosamente, pode significar expressivo avanço em busca da tão almejada paz no campo, pois valoriza a função social da terra e a produção, o que virá a diminuir a fome, a pobreza e as gritantes desigualdades sociais atualmente existentes sem que seja violado o fundamental direito à propriedade privada.

REFERÊNCIAS

ABRAMOVICH, Victor; COURTS, Christian. *Los Derechos Sociales como Derechos Exigibles*. Madrid: Editorial Trotta, 2014.

ACOSTA, Rolando Pavó. Legado de la Revolución Mexicana en la reforma agraria cubana de 1959. *Política y Cultura*, Cidade do México, nº 33, p. 35-58, 2010.

AKKERMANS, Bram. Predicting the future of European property law. *Maastricht European Private Law Institute*, Maastricht, Working Paper nº 2016/10, p. 1-15, 2016.

ALBERTUS, Michael. Lands reform and civil conflict: theory and evidence from Peru. *American Journal of Political Science*, v. 64. nº 2, p. 256-274, 2020.

ALBUQUERQUE, Marcos Prado de. Desapropriação por interesse social para fins de reforma agrária. In: BARROSO, Lucas Abreu; Miranda, Alcir Gursen e SOARES, Mário Lúcio Quintão (Org.). *O Direito Agrário na Constituição*. Rio de Janeiro: Forense, 2006. p. 159-186.

ALEGRÍA, José G Zúñiga; LÓPEZ, Juan A. Castillo. La Revolución de 1910 y el mito del ejido mexicano. *Alegatos*, Cidade do México, v. 24, nº 75, p. 497-522, 2010.

ALESSI, Rosalba; PISCIOTTA, Giuseppina. *I contratti Agrari*. 2. ed. Milano: Giuffrè Editore, 2015.

ALEXY, Robert. *Teoría de los derechos fundamentales*. Madrid: Centro de Estúdios Políticos y Constitucionales, 1993.

ALEXY, Robert. *Teoría de los derechos fundamentales*. 2. ed. Trad. Carlos Bernal Pulido. Madrid: Centro de Estúdios Políticos y Constitucionales, 2008.

ALMEIDA, Élcio Cruz de; SARDAGNA, Crysthian Drummond. O reformismo agrário nos países democráticos. *Revista de Informação Legislativa*, Brasília, v. 39, nº 154, p. 229-235, 2002.

ALMEIDA, Paulo Guilherme de. *Aspectos jurídicos da reforma agrária no Brasil*. São Paulo: Editora LTR, 1990.

ALVARENGA, Octávio Mello. *Curso de Direito Agrário*: contratos agrários. Brasília: Fundação Petrônio Portela, 1982.

AMARAL, Maria Lúcia. *Responsabilidade do Estado e dever de indemnizar do legislador*. Coimbra: Coimbra Editora, 1998.

AMORIM, João Pacheco de. Direito de propriedade privada e garantia constitucional da propriedade de meios de produção. *Boletim de Ciências Econômicas*, Criciúma, v. LVII/1, p. 225-304, 2014.

ANDRADE, Fernando Gomes. Direitos de Fraternidade como direitos fundamentais de terceira dimensão: aspectos teóricos e aplicabilidade nas decisões do Supremo Tribunal Federal Brasileiro. *Amicus Curiae*, Criciúma, v. 8, nº 8, p. 1-25, 2011.

ANDRADE, José Carlos Vieira de. *Os Direitos Fundamentais na Constituição Portuguesa de 1976*. 5. ed. Coimbra: Almedina, 2012.

ANDRADE, José Carlos Vieira de. O papel do Estado na sociedade e na socialidade. *In*: LOUREIRO, João Carlos; SILVA, Suzana Tavares da (Org.). *A Economia Social e Civil*. Estudos. Coimbra: Montepio, 2015. p. 23-42.

ANDRADE, Maria Inês Chaves de. *A fraternidade como direito fundamental entre o ser e o dever ser na dialéctica dos opostos de Hegel*. Coimbra: Almedina, 2010.

ARANGO, Rodolfo. Los derechos sociales fundamentales como derechos subjetivos. *Pensamiento Juridico*, nº 8, p. 63-42, 1998.

ARAÚJO, Luiz Ernani Bonesso. *O acesso à terra no Estado Democrático de Direito*. São Paulo: URI Editora, 1998.

ARAÚJO JÚNIOR, Vicente Gonçalves. *Direito Agrário*: doutrina, jurisprudência e modelos. Belo Horizonte: Inédita, 2002.

ARIMATÉA, José Rodrigues. *O direito de propriedade*: limitações e restrições públicas. São Paulo: Lemos e Cruz, 2003.

ARROYO, Antonio Luna. *Derecho agrario mexicano*. Cidade do México: Editorial Porrúa, 1975.

ARROYO, Luis; UTRILLA, Dolores. La actividad administrativa de adjudicación de derechos limitados en número. bases conceptuales y metodológicas. *In*: ARROYO, Luis; UTRILLA, Dolores (Dirs.) *La administración de la escasez*. Madrid: Marcial Pons, 2015. p. 25-46.

ARRUDA ALVIM NETO, José Manoel de. Função social da propriedade. *Revista Autônoma de Direito Privado*. Curitiba: Juruá Editora, nº 1. 2006.

ARTARIA, Riccardo. *La proprietà fra Costituzionee Carte europee*. Milano: Piazza Ateneo Nuovo, 2012.

ASCENÇÃO, José de Oliveira. A violação da garantia constitucional da propriedade por disposição retroactiva. *Revista dos Tribunais*, Porto, ano 91, nº 1.883, 1.884 e 1885, p. 291-304, 339-353, 387-398, 1973.

ASCENÇÃO, José de Oliveira. *Estudos sobre expropriações e nacionalizações*. Lisboa: Imprensa Nacional da Casa da Moeda, 1989.

ASCENÇÃO, José de Oliveira. *Direito Civil*: reais. 5. ed. Coimbra: Coimbra Editora, 2000.

ASSIS, Andrea Tavares Ferreira de. Contratos agrários típicos. os principais aspectos jurídicos do arrendamento rural e parceria rural sob a perspectiva da função social da propriedade. *In*: GARCEZ, Sérgio Matheus (Org.). *Direito Agrário Contemporâneo*. Goiânia: Editora Vieira, 2012. p. 89-107.

BAITENMANN, Helga. Las paradojas de las conquistas revolucionarias: municipio y reforma agraria en el México contemporánei. *Gestión y Política Pública*, Cidade do México, v. 10, nº 1, p. 103-123, 2001.

BALAYAN, E. Yu. Some Constitutional aspects of securing and protecting the dignity of the human person. *Kemerovo State University Bulletin*, v. 1, nº 2, p. 234-239, 2015.

BALLARIN MACIAL, Alberto. *Estudios de Derecho Agrario y politica agraria*. Madrid: Zaragoza, 1975.

BALLARIN MACIAL. *Derecho Agrario*. Madrid: Revista de Derecho Privado, 1978.

BARCELLOS, Ana Paula de. *A eficácia jurídica dos princípios constitucionais*: o princípio da dignidade da pessoa humana. 2. ed. Rio de Janeiro: Renovar, 2008.

BARRETO, António. *Anatomia de uma Revolução*: a reforma agrária em Portugal 1974-1976. Lisboa: Publicações Europa-América, 1987.

BARROS, Wellington Pacheco. *Curso de Direito Agrário*. v. 1. Doutrina e exercícios. Porto Alegre: Livraria do Advogado, 1998a.

BARROS, Wellington Pacheco. *Contrato de arrendamento rural*: doutrina, jurisprudência, prática. Porto Alegre: Livraria do Advogado, 1998b.

BARROSO, Lucas Abreu. *Leasin Agrário e Arrendamento Rural com opção de compra*. Belo Horizonte: Editora Del Rey, 2001.

BARROSO, Luís Roberto. *Curso de Direito Constitucional Contemporâneo:* os conceitos fundamentais e a construção do novo modelo. 2. ed. São Paulo: Saraiva, 2010.

BARROSO, Luís Roberto. *A dignidade da pessoa humana no direito constitucional contemporâneo*: a construção de um conceito jurídico à luz da jurisprudência mundial. 3. reimp. Belo Horizonte: Editora Fórum, 2014.

BENNEWITZ, Eduardo Von. Land Tenure in Latin America: from land reforms to counter-movement to neoliberalism. *Acta Universitatis Agriculturae et Silviculturae Mendelianae Brunensis*, v. 65, nº 5, p. 1.793-1.798, 2017.

BENITEZ, Otto Morales. *Derechos Agrario y otros temas de la tierra*. Bogotá: Editorial de Universidad Externado de Colombia, 1981.

BERTAN, José Neure. *Propriedade privada e função social*. Curitiba: Juruá Editora, 2009.

BERUFF, Jorge Rodríguez. La Reforma Agraria Cubana (1959-1964): el cambio institucional. *Revista de Ciencias Sociales*, San Juan, v. XIV, nº 2, p. 203-231, 1970.

BICA, António. *Agricultura e reforma agrária em Portugal (1974)*. Porto: Editorial Inova, 1975.

BINDI, Alessandra. *Proprietá e interesse pubblico tra logica dell'appartenenza e logica della destinazione* 2010. 212f. Tese (Doutoramento em Direito): Scuola Dottorale Interuniversitaria Internazionale in Diritto Europeo, Roma, 2010.

BIOY, Xavier. Dignidad humana y derecho fundamental: Francia y España. *In:* CHUECA, Ricardo (Dir.). *Dignidad humana y derecho fundamental*. Madrid: Centro de Estudios Políticos y Constitucionales, 2015. p. 175-196.

BITTAR, Carlos Alberto. Os Direitos Reais na Constituição de 1988. *In:* BITTAR, Carlos Alberto. (Coord.) *A Propriedade e os Direitos Reais na Constituição de 1988*. São Paulo: Saraiva, 1991.

BITTAR, Carlos Alberto. *Contratos Civis*. 3. ed. Rio de Janeiro: Forense, 2006.

BOBBIO, Norberto. *A Era dos Direitos*. 7. reimp. Rio de Janeiro: Elsevier, 2004.

BONAVIDES, Paulo. *Do Estado Liberal ao Estado Social*. 8. ed. São Paulo: Malheiros Editores, 2007.

BONAVIDES, Paulo. A quinta geração de Direitos Fundamentais. *Revista Direitos Fundamentais & Justiça*, Porto Alegre, nº 3, p. 82- 93, 2008a.

BONAVIDES, Paulo. *Curso de Direito Constitucional*. 22. ed. São Paulo: Malheiros Editores, 2008b.

BORGES, Alexandre Walmott; MELLO, Giovanna Cunha; OLIVEIRA, Mário Ângelo. Mecanismos garantidores do direito fundamental ao ambiente na política nacional de resíduos sólidos: análise dos princípios do poluidor pagador e do protetor recebedor. *Veredas do Direito: Direito Ambiental e Desenvolvimento Sustentável*, Belo Horizonte, v. 7, nº 13/14, ago. 2011. Disponível em: http://www.domhelder.edu.br/revista/index.php/veredas/article/view/170/154. Acesso em: 28 mar. 2018.

BORGES, Antonino Moura. *Curso completo de Direito Agrário*. 3. ed. Leme: CL Edijur, 2009.

BORGES, Antonino Moura. *Parceria e arrendamento rural*. Campo Grande: Contemplar, 2013.

BORGES, Paulo Torminn. *Institutos básicos do Direito Agrário*. 10. ed. São Paulo: Saraiva, 1996.

BOURGEOIS, Léon. *La Solidarité*. Paris: Librairie Armand Colin, 1902.

BRASIL. Lei nº 3.071, 1º de janeiro de 1916. Institui o Código Civil. *Diário Oficial da União*, Rio de Janeiro, RJ, 1º jan. 1916. Disponível em: http://www.planalto.gov.br/ccivil_03/leis/l3071.htm. Acesso em: 5 jun. 2020.

BRASIL. Decreto-Lei nº 25, de 30 de novembro de 1937. Organiza a proteção do patrimônio histórico e artístico nacional. *Diário Oficial da União*, Rio de Janeiro, RJ, 30 nov. 1937. Disponível em: http://www.planalto.gov.br/ccivil_03/decreto-lei/del0025.htm. Acesso em: 2 jun. 2020.

BRASIL. Decreto-Lei nº 3.365, de 21 de junho de 1941. Dispõe sobre desapropriações por utilidade pública. *Diário Oficial da União*, Rio de Janeiro, RJ, 21 jun. 1941. Disponível em: http://www.planalto.gov.br/ccivil_03/decreto-lei/del3365.htm. Acesso em: 2 jun. 2020.

BRASIL. Lei nº 4.132, de 10 de setembro de 1962. Define os casos de desapropriação por interesse social e dispõe sobre sua aplicação. *Diário Oficial da União*, Brasília, DF, 10 set. 1962. Disponível em: http://www.planalto.gov.br/ccivil_03/leis/l4132.htm. Acesso em: 2 jun. 2020.

BRASIL. Lei nº 4.504, de 30 de novembro de 1964. Dispõe sobre o Estatuto da Terra, e dá outras providências. *Diário Oficial da União*, Brasília, DF, 30 nov. 1964. Disponível em: http://www.planalto.gov.br/ccivil_03/leis/l4504.htm. Acesso em: 2 jun. 2020.

BRASIL. Decreto nº 59.566, de 14 de novembro de 1966. Regulamenta as Seções I, II e III do Capítulo IV do Título III da Lei nº 4.504, de 30 de novembro de 1964, Estatuto da Terra, o Capítulo III da Lei nº 4.947, de 6 de abril de 1966, e dá outras providências. *Diário Oficial da União*, Brasília, DF, 14 nov. 1966. Disponível em: http://www.planalto.gov.br/ccivil_03/decreto/antigos/d59566.htm. Acesso em: 2 jun. 2020.

BRASIL. Decreto-Lei nº 1.110, de 9 de julho de 1970. Cria o Instituto Nacional de Colonização e Reforma Agrária (INCRA), extingue o Instituto Brasileiro de Reforma Agrária, o Instituto Nacional de Desenvolvimento Agrário e o Grupo Executivo da Reforma Agrária e dá outras providências. *Diário Oficial da União*, Brasília, DF, 9 jul. 1970. Disponível em: http://www.planalto.gov.br/ccivil_03/decreto-lei/1965-1988/del1110.htm. Acesso em: 2 jun. 2020.

BRASIL. [Constituição (1988)]. *Constituição da República Federativa do Brasil*. Brasília, DF: Presidência da República. Disponível em http://www.planalto.gov.br/ccivil_03/constituicao/constituicao.htm. Acesso em: 15 out. 2020.

BRASIL. Lei nº 8.629, de 25 de fevereiro de 1993. Dispõe sobre a regulamentação dos dispositivos constitucionais relativos à reforma agrária, previstos no Capítulo III, Título VII, da Constituição Federal. *Diário Oficial da União*, Brasília, DF, 25 fev. 1993. Disponível em: http://www.planalto.gov.br/ccivil_03/leis/l8629.htm. Acesso em: 2 jun. 2020.

BRASIL. Lei Complementar nº 76, de 6 de julho de 1993. Dispõe sobre o procedimento contraditório especial, de rito sumário, para o processo de desapropriação de imóvel rural, por interesse social, para fins de reforma agrária. *Diário Oficial da União*, Brasília, DF, 6 jul. 1993. Disponível em: http://www.planalto.gov.br/ccivil_03/leis/lcp/lcp76.htm. Acesso em: 2 jun. 2020.

BRASIL. Lei nº 9.610, de 19 de fevereiro de 1998. Altera, atualiza e consolida a legislação sobre direitos autorais e dá outras providências. *Diário Oficial da União*, Brasília, DF, 19 fev. 1998. Disponível em: http://www.planalto.gov.br/ccivil_03/leis/l4504.htm. Acesso em: 2 jun. 2020.

BRASIL. Lei nº 10.257, de 10 de julho de 2001. Regulamenta os arts. 182 e 183 da Constituição Federal, estabelece diretrizes gerais da política urbana e dá outras providências. *Diário Oficial da União*, Brasília, DF, 10 jul. 2001. Disponível em: http://www.planalto.gov.br/ccivil_03/leis/leis_2001/l10257.htm. Acesso em: 2 jun. 2020.

BRASIL. Lei nº 10.406, 10 de janeiro de 2002. Institui o Código Civil. *Diário Oficial da União*, Brasília, DF, 11 jan. 2002. Disponível em: http://www.planalto.gov.br/ccivil_03/Leis/2002/L10406compilada.htm. Acesso em: 5 jun. 2020.

BRASIL. Supremo Tribunal Federal. Agravo Regimental no Recurso Extraordinário nº 581352 – Rel. Min. Celso de Mello. *Diário de Justiça*, Brasília, DF, 22 nov. 2013.

BRASIL. Emenda Constitucional nº 81, 5 de junho de 2014. Dá nova redação ao art. 243 da Constituição federal. *Diário Oficial da União*, Brasília, DF, 5 jun. 2014. Disponível em: http://www.planalto.gov.br/ccivil_03/constituicao/emendas/emc/emc81.htm. Acesso em: 5 jun. 2020.

BRASIL. Lei nº 13.105, 16 de março de 2015. Código de Processo Civil. *Diário Oficial da União*, Brasília, DF, 16 mar. 2015. Disponível em: http://www.planalto.gov.br/ccivil_03/_ato2015-2018/2015/lei/l13105.htm. Acesso em: 5 jun. 2020.

BRITO, Miguel Nogueira de. *A justificação da propriedade privada numa democracia constitucional*. Coimbra: Almedina, 2007.

BRITO, Miguel Nogueira de. *Propriedade privada*: entre o privilégio e a liberdade. Lisboa: Fundação Francisco Manuel dos Santos, 2010.

BRITO FILHO, José Cláudio Monteiro de. *Direitos Humanos*. São Paulo: LTR, 2015.

BRZUZY, Stephanie. Social welfare services: the resource scarcity myth. *Journal of Poverty*, v. 6, nº 2, p. 121-124, 2002.

BULOS, Uadi Lammêgo. *Curso de Direito Constitucional*. 9. ed. São Paulo: Saraiva, 2015.

BURDEAU, Georges. *Les libertés publiques*. 3. ed. Paris: LGDJ, 1966.

CABELEIRA, Imar Santos. *Dos contratos de Arrendamento e Parceria Rural*. Rio de Janeiro: Aide, 1985.

CAETANO, Marcelo. *Manual de Direito Administrativo*. 7. ed. Lisboa: Coimbra Editora, 1965.

CAETANO, Marcelo. *Manual de ciência política e Direito Constitucional*. 5. ed. Lisboa: Coimbra Editora, 1967.

CAETANO, Marcelo. *Manual de Direito Administrativo*. 8. ed. Tomo II. Lisboa: Coimbra Editora, 1969.

CAETANO, Marcelo. *Princípios fundamentais do Direito Administrativo*. Rio de Janeiro: Forense, 1989.

CAMIN, Gustavo Vinícius; FACHIN, Zulma. Teoria dos Direitos Fundamentais. *Revista Jurídica Cesumar*, Maringá, v. 15, nº 1, p. 41-54, 2015.

CANÇADO TRINDADE, Antônio Augusto. *A proteção internacional dos Direitos Humanos e o Brasil*. 2. ed. Brasília: Editora Universidade de Brasília, 2000.

CAPITÃO, Gonçalo. *Expropriação e ambiente*. Lisboa: Editora Universidade Lusíada, 2004.

CARDOSO, Antônio Lopes. *Luta pela reforma agrária*. Lisboa: Diabril, 1976.

CARDOSO, Patrícia Silva e BENATTI, Francesca. A Tutela do direito de propriedade no Estado de Direito: Os padrões europeus de respeito aos direitos fundamentais. *Revista de Direito da Cidade*, Rio de Janeiro, v. 9, nº 2, p. 666-699, 2017.

CARINGELLA, Francesco. *Studi di Diritto Civile*: proprietà e diritti reali. Milano: Dott. A. Giuffrè Editore, 2007.

CARMONA, Paulo Afonso Cavichioli. *Intervenção do Estado na propriedade*: instrumentos tradicionais e novos. Belo Horizonte: Editora Fórum, 2010.

CARNEIRO, Antônio Dimas Cruz. *Arrendamento e parceria rural nos Tribunais*. São Paulo: Saraiva, 1984.

CARRERA, Rodolfo Ricardo. *Derecho Agrario para el desarrollo*. Buenos Aires: Ediciones Depalma, 1978.

CARVALHO, Ana Sofia; AZEVEDO, Patrícia Anjos; CUNHA, Ary Ferreira da. Contratos próprios do mundo rural: arrendamento rural, parceria pecuária e constituição de servidão predial. *In:* TEIXEIRA, Glória (Org.). *Direito Rural:* doutrina e legislação fundamental. Porto: Vida Econômica, 2013. p. 33-72.

CARVALHO, Cristovão. *Algumas notas sobre arrendamento rural*. 1. ed. Lisboa: SBP II Editores, 1999.

CARVALHO, Kildare Gonçalves. *Direito Constitucional didático*. 6. ed. Belo Horizonte: Livraria Del Rey, 1999.

CARVALHO, Virgílio de Jesus Miranda. *Aspectos práticos-jurídicos do arrendamento rural*. Coimbra: Coimbra Editora, 1984.

CARVALHO FILHO, José dos Santos. *Manual de Direito Administrativo*. 23. ed. Rio de Janeiro: Lumen Juris, 2010.

CARVALHO NETTO, Menelick de. A hermenêutica constitucional e os desafios postos aos direitos fundamentais. *In:* SAMPAIO, José Adércio (Org.). *Jurisdição constitucional e direitos fundamentais*. Belo Horizonte: Del Rey, 2003. p. 141-164.

CASANOVA, Ramon Vicente. *Derecho Agrario*: uma doctrina para la reforma agraria venezoelana. Merida: Universidad de Los Andes, 1967.

CASSEB, Robinson. *A desapropriação e a intervenção na propriedade*. São Paulo: Saraiva, 1983.

CASSETTARI, Christiano. *Direito Agrário*. 2. ed. São Paulo: Atlas, 2015.

CAUTELA, Afonso. *O Alentejo na reforma agrária*. Lisboa: Diabril Editora, 1975.

CAVEDON, Fernanda de Salles. *Função social e ambiental da propriedade*. Florianópolis: Visualbooks, 2003.

CERRILLO, F.; MENDIETA, L. *Derecho Agrario*. Barcelona: Bosch Editora, 1952.

CHALHUB, Melhim Namem. *Curso de Direito Civil*. Direitos Reais. Rio de Janeiro: Editora Forense, 2003.

CHAU-TSI, Li. A reforma agrária na China. *Problemas –Revista Mensal de Cultura Política*, nº 30, p. 28-36, 1950.

CHEMERIS, Ivan. *A função social da propriedade*: o papel do judiciário diante das invasões de terras. São Leopoldo: Editora Unisinos, 2003.

CHINA. [Constituição (1954)]. *Constituição da República Popular da China*. Disponível em: https://www.marxists.org/portugues/tematica/rev_prob/63/constitu.htm. Acesso em: 5 set. 2020.

COCCHI, Sara. A room with a view: la protezione dei Diritti Sociali in prospettiva europea internazionale e sovranazionale. *Sequência*, Florianópolis, nº 69, p. 19-60, 2014.

COCURUTTO, Ailton. *Os princípios da dignidade da pessoa humana e da inclusão social*. São Paulo: Malheiros, 2010.

COELHO, Carlos. Do Direito aos frutos na pendência de acção de preferência com fundamento em arrendamento rural. *Revista de Direito e Economia da Univerisdade de Coimbra*, nº 8, p. 163-190, 1982.

COELHO, José Fernando Lutz. *Contratos Agrários de arrendamento e parceria rural no Mercosul*. Curitiba: Juruá Editora, 2003.

COMPARATO, Fábio Konder. *A afirmação histórica dos direitos humanos*. 4. ed. São Paulo: Saraiva, 2005.

COMTE, Auguste. *Système de Politique Positive*. Paris: Juillet, 1851.

CONSELHO DA EUROPA. Convenção Europeia dos Direitos do Homem. *Council of Europe*. [s.l.],1950. Disponível em: https://www.coe.int/en/web/portal/home. Acesso em: 2 mar. 2020.

CONTIPELLI, Ernani. *Solidariedade social tributária*. Coimbra: Almedina, 2010.

CORDEIRO, Karine da Silva. *Direitos Fundamentais Sociais*: dignidade da pessoa humana e o mínimo existencial. O papel do Poder Judiciário. Porto Alegre: Livraria do Advogado, 2012.

CORREIA, Fernando Alves. *As garantias do particular na expropriação por utilidade pública*. Coimbra: Almedina, 1982.

CORREIA, Fernando Alves. *Manual de Direito do Urbanismo*. v. I. Coimbra: Almedina, 2008.

CORTIANO JÚNIOR, Eroulths. A propriedade privada na Constituição Federal. *Revista Brasileira de Direito Civil*, Belo Horizonte, v. 2, nº 2, p. 28-41, 2014.

COSTA, Adalberto. *O contrato de arrendamento rural*. Porto: Vida Económica, 2013.

COSTA, Cássia Celina Paulo Moreira. *A constitucionalização do direito de propriedade privada*. Rio de Janeiro: América Jurídica, 2003.

COSTA, Rosalina. *O direito fundamental à reforma agrária e seus instrumentos de concretização*. Porto Alegre: Nuria Fabris, 2014.

COSTATO, Luigi; RUSSO, Luigi. *Corso di Diritto Agrario Italiano e dell'Unione Europea*. 4. ed. Milano: Giuffrè Editore, 2015.

COULANGES, Fustel. *A cidade antiga*. 2. ed. Bauru: Edipro, 1996.

CRETELLA JÚNIOR, José. *Manual de Direito Administrativo*. 5. ed. Rio de Janeiro: Forense, 1989.

DEL REAL, Gregorio. Bonos de la reforma agraria cubana. *Boletín*, [s.l.], p. 58-60, 1960. Disponível em: http://search.ebscohost.com/<login.aspx?direct=true&db=asn&AN=199 49808&site=ehost-live&scope=site. Acesso em: 2 jun. 2020.

DEMETRIO, Nelson. *Doutrina e prática do Direito Agrário*. 3. ed. Campinas: Aga Juris Editora, 1998.

DINIZ, Maria Helena. *Curso de Direito Civil Brasileiro*. v. IV. 28. ed. São Paulo: Saraiva, 2014.

DOMENECH, Jordi; HERREROS, Francisco. Land reform and peasant Revolution: evidence from 1930s Spain. *Explorations in Economic History*, v. 64, p. 82-103, 2017.

DUARTE, Rui Pinto. *Curso de Direitos Reais*. 2. ed. Estoril: Princípia, 2007.

DUGUIT, Léon. *Fundamentos do Direito*. São Paulo: Ícone Editora, 1996.

DUGUIT, Léon. *Las transformaciones del derecho público y privado*. Granada: Editorial Comares, 2007.

DULCE, Maria José Fariñas. *Los derechos humanos*: desde la perspectiva sociológico-jurídica a la actitud postmoderna. Madrid: Dykinson, 1997.

DWORKIN, Ronald. *O império do direito*. Trad. Jefferson Luiz Camargo. São Paulo: Martins Fontes, 1999.

DWORKIN, Ronald. *Uma questão de princípio*. Trad. Luís Carlos Borges. São Paulo: Martins Fontes, 2005.

EGUREN, Fernando. La reforma agrária en el Peru. *Debate Agrario: Análisis y Alternativas*, Lima, nº 44, p. 62-100, 2009.

ESPERANÇA, Bernardo do Amaral Frazão dos Santos. *Reforma agrária e a sua influência nas políticas agrícolas em Portugal (1975-2015)*. 2016. 44f. Dissertação (Mestrado em Ciência Política) – Departamento de Ciência Política e Políticas Públicas, Instituto Universitário de Lisboa, Lisboa, 2016.

ESTRELA, A. do Vale. A reforma agrária portuguesa e os movimentos camponeses: uma revisão crítica. *Análise Social*, v. XIV (2º), Lisboa, nº 54, p. 219-263, 1978.

EUROPA. Tribunal de Justiça das Comunidades Europeias. Processo nº 44/79 – Rel. Juiz Pescatore. Luxemburgo, 13 dez. 1979.

FACHIN, Luiz Edson. *A função social da posse e a propriedade contemporânea*: uma perspectiva da usucapião imobiliária rural. Porto Alegre: Sérgio Antônio Fabris Editor, 1988.

FACHIN, Luiz Edson. *Estatuto jurídico do patrimônio mínimo*. 2. ed. Rio de Janeiro. São Paulo. Recife: Ed. Renovar, 2006.

FACHIN, Zulmar; SILVA, Deise Marcelino. *Acesso à água potável*: direito fundamental de sexta dimensão. 2. ed. Campinas: Millennium, 2012.

FARIAS, José Fernando de Castro. *A origem do direito de solidariedade*. Rio de Janeiro: Renovar, 1998.

FERMENTÃO, Cleide Aparecida Gomes Rodrigues. Análise filosófica sobre o princípio da dignidade humana como uma nova teoria de justiça. *Revista Jurídica Cesumar*, Maringá, v. 16, nº 3, p. 877-896, 2016.

FERRARO, Angelo Viglianisi. Il Diritto di proprietà é, dunque, un preocupante derecho fundamental? *Actualidad Jurídica Iberoamericana*, nº 4, p. 140-165, 2016.

FERNANDES, Luís A. Carvalho. *Lições de Direitos Reais*. 4. ed. Lisboa: Quid Juris, 2004.

FERREIRA, Liliane Seixas. *A expropriação como limitação ao direito de propriedade*. Porto: Editora FDUP/CIJE, 2008.

FERREIRA, Pinto. *Curso de Direito Agrário*. 3. ed. São Paulo: Saraiva, 1998.

FERREIRA FILHO, Manoel Gonçalves. *Direitos Humanos Fundamentais*. 3. ed. São Paulo: Saraiva, 1999.

FERREIRO, Maria de Fátima Palmeiro Baptista. Desenvolvimento rural e instituições: normas jurídicas e propriedade da terra em Portugal. *Revista Portuguesa de Estudos Regionais*, nº 22, p. 21-33, 2009.

FERRETTO, Vilson. *Contratos agrários*: aspectos polêmicos. São Paulo: Saraiva, 2009.

FIGUEIREDO NETO, Manoel Valente. *A propriedade privada imóvel no século XXI*. Curitiba: Editora CRV, 2016.

FLEINER, Fritz. *Instituciones de Derecho Administrativo*. Barcelona- Madrid- Buenos Aires: Editorial Labor, 1933.

FONSECA, Helder Adegar. *O Alentejo no século XIX*: economia e atitudes econômicas. Lisboa: Imprensa Nacional – Casa da Moeda, 1996.

FORNILLO, Bruno. ¿Existe una reforma agraria en Bolivia del movimiento al socialismo? *Íconos. Revista de Ciencias Sociales*, Quito, nº 42, p. 153-166, 2012.

FOUTO, Proença; BORGES, J. Marques. *Arrendamento rural*. Lisboa. Editora Rei dos Livros, 1983.

FRANCO-CAÑAS, Angélica Maria; DE LOS RIOS-CARMENADO, Ignacio. Reforma agraria en Colombia: evolución histórica del concepto. Hacia un enfoque integral actual. *Cuadernos de Desarrollo Rural*, v. 8, nº 67, p. 93-119, 2011.

FREITAS, Juarez. *A interpretação sistemática do Direito*. 3. ed. São Paulo: Malheiros, 2002.

FREITAS, Rodrigo Cardoso. *Desapropriação judicial privada indireta*: os direitos de posse, propriedade e moradia. Curitiba: Juruá, 2017.

FROSI, Ricardo Gehlen. *Do direito de propriedade privada e da propriedade agrária*: estudos sobre a função social. Passo Fundo: Ediupf, 1998.

GALAN, Beatriz B; GARIBOTTO, Rosa. *Derecho Agrario*. Buenos Aires: Abeledo, 1967.

GAMBINO, Silvio. Costituzione, reddito mínimo garantito, pilastro europeo dei diritti socialli: osservazioni introduttive. *La Cittadinanza Europea*, Roma, nº 1, p. 37-49, 2019.

GARBACCIO, Grace Ladeira; CHAGAS, Ana Paula; DIAS, Marcelo Feitosa de Paula. The socio-environmental function of Brazilian rural property and disappropriation for social interest for purposes of agrarian reform. *Revista de Direito da Cidade*, Rio de Janeiro, v. 9, nº 3, p. 1.200-1.213, 2017.

GARCEZ, Sergio Matheus (Org.). *Direito Agrário Contemporâneo*. Goiânia: Editora Vieira, 2012.

GEBRAN NETO, João Pedro. *A aplicação imediata dos direitos e garantias individuais*. A busca de uma exegese emancipatória. São Paulo: Editora Revista dos Tribunais, 2002.

GERMANÒ, Alberto. *Manuale di Diritto Agrario*. 8. ed. Torino: G. Giappichelli Editore, 2016.

GIORDANI, José Acir Lessa. *Propriedade imóvel:* seu conceito, sua garantia e sua função social na nova ordem constitucional. São Paulo: Revista do Tribunais, nº 669, 1991.

GODOY, Luciano de Souza. *Direito Agrário Constitucional:* o regime de propriedade. 2. ed. São Paulo: Atlas, 1999.

GOFF, Jacques Le. *A civilização do occidente medieval*. Lisboa: Editorial Estampa, 1983.

GOMES, Carla Amado. Reflexões (a quente) sobre o princípio da função social da propriedade. *e-Pública*, Lisboa, v. 4, nº 3, p. 3-24, 2018.

GOMES, Orlando. *Direitos Reais*. 16. ed. Rio de Janeiro: Forense, 2000.

GOMES CANOTILHO, J. J. MOREIRA, Vital. *Constituição da República Portuguesa anotada*. v. 1. Coimbra: Coimbra Editora, 1984.

GOMES CANOTILHO, J. J. MOREIRA, Vital.. *Direito constitucional e teoria da constituição*. 7. ed. Coimbra: Almedina, 2003.

GOMES CANOTILHO, J. J. MOREIRA, Vital.. *Constituição da República Portuguesa anotada*. v. 1. Coimbra: Coimbra Editora, 2007.

GONÇALVES, Albenir Itaboraí Querubini; CERESÉR, Cassiano Portella. *Função ambiental da propriedade rural e dos contratos agrários*. São Paulo: Livraria e Editora Universitária de Direito, 2013.

GONZÁLEZ, Arturo L. B. Hernandez. Sobre la función social de la propiedad en el contexto normativo de la constitución política colombiana. *Revista Jurídica (08862516)*, v. 84, nº 1, p. 95-113, 2015.

GONZÁLEZ, Saúl Martínez. La nueva revolución china: la reforma agrarian de 2008, su significado e implicaciones para la economia. *Revista Mexicana de Estudios sobre la Cuenca del Pacífico*, Colima, v. 4, nº 8, p. 57-79, 2010.

GRACIAS, Maria Isabel Regalo. O direito de propriedade e os limites de direito público. *Revista da Ordem dos Advogados*, 1954.

GRASSELLI, Giorgio. *La proprietà immobiliare*. Padova: Cedam, 2003.

GRIMM, Dieter. *Constitucionalismo y Derechos Fundamentales*. Madrid: Editorial Trotta, 2006.

GUILHERMINO, Everilda Brandão. *Propriedade privada funcionalizada.* Rio de Janeiro: GZ Editora, 2012.

HÄRBELE, Peter. *El Estado Constitucional.* Buenos Aires: Ástrea, 2007.

HERNANDEZ, Jose Menendez. *Problematica juridica de las reformas agrarias integrales.* Madrid: Ediciones Cultura Hispanica, 1971.

HOLMES, Stephen; SUNSTEIN, Cass R. *The cost of rights*: why liberty depends on taxes. New York, London: W. W. Norton & Company 1999.

ISLAS, Guillermo Garbarini. *Derecho Rural Argentino.* 3. ed. Buenos Aires: Editorial Perrot, 1954.

ITA, Ana de. Las Reformas Agrarias neoliberales em Mexico. *Revista El Cotidiano,* Cidade do México, a. 34, nº 214, p. 95-108, 2019.

ITÁLIA. [Constituição (1948)]. *Constituição da República Italiana.* Disponível em: https://www.normattiva.it/uri-res/N2Ls?urn:nir:stato:costituzione. Acesso em: 2 jun. 2020.

JANUÁRIO, Rui; GAMEIRO, António. *Direitos Reais.* Lisboa: Quid Juris, 2016.

JOSSERAND, Louis. *Derecho Civil.* v. 3. Tradução de Cunchillos Santiago. Buenos Aires: Bosch, 1952.

JUSTO, A. Santos. *Direitos Reais.* 5. ed. Coimbra: Coimbra Editora, 2017.

KANT, Immanuel. *Fundamentação metafísica dos costumes.* Trad. Paulo Quintela. Lisboa: Edições 70, 2007.

KRAEMER BORTOLOTI, José Carlos; MACHADO, Guilherme Pavan. Direitos sociais como fundamentais: um diálogo difícil no Brasil. *Prisma Jurídico,* v. 16, nº 2, p. 429-455, 2017.

KWON MUN, Nam. Reforma Agrária y La reconstrucción estatal de Bolívia. *Revista do Centro de Estudos Rurais – Unicamp,* Campinas, v. 6, nº 2, p. 211-237, 2012.

LARANJEIRA, Raymundo. Direito agrário e cidadania: discurso acadêmico de abertura *In*: SEMINÁRIO BRASILEIRO DE DIREITO AGRÁRIO, 10., 2002. Brasília *Anais.* Brasília: ABDA, 2002, p. 1-14 Disponível em: https://silo.tips/download/direito-agrario-e-cidadania-1-raymundo-laranjeira-2. Acesso em: 31 jan. 2019.

LEAL, Roger Stiefelmann. A propriedade como Direito Fundamental. *Revista de Informação Legislativa,* Brasília, v. 49, nº 194, p. 53-64, 2012.

LEITE, Sérgio Pereira; ÁVILA, Rodrigo Vieira de. *Um Futuro para o campo*: reforma agrária e desenvolvimento social. Rio de Janeiro: Vieira & Lent, 2007a.

LEITE, Sérgio Pereira; ÁVILA, Rodrigo Vieira de. Reforma agrária e desenvolvimento na américa latina: rompendo com o reducionismo das abordagens economicistas. *Revista de Economia e Sociologia Rural,* Brasília, v. 45, nº 3, p. 777-805, 2007b.

LEMOS, Frederico de Campos Sousa. *O regime jurídico da bolsa nacional de terras*: contributo para a definição do moderno direito administrativo agrário. 2014. 59f. Dissertação (Mestrado em Direito) – Faculdade de Direito, Universidade do Porto, Porto, 2014.

LENZA, Pedro. *Direito Constitucional Esquematizado*. 16. ed. São Paulo: Saraiva, 2012.

LEITÃO, Luís Manuel Teles de Menezes. *Direitos Reais*. 6. ed. Coimbra: Almedina, 2017.

LIBERATO, Ana Paula Gularte. *Reforma agrária*: direito humano fundamental. Curitiba: Juruá, 2008.

LIMA, Rafael Augusto de Mendonça. *Direito agrário*: estudos. Rio de Janeiro: Editora Freitas Bastos, 1977.

LIMA, Rafael Augusto de Mendonça. *Direito Agrário*. Rio de Janeiro: Renovar, 1994.

LÔBO, Paulo Luiz. *Teoria geral das obrigações*. São Paulo: Saraiva, 2005.

LOCKE, John. *Segundo tratado sobre o governo civil*. São Paulo: Ibrasa, 1963.

LOPES, Ana Maria D'Ávila. *Os direitos fundamentais como limites ao poder de legislar*. Porto Alegre: Sérgio Fabris, 2001.

LÓPEZ, A. M. Lópéz y. El derecho de propiedad: la titularidad dominial. *In:* MEORO, M. CLEMENTE (Coord.). *Derecho Civil:* derechos reales y derecho inmobiliario registral. 2. ed. Valencia: Tirant lo Blanch, 2001.

LOSANO, Mario G. *Función Social de la propiedad y latifúndios ocupados*: los sin tierra de Brasil. Madrid: Dykinson, 2006.

LOSANO, Mario G (Ed.). *Solidariedad y derechos humanos em tiempos de crisis*. Madrid: Dykinson, 2011.

LOUREIRO, Francisco Eduardo. *A propriedade como relação jurídica complexa*. Rio de Janeiro: Renovar, 2003.

LOUREIRO, João Carlos. *Adeus ao Estado Social.* a segurança social entre o crocodilo da economia e a Medusa da ideologia dos direitos fundamentais. Coimbra: Coimbra Editora, 2010.

LUSTOSA, Maria das Graças Osório P. *Reforma agrária à brasileira:* política social e pobreza. São Paulo: Cortez, 2012.

MALINOWSKI, Bronislaw. *Os argonautas do pacífico ocidental*. São Paulo: Editora Abril S/A Cultural, 1984.

MANGIAMELI, Agata C. Amato. Il dovere di solidarietà: spunti di riflessione su Diritto Pubblico e dottrina sociale della chiesa. *Persona y Derecho*, Pamplona, nº 77, p. 133-150, 2017.

MANIGLIA, Elisabete. Direitos humanos e direito agrário: convergências ideológicas e princípios harmônicos. *In:* OLIVEIRA, José Carlos de (Org.). *Estudos de Direitos Fundamentais*. São Paulo: Cultura Acadêmica, 2010. p. 77-106.

MANZONE, Gianni. A dignidade da pessoa humana na doutrina social da Igreja. *Teocomunicação*, v. 40, nº 33, p. 289-306, 2010.

MARANHÃO, Ney Stany Morais. *A afirmação histórica dos direitos fundamentais*: a questão das dimensões ou gerações de direitos. Teresina: Jus Navigandi, 2010.

MARCIAL, Alberto Ballarín. La Reforma Agraria en Italia. *Revista de Administración Pública*, Madrid, nº 5, p. 299-324, 1961.

MARCIAL, Alberto Ballarín. *Derecho Agrario*. 2. ed. Madrid: Editorial Revista de Derecho Privado, 1978.

MARCUCCI, Nicola. L'istituzione della giustizia: la solidarietà come obbligazione dei moderni secondo Durkheim. *Scienza & Politica. Per uma storia delle dottrine*, Bologna, v. 26, nº 51, p. 63-85, 2014.

MARÉS, Carlos Frederico. *A função social da terra*. Porto Alegre: Editora Sergio Antonio Fabris, 2003.

MARQUES, Benedito Ferreira. *Direito Agrário Brasileiro*. 9. ed. São Paulo: Atlas, 2011.

MARQUES, Benedito Ferreira. MARQUES; Carla Regina Silva. *Direito Agrário Brasileiro*. 12. ed. São Paulo: Atlas, 2017.

MARQUES JÚNIOR, Willian Paiva. *Direito Agrário*. São Paulo: Atlas, 2010.

MARQUESI, Roberto Wagner. *Direitos reais agrários & função social*. Curitiba: Juruá, 2012.

MARTÍN, Carlos de Cabo. *Teoría constitucional de la solidariedad*. Madrid, Barcelona: Marcial Pons, 2006.

MARTINS, Flaudemir Jerônimo Belinati. *Dignidade da pessoa human:* princípio constitucional fundamental. Curitiba: Juruá, 2010.

MARTINS, Leonardo. *Teoria geral dos direitos fundamentais*. 5. ed. São Paulo: Atlas, 2011.

MATTOS NETO, Antonio José de. *Estado de Direito Agroambiental Brasileiro*. São Paulo: Saraiva, 2010.

MATTOS NETO, Antonio José de. *Curso de Direito Agroambiental Brasileiro*. São Paulo: Saraiva, 2018.

MEDAUAR, Odete. *Direito Administrativo Moderno*. 5. ed. São Paulo: Editora Revista dos Tribunais, 2001.

MEIRELLES, Hely Lopes. *Direito Administrativo Brasileiro*. 17. ed. São Paulo: Malheiros, 1992.

MELO, Tarso. *Direito e ideologia*: um estudo a partir da função social da propriedade rural. São Paulo: Expressão Popular, 2009.

MELLO, Celso Antônio Bandeira de. *Curso de Direito Administrativo*. 15. Ed. São Paulo: Malheiros Editores, 2003.

MENDES, Gilmar; BRANCO, Paulo Gustavo Gonet. *Curso de Direito Constitucional*. 10. ed. São Paulo: Saraiva, 2015.

MENDIETA Y NÚÑEZ, Lucio. *El problema agrario de Mexico y La Ley Federal de Reforma Agraria*. 11. ed. Ciudad de Mexico: Editorial Porrúa, 1971.

MEP, Diana Wallis; ALLANSON, Sara (Org.). *European Property*: rights and wrongs. Lahti: Markprint, 2011.

MESSINEO, Francesco. *Manual de Derecho Civil y Comercial.* Tomo III. Buenos Aires: Ediciones Juridicas Europa-America, 1954.

METELLO, Francisco Cabral. *Novo Regime do Arrendamento Rural.* Decreto-Lei nº 294/2009, de 13 de outubro. Lisboa: Rei dos Livros, 2010.

MIRANDA, Jorge. *Manual de Direito Constitucional.* 3. ed. Coimbra: Almedina, 2000.

MIRANDA, Jorge. *Direitos Fundamentais.* 2. ed. Coimbra: Almedina, 2017.

MIRANDA, Jorge. MEDEIROS, Rui. *Constituição Portuguesa Anotada.* Tomo I. Coimbra: Coimbra Editora, 2005.

MIRANDA, Jorge. MEDEIROS, Rui. *Constituição Portuguesa Anotada.* Tomo II. Coimbra: Coimbra Editora, 2006.

MIROW, M.C. The social-obligation norm of property: Duguit, Hayem, and others. *Florida Journal of International Law,* Gainesville, v. 22, nº 2, p. 191-226, 2010.

MONREAL, Eduardo Novoa. *El derecho de propiedad privada.* Bogotá: Temis, 1979.

MORAES, Alexandre. *Direito Constitucional.* 30. ed. São Paulo: Atlas, 2014.

MORAES, José Diniz de. *A função social da propriedade e a Constituição Federal de 1988.* São Paulo: Malheiros, 1999.

MORO, Sérgio Fernando. *Desenvolvimento e Efetivação judicial das normas constitucionais.* 2000. 106 f. Dissertação (Mestrado em Direito) – Faculdade de Direito. Universidade Federal do Paraná, Curitiba, 2000.

MOTTA, Maria Clara Mello. *Conceito constitucional de propriedade:* tradição ou mudança? Rio de Janeiro: Editora Lumen Juris, 1997.

MOURA, Angela Acosta Giovanini de. A relativização do direito de propriedade face à proteção do meio ambiente: uma análise à luz dos direitos fundamentais. *Revista Diké,* Aracajú, v. 3, nº 1, p. 69-82, 2014.

MULLER, Luís Díaz. *La Propiedad em la Ley de Reforma Agraria.* Santiago: Editorial Andres Bello, 1972.

MURRA, Emanuele. Garantir ela sussistenza. Povertà, Rel e il futuro del welfare. *Cittadinanza Europea,* Roma, nº 2, p. 137-166, 2017.

NABAIS, José Casalta. *Por uma liberdade com responsabilidade.* Estudos sobre direitos e deveres fundamentais. Coimbra: Coimbra Editora, 2007.

NIÑO, Walter Fernando Pérez. Derechos sociales y orden internacional. *Principia Iuris,* Tunja, v. 11, nº 31, p. 63-90, 2018.

NOBRE, César Augusto di Natale. *Arrendamento rural e direitos fundamentais:* engenharia jurisprudencial e tendências. Petrópolis: KBR, 2016.

NOBRE JÚNIOR, Edilson Pereira. *Desapropriação para fins de reforma agrária.* Cutiriba: Juruá, 1998.

NOVAIS, Jorge Reis. *Direitos Sociais*. Teoria jurídica dos direitos sociais enquanto direitos fundamentais. 1. ed. Coimbra: Coimbra Editora, 2010.

NOVAIS, Jorge Reis. *A dignidade da pessoa humana*. Dignidade e direitos fundamentais. v. I. Coimbra: Almedina, 2015.

NOVAIS, Jorge Reis. *A dignidade da pessoa humana*. Dignidade e inconstitucionalidade. v. II. Coimbra: Almedina, 2017.

NOVELINO, Marcelo. *Direito Constitucional*. 5. ed. São Paulo: Editora Método, 2011.

NUNES, Rizzato. *O Princípio da dignidade da pessoa humana*. Doutrina e jurisprudência. São Paulo: Saraiva, 2002.

OEA. *Convenção Americana sobre Direitos Humanos*. [s.l.], 1969. Disponível em: https://www.cidh.oas.org/basicos/portugues/c.convencao_americana.htm. Acesso em: 2 mar. 2020.

OLIVEIRA, André Luis Tabosa de; CEDRO, Diego Petterson Brandão. O direito de propriedade e sua função social. *Revista Scientia*, Sobral, v. 2, nº 4, p. 62-77, 2014.

OLIVEIRA, Fernanda Paula; DIAS, José Eduardo Figueiredo. *Noções Fundamentais de Direito Administrativo*. 5. ed. Coimbra: Almedina, 2017.

OLIVEIRA, Umberto Machado de. *Princípios de Direito Agrário na Constituição vigente*. Curitiba: Juruá, 2011.

ONU. Declaração Universal dos Direitos Humanos. *Unicef*. [s.l.],1948. Disponível em: https://www.unicef.org/brazil/declaracao-universal-dos-direitos-humanos. Acesso em: 2 mar. 2020.

OPITZ, Oswaldo; OPITZ, Silvia. *Tratado de Direito Agrário Brasileiro*. v. I. São Paulo: Saraiva, 1983a.

OPITZ, Oswaldo; OPITZ, Silvia *Tratado de Direito Agrário Brasileiro*. v. II. São Paulo: Saraiva, 1983b.

OPITZ, Oswaldo; OPITZ, Silvia. *Tratado de Direito Agrário Brasileiro*. v. III. São Paulo: Saraiva, 1983c.

ORFANEL, Germán Gómez. La dignidad de la persona en la Grundgesetz. *In:* CHUECA, Ricardo (Dir.). *Dignidad humana y derecho fundamental*. Madrid: Centro de Estudios Políticos y Constitucionales, 2015.

ORRUTEA, Rogério Moreira. *Da Propriedade e a sua função social no Direito Constitucional Moderno*. Londrina: Editora Uel, 1998.

OSÉS-ERASO, Nuria; VILADRICH-GRAU, Montserrat. Appropriation and concern for resource scarcity in the commons: an experimental study. *Ecological Economics*, v. 63, nº 2/3, p. 435-445, 2007.

OSÓRIO, J. Lui. *Direito Rural*. Rio de Janeiro: José Konfino Editor, 1948.

OTERO, Cleber Sanfelici; HILLE, Marcelo Luiz. A dignidade da pessoa humana em face da escassez de recursos do Estado. *Revista Jurídica Cesumar*, Maringá, v. 13, nº 2, p. 485-511, 2013.

OTERO, Paulo. *Manual de Direito Administrativo*. 2. reimp. Coimbra: Almedina, 2016.

OTTO Y PARDO, Ignácio de. *Derecho Constitucional*: sistema de fuentes. Barcelona: Ariel, 1987.

OUA. *Carta Africana dos Direitos Humanos e dos Povos*. [s.l.], 1981. Disponível em: http://www.dhnet.org.br/direitos/sip/africa/banjul.htm. Acesso em: 2 mar. 2020.

OXFAM BRASIL. *Terrenos da desigualdade*. Terra, agricultura e desigualdades no Brasil rural. São Paulo: [s.n.], 2016.

PADRON, Martha Chavez. *El Derecho Agrario en Mexico*. Ciudad de Mexico: Editorial Porrúa, S.A., 1980.

PAGANI, Elaine Adelina. *O direito de propriedade e o direito à moradia*: um diálogo comparativo entre o direito de propriedade urbana imóvel e o direito à moradia. Porto Alegre: Edipucrs, 2009.

PASCAL, Blaise. *Oeuvres Complètes*. Paris: Librairie de L. Hachette et Cie, 1869.

PASSOS, Cristiane Lisita. *Fundamentos da propriedade rural*. Belo Horizonte: Mandamentos, 2004.

PASSOS, Cristiane Lisita. *O modo de ser camponês e a propriedade da terra entre camponeses*. A exclusão inspirando os movimentos sociais. Curitiba: Juruá Editora, 2008.

PAZ, Juan Valdés. A Revolução Agrária Cubana: conquistas e desafios. *Estudos Avançados*, São Paulo, v. 25, nº 72, p. 73-87, 2011.

PECES BARBA MARTÍNEZ, Gregório. *Curso de derechos fundamentales*: teoría general. Madrid: Ed. Universidad Carlos III de Madrid, 1999.

PECES BARBA MARTÍNEZ, Gregório. *La dignidad de la persona desde la filosofia del derecho*. Madrid: Dykinson, 2003.

PECES BARBA MARTÍNEZ, Gregório. *Lecciones de derechos fundamentales*. Madrid: Dykinson, 2004.

PECES BARBA MARTÍNEZ, Gregório; DE ASÍS ROIG, Rafael; ANSUÁTEGUI ROIG, Fco. Javier. *Historia de los derechos fundamentales*. Tomo III. Madrid: Dykinson, 2007.

PECES BARBA MARTÍNEZ, Gregório; DE ASÍS ROIG, Rafael; ANSUÁTEGUI ROIG, Fco. Javier. *Curso de Derechos Fundamentales*. Teoría General. Madrid: Universidad Carlos III de Madrid y Boletín Oficial del Estado, 2014.

PEDRA, Adriano Sant'Ana; FREITAS, Rodrigo Cardoso. A função social da propriedade como um dever fundamental. *Revista da Faculdade de Direito da Universidade Federal de Minas Gerais*, Belo Horizonte, nº 66, p. 53-75, 2015.

PEDUZZI, Maria Cristina Irigoyen. *O princípio da dignidade da pessoa humana na perspectiva do direito como integridade*. São Paulo. LTR, 2009.

PEIXOTO NETO, Pedro Accioly de Sá. O direito fundamental à propriedade rural em face da supremacia do interesse público e de sua indisponibilidade. *Revista Eletrônica Direito e Política*, Itajaí, v. 9, nº 3, p. 1.298-1.335, 2014.

PELÈ, Antonio. Una aproximación al concepto de dignidade humana. *Universitas*, nº 1, p. 9-13, 2004.

PELLERINO, Giovanni. Evolução do conceito de propriedade: da "função social" à "função estrutural". *Revista Veredas do Direito*, Belo Horizonte, v. 2, nº 3, p. 33-46, 2005.

PEREIRA, Caio Mário da Silva. *Instituições de Direito Civil*. v. IV. Rio de Janeiro: Forense, 2003.

PÉREZ ÁLVAREZ, María Del Pilar. La función social de la propiedad privada: su protección jurídica. *Revista Jurídica de la Universidad Autonóma de Madrid*, nº 30, p. 17-47, 2014.

PÉREZ LUÑO, Antonio Enrique. *Derechos Humanos, Estado de Derecho y Constitución*. 9. ed. Madrid: Editorial Tecnos, 2005.

PÉREZ LUÑO, Antonio Enrique. *Los Derechos Fundamentales*. 11. ed. Madrid: Editorial Tecnos, 2016.

PERICÁS, Luiz Bernardo. Processo e desenvolvimento da Revolução Boliviana. *Revista Lutas Sociais*, São Paulo, nº 3, 1997, p. 109-122, 1997.

PERU. *Decreto–Lei nº 17.716, de 24 de junho de 1969*. Nueva Reforma Agraria. Disponível em: https://www.leyes.congreso.gob.pe/. Acesso em: 2 jun. 2020.

PETIT GUERRA, Luis Alberto. La categoría del "contenido essencial" para la determinación de los contenidos mínimos de derechos sociales fundamentales y su problemática aplicación. *Revista de Derecho. Publicacion Arbitrada de la Universidad Catolica del Uruguay*, v. 13, nº 15, p. 215-242, 2017.

PHILIPS, Andrew Q. Just in time: Political policy cycles of land reform. *Politics*, v. 40, nº 2, p. 207-226, 2020.

PILATI, José Isaac. *Propriedade e função social na pós-modernidade*. 2. ed. Rio de Janeiro: Lumen Juris, 2012.

PIOVESAN, Flávia. Concepção contemporânea de direitos humanos: desafios e perspectivas. *In*: ROCHA, João Carlos de Carvalho; HENRIQUES FILHO, Tarcísio Humberto Parreiras; CAZETTA, Ubiratan (Org.). *Direitos Humanos*: desafios humanitários contemporâneos. Belo Horizonte: Del Rey Editora, 2008.

POBLETE TRANCOSO, Moisés. *La reforma agraria en America Latina*. Santiago: Editorial Andres Bello, 1961

POLI, Luciana Costa. Uma alternativa de acesso à terra: arrendamento rural pelos olhos do Poder Judiciário. *Revista FSA*, Teresina, v. 11, nº 4, p. 85-100, 2014.

PORTUGAL. *Decreto–Lei nº 47.344, de 25 de novembro de 1966.* Aprova o Código Civil. Disponível em: https://dre.pt/dre/egislação-consolidada/decreto-lei/1966-34509075. Acesso em: 2 jun. 2020.

PORTUGAL. *Decreto-Lei nº 406-A/75, de 29 de julho de 1975.* Fixa normas a que se deve obedecer a expropriação de determinados prédios rústicos. Disponível em: https://dre.pt/dre/detalhe/decreto-lei/406-a-1975-346075. Acesso em: 2 jun. 2020.

PORTUGAL. [Constituição (1976)]. *Constituição da República Portuguesa.* Disponível em: https://dre.pt/dre/egislação-consolidada/decreto-aprovacao-constituicao/1976-34520775. Acesso em: 15 out. 2020.

PORTUGAL. *Lei nº 86, de 01 de setembro de 1995.* Lei de bases do desenvolvimento agrário. Disponível em: https://dre.pt/dre/legislacao-consolidada/lei/1995-69992926. Acesso em: 2 jun. 2020.

PORTUGAL. *Decreto-Lei nº 307, de 23 de outubro de 2009.* No uso da autorização concedida pela Lei nº 95-A/2009, de 2 de setembro, aprova o regime jurídico da reabilitação urbana. Disponível em: https://dre.pt/dre/detalhe/decreto-lei/307-2009-483155. Acesso em: 2 jun. 2020.

PORTUGAL. *Lei nº 62, de 10 de dezembro de 2012.* Cria a bolsa nacional de terras para utilização agrícola, florestal ou silvopastoril, designada por "Bolsa de terras". Disponível em: https://dre.pt/dre/detalhe/lei/62-2012-190577. Acesso em: 2 jun. 2020.

PORTUGAL. *Lei nº 31, de 30 de maio de 2014.* Lei de bases gerais da política de solos, de ordenamentos do território e de urbanismo. Disponível em: https://dre.pt/dre/detalhe/lei/31-2014-25345938. Acesso em: 2 jun. 2020.

PORTUGAL. Tribunal da Relação de Coimbra. *Acórdão de 10.12.1996.* Coimbra, 10 dez. 1996.

PORTUGAL. Tribunal Constitucional Português. *Acórdão nº 322/99* – Rel. Cons. Sousa e Brito. Lisboa, 26 mai. 1999.

PRATA, Ana. *A tutela constitucional da autonomia privada.* Coimbra: Almedina, 2017.

PRAZERES, Manuel Augusto Gama. *Novo regime de arrendamento e emparcelamento rural.* Porto: Porto Editora, 1989.

PROUDHON, P. J. *Système des contradictions économiques ou philosophie de la misère.* Paris: Librairie Internationale, T. I. 1867.

QUADROS, Fausto de. *A protecção da propriedade privada pelo Direito Internacional Público.* Coimbra: Almedina, 2017.

QUEIROZ, Cristina. *O princípio da não reversibilidade dos Direitos Fundamentais Sociais.* Princípios dogmáticos e prática jurisprudencial. Coimbra: Coimbra Editora, 2006.

QUEIROZ, Cristina. *Direitos Fundamentais.* Teoria Geral. 2. ed. Coimbra: Coimbra Editora, 2010.

QUEIROZ, Cristina. *O Tribunal Constitucional e os Direitos Sociais.* Coimbra: Coimbra Editora, 2014.

QUIAO, Shitong; UPHAN, Frank K. The Evolution of relational property rights: a case of Chinese rural land reform. *Iowa Law Review*, Iowa City, v. 100, nº 6, p. 2.479-2.506, 2015.

RAMOS, Helena Maria Bezerra. *Contrato de Arrendamento Rural*. Teoria e Prática. 2. ed. Curitiba: Juruá, 2013.

RAMUTSINDELA, Maano; HARTNACK, Andrew. Centring ordinary people: grounded approuches to land reform in Southern Africa. *Anthropology Southern Africa*, v. 42, nº 3, p. 195-201, 2019.

REIS, Manuela; NAVE, J. Gil. A reforma agrária portuguesa. *Sociologia, Problemas e Práticas*, Lisboa, nº 4, p. 107-131, 1988.

REZENDE, Gervásio Castro de; GUEDES, Sebastião Neto Ribeiro. Formação histórica dos direitos de propriedade da terra no Brasil e nos EUA e sua relação com as políticas agrícolas atualmente adotadas nesses países. *In:* COELHO, A. B.; TEIXEIRA, E. C.; BRAGA, M. J. (Org.). *Recursos naturais e crescimento econômico*. Viçosa: Editora da Universidade Federal de Viçosa, 2008.

RIBEIRO, Vanderlei Vazelesk. Terra e liberdade: comparando experiências de reforma e contrarreforma agrária no Peru e no Chile. *Revista Internacional de História Política e Cultura Jurídica*, Rio de Janeiro, v. 9, nº 2, p. 266-285, 2017.

RIVERO, Jean. *As liberdades públicas*. São Paulo: Martins Fontes, 2006.

RIZZARDO, Arnaldo. *Curso de Direito Agrário*. São Paulo: Editora Revista dos Tribunais, 2013.

RODOTÀ, Stefano. *El terrible derecho*. Estudios sobre la propiedad privada. 1. ed. Editorial Civitas: Madrid, 1986.

ROIG, Rafael. *Historia de los derechos fundamentales*. Tomo II. Madrid: Dykinson, 2001.

ROSSETI, Andrés. ¿Los derechos sociales como derechos "de segunda"? Sobre las generaciones de derechos y las diferencias con los derechos "de primera". *In:* MONTEROS, Javier Espinoza de los; ORDOÑEZ, Jorge (Coord.). *Los Derechos Sociales en el Estado Constitucional*. Valencia: Editorial Tirant lo Blanch, 2013.

SALAZAR, Honorio Pérez. *Derecho Agrario Colombiano*. Bogotá: Editorial Temis, 1975.

SANTOS, Boaventura de Sousa. *Para uma revolução democrática da justiça*. São Paulo: Cortez Editora, 2007.

SANTOS, João Paulo de Faria. *Reforma Agrária e preço justo*. A Indenização na Desapropriação Agrária Sancionatória. Porto Alegre: Sérgio Fabris Editor, 2009.

SANTOS, M. Macedo; SANTOS, Rui Crisóstomo dos; PITÃO, J. França. *Reforma Agrária Anotada*. Arrendamento rural baldios. Coimbra: Parâmetro Direito-2, 1978.

SANTOS, Rosicler dos. O Direito de Propriedade à luz do Direito Internacional dos Direitos Humanos. *Revista Brasileira de Direito Internacional*, Curitiba, v. 3, nº 3, p. 30-50, 2006.

SANZ JARQUE, Juan J. *Mas ala de la reforma agraria*. Madrid: Ediciones y publicaciones espanholas, 1970.

SANZ JARQUE, Juan J. *Derecho Agrario*. Madrid: Editorial Juan March, 1975.

SARLET, Ingo Wolfgang. *A eficácia dos direitos fundamentais*. Uma teoria dos direitos fundamentais na perspectiva constitucional. 10. ed. Porto Alegre. Livraria do Advogado, 2010a.

SARLET, Ingo Wolfgang. *Dignidade da pessoa humana e direitos fundamentais na Constituição Federal de 1988*. 8. ed. Porto Alegre. Livraria do Advogado, 2010b.

SARLET, Ingo Wolfgang; MARINONI, Luiz Guilherme; MITIDIERO, Daniel. *Curso de Direito Constitucional*. São Paulo. Editora Revista dos Tribunais, 2012.

SARMENTO, Daniel. Os princípios constitucionais e a ponderação de bens. In: TORRES, Ricardo Lobo (Org.). *Teoria dos Direitos Fundamentais*. 2. ed. Rio de Janeiro: Ed. Renovar, 2009.

SARMENTO, Daniel.. *Dignidade da pessoa humana*. Conteúdo, trajetórias e metodologia. 2. ed. Belo Horizonte: Ed. Fórum, 2016.

SCHMID, Evelyne. Le Droit International Social: Droits économiques, sociaux et culturels. *Leiden Journal of International Law*, Cambridge, v. 27, nº 3, p. 800-803, 2014.

SEIA, Jorge Aragão; CALVÃO, Manuel da Costa; SEIA, Cristina Aragão. *Arrendamento Rural*. 4. ed. Coimbra: Almedina, 2003.

SERMET, Laurent. *La Convention européenne des Droits de l'Homme et le droit de propriété*. Strasbourg: Editions du Conseil de l'Europe, 1999.

SILVA, Filipe Carreira da Silva. *O futuro do Estado Social*. Lisboa: Fundação Francisco Manuel dos Santos, 2013.

SILVA, José Afonso da. *Comentário contextual à Constituição*. São Paulo: Malheiros Editores, 2005.

SILVA, José Afonso da. *Curso de Direito Constitucional Positivo*. 37. ed. São Paulo: Malheiros Editores, 2014.

SILVA, Karina Zanin; VITA, Jonathan Barros. O princípio da reserva do possível e o direito fundamental à saúde. *Revista Jurídica Cesumar: Mestrado*, v. 14, nº 1, p. 241-264, 2014.

SILVA, Lígia Maria Osório. Lenin: A questão agrária na Rússia. *Revista Crítica Marxista*, Campinas, nº 35, p. 111-129, 2012.

SILVA, Mário Ramos Pereira. *O regime dos Direitos Sociais na Constituição Cabo-Verdiana de 1992*. Coimbra: Almedina, 2004.

SOARES, Rafael Machado. *Direito de propriedade e princípio da justiça social*. Controle social da propriedade pela desapropriação do latifúndio. uma análise sistêmica: Brasil e Portugal. Curitiba: Juruá, 2015.

SODERO, Fernando Pereira. *O Estatuto da Terra*. Brasília: Fundação Petrônio Portela, 1982.

SODERO, Fernando Pereira. *Direito Agrário e Reforma Agrária*. 2. ed. Florianópolis: OAB/SC Editora, 2006.

SPINEDI, Carlos R.; VALLS, Mario F. *Derecho Agrario*. Buenos Aires: Librería y Casa Editora de Emilio Perrot, 1951.

STEFANINI, Luis de Lima. *A propriedade no Direito Agrário*. São Paulo: Editora Revista dos Tribunais, 1978.

TANAJURA, Grace Virgínia Ribeiro de Magalhães. *Função social da propriedade rural com destaque para a terra no Brasil contemporâneo*. São Paulo: LTR, 2000.

TAWFEIQ, Reshad; MAINARDES DA SILVA, Lenir Aparecida. Reforma agrária e desenvolvimento: perspectivas para a superação estrutural da pobreza. *Revista Paranaense de Desenvolvimento*, v. 38, nº 133, p. 163-175, 2017.

TEIXEIRA, Antônio Ribeiro de Liz. *Curso de Direito Civil Português*. Coimbra: Imprensa da Universidade, 1848.

TEIXEIRA, Glória (Org.). *Arrendamento Social*. Coimbra: Almedina, 2005.

TEIXEIRA, Samantha Ribas. O direito (fundamental) à propriedade no âmbito constitucional brasileiro e a sua relativização pelo instituto da função social da propriedade. *Relações Privadas e Democracia* [Recurso Eletrônico On line]. Organização: Conpedi/Unicuritiba; Coord. Ilton Garcia da Costa. Florianópolis: Funjab, 2013.

TEMER, Michel. *Elementos de Direito Constitucional*. 22. ed. São Paulo: Malheiros Editores, 2008.

TENÓRIO, Igor. *Manual de Direito Agrário Brasileiro*. 2. ed. São Paulo: Editora Resenha Universiária, 1978.

TEPEDINO, Gustavo; SCHREIBER, Anderson. A garantia da propriedade no Direito brasileiro. *Revista da Faculdade de Direito de Campos*, Campos, ano 6, nº 6, 2005.

TIGAR, Michel; LEVY, Madeleine. *O Direito e a ascensão do capitalismo*. Rio de Janeiro: Zahar Editores, 1978.

TORRES, Marcos Alcino de Azevedo. *A propriedade e a posse*. Um confronto em torno da função social. Lumen Juris: Rio de Janeiro, 2010.

TRENTINI, Flávia. *Teoria Geral do Direito Agrário Contemporâneo*. São Paulo: Ed. Atlas, 2012.

VARELLA, Marcelo Dias. *Introdução ao direito à reforma agrária*. O direito face aos novos conflitos sociais. Leme: LED – Editora de Direito, 1998.

VARELA, Raquel; PIÇARRA, Constantino. A reforma agrária nos campos sul de Portugal (1975). Uma revolução na revolução. *Estudos Íbero-Americanos*, Porto Alegre, v. XLII, nº 3, p. 1.189-1.218, 2016.

VARGAS, Cesar et al. Análisis de los beneficiaries de la Política Pública de Reforma Agraria en el marco del desarrollo rural en Colombia (1994-2010). *Revista Pampa*, Santa Fé, nº 12, p. 31-53, 2016.

VARGAS, David Vásquez. Antecedentes del proceso de Reforma Agraria en Chile desde principios del siglo XX hasta inicios de los años sesenta. In: GUÍÑEZ, Alfonso Pérez (Dir.) *Reforma Agraria Chilena 50 Años*. Historia y Reflexiones. Santiago: Ediciones Biblioteca del Congreso Nacional de Chile, 2017. p. 23-78.

VASCONCELOS, Joana Salém. Propriedade Coletiva em debate: caminhos da revolução agrária em Cuba (1959-164). *Revista Nera*, Presidente Prudente, v. 18, nº 27, p. 240-258, 2015.

VEIGA, José Eli. *O que é Reforma Agrária?* São Paulo: Editora Brasiliense, 2007.

VELASCO, Waldemar d'Orey. *Lei do Arrendamento Rural Anotada*. Combra: Coimbra Editora, 1998.

VENOSA, Sílvio de Salvo. *Direito Civil*. Direitos Reais. 5. ed. São Paulo: Ed. Atlas, 2005.

VENOSA, Sílvio de Salvo. *Direito Civil*. Teoria geral das obrigações e teoria geral dos contratos. 7. ed. v. 2. São Paulo: Ed. Atlas, 2007.

VESTER, Michael. A Reforma Agrária Portuguesa como processo social. *Revista Crítica de Ciências Sociais*, Coimbra, nº 18/19/20, p. 481-516, 1986.

VIANA, Paula Gigante. A Teoria das dimensões dos Direitos Fundamentais como pressupostos à consagração de garantias fundamentais. Um ensaio sobre o acesso efetivo à justiça. *Cadernos do Programa de Pós-Graduação em Direito – PPGDir./UFRGS*, Porto Alegre, v. 7, nº 1, dez. 2012. Disponível em: http://seer.ufrgs.br/index.php/ppgdir/article/view/35626/23593. Acesso em: 28 mar. 2018. (doi:http://dx.doi.org/10.22456/2317-8558.35626).

VIEIRA, Eduardo. *Arrendamento Rural*: Açores. Ponta Delgada: Rev. Açor Editores, 2013.

VIEIRA, José Alberto. *Direitos Reais*. Coimbra: Coimbra Editora, 2008.

VIEIRA, José Alberto. *Direitos Reais*. Coimbra: Almedina, 2016.

VIEIRA E COUTO, Marília Cláudia Martins. A Função Sociambietal da Propriedade Rural e o Desenvolvimento Rural Sustentável. In: GARCEZ, Sergio Matheus (Org.). *Direito Agrário Contemporâneo*. Goiânia: Editora Vieira, 2012.

VIVANCO, Antonino C. *Teoria de Derecho Agrario*. v. I. La Plata: Ediciones Librería Jurídica, 1967a.

VIVANCO, Antonino C. *Teoria de Derecho Agrario*. v. II. La Plata: Ediciones Librería Jurídica, 1967b.

WANG, Daniel Wei Liang. Escassez de recursos, custos dos direitos e reserva do possível na jurisprudência do STF. *Revista Direito FGV*, São Paulo, v. 4, nº 2, p. 539-568, 2008.

YALAN, He. Economic logic of development and value basis of reform of China's rural land system. *Asian Agricultural Research*, Beijing, v. 11, nº 12, p. 6-9, 2019.

ZANETTE, Antonio. *Contrato Agrário*. Novos paradigmas do arrendamento e da parceira rural. Porto Alegre: Livraria do Advogado, 2019.

ZELEDÓN, Ricardo Zeledón. *Derecho Agrario Contemporáneo*. Curitiba: Juruá, 2001.

ZELEDÓN, Ricardo Zeledón. *Derecho Agrario y Derechos Humanos*. Curitiba: Juruá, 2002.

ZENUN, Augusto. *O Direito Agrário e sua dinâmica*. Campinas: Copola, Livros, 1997.

Esta obra foi composta em fonte Palatino Linotype, corpo 10
e impressa em papel Pólen Bold 70g (miolo) e Supremo 250g (capa)
pela Gráfica Formato.